Basiswissen Soziale Arbeit

Band 9

T0349785

Die richtigen Grundlagen sind essentiell für ein erfolgreiches Studium und einen guten Einstieg in die Berufspraxis. Orientiert an den Modulen der Studiengänge im Feld ‚Soziale Arbeit' bietet die Reihe in sich abgeschlossene Themenlehrbücher, die jeweils relevantes Wissen aufbereiten. In komprimierten Einführungen, die wesentliche Grundlagen in verständlichen Erläuterungen und klaren Definitionen enthalten, vermitteln kompetente Autorinnen und Autoren gesicherte Informationen, die im Kontext von Vorlesungen oder in Seminaren herangezogen werden können. Alle Bände ‚Basiswissen Soziale Arbeit' eignen sich hervorragend zur selbsttätigen Erarbeitung von Themen und zur Vorbereitung von Prüfungen: kompakt und kompetent.

Weitere Bände in der Reihe http://www.springer.com/series/13171

Wolfgang Widulle

Gesprächsführung in der Sozialen Arbeit

Grundlagen und Gestaltungshilfen

3., vollständig überarbeitete Auflage

 Springer VS

Wolfgang Widulle
Fachhochschule Nordwestschweiz
Olten, Schweiz

Die Online-Version des Buches enthält digitales Zusatzmaterial, das durch ein Play-Symbol gekennzeichnet ist. Die Dateien können von Lesern des gedruckten Buches mittels der kostenlosen Springer Nature „More Media" App angesehen werden. Die App ist in den relevanten App-Stores erhältlich und ermöglicht es, das entsprechend gekennzeichnete Zusatzmaterial mit einem mobilen Endgerät zu öffnen.

ISSN 2512-0603   ISSN 2512-0611   (electronic)
Basiswissen Soziale Arbeit
ISBN 978-3-658-29203-4   ISBN 978-3-658-29204-1   (eBook)
https://doi.org/10.1007/978-3-658-29204-1

Die Deutsche Nationalbibliothek verzeichnet diese Publikation in der Deutschen Nationalbibliografie; detaillierte bibliografische Daten sind im Internet über http://dnb.d-nb.de abrufbar.

Planung/Lektorat: Stefanie Laux
Springer VS ist ein Imprint der eingetragenen Gesellschaft Springer Fachmedien Wiesbaden GmbH und ist ein Teil von Springer Nature.
Die Anschrift der Gesellschaft ist: Abraham-Lincoln-Str. 46, 65189 Wiesbaden, Germany

Für Mauro

Vorwort zur dritten Auflage

Das vorliegende Buch begleitet meine Lehrtätigkeit in Sozialer Arbeit seit 2005. Als Skript zum in meiner Dissertation untersuchten Lehrprojekt verfasst, wurde daraus schnell ein Print-on-demand-Buch, das in der Schweizer Sozialen Arbeit auf reges Interesse stieß. 2011 fand es in erweiterter Form als nützliches Ergebnis einigen Aufschiebeverhaltens in meiner Dissertation noch vor derselben den Weg zum VS Verlag, wo es seither eine erfreuliche Verbreitung fand.

Acht Jahre nach der Erstveröffentlichung bei Springer hatte das Buch eine gründliche Überarbeitung verdient: Der Trend zu integrativen Ansätzen in Psychotherapie und Beratung zeigt sich auch in der Soziale Arbeit, Gesprächsführung hat seither in einigen Publikationen als eigenständige Methode ein wenig mehr Anerkennung erfahren und viele der in diesem Lehrbuch zitierten Arbeiten wurden aktualisiert. Auch hat der Springer-Verlag seine Lehrbuchformate im Zuge der Digitalisierung einer Innovationskur unterzogen: Abstracts, Definitionen und weitere Lernbausteine sowie multimediale Elemente sind neu in Lehrbücher integrierbar.

Bei allen didaktischen Erweiterungen (die nach wie vor überwiegend auf effizienten Wissenserwerb zielen) gehören zu einem Lehrbuch in Gesprächsführung praktische Übungen, ohne die Gesprächskompetenzen nicht zu haben sind. Es hätte jedoch auch die dritte Auflage des Buchs gesprengt, Fallbeispiele, Gesprächstranskripte oder Praxismaterialien ins Buch einzufügen. Zum Bezug der Materialien für Unterricht, Training, Lernen oder Praxis finden Sie Hinweise am Ende des Buchs und auf meiner Website: https://www.widulle.ch.

Meiner Frau Barbara danke ich für die Geduld mit ihrem Ehemann, der in Schreibphasen gelegentlich autistische Züge zeigt. Stefan Adam und Agnès Fritze von der Hochschule für Soziale Arbeit FHNW ein „Merci vielmal" für das Sabbatical, das die dritte Auflage ermöglichte. Stephanie Laux vom VS Verlag sei gedankt für die seit Jahren wunderbare Begleitung meiner Publikationen. Und an Ingrid Walther ein herzlicher Dank für das sprachlich wie fachlich sensible, kritische und sorgfältige Korrektorat. Die Helvetismen waren harte Kost!

Und zuletzt kein Dank, aber eine gemeinsame Freude: Pino und Mauro sind ebenso glücklich wie ihr Papa, dass die dritte Auflage des Lehrbuchs weniger Lebenszeit verschlang als dessen Dissertation. An Zeit zum Werken, Skifahren, Klettern und Rumalbern hat es diesmal nicht gemangelt.

Wolfgang Widulle

Einleitung

Unter einem guten Gespräch verstehen wir nicht ein Harmoniegespräch, das sich „schön anfühlt", ein Gespräch der Dauererklärungen von guten Absichten, ein Gespräch um den heißen Brei herum oder eines, bei dem Unangenehmes nur dezent angedeutet wird. Auch nicht eines, das im „Sonntagsanzug" der Kommunikation geführt wird – mit abgewogenen und einstudierten Formulierungen. Ein gutes Gespräch ist eines, bei dem das „Eigentliche" zum Thema wird, das nämlich, was beiden Gesprächspartnern tatsächlich auf dem Herzen liegt. Und zwar in einer Weise, dass die Sachinhalte und persönlichen Meinungen deutlich werden, die Beziehung der beiden zueinander keinen Schaden nimmt, womöglich verbessert wird und am Ende klar ist, was zu tun ist (Schulz von Thun et al. 2017, S. 107).

Universitäten und Fachhochschulen haben in den letzten ca. 20 Jahren nicht in dem von ihren Absolventen gewünschten Maße auf die schwierige sozialarbeiterische Praxis vorbereitet. Ihre Curricula waren und sind teilweise entweder weiterhin von in traditionellen Gesprächsführungsverfahren ausgebildeten Hochschullehrern geprägt oder an den Universitäten in einer Weise akademisiert, dass eine Praxisrelevanz erst gar nicht beansprucht wurde (Conen 2006, S. 196).

Soziale Arbeit ist, wie viele andere Dienstleistungsberufe auch, eine Tätigkeit mit einem überdurchschnittlich hohen Anteil an sozialkommunikativem Handeln. Das Gespräch im sozialpädagogischen Alltag, in Betreuung und Begleitung oder in Beratungs- oder Hilfeplanungsprozessen mit Klienten, deren Angehörigen und mit kooperierenden Fachkräften ist für jede Fachkraft der Sozialen Arbeit eine Standardsituation und Kernaufgabe beruflichen Handelns.

Hilfeprozesse der Sozialen Arbeit werden nur durch soziale Kommunikation wirksam – in erster Linie durch Gespräche, die für sozialarbeiterisch-sozialpädagogisches Handeln zu einem Schlüssel für Professionalität werden. Gute

Gespräche klären Probleme und Ressourcen, sie schaffen Veränderungs-perspektiven und Hoffnung in schwierigen Lebenssituationen; sie geben Unter-stützung und machen Problemlösungen sichtbar oder bahnen sie an. Dies erfordert, den beruflichen und organisationalen Kontext und Auftrag, das relevante Fachwissen und methodische Können, die eigene Erfahrung und sich als Person im richtigen Augenblick des Gesprächs angemessen einzubringen, also Gespräche professionell zu führen. Es erfordert auch, Gespräche so vorzubereiten und zu arrangieren, dass sie unter den arbeitsfeldtypischen Bedingungen hilfreich sind.

In diesem Buch wird professionelle Gesprächsführung als Schlüssel-kompetenz und „Universalverfahren für alle Anwendungsbereiche der Sozialen Arbeit" (Wendt 2017, S. 85) begründet und in der Methodologie der Sozialen Arbeit verortet. Ich verknüpfe dabei die Grundlagen der Kommunikations- und Gesprächspsychologie mit dem Auftrag der Sozialen Arbeit und den Anforderungen der beruflichen Praxisfelder. Damit wird den Kerncurricula der Deutschen Gesellschaft für Soziale Arbeit Rechnung getragen (Deutsche Gesellschaft für Soziale Arbeit 2005, 2016): Vom bezugslosen Nebeneinander von Handlungsmethoden und der Vermittlung vornehmlich an Einzelfallhilfe oder psychotherapeutischen Schulen orientierten Ansätzen ohne Einbettung in den sozialen und institutionellen Kontext wird hier Abstand genommen und Gesprächsführung als Handlungsmethode auf der Basis einer allgemeinen normativen Handlungstheorie systematisch in der Sozialen Arbeit verortet.

Gesprächskompetenz wird als *notwendige*, aber bei Weitem nicht *hinreichende* Voraussetzung für erfolgreiches professionelles Handeln betrachtet: Sozial-arbeiterische Professionalität allein mit guter Gesprächsmethodik zu bemühen, würde den Stand der Professionalisierung der Sozialen Arbeit und die Komplexi-tät psychosozialer Problemlagen von Klienten unterschätzen, für die spezi-fische fachliche Expertise, berufsethische Haltung und feldspezifische Erfahrung zwingend sind.

Gesprächsführung lässt sich nicht auf eine technisch verstandene Anwendung von Methoden reduzieren. Sie verlangt neben Fachwissen und kommunikativen Fertigkeiten internalisierte persönliche Haltungen, die reflexive Nutzung personaler und biografischer Potenziale der eigenen Person und die Integration beruflicher Erfahrungen ins kommunikative Handeln. Verstanden als sozial-kommunikative Form methodischen Handelns ist Gesprächsführung spezifischer als Kommunikation im beruflichen Alltag und zugleich breiter und verbreiteter als Beratung. Sie ist für alle Anwendungsbereiche Sozialer Arbeit bedeutsam, sowohl in Hilfeprozessen und bei deren Gestaltung als auch in der professionellen Kooperation sowie den sozialen Einrichtungen und deren organisationalen Prozessen. Das Gespräch, das ist die Kernaussage dieses Buchs, ist kooperatives, kommunikatives und methodisches Handeln und Problemlösen – insofern ist der Begriff bei Weitem breiter als der der Beratung und sollte nicht mit ihm verwechselt oder durch ihn ersetzt werden.

Warum ist gute Gesprächsführung in der Sozialen Arbeit so wichtig?

- Soziale Arbeit unterstützt Klienten in ihrem Bemühen um Lebensbewältigung durch strukturelle, materielle, soziale und personale Hilfen. Sie tut dies oft unter widrigen Bedingungen, etwa bei Unfreiwilligkeit oder Eingriffen, in einem verständigungsorientierten Prozess, der auf eine Co-Produktion von Lösungen zielt (Spiegel und Sturzenhecker 2018, S. 33). Gute Gespräche auch unter diesen erschwerten Bedingungen sind dafür eine unverzichtbare Basis.
- Das Ziel der psychosozialen Unterstützung bei beschädigter Autonomie, Desintegration oder beeinträchtigter Lebensbewältigung setzt in aller Regel Arbeit an und in der Beziehung mit Klienten voraus. Gespräche sind ein unverzichtbares Mittel der Beziehungsarbeit, besonders angesichts des digitalen Wandels und zunehmend mediatisierter Kommunikationsformen.
- Ein Großteil der personen- und sachbezogenen Hilfen und Unterstützungsmaßnahmen gelangt nur vermittelt durch Gespräche an die Adressaten der Sozialen Arbeit. Fachwissen, Analyse- und Problemlösefähigkeiten können gut beherrscht werden, durch laienhafte Gesprächsführung bleibt das fachliche und fallbezogene Können aber wirkungslos oder wird zunichte gemacht.

Das vorliegende Buch bringt Studierenden und Praktikern der Sozialen Arbeit Gesprächsführung als diese zentrale Kompetenz näher. Es schafft die Fähigkeit, Strukturbedingungen und Situationsanforderungen von Gesprächen zu erkennen, dazu passende Gesprächsformen und Gesprächsverläufe zu wählen und dialogisch offen, strukturiert und situativ stimmig mit Klienten, in Teams und mit anderen Partnern Themen und Probleme zu bearbeiten. Dazu klärt es Grundbegriffe und theoretische Hintergründe, gibt aber vor allem auch praktische Empfehlungen zu Gesprächsverläufen und Gesprächsführung. Über Beratung existiert eine kaum übersehbare Fülle an Literatur – die Gesprächsformen, die in diesem Buch vorgestellt werden, sind hingegen in der Sozialen Arbeit unterrepräsentiert.

Eine Bemerkung zum Verhältnis von methodischem Handeln, Beratung und Gesprächsführung: Gesprächsführung wird hier als Querschnitts- und Universalmethode im Rahmen zielorientierter Problemlöse-, Hilfe- und Kooperationsprozesse der Sozialen Arbeit verstanden. Beratung wiederum stellt ein spezifisches Gesprächs- und Interventionsformat und eine eigenständige Methode der Sozialen Arbeit dar. Sie ist keine allen Situationen angemessene Methode.

Es gibt nicht selten Situationen im beruflichen Alltag von Sozialarbeitern und -pädagogen, in denen es sinnvoll ist, auf die professionalitätsverheißende „Verlockung der ‚Marke' Beratung" zu verzichten. Und in Verhandlungen und Konfliktsituationen, Lern- oder Beurteilungssituationen, bei Konfrontation, Kritik oder schlechten Nachrichten wird die Marke „Beratung" den Situationsanforderungen ohnehin nicht gerecht.

Das Buch ist in drei Hauptteile gegliedert: Der erste Teil beschreibt die Grundlagen zur Gesprächsführung in der Sozialen Arbeit.

Kap. 1 erarbeitet Grundbegriffe zur Gesprächsführung und verortet sie im methodischen Handeln in der Sozialen Arbeit. Es stellt Merkmale guter Gespräche aus Sicht der Kommunikationspsychologie vor und beschreibt die Vielfalt an Gesprächsformen in der Sozialpädagogik und Sozialarbeit.

Kap. 2 beschreibt das Menschenbild, das in diesem Buch zum Tragen kommt, und die relevanten Bezugstheorien, aus denen Ansätze der Gesprächsführung abgeleitet werden. Es thematisiert auf dieser Basis Grundhaltungen, die einer konstruktiven Gesprächsführung in der Sozialen Arbeit zugrunde liegen sollten.

Kap. 3 leitet zur Analyse von Gesprächsstrukturen an. Darunter wird nicht wie häufig der Phasenverlauf eines Gesprächs verstanden, sondern eine typische Konstellation von Situationsbedingungen, unter denen ein Gespräch stattfindet. Gesprächsanalysen ermöglichen eine gezieltere Vorbereitung von Gesprächen.

Kap. 4 beschreibt den Gesprächsprozess als kooperativen Problemlöseprozess und stellt zwei grundlegende, breit verwendbare Gesprächsphasenkonzepte vor.

Kap. 5 beschäftigt sich mit der systematischen Vorbereitung, Dokumentation und Evaluation von Gesprächen.

In Kap. 6 werden vier in der Sozialen Arbeit relevante Ansätze zur Gesprächsführung vorgestellt. Die kooperative Gesprächsführung (Redlich 2009) wird als breit verwendbarer Basisansatz der Gesprächsführung detailliert mit den Hauptaktivitäten gesprächsführender Personen vorgestellt. Die lösungsorientierte (Schmitz 2016), die motivierende Gesprächsführung (Miller und Rollnick 2015) und die systemische Gesprächsführung in Zwangskontexten (Conen et al. 2018) ergänzen den kooperativen Ansatz.

Kap. 7 beschreibt die typischen Gesprächsformen im Hilfeprozess. Bedeutsame Gesprächsformen in der direkten Klientenarbeit (Erstgespräch, Zielklärung, Beratungsgespräch, Angehörigengespräch, Abschluss- und Evaluationsgespräch) werden vorgestellt. Dabei werden die Gesprächsstruktur, das Phasenkonzept und Arbeitsregeln detailliert erläutert.

Kap. 8 thematisiert Gesprächsformen im Kontext von Organisationen der Sozialen Arbeit. Gut geführte Teamsitzungen und Arbeitsbesprechungen tragen wesentlich zur Arbeitsqualität und -zufriedenheit von Fachkräften und Teams bei und werden detailliert besprochen. Die Selbstberatung von Teams – Intervision oder kooperative Beratung – findet heute auch in anderen Berufsgruppen (Schulpädagogik, Medizin, Pflege) vermehrt Anklang (Methner et al. 2013; Mutzeck 2014; Schlee 2019). Informierende Gespräche sind sowohl in der Klientenarbeit als auch in der professionellen Kooperation von Bedeutung.

Kap. 9 thematisiert schließlich herausfordernde Gespräche in speziell belasteten und belastenden Situationen, die über das normale Maß professionellen kommunikativen Handelns hinaus besondere Kommunikationsstrategien erfordern.

Konfliktgespräche sind in der Sozialen Arbeit nicht selten, wenn es z. B. um problematische Erziehungssituationen, Familienkonflikte oder Teamprobleme geht.

Das *konstruktive Kritikgespräch* ist ein Schlüsselfaktor für die Verbesserung von Arbeitsklima und -leistung in Teams. In der Klientenarbeit sind angemessene Kritik und Konfrontation ohne Feindseligkeit wichtige Beiträge zur Verhaltensänderung.

Kriseninterventionen und damit *Krisengespräche* sind in einigen Berufsfeldern der Sozialen Arbeit häufig. Sie sind besonders sorgfältig zu führen, da die Eskalation von psychosozialen Krisen häufig schwerwiegende Risiken und Konsequenzen für Klienten, Fachkräfte und Institutionen hat. Das Kapitel stellt nur einen ersten Zugang zur Krisenintervention dar, die vertieft erarbeitet werden muss.

In „*Schlechte-Nachrichten-Gesprächen*" gilt es, überraschende, unabwendbare und belastende Nachrichten z. B. zu Diagnosen, Sorgerechtsentscheiden oder Sanktionen verständlich zu übermitteln und wenn möglich zu verarbeiten. Schlechte Nachrichten belasten Gesprächspartner in hohem Maß und produzieren starke emotionale Reaktionen. Auch hier ist besondere Sorgfalt nötig – auch zugunsten der Sicherheit der Fachkräfte selbst.

Der Anhang zeigt eine Übersicht über die online verfügbaren Trainingsmaterialien.

Das Buch versteht sich als Arbeits- und Trainingsbuch. Dazu hier noch einige Bemerkungen: In der Sozialen Arbeit und Pädagogik im deutschsprachigen Raum besteht eine verbreitete Skepsis gegenüber technologisch anmutenden Methoden: Das strukturelle Technologiedefizit (Luhmann und Schorr 1982) wurde in den 1980er-Jahren zum Zentralbegriff der Kritik an einer als expertokratisch verstandenen Professionalisierung. Mit den Jahren wurde daraus geradezu ein Tabu: Die Verwendung von „Techniken" jedweder Art in der Sozialen Arbeit wurde aufgrund des konstatierten Technologiedefizits kritisiert (Tenorth 1999, S. 252ff.).

Hier wird aus zwei Gründen für ein erweitertes und pragmatisches Verständnis von „Technik" plädiert:

Lerntheoretisch ist der Erwerb von Gesprächskompetenzen hoch anspruchsvoll: Die Handlungssituationen sind komplex, vernetzt, teils intransparent und dynamisch, das Handeln in solchen Situationen kann als Handeln unter Druck (Wahl 1991) verstanden werden. Hierzu strukturieren die bereitgestellten Vorbereitungshilfen, Phasenverläufe und Arbeitsregeln die Lernprozesse, sie reduzieren die Komplexität von Gesprächen und unterstützen so erste Erfolgserlebnisse.

Handlungstheoretisch gesehen, bedeutet Professionalität sowohl die Beherrschung methodisch-technischer Aspekte von Gesprächsführung als auch sicher internalisierte Menschenbilder und Grundhaltungen. Menschenbilder, Handlungstheorien und Haltungen werden hier als höchste handlungsleitende Ebenen verstanden, Gesprächsmethoden und -techniken als tiefer liegende Elemente professioneller Handlungssteuerung. Es können durchaus beide Wege gleichzeitig beschritten werden: Die Arbeit an Menschenbild und Grundhaltungen gibt in mehrdeutigen Situationen eine grundlegende Orientierung, das Erlernen von Techniken schafft die nötigen Routinen zum Freiwerden der höheren kognitiven Prozesse und der nötigen Reflexivität. Letztlich funktioniert das eine nur mit dem anderen.

In der Sicht der Expertiseforschung gelangen Anfänger über Methoden und Techniken zu einer ersten Sicherheit und Orientierung. Was Novizen schon gut zu beherrschen lernen, sind die hier vorgestellten Gesprächsverläufe, Moderationstechniken und Arbeitsregeln. Mit zunehmender Praxis werden diese prozeduralisiert (Gruber 1999), sie erfahren ein „Tuning" auf Situationen, sie werden routinisiert und differenziert sowie mit Erfahrung angereichert. Sie werden dabei auch impliziter, d. h., die Gesprächssteuerung verläuft zunehmend intuitiver.

Ein Buch, das ein so breites Themenspektrum wagt, geht notwendigerweise auf Kosten der Tiefe der Inhalte; es kann und will die vertiefende Lektüre zu einzelnen Gesprächsformen und -methoden nicht ersetzen. Die Grundzüge der für den Beruf erforderlichen Gesprächsformen, ihre Vorbereitung, Durchführung und Auswertung, bedeutsame und situationsübergreifende Arbeitsregeln und günstige Strategien lassen sich aber mit dem Buch nach der nun 15-jährigen Erfahrung und vielen positiven Rückmeldungen von Studierenden und Praktikern gut erarbeiten.

Im Sinne der leichteren Lesbarkeit benutzt das Buch, wo es möglich ist, geschlechtsneutrale Formen und wo nicht möglich oder sinnvoll, das generische Maskulinum. Gemeint sind immer beide Geschlechter und Leserinnen und Leser mögen sich gleichermaßen angesprochen fühlen.

Literatur

Conen, M.-L. (2006). Therapeutisierung der Sozialarbeit? Oder: Zirkuläres Fragen ist zirkuläres Fragen. In: Kontext. 37/2. Jg. S. 191–198

Conen, M.-L., et al. (2018). Wie kann ich Ihnen helfen, mich wieder loszuwerden? Therapie und Beratung mit unmotivierten Klienten und in Zwangskontexten. Heidelberg: Auer.

Deutsche Gesellschaft für Soziale Arbeit (2005). Kerncurriculum Soziale Arbeit, Sozialarbeitswissenschaft für Bachelor- und Masterstudiengänge in Sozialer Arbeit. In: Sozialmagazin (4). S. 15–23. https://studylibde.com/doc/6769172/kerncurriculumsozialarbeitswissenschaft.

Deutsche Gesellschaft für Soziale Arbeit (2016). Kerncurriculum Soziale Arbeit: Eine Positionierung der DGSA. https://www.dgsa.de/fileadmin/Dokumente/Aktuelles/DGSA_Kerncurriculum_final.pdf. Zugriffsdatum: 8.11.2019.

Gruber, H. (1999). Erfahrung als Grundlage kompetenten Handelns. Bern: Huber.

Luhmann, N. & Schorr, K.-E. (1982). Das Technologiedefizit der Erziehung und die Pädagogik. In: Luhmann, N./Schorr, K.-E. (Hg.). Zwischen Technologie und Selbstreferenz. Fragen an die Pädagogik. Frankfurt: Suhrkamp. S. 11–40.

Methner, A., et al. (2013). Kooperative Beratung. Stuttgart: Kohlhammer.

Miller, W. R. & Rollnick, S. (2015). Motivierende Gesprächsführung. Freiburg i.B.: Lambertus.

Mutzeck, W. (2014). Kooperative Beratung. Weinheim: Beltz.

Redlich, A. (2009). Gesprächsführung in der Beratung von Lehrern, Eltern und Erziehern. Hamburg: Fachbereich Psychologie, Arbeitsgruppe Beratung und Training.

Schlee, J. (2019). Kollegiale Beratung und Supervision für pädagogische Berufe. Stuttgart: Kohlhammer.

Schmitz, L. (2016). Lösungsorientierte Gesprächsführung. Dortmund: Verlag Modernes Lernen.

Spiegel, H. & Sturzenhecker, B. (2018). Methodisches Handeln in der Sozialen Arbeit. München: Reinhardt.

Tenorth, H.-E. (1999). Technologiedefizit in der Pädagogik. Zur Kritik eines Missverständnisses. In: Fuhr, T./Schultheiss, K. (Hg.). Zur Sache der Pädagogik. Untersuchungen zum Gegenstand der allgemeinen Erziehungswissenschaft. Bad Heilbrunn: Klinkhardt. S. 252–266.

Wahl, D. (1991). Handeln unter Druck. Der weite Weg vom Wissen zum Handeln bei Lehrern, Hochschullehrern und Erwachsenenbildnern. Weinheim: DeutscherStudienVerlag.

Wendt, P.-U. (2017). Lehrbuch Methoden der Sozialen Arbeit. Weinheim: Beltz Juventa.

Inhaltsverzeichnis

Abbildungsverzeichnis

Tabellenverzeichnis

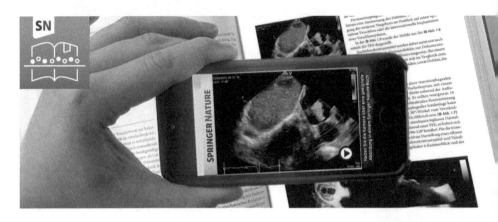

Grundbegriffe

1.1   Das Gespräch im menschlichen Leben

Das Gespräch ist im menschlichen Leben allgegenwärtig (Abb. 1.1). Es ist die Grundform menschlicher Begegnung und Beziehung und Bestandteil der *conditio humana*. In Gesprächen werden ebenso triviale Dinge ausgetauscht wie lebenslang bleibende Erfahrungen gemacht, Beziehungen begründet und beendet, bedeutsamste Entscheidungen ebenso getroffen wie Banalitäten verarbeitet. In Gesprächen werden soziale Ordnungen geschaffen und wieder zerstört. Wie bedeutend Gespräche im menschlichen Leben sind, zeigt auch, wenn sie ausbleiben, scheitern, verweigert oder verwehrt werden: Schweigen und Sprachlosigkeit, der Entzug von Kommunikationsmöglichkeiten oder die Verweigerung des Gesprächs, Isolation, Ausschluss oder Rückzug gehört zu den schwierigsten Erfahrungen im menschlichen Leben.

Im 21. Jahrhundert gewinnt das Gespräch angesichts der immens gewachsenen Möglichkeiten mediatisierter Kommunikation über Mail, Chat, Social-Media-Plattformen und Kommunikationsapps zusätzlichen Wert: Für viele menschliche Situationen ist mediatisierte Kommunikation ungeeignet oder dysfunktional – „Facebook macht unzufrieden und einsam", wie Untersuchungen zeigen. Persönliche Begegnung, Beziehung, Entschleunigung und Authentizität gegenseitigen Erlebens in Gesprächen sind im menschlichen Leben nicht ersetzbar.

Neueren Studien zufolge geben wir Menschen in den westlichen Gesellschaften pro Tag ca. 16.000 Wörter von uns. Wir verbringen demnach bei einer

Abb. 1.1   Einführungsvideo 1: Grundlagen der Gesprächsführung (https://doi.org/10.1007/ 000-0jw)

durchschnittlichen Lebenserwartung von 79 Jahren 14 Jahre mit Gesprächen, das entspricht etwa drei Stunden täglicher Gespräche – und Männer und Frauen unterscheiden sich hierbei übrigens nicht – das Klischee kommunikations- freudiger Frauen und schweigsamer Männer gilt seit längerem als widerlegt (SPIEGEL Online 2007).

Gespräche sind im menschlichen Alltag also scheinbar unabdingbar und allgegenwärtig, sie sind für den Menschen *die* Methode der Erzeugung von subjektiver Welt und Wirklichkeit, wie Berger und Luckmann schreiben:

> Gespräche sind die Interaktionen, in denen wir unser Weltbild kommunikativ konstruieren (…). Wirklichkeit ist kein objektives Faktum, das man bloß ablesen muss, sondern wird in den Handlungen der Mitglieder einer Gesell- schaft konstituiert: Das Alltagsleben der Menschen ist wie das Rattern einer Kon- versationsmaschine, die ihm unentwegt seine subjektive Wirklichkeit garantiert, modifiziert und rekonstruiert. Das, was wir als real empfinden, ist zu großen Teilen sprachlich bzw. kommunikativ verfasst und muss jeden Tag aufs Neue in der Inter- aktion mit anderen diskursiv (re-)produziert werden, sei es am Arbeitsplatz, beim Friseur, am Stammtisch oder vor dem Fernsehapparat (Berger und Luckmann 2018, S. 163).

Das Erzeugen und Sichern von Wirklichkeit ist jedoch nicht die einzige Funktion von Gesprächen im menschlichen Alltag. Alltägliche wie professionell geführte Gespräche lassen sich als eine kommunikative Form des Lösens eines gemeinsamen Problems auffassen, sie dienen

- dem Abgleich und der Veränderung von Wissen, Meinungen, Einstellungen,
- der Initiierung und Koordination individuellen und gemeinsamen Handelns,
- der Herstellung und Aufrechterhaltung sozialer Kontakte,
- der Stiftung von Identität und Zugehörigkeit zu einer Gemeinschaft sowie
- der Teilhabe am sozialen, politischen oder kulturellen Leben (Klemm 2002).

1.1.1 Der Gesprächsbegriff in Psychologie und Sprachwissenschaft

Das Gespräch ist aufgrund seiner Häufigkeit im täglichen Leben die primäre Form menschlicher Kommunikation und grundlegend für jede Form menschlicher Gesellschaft. Daher überrascht, dass sich in der Literatur zur Gesprächsführung in Pädagogik, Sozialer Arbeit oder Psychologie so selten explizite Definitionen zum Gespräch finden. In kommunikationspsychologischen Standardwerken

(Schulz von Thun 2019; Flammer 2001) fehlt ein explizierte Begrifflichkeit zum Gespräch, seinen Merkmalen und Funktionen für das menschliche Leben. Im „Wörterbuch der Psychologie" wird das Gespräch knapp definiert als „derjenige zwischenmenschliche Kontakt, bei dem über das Sprechen, Hören, Verstehen eine Begegnung, Verständigung und wechselseitige Einwirkung erzielt wird. Die Einwirkung kann z. B. Beeinflussung zum Zweck der Befolgung eines Rates oder auch das Aktivieren der Einsicht eines Gesprächspartners sein" (Wirtz 2019), womit wieder die beiden bereits erwähnten Dimensionen menschlicher Kommunikation, Interessenrealisierung und Verständigung, thematisiert sind.

Fündig wird man eher in der Sprachwissenschaft, wo das Gespräch als Gegenstandseinheit definiert ist und wissenschaftlich untersucht wird. Die Sprachwissenschaft betont vor allem die grundlegenden Unterschiede zwischen gesprochener und geschriebener Sprache, was für die Flüchtigkeit und gleichzeitige Unwiderruflichkeit von Gesprochenem im Unterschied zu Geschriebenem sensibilisiert. Die angewandte Linguistik definiert das Gespräch wie folgt (Klemm 2002):

▶ **Gespräch** Das Gespräch ist

- ein mündlicher Text (akustisch wahrnehmbar)
- von mindestens zwei Interaktionspartnern,
- der auf ein Thema zentriert ist und
- in unmittelbarem zeitlichen Kontakt (also auch am Telefon),
- mit Sprecherwechsel (keine Monologe)
- und freier Sprecherrolle (keine rituellen Zeremonien),
- mit einem Mindestmaß an Kooperation (Gesprächsbereitschaft)
- und inhaltlicher Kohärenz (thematischer Zusammenhang) zustande kommt.
- Das Gespräch wird interaktiv produziert und in der Regel durch eine Eröffnungs- bzw. Schlussphase abgegrenzt.

Im Unterschied zur schriftlichen Kommunikation müssen die Partner im Gespräch anwesend sein und miteinander interagieren. Sie produzieren und rezipieren ihre Beiträge synchron (Uno-actu-Prinzip), planen und realisieren ihre Äußerungen parallel und unwiderruflich („gesagt ist gesagt"). Im Unterschied zur schriftlichen oder medienbasierten Kommunikation ist das Gespräch von hoher Flüchtigkeit, denn es findet schnell und auf mehreren Kommunikationskanälen (verbale, paraverbale und nonverbale Zeichen) statt.

1.1.2 Das Gespräch als soziales Handeln

Wie Kommunikation allgemein wird auch das Gespräch hier unter handlungstheoretischer Perspektive als menschliches *Handeln* und nicht als *Verhalten* aufgefasst, d. h. als innengesteuertes, sinnhaftes, verantwortliches, bewussten Entscheidungen zugängliches, zielgerichtetes, flexibles und wissensbasiertes menschliches Agieren (Edelmann und Wittmann 2019, S. 171 f.). Das schließt nicht aus, dass wir uns in Gesprächen oft auch „verhalten", d. h. auf Situationen affekthaft, gewohnheitsorientiert oder außengeleitet in Reiz-Reaktions-Mustern reagieren.

Soziales Handeln ist das Gespräch, weil es nicht technologisch steuerbar ist. Vielmehr ist es den Bedingungen zweier autonomer Subjekte unterworfen und in diesem Sinne immer „Co-Produktion". Dies führt zu unvorhergesehenen Ereignissen; alle Beteiligten müssen rasch Entscheidungen fällen und Bewertungen vornehmen, die Entscheidungszeiten sind knapp und die Anforderungen an die Informationsverarbeitung hoch. Das Gespräch ist ein komplexes, vielschichtiges, flüchtiges und in der Regel temporeiches Geschehen, von vielen Zielen, Ebenen, Geschehen gleichzeitig gekennzeichnet. Alle diese Merkmale berechtigen uns, Gespräche unter handlungstheoretischer Perspektive als *Handeln unter Druck* (Wahl 1991, S. 10) zu bezeichnen. Damit ist nicht ein besonderer Stress komplexer oder belastender Situationen in der Sozialen Arbeit gemeint, sondern der Druck, der strukturell durch die Komplexität und Vielschichtigkeit von sozialer Kommunikation gegeben ist.

1.1.3 Das Gespräch in der Sozialen Arbeit

Bei aller Alltagsnähe, in der sich Soziale Arbeit bewähren muss, sind Gespräche im privaten Alltag, die der Geselligkeit, dem Austausch und Beziehungserfahrungen dienen, von beruflich geführten Gesprächen zu unterscheiden. Natürlich finden im Leben sozialer Einrichtungen auch Alltagsgespräche statt. Für einen beruflichen Kontext wie die Soziale Arbeit ergeben sich jedoch neben dieser Alltagsauffassung von Gesprächen und ihren Funktionen weitere zentrale Perspektiven. Gespräche im beruflichen Auftrag der Sozialen Arbeit werden hier als methodisches Handeln und Problemlösen aufgefasst, sie stellen die kommunikative Vermittlung methodischen Handelns in der Sozialen Arbeit sicher und sind deren zentrales Medium. Für die klientenbezogene Arbeit an materiellen und psychosozialen Problemsituationen erhält das Gespräch eine zentrale Bedeutung:

- *Sozialer Kontakt* allein bewirkt für viele Klienten bereits Entlastung und Unterstützung.
- Die Bildung von *Gemeinschaft* und die *Teilhabe* an sozialen Prozessen, sei es im Kontakt mit Fachkräften oder im Rahmen von Netzwerk- oder Selbsthilfearbeit, stützt und ermutigt Klienten.
- Informationsaustausch im Gespräch schafft *Wissen* und damit die Basis für Einstellungsänderung.
- Die *Rekonstruktion von erlebter Wirklichkeit* ermöglicht die Bearbeitung von subjektiven Sichtweisen und Erlebensmustern der Klienten.

Daneben treten im beruflichen Kontext handlungsbezogene Funktionen, wie

- die kommunikative Klärung und Lösung von Problemsituationen,
- die Anbahnung von Veränderungsbereitschaft bei den Gesprächspartnern,
- die Initiierung gemeinsamen Handelns in Klientenarbeit und Organisation
- und die Entschärfung von Situationskonstellationen (Krisen, Konflikte oder Gefährdungssituationen), die besonders riskant und problematisch sind.

1.2 Gesprächsführung als Universalmethode – theoretische Verortung

Professionelle Gesprächsführung wird in der Methodenliteratur der Sozialen Arbeit in aller Regel nicht als eigenständige Methode wahrgenommen, dies steht in eigenartigem Kontrast zu spezifischeren kommunikativen Handlungsformen wie Beratung, Coaching, Supervision oder Mediation. Als Handlungsform und Methode ist sie in der Methodendiskussion zwar oft mitgemeint, bleibt aber in der Methodensystematik der Sozialen Arbeit unsichtbar und nur wenige Ausnahmen (Wendt 2017) beschreiben Gesprächsführung als Methode der Sozialen Arbeit. Und dies, obwohl im Diskurs um Professionalität und Handlungskompetenz in der Sozialen Arbeit kompetentes kommunikatives Handeln als eine der Schlüsselfunktionen sozialarbeiterischen Handelns postuliert wird (Heiner 2018). Gesprächsführung wird meist als eine Vielfalt von nebeneinander existierenden Gesprächsansätzen therapeutischer Herkunft beschrieben (Deutscher Verein für Öffentliche und Private Fürsorge 2017), nur unter diesen ansatzspezifischen Vorzeichen geführt (lösungsorientierte oder klientzentrierte Gesprächsführung) oder auf Techniken der Steuerung bzw. Moderation innerhalb von Gesprächen reduziert.

Im Gegensatz zu dieser sowohl disziplinären wie auch curricularen Unsichtbarkeit steht, dass Gesprächsführung bei Studierenden und Praktikern der Sozialen Arbeit als zentrales Element in Ausbildung und Praxis erlebt wird, wie die Evaluationen entsprechender Lehrveranstaltungen aus zwei Jahrzehnten Lehrtätigkeit ebenso wie die wiederkehrenden Stimmen aus der Praxis zeigen: Professionelle Gesprächsführung gilt als Kernkompetenz sozialer Berufe.

Das helfende Gespräch hat in der Sozialen Arbeit eine schon lange Tradition. Bereits in den 1960er-Jahren, der Blütezeit der klassischen Methodentrias von Einzelfallhilfe, Gruppen- und Gemeinwesenarbeit lassen sich Grundhaltungen zum helfenden Gespräch erkennen, die immer noch modern anmuten und ein eigenständiges Profil zeigen. Herbert Lattkes „zehn Gebote" helfender Gespräche müssen moderne Standards von Partizipation, Empowerment, Klientzentrierung oder Ressourcenorientierung nicht scheuen. Sie fordern ein,

1. Klienten als *ganzen Menschen* zu behandeln,
2. ihre *Selbsthilfekräfte* zu entdecken und zu fördern,
3. sie zu *Partnern* am Hilfsvorgang werden zu lassen,
4. sie zu *akzeptieren,* wie sie sind, und die *Grenzen* zu setzen, die sie brauchen,
5. *nicht voreingenommen* zu urteilen,
6. mit allen Klienten *dort anzufangen, wo sie stehen,*
7. mit ihren *Stärken* zu arbeiten,
8. es allen Klienten zu ermöglichen, sich *frei zu äußern,*
9. ihnen zu helfen, ihr Recht auf *Selbstbestimmung* und ihre Pflicht zur *Selbstverantwortung* zu verwirklichen, und
10. ihnen zu helfen, *sich selbst und ihre Lage* besser zu *verstehen* (Lattke 1969).

Auch 50 Jahre nach Lattkes Forderungen gibt es genügend gute Gründe, sich vertieft mit Gesprächsführung auseinanderzusetzen (Gregusch und Widulle 2018):

- Die *Ökonomisierung* der Sozialen Arbeit bringt einerseits Rahmenbedingungen für professionelle Gespräche unter Druck, zieht andererseits aber Möglichkeiten zum Nachweis der Wirksamkeit von Gesprächen nach sich und eröffnet damit auch Chancen;
- *Gesprächsführung* tritt hinter mehr Status und Professionalität verheißende Methoden wie Beratung oder Coaching zurück, obwohl ein Großteil kommunikativen Handelns von Fachkräften der Sozialen Arbeit eben nicht in Beratungsformate passt;

- der *sozialarbeitsspezifische Charakter* professioneller Gesprächsführung in Zusammenarbeit mit und Abgrenzung zu anderen psychosozialen Berufen ist häufig legitimationsbedürftig und muss sich als professionell ausweisen;
- *neue Kommunikationsformen* im Rahmen des gesellschaftlichen oder digitalen Wandels schaffen eine neue Aktualität von Dialog und Begegnung;
- dem oft missverstandenen *Technologiedefizit* psychosozialer Professionen, das Methodisierbarkeit im psychosozialen Handeln für nicht möglich hält, sollte mit wissens- und regelbasierten, wirksamen und lernbaren Formen der Gesprächsführung begegnet werden.

Da professionelle Gesprächsführung bislang eine nur unzureichend eigenständige Position in der Methodologie der Sozialen Arbeit einnimmt, wird im Folgenden ein Vorschlag zu einer systematischen methodologischen Verortung dieses „Universalverfahrens für alle Anwendungsbereiche der Sozialen Arbeit" (Wendt 2017) gemacht. Um in dem, was im Weiteren methodologisch verortet werden soll, präzise zu sein, steht ein Definitionsversuch in Anlehnung an Kleve (2017) und Wendt (2017) am Anfang:

▶ **Gesprächsführung** Professionelle Gesprächsführung wird hier definiert als die

- wissensbasierte, zielorientierte und methodische,
- anlassgerechte und subjektzentrierte,
- Gestaltung sozialarbeiterischer Kommunikation und Interaktion
- zur kommunikativen Klärung, Bearbeitung und Lösung von Themen und Problemen von Fachkräften, Klienten und weiteren Akteuren
- im Rahmen unterschiedlich formalisierter Gesprächssettings und -prozesse
- und deren organisationalen Rahmungen und professionellen Aufträgen.

Gesprächsführung als Methode lässt sich in fünf Perspektiven auf die Struktur Sozialer Arbeit verorten und begründen. Soziale Arbeit als *Handlungswissenschaft,* ihr *Professionscharakter* und ihre *Praxeologie, das Kompetenzprofil* für den Beruf und schließlich die *Prozessgestalt methodischen Handelns* geben Hinweise zum systematischen Ort von Gesprächsführung in der Sozialen Arbeit.

1.2.1   Soziale Arbeit als kritisch-normative *Handlungswissenschaft*

Eine Handlungswissenschaft zeigt Wege auf, die Welt nicht nur zu interpretieren, sondern auch zu verändern und das Handeln der Fachkräfte entsprechend anzuleiten (Staub-Bernasconi 2018). Hierzu führt das systemtheoretische Paradigma der Sozialen Arbeit eine allgemeine normative Handlungstheorie und spezielle Handlungstheorien (Methoden zur Lösung spezifischer sozialer Problemlagen) ein. Die allgemeine Handlungstheorie (Obrecht 1996) umreißt ein universelles professionelles Handlungsschema der Beschreibung, Analyse und Bewertung sozialer Probleme, die dann über Zielsetzung, Planung, Intervention und Evaluation nachhaltig verändert werden sollen. Ein erweitertes Verständnis von Gesprächsführung in der Sozialen Arbeit folgt diesem Grundmodell systematischen problemlösenden Handelns. Da in der Sozialen Arbeit klienten- wie auch organisationsbezogene Probleme in erheblichen Teilen nur durch Kommunikation und Interaktion bearbeitbar werden, kann professionelle Gesprächsführung als sozialkommunikatives Medium einer allgemeinen normativen Handlungstheorie verortet werden. Entsprechende Gesprächsformen im Rahmen von Hilfe- und organisationalen Prozessen drängen sich auf. Sie reichen vom Erstgespräch über Hilfeplanungs- und Standortgespräche bis zu Evaluationsgesprächen in der Klientenarbeit. Wenn die Sozialarbeitswissenschaft im Weiteren von „speziellen Handlungstheorien" (Staub-Bernasconi 2018, S. 241 ff.) spricht, meint sie spezifische Methoden, die zielführend zur Bearbeitung einer bestimmten Art von sozialen Problemen genutzt werden. In diesem Sinne können spezifische Gesprächsformate, das Wissen und die Vorgehensweisen dazu (wie zu Hilfeplangesprächen) und -ansätze der (z. B. lösungsorientierten oder motivierenden) Gesprächsführung als Elemente spezieller Handlungstheorien z. B. zur Ressourcenerschließung, Kompetenzförderung, sozialen Vernetzung oder Bewusstseinsbildung verortet werden.

1.2.2 Die Struktur von Professionen und professionelles Handeln

Die Berufsangehörigen der „klassischen" Professionen lösen gemäß Luhmann gesellschaftliche Zentralwertprobleme – Probleme, die für das Bestehen und die Stabilität einer Gesellschaft von überragender Bedeutung sind (Luhmann 1975, S. 29) wie die Bewältigung von menschlicher Vergänglichkeit (Theologie), gesellschaftlichen Konflikten (Richter und Anwälte) und von Krankheit und Leiden (Ärzte), also von „existentiellen Problemen, die Menschen aus eigener Kraft und mit privater Hilfe nicht lösen können" (Heiner 2010). Für die klinische Psychologie/Psychotherapie werden psychische Leiden und für die Soziale Arbeit *soziale* Probleme zu deren Gegenstand. Die Dienstleistungen von Professionen werden nun nicht nur, aber doch maßgeblich in Gesprächen erbracht. Seelsorgerische, ärztliche, anwaltschaftliche, psychotherapeutische und sozialarbeiterische Gespräche bringen Unterstützung, Rat und Hilfe in zentralen Lebensproblemen auf den Weg und das Gespräch gilt in Professionen als eine der zentralen Dienstleistungen: Klärung, Problemanalyse und Problemlösungen werden im Gespräch teils „produziert und konsumiert" (Uno-actu-Prinzip) und so gehören unterstützend-helfende Gespräche zum Kern jeder Professionstätigkeit. Eine besondere Form von Gesprächen – Beratung – gilt als Kernfunktion aller Professionen.

Die Soziale Arbeit hat dabei einen besonderen Handlungstypus hervorgebracht, der als „reflexive Professionalität" (Dewe und Otto 2012) beschrieben wird. Reflexiv handelnde Sozialarbeitende wählen und verbinden theoretisches, methodisches und praktisches Wissen mit dem Blick auf Problemsituationen – man kann das als eine Art des „Zuschneidens" von Wissen auf Situationen verstehen, um die in der Sozialen Arbeit oft offenen, ungewissen und unübersichtlichen Anforderungen in beruflichen Aufgaben bewältigen zu können (Hoburg 2017, S. 16 ff.). Kommunikatives Handeln und damit auch Gespräche sind ein Prototyp solch ungewisser, offener und komplexer Aufgaben. Sie lassen sich als Zentrum methodischen Handelns ansehen, in denen nicht nur die verschiedenen Wissensformen im kommunikativen „Handeln unter Druck" (Wahl 1991) relationiert und realisiert werden müssen, sondern auch berufliche Erfahrungen, Persönlichkeitsdispositionen, professionelle Selbstkonzepte und ethische Haltungen, was in der Sozialen Arbeit als die „Arbeit mit der eigenen Person" bezeichnet wird.

1.2.3 Die *Praxeologie* Sozialer Arbeit

Praxeologie als Teil der Disziplin Soziale Arbeit untersucht die Art und Verbreitung, die Wirkungsweise und Wirksamkeit von Methoden in Bezug auf die Ziele der beruflichen Handlungen von Sozialarbeitenden. Sie stellt hierzu ein vernunftbestimmtes Wissen über Konzepte, Methoden und Verfahren beruflichen Handelns zur Verfügung (Preis 2009, S. 157). Preis unterscheidet vier Orientierungen methodischer Verfahren (ders. S. 164), in denen sich Gesprächsführung positionieren lässt:

- *Sozialtechnologische Verfahren* übersetzen theoretisches Wissen in Gesetze, Regeln und strukturierte Problemlöseprozesse. Gesprächsführung trägt hier zur Wahl von Settings und Ansätzen sowie zur Anlage von Gesprächsprozessen bei.
- *Kommunikative Verfahren* berücksichtigen den Aushandlungscharakter und das interaktive Geschehen von Hilfeleistungen, sie gestalten Dialog und Verständigung, schaffen Beziehungsangebote und eine tragfähige, vertrauens-

volle Beziehung, ohne die auch die besten Interventionsstrategien nichts nützen. Professionelle Gesprächsführung wird hier als Zentrum kommunikativer Verfahren und somit zentrales Element einer Praxeologie Sozialer Arbeit gesehen.

- *Interpretative Verfahren* orientieren sich an der Lebenswelt und schaffen Betroffenen ein Verständnis ihrer Problem- und Lebenslage, dieses Verständnis entsteht maßgeblich im Gespräch.
- *Kritisch-reflexive Verfahren* schließlich bedenken Randbedingungen und Nebenwirkungen und verhindern eine kritiklose Übernahme von Zielen und Vorgehensweisen auf der Basis wissenschaftlicher Rationalität und professionsethischer Maximen. Professionelle Gesprächsführung in kritisch-reflexiver Absicht ist unabdingbarer Teil einer reflexiven Professionalität und betrifft Gespräche mit dem Klienten- wie dem Hilfesystem.

In allen vier praxeologischen Perspektiven lässt sich Gesprächsführung verorten und in diesem Sinne als Querschnittsmethode beschreiben.

1.2.4 Das *Kompetenzprofil* für den Beruf Soziale Arbeit

Für die berufliche Wirksamkeit von Fachkräften der Sozialen Arbeit sind kommunikative Kompetenzen zentral. Die Interaktion mit Klienten, deren Angehörigen und allen beruflich Beteiligten in Hilfeprozessen, mit Organisationen, Leistungs- und Auftraggebern erfordert kommunikative und Gesprächskompetenzen, die weit über alltägliches Kommunizieren hinausgehen. Dementsprechend kommt kein Kompetenzprofil für die Soziale Arbeit ohne kommunikative Kompetenzen aus. Bisweilen, wie im „Kerncurriculum Soziale Arbeit" der DGSA, erscheinen sie sehr diskret in „spezielle Handlungstheorien/-methoden zur direkten und indirekten psychosozialen, sozialen und kulturellen Arbeit mit Individuen, Familien, Kleingruppen (…)" verpackt (Deutsche Gesellschaft für Soziale Arbeit 2016) und nicht immer verfügen sie über einen entsprechend gewichteten Platz in den Kompetenzprofilen in Ausbildungsstätten und Fachliteratur. Heiner verortet kommunikative Kompetenzen in der Prozessdimension ihres Kompetenzmodells: Neben Planungs- und Evaluationskompetenzen bezeichnet sie Interaktions- und Kommunikationskompetenz in Hilfeprozessen als zentral. Als Teilkompetenzen nennt sie Präsentation, Wahrnehmung und Rezeption von Kommunikation, Mitteilungsfähigkeit (verbal und nonverbal), Einfühlung, Strukturierung und Fokussierung sowie Deutungsfähigkeiten. Als Anwendungsbereiche sieht sie Situationsformen wie Anleitung, Information, Beratung, Alltagsbegleitung und -strukturierung, Gruppenleitung,

Verhandlungen und weitere Anwendungsfelder (Heiner 2018). Noch präziser und differenzierter zeigt sich der deutsche Berufsverband für Soziale Arbeit, der „die Fähigkeit zur systematischen, theoriegeleiteten und methodisch vielfältigen Gesprächsführung sowohl mit einzelnen als auch mit Gruppen" als Kernelement kommunikativer Kompetenzen fasst (Maus et al. 2013).

1.2.5   *Prozessmodelle* methodischen Handelns

Alle bekannten Prozessmodelle methodischen Handelns in der Sozialen Arbeit verweisen auf eine hohe Bedeutung von Gesprächskompetenz für professionelle Soziale Arbeit, auch wenn die kommunikative Umsetzung der Gespräche in Hilfeprozessen eher selten differenziert angeleitet wird. Hochuli und Stotz beschreiben die Gesprächsformen in Hilfeprozessen (Erst-, Erkundungs-, Zielklärungs-, Hilfeplanungs-, Standort- und Evaluationsgespräche) und betonen die Notwendigkeit, „den Rahmen eines einzigen Methodenkonzepts zu über-schreiten" (Hochuli Freund und Stotz 2017, S. 284), methodisch vielfältige und problemspezifische Konzepte, Ansätze und Ideen in der Arbeit mit Klienten zu verfolgen und sich von Ansätzen und Konzepten zur Gesprächsführung nicht zur Engführung verleiten zu lassen.

1.3   Gesprächsführung und Strukturmerkmale professionellen Handelns in der Sozialen Arbeit

Soziale Arbeit in ihrer heutigen Form hat drei Funktionen (Spiegel und Sturzenhecker 2018, S. 22). Dies sind *Inklusionsvermittlung* (Unterstützung bei der Erziehung und Bildung in teils riskanten Lebenssituationen), *Exklusions-vermeidung* (die Gewährung von Hilfen in materiell prekären Verhältnissen, um sozialen Ausschluss zu verhindern) und *Exklusionsverwaltung* (die Unterstützung von Menschen, die dauerhaft ihr Leben nicht aus eigener Kraft bewältigen können). Soziale Arbeit ist Teil des Sozialstaats und gibt Unterstützung bei unversicherbaren *Risiken der Lebensführung* mit dem Ziel, gesellschaftliche Normalität zu gewährleisten. Zentral ist der Fokus auf (psycho-)soziale Probleme.

Als wesentliche Grundstruktur Sozialer Arbeit gilt die wechselseitige Bedingt-heit von *staatlichem Auftrag, institutioneller Organisation und personen-bezogener Arbeit* an psychosozialen Problemen.

Gespräche (personale Begegnung und kommunikative Problemlösung) sind bedingt durch diese Grundstruktur immer im Kontext des gesellschaftlichen

Auftrags (Normalisierung) zu sehen, im Rahmen einer Institution (Vertreter einer Organisation) mit Fokus auf die dialogische Arbeit mit Klienten (Unterstützung, Partizipation und Lebensbewältigung).

In diesem Buch wird, wie erläutert, die These vertreten, dass das Gespräch *die sozialkommunikative Gestalt methodischen Handelns* in der Sozialen Arbeit ist. Methodisches Handeln legitimiert sich dabei immer durch den beruflichen Auftrag und Kontext, die Rahmenbedingungen der Institution und die Aufgabe der Fachkraft, die in der persönlichen Begegnung, Auseinandersetzung und Aushandlung mit den Gesprächspartnern Lösungen für die relevanten Probleme erarbeitet.

Strukturmerkmale professionellen Handelns/Wissensbaustein: Strukturmerkmale professionellen Handelns
Berufliches Handeln in der Sozialen Arbeit weist im Vergleich zu anderen Professionen wie Ärzten, Psychologen oder Juristen deutlich andere Merkmale auf. Diese Merkmale der Sozialen Arbeit wirken als Strukturbedingungen auf das professionelle Handeln (alltagsfern oder alltagsnah, mit freiwilligen oder unfreiwilligen Klienten, als Experten- oder kooperatives Handeln, in professioneller Autonomie oder institutioneller Abhängigkeit) bis in die konkrete Gesprächsinteraktion hinein. Sieben solche Bedingungen werden in der Literatur genannt (Galuske 2013; Spiegel und Sturzenhecker 2018):

- das *doppelte Mandat* von Hilfe und Kontrolle,
- *Subjektorientierung,*
- das *Technologiedefizit* von Pädagogik und Sozialer Arbeit,
- der ethische Anspruch an *Co-Produktion* und *dialogische Verständigung,*
- die professionelle *Allzuständigkeit* und der geringe Grad an Spezialisierung,
- die *fehlende Monopolisierung* von Tätigkeitsfeldern und
- die *Durchsetzung von Kompetenzansprüchen* unter Alltagsnähe.

Das doppelte Mandat von Hilfe und Kontrolle bzw. Dreifachmandat von gesetzlichem, fachlichem und Klientenauftrag: Soziale Arbeit ist gesellschaftlich definierte und institutionell organisierte Hilfe; sie bewegt sich zwischen den Bedürfnissen der Klienten, der eigenen fachlichen Einschätzung des Hilfebedarfs und dem institutionellen oder gesellschaftlichen Auftrag (Spiegel und Sturzenhecker 2018, S. 26 f.). Hilfe und Kontrolle sind dabei oft miteinander verwoben (als „Kontrolle durch Hilfe" bzw. „Hilfe durch Kontrolle"). Die verschiedenen Mandate kollidieren oft strukturell; das zeigt sich etwa bei unfreiwilligen Heimplatzierungen, bei Leistungskürzungen in der Sozialhilfe, im Falle von Nichtzuständigkeit im Migrationsbereich oder bei unfreiwilligen Beratungen. Soziale Arbeit kann recht selten ausschließlich anwaltschaftlich im Sinne ihrer Klienten agieren. Insofern ist auch der Kundenbegriff in der Sozialen Arbeit strukturell verfehlt, denn praktisch immer bezahlt die Öffentlichkeit soziale Dienstleistungen und nicht immer sind Klienten auch Auftraggeber von Interventionsprozessen. Fachkräfte bewegen sich so immer auf mehreren Auftragsebenen – und vollziehen häufig einen Balanceakt zwischen Klienten-mandat, eigenem fachlichen Urteil und gesetzlichen oder institutionellen Mandaten. In der Regel verfügen sie dabei über Handlungsspielräume, die eine fachlich-persönliche Ausgestaltung ermöglichen, ohne dass gesellschaftlich-institutionelle Zusammenhänge negiert werden müssten.

• Der Bezug des eigenen Handelns auf Klienteninteressen, die eigenen fach-lichen Einschätzungen und gesetzliche oder institutionelle Mandate müssen im Gespräch berücksichtigt und metakommunikativ geklärt werden.
• Fachliche und institutionelle Handlungsspielräume zwischen Hilfe und Kontrolle, eigener Einschätzung, institutionellem Auftrag und Klienten-wünschen sind zu berücksichtigen und gegebenenfalls zu deklarieren.

Subjektorientierung und dialogische Verständigung: Egal, ob man von erzieherisch eher „optimistischen" oder „pessimistischen" Grundannahmen über die Veränderbarkeit von Menschen ausgeht, Soziale Arbeit hat es mit Menschen als Subjekten ihrer eigenen Entwicklung zu tun, besonders unter den Bedingungen einer Moderne, die uns Menschen ein hohes Maß an Individualisierung ermöglicht, aber auch abfordert. Was Menschen bei ihrer All-tagsgestaltung und -bewältigung als gelingend oder problematisch empfinden, wie sie es erklären und damit umgehen, ist das Ergebnis ihrer individuellen Deutungs-muster und ihrer Konstruktion von Wirklichkeit (Spiegel und Sturzenhecker 2018, S. 29). Diese Muster sind subjektiv und selektiv. Die Sichtweisen von Klienten sind den Sichtweisen von uns als Fachkräften prinzipiell gleichwertig. Sie sind ernst zu nehmen, auch wenn sie als fremd oder unverständlich erscheinen. Sie müssen systematisch erfasst und strukturell berücksichtigt werden.

• Im Gespräch gibt es immer viele subjektive Sichtweisen zu einem Problem. Die Sicht von Fachkräften darf nicht absolut gesetzt oder durch institutionelle Definitionsmacht durchgesetzt werden.

- Das hindert Fachkräfte der Sozialen Arbeit jedoch nicht daran, *ihre* Sichtweisen und Deutungsmuster transparent zu machen und Klienten zuzumuten.
- Handlungen von Klienten sind Ergebnis ihrer Bedürfnisse, Motive und Bewertungsprozesse, diese sollten erfragt und ernst genommen werden.
- Emotionen, ihr Ausdruck und die Bewältigung vor allem negativer Emotionen müssen vor dem Hintergrund kultureller Bedeutungen interpretiert werden, am besten durch die Betroffenen selbst.

Betrachtet man Menschen als Subjekte ihrer Entwicklung, mit Würde, Rechten, Autonomie und Eigen-Sinn (und nicht als Objekte einer wie auch immer gutgemeinten Form von „Behandlung"), zieht dies unmittelbar die Forderung nach dialogischer Verständigung in Hilfeprozessen nach sich und Soziale Arbeit versteht sich auch in herausfordernden Kontexten als dialogisch orientierte Profession, denn

- ohne dialogische Verständigung und Co-Produktion bleiben auch noch so sorgfältig geplante Interventionen wirkungslos;
- Partizipation und dialogische Verständigung müssen auch unter Bedingungen der Unfreiwilligkeit durchgehalten werden können;
- Aushandlungsprozesse sind generell wichtige Bestandteile von Gesprächen;
- eigene Anteile an der Kooperation werden verantwortlich wahrgenommen;
- die (mitunter begrenzte) Verantwortungsfähigkeit der Klienten muss eingeschätzt und berücksichtigt werden und die daraus resultierenden Deutungsmuster und Handlungsstrategien werden als andersartig, aber als prinzipiell gleichwertig betrachtet;
- und schließlich gilt es, vorhandene Macht- und Verantwortungsgefälle im Gespräch zu minimieren; Mitverantwortung und Mitentscheidung sind den Klienten so weit wie möglich und verantwortbar zuzusprechen und auch zuzumuten.

Das strukturelle Technologiedefizit in sozialen Prozessen: Alle sozialen Prozesse, menschlichen Entwicklungen, Beziehungen und sozialen Interaktionen sind komplex und kontingent. Eindeutige, quasi naturwissenschaftliche Zusammenhänge von Ursache und Wirkung lassen sich in sozialen Kontexten nicht herstellen, denn eine problematische Verhaltensweise kann vielfältige Ursachen und ein Ursachenfaktor vielfältige Folgen haben (Spiegel und Sturzenhecker 2018, S. 31). Kontingenz bedeutet, „alles könnte potenziell immer auch anders sein". Diese Komplexität und Kontingenz sozialer Prozesse wird als strukturelles Technologiedefizit der Sozialen Arbeit (Luhmann und Schorr 1982) bezeichnet: Es ist nicht möglich, Handeln und im Besonderen Gespräche „technisch" zu steuern, zu kontrollieren und Wirkungen exakt vorherzusagen, auch wenn

wir uns von methodischem Handeln vorhersagbare Wirkungen erhoffen und
Methodisierung, das Erlernen und der Nachweis der Wirksamkeit von Methoden,
möglich sind. Für Gesprächsführung bedeutet dies:

- Bei der Vorbereitung von Gesprächen muss die Dynamik von Kommunikation
  und Kooperation berücksichtigt werden; es ist günstig, sich des Hypothesen-
  charakters aller Analysen und Interventionen bewusst zu sein und sich nicht
  starr auf bestimmte Muster zu fixieren.
- Jedes Gespräch ist ein Unikat, es ist auf die aktuelle Situation eines Menschen
  bezogen. Ein Gespräch kann immer einen unvorhersehbaren Verlauf nehmen,
  Ungewissheit ist für Kommunikation und Interaktion konstitutiv. Flexibilität
  und Adaption an die Situation sind daher in hohem Maße geboten – manchmal
  ist im Gespräch richtig, was in der Vorbereitung noch falsch schien.
- Gesprächsführung als Technologie ist kritisch zu beurteilen. Gespräche
  „technisch" zu führen, auf der Basis von Handlungsanleitungen, die ohne
  jede Abweichung umzusetzen sind, dies kann in aller Regel als Kunstfehler
  gesehen werden.

*Co-Produktion und Kooperation als Merkmal personenbezogener Dienst-
leistungen:* Personenbezogene Dienstleistungen entstehen in Co-Produktion.
Klienten sind dabei sowohl Konsumenten einer Dienstleistung wie Beratung als
auch deren Mitproduzenten. Dienstleistungen wie Gespräche entstehen *„uno
actu"*, sie werden gleichzeitig „produziert und konsumiert", und dies immer
als Kooperation der Gesprächspartner (Spiegel und Sturzenhecker 2018, S. 34).
Kooperation meint hierbei eine zwischen zwei Gesprächspartnern abgestimmte,
auf ein Ergebnis gerichtete Tätigkeit, die eine gemeinsame Ausrichtung des
Handelns und gemeinsame Ziele erfordert (Hochuli Freund und Stotz 2017,
S. 54 f.). Dies setzt auch in herausfordernden Kontexten ein Verständnis von
Koproduktion, Kooperation und Dialog voraus, in dem möglicherweise sogar
die Klienten die Hauptakteure sind und Professionelle nur Co-Produzenten. Für
Gesprächsführung hat dies bedeutende Folgen:

- Die Wirkung von Gesprächen kann nicht einseitig aus im Voraus geplanten
  Interventionen abgeleitet werden, denn Klienten tragen mit Eigen-Sinn und als
  Subjekte vor allem dann zu Problemlösungen bei, wenn sie sich Nutzen davon
  erhoffen.
- Fachkräfte als Co-Produzenten arrangieren helfende Gespräche sorgfältig
  und bereiten so den Boden, dass sich durch Unterstützung, Gewährung und
  Aktivierung von Ressourcen, durch Anregung und konstruktive Konfrontation
  gemeinsame Lösungen entwickeln können.

- Fachkräfte kennen ihre Verantwortung für Gespräche, sie ziehen sich nicht defensiv darauf zurück, an Klienten als „Kunden" alle Verantwortung abzugeben.
- Eine Grundhaltung der Kooperation, die Suche nach geteilten Problemdefinitionen, gemeinsamen Zielen und durch alle Akteure getragenen Lösungen gilt es gerade in herausfordernden Kontexten zu suchen und durchzuhalten.

Die Allzuständigkeit und eher geringe Spezialisierung von Sozialer Arbeit: Die Problem- und Aufgabenfelder der Sozialen Arbeit sind oft diffus, alltagsnah und von einer großen Bandbreite. Sie überschneiden sich regelmäßig und strukturbedingt mit denen anderer Berufsgruppen und lassen sich von diesen oft nicht scharf abgrenzen (Galuske 2013, S. 40 f.). Zielvorstellung ist dabei die gute Kooperation zwischen den Berufsgruppen unter Wahrung der jeweiligen Zuständigkeiten und Kompetenzen. Für Gesprächsführung hat dies Konsequenzen:

- Die Klärung von Zuständigkeiten und Problemlöseressourcen ist ein wichtiger Bestandteil sowohl in Klientengesprächen als auch in Gesprächen mit anderen Fachkräften.
- Strukturelle Überschneidungen verlangen auch die Thematisierung der Grenzen von Interventionen oder der Selbstbegrenzung der eigenen Zuständigkeit.
- Zur Klärung gehört auch der Verweis auf weitere Hilfeinstanzen oder beteiligte Fachkräfte.
- „Man ist nie nur zu zweit" – das Wissen um weitere beteiligte oder zu beteiligende Personen, Instanzen, Institutionen, Berufsgruppen sollte daher im Gespräch immer berücksichtigt werden.

Die fehlende Monopolisierung von Tätigkeitsfeldern: Anders als die klassischen Professionen (Medizin, Theologie und Rechtswissenschaften) sind Sozialarbeiter nur selten alleine für eine Fallbearbeitung zuständig (Galuske 2013, S. 43 f.). Soziale Arbeit vollzieht sich fast immer in multiprofessionellen Kontexten. Schulsozialarbeiterische Aufgaben überschneiden sich mit den Aufgaben von Lehrern, Schulpsychologen und Sonderpädagogen, die Arbeit der Sozialpsychiatrie überlagert sich mit der von Psychotherapeuten, Ärzten und Pflegepersonal. Die Soziale Arbeit hat in den letzten Jahrzehnten in dieser Multiprofessionalität eigene Arbeitsschwerpunkte definiert und sich als eigenständige Profession etabliert. Für Gesprächsführung bedeutet dies,

- eigene Zuständigkeiten im Gespräch zu klären und auch durchzusetzen;
- den spezifischen Zugang der Sozialen Arbeit in multiprofessionellen Kontexten deutlich zu machen und zu vertreten.

Schwierigkeiten der Durchsetzung von Kompetenzansprüchen bei Problemen des täglichen Lebens: Für Laien ist bei alltagsnahen Tätigkeiten häufig schwer einsehbar, warum es da eines Experten bedarf und worin die Expertise der Sozialen Arbeit besteht (Galuske 2013, S. 44 f.). Wissensbasis und methodisches Können gerade von lebensweltorientierter und alltagsnaher Sozialarbeit sind für Klienten nicht immer durchschaubar. Die Voraussetzungen sollten deshalb deutlich gemacht werden, denn als Experte wahrgenommen zu werden, ist auch eine Voraussetzung der Wirksamkeit von Interventionen. In Gesprächen sollten daher

- bei aller Partizipation und Co-Produktion die Professionalität der Hilfe (im Unterschied zur Laienhilfe) deutlich gemacht werden;
- Zweifel an der Professionalität als Gesprächsstörungen behandelt werden, da sie die Position der Sozialpädagogin oder des Sozialarbeiters untergraben.

1.4   Methodisches Handeln und Gesprächsführung – ein Orientierungsmodell

Das vorangegangene Kapitel begründete Gesprächsführung als Universalverfahren professionellen Handelns in der Sozialen Arbeit und konkretisierte die Herausforderungen von Gesprächsführung durch die Strukturbedingungen professionellen Handelns. Das folgende Kapitel entwickelt nun ein Modell, das methodisches Handeln, Gesprächsführung und soziale Kommunikation und Interaktion systematisch miteinander verbindet.

Dazu zuerst einige Grundannahmen über die Natur menschlichen Erkennens und der Verarbeitung von sozialer Wirklichkeit. Geht man von den Erkenntnisannahmen des gemäßigten Konstruktivismus aus, leben wir in einer Welt aus subjektiven Erfahrungen und Bedeutungen, über die wir prinzipiell in der Lage sind, uns mit anderen Menschen zu verständigen. Dieses Verstehen ist allerdings voraussetzungsreich und nicht selbstverständlich, denn Erfahrungen, erlebte Wirklichkeiten und Bedeutungen sind hochgradig individuell. Die Evolution hat uns jedoch ein gemeinsames biologisches Erbe, ähnlich strukturierte kognitive Systeme und eine gemeinsame Kultur und Sprache hinterlassen, auf deren Basis wir uns über soziale Wirklichkeiten verständigen können. Die evolutionäre Erkenntnistheorie (Vollmer 2002) wie auch kritisch-realistische Positionen betonen diese Seite menschlicher Erkenntnisfähigkeit, die (im Unterschied zum radikalen Konstruktivismus) Verstehen und Verständigung als prinzipiell möglich erscheinen lässt.

Im Weiteren ist es erforderlich, den Kommunikationsbegriff zu schärfen, denn Kommunikation ist ein vieldeutiger und missverständlicher Begriff mit vielen

Bedeutungsvarianten (Burkart 2019; Hargie 2013; Röhner und Schütz 2016) und wird in diesem Buch in einem spezifischen und engen Verständnis als interpersonale Kommunikation benutzt.

▶ **Kommunikation** Kommunikation ist die Form der sozialen Interaktion, in der mindestens zwei Menschen *mithilfe symbolischer Zeichen wie Sprache oder nonverbaler Signale wechselseitig aufeinander bezogen (interaktiv) und absichtsvoll (intentional) kommunikativ handeln* und aufgrund ihres gemeinsamen biologischen Erbes (kognitives System), ihrer Sozialisation und Enkulturation (Erziehungs- und Lernprozesse) hinreichend ähnliche Informationen konstruieren und so Verständigung schaffen und Kommunikationsinteressen und Ziele realisieren (Beck 2017, S. 36; Burkart 2019, S. 53).

In Kommunikationsprozessen verstehen wir uns umso leichter, je näher unsere Erfahrungen, Wissensbestände, Sprachmuster und kulturellen Hintergründe sind. Dabei greifen wir auf bestehende und immer wieder neu anzupassende „Bedeutungsvorräte" aus unserer Erfahrungswelt zurück.

Wie die Definition beschreibt, ist Kommunikation neben der Verständigungskomponente immer auch soziales Handeln zur Verfolgung von Zielen, also Mittel zum Zweck. Wir verfolgen mit symbolischer Kommunikation durch signifikante Zeichen wie Sprache oder nonverbalen Ausdruck unsere Interessen und versuchen, Partner im Sinne unserer Ziele zu beeinflussen. Wir koordinieren unser Handeln und kooperieren durch Kommunikation. Soziale Kommunikation und soziale Interaktion werden so als zwei Seiten eines Phänomens gesehen, Ersteres fokussiert eher die Verständigungsseite, Letzteres eher den Versuch der gegenseitigen Beeinflussung und Realisierung von Interessen. Der Einfachheit halber wird im Folgenden von Kommunikation gesprochen. Beide Aspekte kommunikativen Handelns, die soziale Verständigung wie die Interessenrealisierung bzw. Einflussnahme auf andere Menschen, werden für die Gesprächsführung als Formen kommunikativen Problemlösens bedeutsam. Das Modell von Burkart (vgl. Abb. 1.2) veranschaulicht diese beiden Kernaspekte menschlicher Kommunikation.

Kommunikation zwischen Menschen verläuft in einem steten Handlungsfluss, der sich in verschiedenen Einheiten beschreiben lässt. Die kommunikative Handlung ist die kleinste Einheit, aus ihr bilden sich Interaktionen in der Logik von Handlungen und deren Reaktionen darauf. Episoden sind eine Folge aufeinanderfolgender Interaktionen, also Abschnitte eines Gesprächs, die dieser Logik von Situation und Reaktion folgen (Wahl 1991). Das Gespräch setzt sich dann aus einer großen Zahl solcher kommunikativer Episoden zusammen. Es

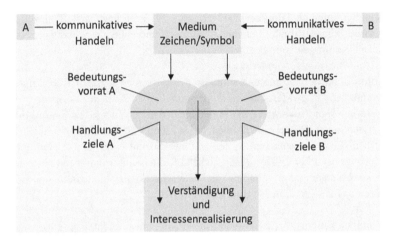

Abb. 1.2 Kommunikation als Verständigung und Interessenrealisierung (Burkart 2019, S. 53)

kann als eigene „Gegenstandseinheit" aufgefasst werden und bildet eine zweite Bezugsebene. Der Fokus bei der Betrachtung der Einheit „Gespräch" rückt weg von der einzelnen Interaktion und hin zu den kommunikativen Strukturen und Handlungsprozessen, durch die Gesprächspartner sich verständigen und ihre Ziele zu erreichen suchen. Gespräche unterliegen bestimmten Strukturbedingungen, die durch den Kontext, die beteiligten Personen und deren Rollen, die Ziele, Themen, Beziehungsmuster usw. geprägt werden. Gespräche verlaufen natürlich prozesshaft und dynamisch. Zu den Prozessaspekten gehören z. B. bestimmte Phasenverläufe, die typisch sind für bestimmte Gesprächssorten oder -formen: Ein Kritikgespräch hat einen anderen idealtypischen Verlauf als ein Team- oder Hilfeplangespräch. Analysiert man die Einheit des Gesprächs, stehen prototypische Strukturbedingungen, Prozessverläufe und generische Arbeitsregeln im Vordergrund.

Eine dritte Schicht wird sichtbar, wenn man Gespräche in Kontexte von Hilfe- und Organisationsprozessen einbettet und mit dem Auftrag und gesellschaftlichen Kontext der Sozialen Arbeit rahmt.

In der Vielfalt von Gesprächsformen in der Sozialen Arbeit lassen sich zwei Hauptebenen unterscheiden, Gespräche in der Klientenarbeit und solche im Kontext von Organisationen, also mit Mitgliedern von Hilfe- und Leistungssystemen. Methodisches Handeln in der Sozialen Arbeit folgt sowohl in der direkten Klienten- wie auch der Organisationsarbeit der Logik systematischen problemlösenden Handelns. Situationsbeschreibung und -analyse, Zielsetzung, Planung, Durchführung und Evaluation von Interventionen stellen diesen Prozessbogen dar, immer gesehen unter der Prämisse eines zielorientierten, aber kooperativ-dialogischen und verständigungsorientierten Handelns.

Diese drei genannten Bezugsebenen – Kommunikation und Interaktion als basaler interpersonaler Prozess, das Gespräch als konstituierende Form der Kommunikation und methodisches Handeln als Rahmen und Prozessgestalt professioneller Interventionen – lassen sich nun mit den typischen Arbeitsschritten methodischen Handelns (Heiner 2018, S. 46 f.) zu einem Modell verbinden, in dem die Vielfalt von Gesprächsformen in der Sozialen Arbeit verortet werden kann.

- In der *Anfangsphase mit Zielfindung und -vereinbarung* holen Fachkräfte Informationen zur Ausgangslage ein, sie definieren und gewichten ihre Aufgaben. Weiter schaffen sie Handlungsalternativen und entwerfen und begründen Handlungspläne. In der direkten Arbeit mit den Klienten bauen sie eine Arbeitsbeziehung auf und vereinbaren Ziele mit dem Klientensystem.
- In der *Interventionsphase mit Umsetzung der Planungen* wird das Arbeitsbündnis gefestigt, Handlungssysteme werden geschaffen und koordiniert, Interaktionsformen und -settings werden gewählt. Die Aktivitäten im Handlungssystem werden ausgetauscht und koordiniert, förderliche Prozesse werden unterstützt, ebenso Zielsetzungen laufend im Dialog mit den Klienten aktualisiert.
- Sind die Ziele der Intervention günstigstenfalls erreicht, tritt die Intervention in eine *Endphase mit Ablösung und Auswertung:* Abschiede müssen vorbereitet, gleichzeitig Neuanfänge markiert werden, es gilt, Veränderungs- und Entwicklungsprozesse auszuwerten, Arbeitsprozesse abzuschließen, Abschied zu nehmen und auszuwerten.

Aus den drei Bezugsebenen von Kommunikation, Gespräch und methodischem Handeln sowie den Prozessschritten professioneller Interventionen lässt sich nun ein Orientierungsmodell konstruieren, welches das methodische Handeln, die Vielfalt von Gesprächen, die Kommunikation im Gespräch und die zur kompetenten Gesprächsführung erforderlichen Voraussetzungen und Konzepte hierarchisch ordnet. Das Orientierungsmodell (vgl. Abb. 1.3) unterscheidet handlungsleitende Bezugsebenen und strukturiert so Gesprächskontexte, Interventionsprozesse, einzelne Gespräche und das kommunikative Handeln im Gespräch. So kann immer verortet werden, welche Funktion ein Gespräch im jeweiligen Kontext von Interventionsprozessen oder Organisationen hat und welchen Beitrag ein Gespräch zum Gelingen einer Intervention leistet.

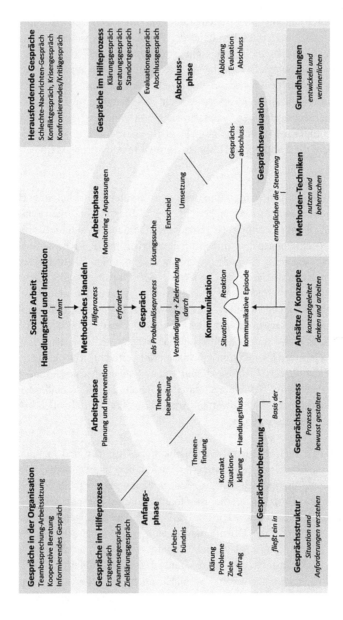

Abb. 1.3 Orientierungsmodell zur Gesprächsführung in der Sozialen Arbeit

1.5 Gesprächsführung, Beratung und Psychotherapie – eine Abgrenzung

Oben wurde Gesprächsführung in der Sozialen Arbeit als Universalmethode professionellen Handelns mit dem Ziel kooperativ-kommunikativer Problembearbeitung definiert, die in einer Vielfalt von Kontexten und Funktionen, mit verschiedensten Aufgaben und Rollen zu einer Vielzahl von Themen und Problemen stattfindet. Das stellt unmittelbar die Frage nach der Abgrenzung und Relationierung zur Beratung, die als Methode der Sozialen Arbeit seit langem ein eigenständiges und differenziertes Profil entwickelt hat und über entsprechendes Gewicht in der Methodenlandschaft verfügt. Diese Relationierung soll im Folgenden gemacht werden, um einerseits das Profil professioneller Beratung zu erhalten und andererseits der Gesprächsführung als Methode einen eigenständigen Raum zu geben.

Beratung wird in diesem Buch als eine spezialisierte und professionalisierte Form helfender Gesprächsführung aufgefasst. Sie ist „idealtypisch als ein spezifisch strukturierter, klientzentrierter, problem- und lösungsorientierter Interaktionsprozess bestimmt. Sie hat das Ziel, Menschen bei der Bewältigung aktueller Probleme so zu unterstützen, dass sie lernen, diese in eigener Regie zu beheben oder zumindest zu mildern" (Stimmer und Weinhardt 2010, S. 24). Mindestens zwei Dinge unterscheiden dabei Gesprächsführung als ein sehr offenes kommunikatives Format und Beratung als eine spezifische Methode und Form helfender Gespräche.

- In professionelle Beratung kommen Menschen (freiwillig oder durch Dritte verordnet) mit einem Anliegen oder Problem, das *ihnen* gehört, der *„Problembesitz"* liegt immer bei der ratsuchenden (im Zwangskontext der dazu verpflichteten) Person und richtet sich an die beratende Person.
- Damit liegt in professioneller Beratung immer eine klare *Rollenverteilung von ratsuchender und beratender Person* vor. Diese ist einerseits symmetrisch und intransitiv durch den dialogischen Charakter von Beratung („Wir beraten uns über *dein* Anliegen oder Problem"), andererseits ist sie komplementär und transitiv durch die fachliche und prozessbezogene Expertise („Ich berate dich") des Beraters (Schaeffer und Dewe 2012).

Anders als in der Beratung liegt in der Mehrzahl der Gespräche, die Fachkräfte der Sozialen Arbeit führen, keine solche prinzipielle Rollenasymmetrie zwischen Gesprächspartnern vor, wie sie in der Beratung (mit ratsuchenden und beratenden Personen) zwangsläufig ist. Auch Freiwilligkeit oder Nicht-Involviertheit der Fachkräfte ist bei Gesprächen außerhalb von Beratungssettings häufig nicht gegeben. Und schließlich sind die Strukturbedingungen und Anforderungen

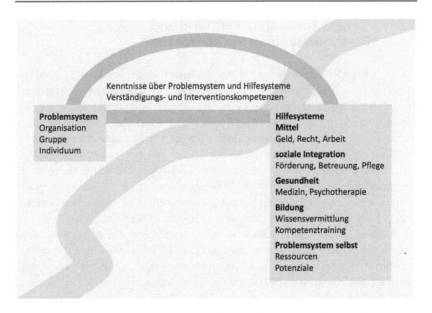

Abb. 1.4 Beratung als Brücke zwischen Problem- und Hilfesystem (Redlich 2009, S. 9)

in Gesprächsformaten jenseits der Beratung viel heterogener als im Beratungssetting, wo Anliegen und Probleme, Aufgaben und Rollen und deren Bearbeitung
zwischen beratender und Rat suchender Person sehr klar verteilt sind.

   Beratung hat im Weiteren eine Brückenfunktion (vgl. Abb. 1.4), sie wird
als *Brücke* zwischen einem Problem- und einem Hilfesystem gesehen (Redlich 2009). In der Sozialen Arbeit beschränkt sich Beratung allerdings nicht –
anders als in der psychologischen Beratung – auf ausschließlich *kommunikative*
Problemlösung und Vermittlung zwischen den Systemen, sondern sie leistet ggf.
auch konkrete Hilfen zu bspw. materiellen oder sozialversicherungsrechtlichen
Problemstellungen.

   Redlichs Beratungsbegriff muss also für die Soziale Arbeit ergänzt werden.
Beratung lässt sich dann folgendermaßen verstehen:

▶ **Beratung** Beratung ist

- professionelle Verständigung zwischen mindestens zwei Personen,
- von denen eine – die „Rat suchende" Person – ein Problem hat, das mithilfe der Beratung gelöst werden soll,

- und mindestens eine „beratende" Person den expliziten Auftrag hat, zur Problemlösung kommunikativ, informativ und ggf. handelnd beizutragen.
- Beratung sorgt durch strukturierte Gesprächsführung dafür, dass die Akteure
  1. einander ihr inneres Erleben authentisch zum Ausdruck bringen (humanistisch-psychologischer Aspekt),
  2. akzeptable Beziehungsregeln miteinander aushandeln (systemischer Aspekt),
  3. sich gegenseitig über Sachverhalte (wahr) informieren (klinisch-diagnostischer und sachorientierter Aspekt) und
  4. gemeinsam (effiziente) Maßnahmen planen (lern- und verhaltenspsychologischer Aspekt) (Redlich 2009, S. 15), die ggf. auch in manifeste Hilfeleistungen von Beratern (zur Existenzsicherung, zu Wohnen, Bildung, Arbeit oder weiteren Ressourcen) münden können.

Beratung in der Sozialen Arbeit ist in diesem Sinne sehr häufig Prozess- *und* Expertenberatung sowie ggf. aktive Ressourcenbeschaffung. Dewe spricht von einem transitiven Aspekt („Ich berate dich") und einem reflexiven oder Prozess-Aspekt von Beratung („Wir beraten uns") (Schaeffer und Dewe 2012).

In den 1980er-Jahren hat sich Beratung in der Sozialen Arbeit stark an der Psychotherapie orientiert und versucht, Professionalisierung über Therapeutisierung der Sozialen Arbeit zu lösen. Das führte zuweilen zu einem Verständnis von Beratung als zeitlich, inhaltlich und methodisch verkürzter Psychotherapie und gelegentlich wurde Psychotherapie auch verdeckt unter dem Titel Beratung angeboten (Neuffer 2000, S. 101). Mittlerweile grenzt sich Soziale Arbeit deutlich gegen die Psychotherapie ab und auch Psychotherapie hat sich in der Folge professioneller und gesetzlicher Entwicklungen wie den Psychotherapeutengesetzen und der Regulierung des Zugangs zu psychotherapeutischen Ausbildungen institutionell und berufsständisch stark gegen die methodisch offeneren, aber bezogen auf Lebenswelten, Lebenslagen und Lebensabschnitte spezifischeren Formen der psychosozialen Beratung abgegrenzt. Psychotherapie wird heute verstanden als eine klinisch-kurative, an Störungen mit Krankheitswert orientierte Heilbehandlung, als Teil des medizinischen Systems zur Behandlung psychischer Störungen und psychosomatischer Erkrankungen mit psychologischen Mitteln (Großmaß 2014).

Auch wenn in den Adressaten, Methoden und Wirkungen die Grenzen zwischen psychosozialer Beratung und Psychotherapie nicht völlig trennscharf bleiben und viele der Methoden und Techniken in Gesprächsführung wie Beratung aus therapeutischen Ansätzen entlehnt sind: Für eine reflexive Gesprächsführung und Beratung ist es zentral, Settings, Aufträge und Grenzen einzuhalten, und dazu gehört, nicht deklariertes und nicht vereinbartes quasi-therapeutisches Handeln zu vermeiden. Hierfür ist es hilfreich zu wissen, wo die Grenzen zwischen Beratung und Psychotherapie ungefähr verlaufen. Wesentliche Unterschiede zwischen Psychotherapie und Beratung in der Sozialen Arbeit sind:

- *Klienten mit aktivierbaren vs. Klienten mit schwer eingeschränkten Ressourcen:* Beratung eignet sich eher für Menschen, die im privaten und beruflichen Bereich noch „normal" funktionieren, über eine gewisse Problem-distanz verfügen und nicht so stark psychisch beeinträchtigt sind, dass sie längere psychotherapeutische oder psychiatrische Hilfe benötigen.
- *Klinisch-kuratives „Heilen" vs. präventiv-rehabilitatives „Helfen":* Psycho-therapie bleibt eine an Störungen mit Krankheitswert orientierte Behandlung, die sich an einem eher klinisch-psychologischen oder medizinischen „Heilungsdiskurs" orientiert und nicht an einem psychosozialen Hilfediskurs wie dies Beratung tut (Nestmann et al. 2014, S. 36).
- *Problemorientierung vs. Person-/Systemorientierung:* Psychotherapie behandelt Persönlichkeiten und soziale Systeme, Beratung fokussiert auf Problem-Ressourcen-Konstellationen und versucht, für Problemkonstellationen ent-sprechende Hilfesysteme zu aktivieren (Redlich 1997, S. 153).
- *Psychische vs. psychosoziale Probleme:* Beratung in der Sozialen Arbeit rückt die materiellen, sozialen und ökologischen Lebensbedingungen der Klienten mehr in den Fokus als Beratung in der Psychotherapie. Im Zentrum von Inter-ventionen steht immer auch die Unterstützung bei der alltäglichen Lebens-führung. Lebensweltliche und Bewältigungsperspektiven stehen daher mehr im Fokus als Persönlichkeits- oder Verhaltensänderung, auf die Psychotherapie eher fokussiert ist (Stimmer und Weinhardt 2010, S. 22).

Die folgende Übersicht (vgl. Tab. 1.1) skizziert in Anlehnung an Rahm (2004) einige belastbare Unterschiede zwischen professioneller Gesprächsführung, Beratung und Psychotherapie.

1.6   Gesprächsformen in der Sozialen Arbeit

Soziale Arbeit bedient sich einer großen Vielfalt an Gesprächsformen, die der Heterogenität und Breite ihrer Aufträge, Praxisfelder, Organisationsformen und Konzepte entspricht. Die folgende Liste skizziert häufige Gesprächsformen und erläutert einige wichtige Merkmale jeder Form. Der Einfachheit halber wurden die Gesprächsformen alphabetisch geordnet.

- Das *Anamnesegespräch* steht am Anfang von Beratungs- und anderen Hilfeprozessen. Dabei werden wichtige Daten zu Klienten und Problemen erhoben. Vorgeschichte, Umfeld, Gründe und Ziele einer Intervention werden aufgenommen, um effektive Voraussetzungen für Unterstützungsmaßnahmen zu schaffen. Die Anamnese kann Teil von Erstgesprächen sein, sie kann aber auch als eigener Teil der Anfangsphase von Hilfeprozessen betrachtet werden.
- Das *Ausbildungs- und Lehrgespräch* ist Teil der Praxisausbildung in der Sozialen Arbeit. Damit werden Studierende in die Institution, ihre Aufgaben und andere praxisbezogene Themen eingeführt. Das Ausbildungsgespräch verbindet didaktische Anliegen (Lernprozesse) mit beraterischen und reflektierenden Elementen.
- Das *Beratungsgespräch* ist ein Gespräch zur Lösung oder Klärung eines Problems oder Anliegens einer Rat suchenden Person. Dabei erarbeiten Ratsuchende mit Beratenden zu deren Anliegen gemeinsam Lösungen (intransitiver Aspekt des „Sich-Beratens") und/oder lassen sich aus fachlicher und Expertensicht beraten (transitiver Aspekt: „jemanden beraten").
- Das *Einführungsgespräch* macht Studierende, Praktikanten, neue Mitarbeiter oder Klienten mit Gegebenheiten in Institutionen bekannt. Es kann auch ein Teil von Ausbildungsgesprächen sein. Der Schwerpunkt liegt auf der Information der Gesprächspartner.
- Das *Eintrittsgespräch* wird sofort nach der Aufnahme in teilstationäre oder stationäre Einrichtungen geführt. Es hat den Zweck, Unsicherheiten und Ängste der Übergangssituation abzubauen und den Klienten das Ankommen in der Institution zu erleichtern. Im Gespräch werden situationsnah Informationen zur Institution und zu den Modalitäten der Aufnahme gegeben, und es wird nach dem aktuellen Befinden und den Bedürfnissen der Klienten gefragt.
- Das *Elterngespräch* dient der Kooperation von Eltern und Fachkräften der Sozialpädagogik in teilstationären oder stationären Einrichtungen, in denen Klienten platziert sind. Das Elterngespräch ist in der Regel nicht Beratung von Eltern: Im Fokus stehen die platzierten Klienten, meist nicht die ganze Familie (vgl. Familiengespräch). Es dient der Sicherung von Platzierungserfolgen und der gemeinsamen Arbeit an einer stationären Maßnahme.
- Das *Erstgespräch* dient in der Sozialarbeit und Sozialpädagogik der Kontext- und Auftragsklärung: Fragen nach dem persönlichen, sozialen und institutionellen Kontext einer Anfrage, nach dem Auftrag und Angebot der Institution der Sozialen Arbeit und dem Anliegen und der Vorgeschichte der anfragenden Klienten sind wesentlicher Bestandteil des Erstgesprächs. Fragen und Erfassungstechniken stehen im Vordergrund.

Tab. 1.1 Unterschiede zwischen professioneller Gesprächsführung, Beratung und Psychotherapie (Rahm 2004, Anpassungen WW)

	Professionelle Gesprächsführung	Psychosoziale Beratung	Psychotherapie
Zielgruppe	Organisationsmitglieder, weitere Fachkräfte und Partner; Klienten und Angehörige	Ratsuchende/Klienten mit mindestens zeitweiliger Fähigkeit zur Problemdistanz	Ratsuchende/Klienten oder Patienten auch ohne Fähigkeit zur Problemdistanz
Gegenstand	Themen je nach Kontext, Auftrag, Anlass und Gesprächspartnern	Psychosoziale Klientenanliegen und -probleme	Psychische Störungen mit Krankheitswert, Fokus Person und sozialer Nahraum
Ziele	Je nach Kontext und Anlass: Kontakt und Begegnung; Information und Austausch; kooperative Problemlösung; Planung und Koordination gemeinsamen Handelns	Bearbeitung aktueller Probleme, Konflikte, Anliegen der Klienten; Aktivierung vorhandener/brachliegender Ressourcen	Bearbeitung aktueller und biografisch älterer Probleme o. Konflikte, Reorganisation der Persönlichkeit
Prozesse	Je nach Kontext und Gesprächsform: Systematisches Informieren, Klären, Planen, Problemlösen	Generischer Veränderungsprozess: Anliegen/Probleme klären, Ressourcen aktivieren, Problemlösung in Gang bringen	Offener Veränderungsprozess: stützen, Ressourcen aktivieren und generieren, Personale/systembezogene Konflikte bearbeiten, restabilisieren
Methoden	Je nach Kontext und Auftrag, Themen- und Problemkonstellation sach- und/oder beziehungsorientiert	Je nach Arbeitsfeld, Institution und Beratungskonzept, immer beziehungsorientiert	Je nach Institution, Therapiekonzept und psychischem Problem, immer beziehungsorientiert
Involvierung	Sehr variable Involvierung: je nach Gesprächsform gering bis hoch; mindestens Handeln, Denken, Emotionen	Emotionale Vertiefung und starke Involvierung, aber fokussiert auf Anliegen (Handeln, Denken, Fühlen, Bilder, ggf. Körper)	Totale Involvierung, fokussiert auf Person (Handeln, Denken, Fühlen, Bilder, Körperreaktionen, Tiefenschichten der Person)

(Fortsetzung)

Tab. 1.1 (Fortsetzung)

	Professionelle Gesprächsführung	Psychosoziale Beratung	Psychotherapie
Setting	Vom Einmalgespräch bis zu langfristigen Gesprächsserien	Kurzfristiger je nach Auftragsklärung, zeitlich eingegrenzt	Kurz- oder längerfristig, weniger limitiert für persönliche Wachstumsprozesse
Qualifikation	Berufliche Grundbildung, allgemeine und ggf. spezifische Gesprächstrainings	Berufliche Vorbildung nicht geregelt, Ausbildung je nach Ausbildungsinstitut, regelmäßige Supervision und Intervision	Hochschulabschluss in Psychologie oder Medizin, Psychotherapieausbildung, Praxisbewilligung, regelmäßige Weiterbildung, Supervision und Intervision
Ethisch-rechtlicher Rahmen	Organisationale Setzungen, Personen- und Datenschutz, Berufsethik der Berufsverbände	Beratungsrecht uneinheitlich (Sozialgesetzbuch SGB, KJHG), Berufskodex der Berufsverbände Ethikrichtlinien der Beratungsverbände	Psychotherapiegesetze Ethikrichtlinien der Psychotherapeutenverbände

- Die *Familienberatung* stellt das ganze Familiensystem oder die Arbeit mit Teilsystemen der Familie (Ehepaar-, Eltern-, Geschwistersystem oder erweiterte Familie) ins Zentrum der beraterischen Aktivität. Familienberatung ist meist ein ambulantes und spezialisiertes Beratungsangebot von Sozialarbeitern oder Psychologen, die Rat suchende Familien bei der Lösung von Problemen unterstützen, ohne ihnen Lösungen aufzudrängen.
- Das *Familiengespräch* kann im Rahmen von stationären Platzierungen den Fokus der Elterngespräche erweitern. Je nach Auftrag steht hier die ganze Familie im Zentrum der Arbeit. Anleitung und Information, aber auch Beratung oder Austausch und Reflexion der Familie sind in Familiengesprächen mit Fachkräften mögliche Ziele.
- Das *Feedbackgespräch* ermöglicht systematische Rückmeldung über die Zusammenarbeit in klienten- oder teambezogenen Prozessen. Es dient der Auswertung und Verbesserung der Kooperation und Vorbeugung von Konflikten.
- Das *Gruppengespräch* ist ein themenzentriertes und offen geführtes Gespräch in meist freiwilligen Gruppen im Rahmen von Jugendarbeit, Jugendbildung und Selbsthilfe. In stationären Einrichtungen ist das Gruppengespräch wesentlicher Teil der Gestaltung des stationären Behandlungssettings. Es dient der Klärung des Gruppenalltags und pädagogischen Zielen für die Gruppe und einzelne Klienten, die in der Regel dann zur Teilnahme verpflichtet sind.
- Die *Helferkonferenz* bringt die relevanten in einem systemisch orientierten Hilfeprozess beteiligten Fachkräfte des Helfersystems aus verschiedenen Professionen an einen Tisch, um die verschiedenen (materiellen, psychosozialen, therapeutischen, medizinischen, juristischen) Hilfeleistungen zu koordinieren. Die Helferkonferenz wird in der Regel im Rahmen von Case-Management als regelmäßiges Instrument der Hilfeplanung, Koordination und Reflexion genutzt.
- Als *Hilfeplangespräch* wird in der deutschen Sozialen Arbeit das regelmäßige Gespräch von Klienten und Fachkräften der Sozialen Arbeit bezeichnet, das Feststellungen über den erzieherischen Bedarf, die Art der zu gewährenden Hilfe und die notwendigen Leistungen für die Hilfe an Klienten erlaubt. Das Hilfeplangespräch ist nach § 36 SGB VIII gesetzlich vorgeschrieben. Klienten müssen an diesem Gespräch zwingend teilnehmen.
- Das *Informationsgespräch* dient ausschließlich der Weitergabe wichtiger Informationen an Beteiligte. Es ist, obwohl es heute viele Möglichkeiten elektronischer und schriftlicher Informationsvermittlung gibt, immer noch unverzichtbar, da durch persönlichen Kontakt Missverständnisse ausgeräumt und Verständnis und Motivation für Entscheidungen hergestellt werden können.

- Das *Klärungsgespräch* ist ein systemisch und klientzentriert orientiertes Konzept des Beratungsgesprächs mit Einzelnen, Paaren oder Gruppen. Es hat die Selbst-, Kommunikations-, Persönlichkeits- und Systemklärung der Klienten zum Thema.
- Die *kooperative Beratung/Intervision* ist kollegiale Selbstberatung einer Gruppe von Fachkräften (Lehrer, Sozialarbeitende, Ärzte), die ohne Leitung, Supervisor oder externe Berater, aber nach einem Gesprächsphasenplan in strukturierter Weise berufliche Probleme zu lösen versucht.
- *Konferenzen* sind offizielle Arbeitssitzungen, meist in Großgruppen und im Rahmen größerer Institutionen, die Information und Arbeitsplanung, seltener kooperative Entscheidungsprozesse zum Thema haben. Sie werden in der Regel hierarchisch geführt und sind hoch strukturiert.
- Im *Konfliktgespräch* werden Konflikte zwischen Personen oder in Gruppen nach einer Systematik bearbeitet, die deeskalieren und Probleme lösen soll. Es kann, richtig geführt, faire Streitkultur und offene Verhandlung zu Konflikten ermöglichen, Verliererrollen verhindern und die Kooperation zwischen Partnern wiederherstellen.
- Das *Kontraktgespräch* ist Teil der Auftragsklärung in einem Hilfeprozess. Im Kontraktgespräch wird eine wechselseitige Übereinkunft, ein Vertrag oder Arbeitsbündnis für eine Beratung oder stationäre Platzierung erarbeitet. Im Zentrum stehen ein gemeinsames Problemverständnis, Zielsetzungen, Rollen, Aufgaben und die zeitliche Dauer einer Beratung sowie Prioritäten und die gemeinsame Planung der Beratungsarbeit.
- Das *Krisengespräch* ist Teil von Kriseninterventionen. Es ist ein an Krisensituationen angepasstes Beratungsgespräch, in dem aktiv, stark strukturierend, zeitlich begrenzt und direktiv die unmittelbare Bewältigung von Krisen angestrebt wird.
- Das *Kritikgespräch* übt legitime Kritik an Verhaltensweisen (nicht an den Personen selbst). Die Legitimation speist sich dabei aus Vereinbarungen, Regeln, definierten Erwartungen oder moralisch-ethischen Standards. Das Kritikgespräch konfrontiert Klienten oder Mitarbeiter mit diesen bemängelten Verhaltensweisen mit dem Ziel einer Verhaltensänderung der kritisierten Personen.
- Das *Mitarbeitergespräch* ist ein meist jährlich wiederkehrendes Gespräch zur Auswertung von Leistungs- und Verhaltenszielen von Mitarbeitern in der beruflichen Zusammenarbeit. Es wird in der Regel von den direkten Vorgesetzten geführt und beinhaltet Feedback, Zielvereinbarungen und Entwicklungsplanung (Arbeitsschwerpunkte, Aufgaben, Weiterbildung).
- Das *Schlechte-Nachrichten-Gespräch* dient dazu, unwiderrufliche, für den Empfänger belastend-negative Mitteilungen (bspw. zu Kündigungen,

Sanktionen, dem Entzug von Hilfemaßnahmen, der Ankündigung von Eingriffen oder schlimmstenfalls zu Todesfällen) angemessen zu überbringen und Abwehr und negative Gefühle auf diese Nachrichten verarbeitbar(er) zu machen.

- Im *Standortgespräch* werden in größeren Abständen die Entwicklungsverläufe von Klienten thematisiert und Interventionsmaßnahmen geplant. In der Regel sind dabei Auftraggeber (Angehörige, Kostenträger), Vertreter der begleitenden Institutionen (Lehrer, Werkmeister, Sozialpädagogen) und Klienten anwesend. Rückmeldung, Situationsanalyse, Zielsetzungen und Planung weiterer Interventionen sind Gegenstand des Gesprächs.

- *Supervision* ist Beratung von Fachkräften der Sozialen Arbeit zur Reflexion beruflichen Handelns, zur Sicherung von beruflichen Standards und von Qualität und zur Bearbeitung problematischer Situationen im beruflichen Alltag. Sie wird in der Ausbildung und im beruflichen Alltag eingesetzt und zählt als Methode der Sozialen Arbeit.

- Die *Teamsitzung* ist die regelmäßige, geleitete und protokollierte Zusammenkunft der Mitarbeiter von Teams. Sie dient der internen Kommunikation, Reflexion und Planung der gemeinsamen Arbeit, dem Austausch und der Klärung von sachlichen und psychosozialen Problemen. Dass Teams tatsächlich einen gemeinsamen Auftrag haben, z. B. mit gemeinsamen Klienten oder Projekten, ist Voraussetzung für effektive Teamsitzungen.

1.7   Allgemeine oder situierte Gesprächskompetenz?

Gesprächsanlässe und -aufgaben in der modernen Gesellschaft sind derartig unterschiedlich, dass das Postulat und, mehr noch, der Versuch der Vermittlung einer allgemeinen Gesprächskompetenz völlig unzulänglich und irreführend wäre. Die detaillierte Untersuchung authentischer Gespräche zeigt, welch unterschiedliche und teilweise gar gegensätzliche Anforderungen in verschiedenen Gesprächssituationen bestehen. Förmlichkeit vs. Informalität, Gesprächssteuerung vs. Offenheit, Vagheit vs. größtmögliche Präzision – dies sind ein paar Beispiele für gegensätzliche Handlungsorientierungen, die jeweils in der einen Situation angemessen und zuträglich sind, unter anderen Umständen und Zielvorgaben aber das sichere Scheitern des Gesprächs nach sich ziehen (Deppermann 2004, S. 24).

Indessen ergibt schon eine oberflächliche Betrachtung des Menschen, dass im Strome seiner Handlungen Wiederholungen vorkommen. Zwar steigt man nie zweimal in den gleichen Fluss. Indessen: Die Badeszenen gleichen sich! (Aebli 1994, S. 83).

Die angewandte Linguistik, die mit Konversationsanalysen reale Gespräche untersucht, steht einer in allen Situationen gültigen Gesprächskompetenz überaus skeptisch gegenüber, wie das Zitat von Deppermann oben zeigt. Ihre Analysen zeigen, wie komplex Gespräche verlaufen und wie situationsabhängig die zu ihrer Gestaltung nötigen Kompetenzen sind. Die Kernmerkmale von Gesprächen bringen Problempotenziale mit sich, die bei Fehlerwartungen oder unzureichenden Kompetenzen von Teilnehmern zum Scheitern von Gesprächen führen können. Fünf Grundeigenschaften erschweren es, von einer allgemeinen Gesprächskompetenz ausgehen zu können (Deppermann 2004, S. 22 ff.):

- Die *Prozessualität* von Gesprächen meint die Flüchtigkeit des Gesagten, die Zeitlichkeit, Kontextabhängigkeit und Offenheit von Gesprächsprozessen. Eine Fehlerwartung ist, von der Allgemeingültigkeit oder Eindeutigkeit von Äußerungen auszugehen. Für gute Gesprächsführung bedeutet dies, die eigenen Erinnerungsfähigkeiten zu verbessern, Zwischenergebnisse zu sichern und für die Vielfalt von Interpretationsmöglichkeiten in Gesprächen sensibel zu sein.
- *Interaktivität* meint die wechselseitige Abhängigkeit und Gerichtetheit der Gesprächspartner und ihrer Äußerungen aufeinander. Probleme entstehen in Gesprächen aus mangelnder Berücksichtigung und vorgefertigten Bildern der Partner voneinander sowie aus der Idee, man könne Gesprächsverlauf und -erfolg einseitig kontrollieren. Kompetente Gesprächspartner schätzen ihre Gegenüber adäquat ein, schulen ihre Aufmerksamkeit und sind sensibel für Reaktionen wie auch für die eigene Wirkung beim Partner und sie reagieren situations- und adressatenspezifisch.
- *Methodizität* von Gesprächen meint, dass diese von kulturellen Etiketten, institutionellen Handlungsschemata und Konventionen geprägt sind. Probleme entstehen hierbei aus deren Unkenntnis oder mangelnder Berücksichtigung wie auch aus mangelnder Methodenbeherrschung, aus der Nichtreflexion der eigenen Normalitätserwartungen oder der Annahme naturgegebener Gesprächsfähigkeiten bei Partnern, die nicht vorliegen. Kompetente Gesprächsführung bedient sich nun eines großen und differenzierten Repertoires an Fähigkeiten zur flexiblen und metakommunikativen Gesprächsgestaltung und zur Reparatur von Kommunikationsstörungen.
- *Pragmatizität* meint die Ziel- und Aufgabenstruktur in Gesprächen und die Anforderung, eine Gesprächsqualität zu erzeugen, die verschiedenen Wirklichkeiten genügt und diese sichtbar macht. Probleme entstehen hier bei

mangelnder Zielorientierung, der ungenügenden Bearbeitung von Schritten und Phasen im Gespräch oder der Vernachlässigung der Beziehungen der Partner. Eine Fehlerwartung hierzu ist die einseitige Fixierung auf Inhalte oder die Idee, dass sich Gespräche naturwüchsig entwickeln und keiner Vorbereitung oder Leitung bedürfen. Kompetente Gesprächsführung beachtet Inhalte, Beziehungen und Identitäten der Partner, sie verfolgt Ziele konsequent und baut Gespräche sachlogisch und zielorientiert auf.

- *Konstitutivität* von Gesprächen ist die bedeutsamste Eigenschaft; sie meint, dass alles, was im Gespräch geschieht, allein durch die Aktivitäten der Beteiligten erzeugt wird. Wird nun zu wenig auf nonverbale Kommunikation und sprachlichen Ausdruck geachtet oder geht man von stereotypen Formulierungsstandards aus, entstehen Störungen im Gespräch. Gesprächsführung ist dann kompetent, wenn sie nonverbale Kommunikation, Stimme und Sprache gekonnt einsetzt.

Gesprächskompetenz in einem allgemeinen Sinne kann also wie oben bestimmt nur sehr formal formuliert werden. Sie bedeutet für die große Breite von Gesprächsformaten wie auch Adressaten gerade in der Sozialen Arbeit sehr unterschiedliche Konkretisierungen und situativ spezifische Kompetenzen. Dennoch versuchen einige Autoren, Merkmale guter Gesprächsführung festzulegen, und auch aus den Ausführungen Deppermanns zu den fünf konstitutiven Gesprächseigenschaften lassen sich solche Merkmale abstrahieren.

1.8 Merkmale guter Gesprächsführung

Wie lassen sich dann situationsübergreifende, allgemeine Merkmale von guter Gesprächsführung angeben? Gute Gespräche auf der Basis einer guten Gesprächs*führung* haben trotz aller Divergenzen einige Gemeinsamkeiten. Gute Gesprächsführung sollte Folgendes leisten (Benien 2015, S. 16 f.):

- Sie ist *klar* und *explizit* statt verwickelt, einseitig und unklar: Das könnte zum Beispiel bedeuten, dass man Möglichkeiten und Grenzen einer Beratung klar benennt, statt Klienten in unrealistischen Erwartungen oder in Unklarheit über die Hilfemöglichkeiten zu belassen.
- Sie *reagiert situationsangemessen,* statt Wahrheit und Logik der Situation zu verleugnen: Das hieße etwa, sich in einem Konfliktgespräch nicht übertrieben beschwichtigend oder mit harmonisierender Freundlichkeit, sondern dem Ernst der Situation entsprechend zu verhalten.

- Sie *handelt metakommunikativ,* statt das Gespräch unreflektiert und automatisch ohne Notbremse voranzutreiben: Dies könnte bedeuten, dass man in einem Beratungsgespräch Zweifel anspricht, ob der Klient das Thema vertiefen will, statt immer weiter in die Tiefe zu bohren.

- Sie *hört zu,* statt sich automatisch zu rechtfertigen und zu verteidigen, ständig selbst zu reden und abzuschweifen: Das scheint trivial, ist aber in Kritik- und Konfliktgesprächen, wenn man angegriffen und kritisiert wird, nicht so einfach, wie es aussieht.

- Sie *drückt sich aus,* statt zu mauern, eisig zu schweigen, sich abzukapseln und herunterzuschlucken: Das hieße zum Beispiel, auch in emotional belasteten und konflikthaften Beziehungen eigene Verletzung oder Kränkung zu äußern.

- Sie reagiert *selbstgeklärt* statt mit innerem Durcheinander und Doppelbotschaften: Das könnte bedeuten, dass man als Sozialpädagogin in einem eingreifenden Arbeitsfeld Eingriffe, Sanktionsmöglichkeiten und Hilfeangebote trennt, Freiwilligkeit und Eingriff deutlich macht, statt alles miteinander zu vermischen oder – sehr beliebt in der Sozialen Arbeit – paradoxe Freiwilligkeitserwartungen zu stellen.

- Sie verfügt über gute *Wahrnehmung nach innen und außen,* statt unbemerkten Projektionen und Übertragungen aufzusitzen: Das könnte zum Beispiel bedeuten, dass man Ärger und eigenen Widerstand, Antipathie oder erotische Anziehung, Expertenfallen oder blinde Flecken bemerkt.

- Sie pflegt das *„Ich" und die Sprache der Verantwortung,* statt nur „man", „es", „wir" und „du", sie äußert Wünsche statt Vorwürfen, Manipulation und Taktik: Das könnte heißen, eigene Ziele offen und unstrategisch zu benennen.

- Sie reagiert *ehrlich* und *wahrhaftig* statt listig, gerissen und fintenreich: Das bedeutet z. B., einen Konflikt offen und direkt mit einer Person zu klären, statt sie bei Dritten anzuschwärzen.

- Sie reagiert *selektiv authentisch* statt in ungeschützter, grenzen- und verantwortungsloser Offenheit: Das könnte bedeuten, dass man in einem Erstgespräch erst einmal zuhört und Informationen einholt, bevor man eigene Betroffenheit äußert oder schon Bewertungen abgibt.

- Sie bleibt *konkret,* statt abzulenken und um den heißen Brei herumzureden: Das hieße zum Beispiel, in einem Konflikt beim Thema zu bleiben, es anzusprechen, aber nicht die ganze gemeinsame Vergangenheit für den Konflikt einzuspannen.

- Sie ist *direkt,* statt hintenherum, mit Tratsch, Klatsch oder übler Nachrede zu arbeiten: Das ist besonders bei Konflikten in Teams nicht immer einfach. Oft fällt es weniger schwer, sich bei einer Teamkollegin zu erleichtern, als den betroffenen Kollegen direkt anzusprechen.

- Sie ist *achtungsvoll* sich und anderen gegenüber: Das könnte heißen, dass man berechtigte Tendenzen zu Antipathie oder Aggression bei sich reflektiert und dabei sich selbst und anderen gegenüber die Wertschätzung nicht verliert.

Selbstverständlich erlauben solche *direkten* Merkmale nur eine erste Annäherung an gelingende Gesprächsführung. Die Beispiele zeigen, wie wichtig die konkrete Gesprächssituation bleibt. Problematisch an solchen Listen ist auch die Fülle relevanter Kriterien, sie macht die Kennzeichnung unübersichtlich. Auch reicht eine „musterschülerhafte Einhaltung" der Vorgaben nie aus. Ob ein Merkmal hilfreich ist, entscheidet sich nur in der Situation und im Wie der Umsetzung.

Ein zweiter Weg zum guten Gespräch führt über das Ideal der doppelten Stimmigkeit von Situation und Person (Schulz von Thun 2002). Das gute Gespräch muss sowohl zu mir als Person als auch zur Situation und zum Kontext passen. Damit eine *Situation stimmig* wird, muss klar sein,

- *wie es kommt* (Vorgeschichte)
- und welchen Sinn es macht (Zielsetzung), dass
- *ausgerechnet ich* (in welcher Rolle?)
- *ausgerechnet mit dir/euch* (in welcher Zusammensetzung?)
- *ausgerechnet dieses Thema* (wie hat es sich ergeben?) bespreche.

Stimmigkeit der Person setzt wesentlich die innere Klarheit der am Gespräch beteiligten Personen voraus: Sie betrifft das „*Was*" des Gesprächs, die Themen, Inhalte, Standpunkte oder Lösungsvorschläge, aber ebenso das „*Wie*", nämlich Stil, Prozess, methodisches Vorgehen und richtigen Ton.

Bei der *indirekten* Annäherung an gute Gespräche können die folgenden Dimensionen und Leitfragen eine Hilfe sein (Benien 2015, S. 17 f.):

- *Der gesellschaftliche Rahmen* eines Gesprächs. Hier sind Kultur, Organisation, Zeit, Vorgeschichte, Ort und Räume zu beachten. Helfen können Fragen wie die, ob die Einladung der gemeinsamen Beziehung entspricht, ob genügend Zeit für das Gespräch vorhanden ist, Störquellen ausgeschaltet sind und eine angemessene räumlich-örtliche Situation gewählt wurde.
- Die *soziale und persönliche Deutung des Gesprächs:* Fragen dazu sind, ob alle Gesprächspartner in der gleichen Veranstaltung sind oder die Sozialarbeiterin sich in einem Beratungsgespräch, ihr Klient sich aber in einer amtlich angeordneten Zwangsmaßnahme wähnt. Zu fragen ist auch, ob die Teilnehmer die gleichen Ziele haben, ob diese Ziele auch klar sind oder ob das eigentliche

Thema gar nicht auf der Tagesordnung steht. Besteht ein gemeinsames Verständnis des Problems oder divergieren die Sichtweisen massiv?

- Die *Rollenbeziehungen der Beteiligten:* Sind alle wichtigen Personen anwesend und in welcher Rolle und Funktion, mit welchem Interesse? Passen die Rollenerwartungen zusammen, und weiß jeder, was er zum Gespräch beitragen sollte? Welchen Projektionen, Übertragungen unterliegen die Beteiligten, und welche alten Konflikte oder Beziehungsstörungen sind wirksam?
- Schließlich die *Stimmung und Persönlichkeitsstrukturen* der Gesprächspartner: Was bringen sie an inneren Voraussetzungen mit ins Gespräch, etwa Erfahrungen, aktuelle Lebenssituation und Stimmung, Eigenarten, Stärken, Schwächen, Werte, Überzeugungen und Motive? Wie sieht die persönliche Wirklichkeit und subjektive Wahrnehmung der Gesprächspartner aus? Tritt man sich und anderen mit Achtung und Wertschätzung gegenüber, und welche Projektionen, Übertragungen und Gegenübertragungen sind bei den Personen wirksam? Und schließlich: Welche alten oder aktuellen Konflikte oder Beziehungsstörungen könnten im Gespräch zu wirken beginnen?

Diese Merkmale sind idealtypisch und liefern deshalb nur Anhaltspunkte, wie auch Deppermann (2004) betont: Die Realität von Gesprächen ist immer komplexer und entspricht nicht einfachen theoretischen Modellvorstellungen, gerade weil das Gespräch ein dialogisches und offenes Geschehen ist. Es handelt sich um wertvolle, aber immer interpretationsbedürftige und auf die konkrete Gesprächssituation zu reflektierende Hilfen.

Lern- und Reflexionsfragen

- Was macht das Gespräch im menschlichen Leben Ihrer Erfahrung nach so bedeutsam?
- Benennen Sie einige Funktionen des Gesprächs im menschlichen Alltag.
- Definieren Sie „Gespräch", nennen Sie mindestens fünf der zehn Merkmale.
- Herbert Lattke forderte schon in den 1960er-Jahren heute noch sehr aktuell anmutende Forderungen für helfende Gespräche: Welche sind für Sie persönlich besonders bedeutsam?
- Was macht es Ihrer Auffassung nach lohnend, sich mit Gesprächsführung als Methode professionell auseinanderzusetzen?
- Definieren Sie „Gesprächsführung" als Methode Sozialer Arbeit.
- Welche Strukturmerkmale professionellen Handelns in der Sozialen Arbeit machen Gesprächsführung in unserer Profession besonders herausfordernd?

- Erläutern Sie die Funktion von „Verständigung" und „Interessenrealisierung" in der interpersonellen Kommunikation.
- Skizzieren Sie ungefähr das Orientierungsmodell von Gesprächsführung.
- Was unterscheidet professionelle Gesprächsführung und psychosoziale Beratung?
- Nennen Sie drei Grundeigenschaften von Gesprächen und begründen Sie, warum diese eine allgemeine Gesprächskompetenz erschweren.
- Und dennoch: Allgemeine Merkmale „guter Gesprächsführung" – welche haben Sie persönlich angesprochen?

Literatur

Aebli, H. (1994). Denken – das Ordnen des Tuns. Stuttgart: Klett-Cotta.

Beck, K. (2017). Kommunikationswissenschaft. Konstanz: UVK Verlagsgesellschaft.

Benien, K. (2015). Schwierige Gespräche führen. Reinbek bei Hamburg: Rowohlt.

Berger, P. L. & Luckmann, T. (2018). Die gesellschaftliche Konstruktion der Wirklichkeit eine Theorie der Wissenssoziologie. Frankfurt a.M.: Fischer.

Burkart, R. (2019). Kommunikationswissenschaft. Wien: Böhlau.

Deppermann, A. (2004). ‚Gesprächskompetenz' – Probleme und Herausforderungen eines möglichen Begriffs. In: Becker-Mrotzek, M./Brünner, G. (Hg.). Analyse und Vermittlung von Gesprächskompetenz. Radolfzell: Verlag für Gesprächsforschung. S. 15–28.

Deutsche Gesellschaft für Soziale Arbeit (2016). Kerncurriculum Soziale Arbeit: Eine Positionierung der DGSA. URL: https://www.dgsa.de/fileadmin/Dokumente/Aktuelles/ DGSA_Kerncurriculum_final.pdf. Zugriffsdatum: 8.11.2019.

Deutscher Verein für Öffentliche und Private Fürsorge (2017). Fachlexikon der Sozialen Arbeit. Baden-Baden: Nomos.

Dewe, B. & Otto, H.-U. (2012). Reflexive Sozialpädagogik: Grundstrukturen eines neuen Typs dienstleistungsorientierten Professionshandelns. In: Thole, W. (Hg.). Grundriss Soziale Arbeit. Wiesbaden: Springer VS. S. 197–217.

Edelmann, W. & Wittmann, S. (2019). Lernpsychologie. Weinheim: Beltz.

Flammer, A. (2001). Einführung in die Gesprächspsychologie. Bern: Huber.

Galuske, M. (2013). Methoden der Sozialen Arbeit: Eine Einführung. Weinheim: Juventa.

Gregusch, P. & Widulle, W. (2018). Zur Relevanz professioneller Gesprächsführung in der Sozialen Arbeit. In: Socialnet. 11. Jg. (2). URL: https://www.socialnet.de/files/news-letter/socialnet_newsletter_2018_02.html.

Großmaß, R. (2014). Psychotherapie und Beratung. In: Nestmann, F., et al. (Hg.). Handbuch der Beratung 1: Disziplinen und Zugänge. Tübingen: DGVT-Verlag. S. 89–102.

Hargie, O. (2013). Die Kunst der Kommunikation. Bern: Huber.

Heiner, M. (2010). Soziale Arbeit als Beruf. München: Reinhardt.

Heiner, M. (2018). Kompetent handeln in der Sozialen Arbeit. München: Reinhardt.

Hoburg, R. (2017) (Hg.). Kommunizieren in sozialen und helfenden Berufen. Stuttgart: Kohlhammer.

Hochuli Freund, U. & Stotz, W. (2017). Kooperative Prozessgestaltung in der Sozialen Arbeit. Stuttgart: Kohlhammer.

Klemm, M. (2002). Gespräche als Basiseinheit. Materialien zum Seminar „Medientext analysieren". WS 2002. URL: Nicht mehr auffindbar. Zugriffsdatum: 13.3.2005.

Kleve, H. (2017). Soziale Arbeit als Kommunikation: Möglichkeiten und Grenzen professioneller Hilfe. In: Hoburg, R. (Hg.). Kommunizieren in sozialen und helfenden Berufen. Stuttgart: Kohlhammer. S. 33–47.

Lattke, H. (1969). Das helfende Gespräch. Freiburg i.B.: Lambertus.

Luhmann, N. (1975). Formen des Helfens im Wandel gesellschaftlicher Bedingungen. In: Otto, H.-U., et al. (Hg.). Gesellschaftliche Perspektiven der Sozialarbeit. Neuwied: Luchterhand. S. 21–43.

Luhmann, N. & Schorr, K.-E. (1982). Das Technologiedefizit der Erziehung und die Pädagogik. In: Luhmann, N./Schorr, K.-E. (Hg.). Zwischen Technologie und Selbstreferenz. Fragen an die Pädagogik. Frankfurt a.m.: Suhrkamp. S. 11–40.

Maus, F., et al. (2013). Schlüsselkompetenzen der Sozialen Arbeit: für die Tätigkeitsfelder Sozialarbeit und Sozialpädagogik. Schwalbach: Wochenschau-Verlag.

Nestmann, F., et al. (2014) (Hg.). Handbuch der Beratung. Bd. 1: Disziplinen und Zugänge. Tübingen: DGVT-Verlag.

Neuffer, M. (2000). Beratung als Kernkompetenz Sozialer Arbeit. Der Beratungsbegriff in der Geschichte der Profession. In: Blätter der Wohlfahrtspflege. 147(5+6). Jg. S. 112–128.

Obrecht, W. (1996). Ein normatives Modell Rationalen Handelns: Umrisse einer wert- und wissenschaftstheoretischen Allgemeinen normativen Handlungstheorie für die Soziale Arbeit. In: VESAD (Hg.). Symposium Soziale Arbeit: Beiträge zur Theoriebildung und Forschung in Sozialer Arbeit. Köniz: Soziothek. S. 109–202.

Preis, W. (2009). Perspektiven einer Praxeologie Sozialer Arbeit. In: Birgmeier, B./Mührel, E. (Hg.). Die Sozialarbeitswissenschaft und ihre Theorie(n). Wiesbaden: Springer VS. S. 157–169.

Rahm, D. (2004). Gestaltberatung. Paderborn: Junfermann.

Redlich, A. (1997). Psychologische Beratung ist mehr als verkürzte Therapie. In: Nestmann, F. (Hg.). Beratung. Bausteine für eine interdisziplinäre Wissenschaft und Praxis. Tübingen: DGVT-Verlag. S. 151–161.

Redlich, A. (2009). Gesprächsführung in der Beratung von Lehrern, Eltern und Erziehern. Hamburg: Fachbereich Psychologie, Arbeitsgruppe Beratung und Training.

Röhner, J. & Schütz, A. (2016). Psychologie der Kommunikation. Wiesbaden: Springer VS.

Schaeffer, D. & Dewe, B. (2012). Zur Interventionslogik von Beratung in Differenz zu Information, Aufklärung und Therapie. In: Schaeffer, D./Schmidt-Kähler, S. (Hg.). Lehrbuch Patientenberatung. Bern: Huber. S. 59–86.

Schulz von Thun, F. (2019). Miteinander reden 1-4: Störungen und Klärungen/Stile, Werte und Persönlichkeitsentwicklung/Das „Innere Team" und situationsgerechte Kommunikation/Fragen und Antworten. Reinbek bei Hamburg: Rororo.

Spiegel, H. & Sturzenhecker, B. (2018). Methodisches Handeln in der Sozialen Arbeit. München: Reinhardt.

SPIEGEL Online (2007). Mythos widerlegt: Frauen und Männer reden gleich viel. URL: www.spiegel.de/wissenschaft/mensch/0,1518,492546,00.html. Zugriffsdatum: 5.7.2007.

Staub-Bernasconi, S. (2018). Soziale Arbeit als Handlungswissenschaft. Stuttgart: UTB.

Stimmer, F. & Weinhardt, M. (2010). Fokussierte Beratung in der Sozialen Arbeit. München: Reinhardt.
Vollmer, G. (2002). Evolutionäre Erkenntnistheorie. Stuttgart: Hirzel.
Wahl, D. (1991). Handeln unter Druck. Der weite Weg vom Wissen zum Handeln bei Lehrern, Hochschullehrern und Erwachsenenbildnern. Weinheim: Deutscher Studien Verlag.
Wendt, P.-U. (2017). Angemessen besprechen: Grundzüge subjektzentrierter Gesprächsführung. In: Wendt, P.-U. (Hg.). Lehrbuch Methoden der Sozialen Arbeit. Weinheim: Beltz Juventa. S. 79–121.
Wirtz, M. A. (2019) (Hg.). Dorsch – Lexikon der Psychologie. Göttingen: Hogrefe.

Weiterführende Literatur

Galuske, M. (2013). Methoden der Sozialen Arbeit. Weinheim: Juventa.
Spiegel, H./Sturzenhecker, B. (2018). Methodisches Handeln in der Sozialen Arbeit. 6., durchges. Aufl. München: Ernst Reinhardt.
Wendt, P.-U. (2017). Angemessen besprechen: Grundzüge subjektzentrierter Gesprächsführung. In: Wendt, P.-U. (Hg.). Lehrbuch Methoden der Sozialen Arbeit. Weinheim: Beltz Juventa. S. 79–121.

Menschenbild, Handlungstheorie und Grundhaltungen

2

Zusammenfassung

Das persönliche und berufliche Menschenbild gibt Fachkräften auf eine sehr grundlegende, meist unbewusste Art Orientierung in der Kommunikation. Konkret werden Menschenbilder einerseits in den Vorannahmen über menschliches Handeln (Handlungstheorien), andererseits in grundlegenden Haltungen gegenüber Gesprächspartnern. Das Kapitel führt in die Funktion von Menschenbildern im kommunikativen Handeln ein, es regt zur Reflexion über subjektive Handlungstheorien und grundlegende Haltungen gegenüber Mitmenschen an und macht Vorschläge zu Menschenbildannahmen und Grundhaltungen, die gute Voraussetzungen für konstruktive Gespräche schaffen.

Praktisch gesehen scheint ein Beratungsansatz lediglich aus einem Bündel verschiedener Strategien zu bestehen, mit denen Menschen geholfen werden soll. Allerdings verbirgt sich hinter diesem Bündel praktischer Vorgehensweisen in jedem Ansatz auch eine Sichtweise des Menschen. In den traditionellen Anstalten vergangener Tage wurden Geisteskranke mehr oder minder wie Tiere betrachtet: irrational, kommunikationsunfähig und jenseits jeder Kontrolle. Das behavioristische Menschenbild wurde oft als „mechanistisch" beschrieben. In kognitiven Ansätzen ähnelt der Klient einem unzureichend programmierten

Elektronisches Zusatzmaterial Die elektronische Version dieses Kapitels enthält Zusatzmaterial, das berechtigten Benutzern zur Verfügung steht. https://doi.org/10.1007/978-3-658-29204-1_2. Die Videos lassen sich mit Hilfe der SN More Media App abspielen, wenn Sie die gekennzeichneten Abbildungen mit der App scannen.

Computer und kann repariert werden, sofern irrationale Befehle durch rationale ersetzt werden. Die humanistische Vorstellung hingegen trägt eher botanische Züge. Rogers verwendete viele Metaphern aus dem Bereich der Pflanzen, ihrem Wachstum sowie den Bedingungen, die ein solches eher fördern oder erschweren. Jede dieser Vorstellungen vom menschlichen Selbst hat einen geschichtlichen Hintergrund (McLeod 2004, S. 54 f.).

2.1   Menschenbild und Gesprächsführung

Niemand, der in helfenden Berufen arbeitet, kommt ohne Menschenbild aus, es bildet einen grundlegenden Bezugsrahmen für professionelles Handeln (Methner et al. 2013, S. 32). Als im Laufe der Biografie gewachsenes und meist implizites Menschenbild wird es in die Ausbildung mitgebracht und sollte durch Sensibilisierung, Wissensbildung und kritische Reflexion im Studium an in der Profession konsensfähige Menschenbildannahmen anschlussfähig werden (Abb. 2.1). Dass dies gelingt, ist zu hoffen, allerdings keineswegs selbstverständlich – gehören doch subjektive Menschenbilder ebenso wie religiöse oder politische Grundeinstellungen zu den vermutlich stabilsten subjektiven Theorien, über die Menschen verfügen. Da sie jedoch zu den tiefer liegenden Mustern gehören, die für Kommunikation und Gespräch handlungsleitend sind, sind sie besonders für Studierende der Sozialen Arbeit reflexionspflichtig.

Destruktiv-negative und pessimistische Menschenbildannahmen sind dabei ebenso zu vermeiden wie euphemistisch-positive, nur an Selbstoptimierung

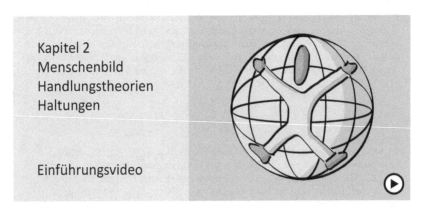

Kapitel 2
Menschenbild
Handlungstheorien
Haltungen

Einführungsvideo

Abb. 2.1   Einführungsvideo 2: Menschenbild, Handlungstheorien und Haltungen (https://doi.org/10.1007/000-0jx)

orientierte Menschenbildannahmen, die kaum den Vorstellungen einer empirisch konsolidierten Anthropologie entsprechen. Ähnliches gilt für allzu normative oder in sich widersprüchliche Menschenbilder, radikal esoterische oder religiöse Überzeugungen und ebensolche politische Welt- und Menschenbilder – im Hintergrund aller Kommunikation laufen solche Vorstellungen ja immer als hilfreiche oder hemmende Leitideen mit. Sie wirken unbewusst und tief greifend, und vor allem dann, wenn Konzepte, Methoden und Techniken nicht zu wirken scheinen, greifen wir auf solche Leitvorstellungen zurück.

Psychotherapeutische Schulen wie Beratungstheorien basieren auf teils expliziten, teils impliziten Menschenbildern und meist vertreten diese einen unabhängigen Individualismus mit einer Lebensperspektive, die von einer weißen „Mittelschicht judäo-christlicher Herkunft geprägt wurde" (McLeod 2004, S. 55). Dies entspricht einerseits häufig nicht der Realität der Klientel Sozialer Arbeit und ist andererseits mit der Vorstellung der Sozialen Arbeit vom Menschen als sozial bestimmtes, in soziale Gemeinschaften eingebundenes Wesen nicht immer vereinbar. Ein ganzheitliches, biopsychosoziales Menschenbild wird auch die sozialen Interdependenzen des Menschen mit seiner Umwelt in Rechnung stellen. Wenn sich die Soziale Arbeit wiederum als Menschenrechtsprofession auf der Basis der UNO-Menschenrechtsdeklaration bezeichnet (Staub-Bernasconi 2006), sind damit ebenfalls Menschenbildannahmen gemacht: Unantastbare Menschenwürde und -rechte, persönliche Freiheiten, Gleichberechtigung, Selbstverwirklichung und Solidarität, soziale Gerechtigkeit und soziale Rechte wie Pflichten.

Zum Umgang mit persönlichen, institutionellen und in der Profession geteilten Menschenbildern stellen sich nun einige Fragen. In der Moderne stellt sich das Problem, welches Menschenbild man auch immer seiner beruflichen Tätigkeit im Sozialbereich zugrunde legt, es bleibt eine unter vielen Wahlmöglichkeiten. Für Sozialpädagogen oder Sozialarbeiterinnen religiös oder politisch dezidierterer Couleur stellt dies oft eine Herausforderung dar: persönliche, institutionelle und professionsbezogene Menschenbildannahmen unterscheiden zu können und ggf. trennen zu müssen. Weiter stellt sich die Frage der Passung der Menschenbilder von Fachkräften und ihren Klienten sowie weiteren Partnern im Hilfeprozess: Ein Klient könnte z. B. kontradiktorische Menschenbildannahmen vertreten (z. B. im Kontext von Migration kollektivistisch, patriarchal und individualisierungskritisch, im Rahmen kirchlicher Sozialeinrichtungen moralisch und wertkonservativ). Zwischen Klienten und Fachkräften geteilte Menschenbildannahmen und Überzeugungen tragen wesentlich zum Gelingen von Hilfeprozessen bei. Bestehen hingegen erhebliche Diskrepanzen zwischen bedeutsamen und tief liegenden Einstellungen wie dem Menschenbild, so besteht die Gefahr, dass Klienten von einem Interventionsansatz, dessen Grundüber-zeugungen sie nicht teilen, nicht profitieren (McLeod 2004, S. 55) oder es zu latenten oder offenen Konflikten bei Bewertungen und Entscheidungen kommt. Hier kommt es wesentlich auf die Fähigkeit der Fachkraft an, subjektive Welt- und Menschenbilder der Gesprächspartner zu erkennen und bei Diskrepanzen entsprechend reflexiv zu reagieren: Je nach Situation kann dies bedeuten, mit dem Klienten und seinen Überzeugungen zu gehen und dessen Sichtweisen konstruktiv für Hilfeprozesse nutzbar zu machen. Es kann auch bedeuten, sie metakommunikativ zu klären oder sich abzugrenzen und sie zurückzuweisen (z. B. im Falle von ethisch problematischen Grundannahmen wie sexistischen oder rassistischen Annahmen).

In der Sozialen Arbeit haben sich einige Vorstellungen vom Menschen aber doch als geteilte Leitvorstellungen durchsetzen können: Menschen werden als sozial bestimmte und in sozialen Gemeinschaften eingebundene Wesen gesehen, denen wir positiv eine grundlegende Veränderbarkeit, Emanzipierbarkeit und Selbstverantwortlichkeit unterstellen. Entwicklungsfähigkeit und Ressourcen werden betont: Menschen entwickeln und verändern sich in der Interaktion mit ihren Beziehungspartnern ihr ganzes Leben lang; sie werden als flexibel und veränderungsfähig, nicht starr oder festgelegt betrachtet, das gestehen heute selbst psychoanalytisch orientierte Autorinnen (Stemmer-Lück 2012, S. 50) zu. Menschen sind auch in problematischen und kritischen Lebenssituationen Experten für ihr Leben und dessen Deutung, für ihre Bedürfnisse, Wünsche, Ziele und für Entwicklung: In der humanistischen und der systemisch orientierten Tradition wird dieser Wunsch nach Entwicklung und persönlichem Wachstum wie auch nach einem nachhaltig konstruktiven Umgang mit dem eigenen sozialen Nahraum eher optimistisch gesehen.

▶ **Menschenbild** Menschenbilder sind Gesamtkonstrukte einer Theorie auf das Objekt Mensch, in denen der Begriff des Menschen und das menschliche Leben selbst bestimmt werden. Im Menschenbild erscheint der Mensch wesent-lich von den jeweils als konstitutiv beschriebenen Merkmalen bestimmt. Diese Bestimmung erfolgt allerdings als Real- und Idealbild: Menschenbilder verfügen über eine deskriptive und eine normative Seite, sie beschreiben Bedürfnisse und Befähigungen des Menschen als Attribute und als Möglichkeiten, bestimmen also, «was der Mensch ist» und «was er sein kann» (Ried 2017, S. 122 f.).

Das hier vertretene Menschenbild versteht sich in der Tradition der humanistischen Psychologie und psychologischen Handlungstheorie, wie sie das Forschungs-programm Subjektive Theorien (FST) konstituiert hat (Groeben et al. 1988).

Es integriert dazu Elemente aus systemischen Ansätzen und der Motivationspsychologie.

Das epistemologische Subjektmodell betrachtet den Menschen als „reflexives Subjekt". Es geht davon aus, dass Menschen reflektieren und sich kommunikativ mitteilen können, dass sie sinnvoll und nach Interessen und Motiven handeln und fähig zur Rationalität sind. Es geht weiter davon aus, dass Menschen sich, ähnlich, wie Wissenschaftler dies tun, von ihrer Umwelt distanzieren können und sie mithilfe selbst konstruierter Kategorien beschreiben, erklären und mit Bedeutung versehen. Menschen stellen sich Fragen, entwerfen Hypothesen und verwerfen sie wieder, gewinnen Erkenntnisse und bilden sich Vorstellungen, die zu ihren Orientierungsgrundlagen werden. Im Planen und Handeln haben sie Wahlmöglichkeiten, weshalb sie für ihre Entscheidungen und Handlungen Verantwortung tragen (Groeben et al. 1988, S. 16). Im Handeln integrieren sie subjektives Wissen, Gedanken, Gefühle, Motive und Bedürfnisse. Ob und wie weit dies auch Menschen in Ausnahmezuständen, Krisen oder psychischen Krankheiten tun, ist nicht unumstritten; aber auch Menschen in schwierigen Lebenssituationen versuchen sich, ihr Leben und ihre Problemsituationen zu verstehen und zu beeinflussen.

Die Motivationspsychologie weist auf die bedeutsame Rolle von Bedürfnissen, Wünschen und Motiven im menschlichen Leben und deren Funktionen für das menschliche Handeln hin. Selbstwirksamkeitsstreben, Explorationsverhalten und die Ausrichtung des Handelns an Anreizen und Zielen gehören zur motivationalen Grundausstattung des Menschen und können nahtlos in das epistemologische Subjektmodell integriert werden (Heckhausen & Heckhausen 2018, S. 2 f.).

Die Menschenbildannahmen der psychologischen Systemtheorie bilden einen gewissen Bruch zu humanistischen und handlungstheoretischen Vorstellungen vom Menschen, die dem Individuum hohe Autonomie, potenzielle Rationalität, Reflexivität, Kommunikations- und Handlungsfähigkeit zusprechen. Sie radikalisieren den subjektiven Charakter der Wirklichkeitsauffassung von Menschen und unterstreichen die prinzipielle Nicht-Zugänglichkeit einer objektiven Wirklichkeit. Subjektive Konstrukte und innere Landkarten machen die Realität des Menschen aus (Schmitz 2016). Systemische Ansätze betonen besonders die Ressourcen und die subjektive Intentionalität von Menschen: Einige systemische Autoren gehen sogar so weit, jedes auch noch so verrückte oder abweichende Verhalten als einen sinnvollen Bewältigungsversuch in einem hochproblematischen Kontext zu verstehen (Cecchin et al. 2010). Weiter gehen systemische Ansätze davon aus, dass jedes Verhalten von Menschen ein Ergebnis seiner Einbindung in soziale Systeme, eine Funktion von Interaktionen,

Beziehungen und deren Formen, Regeln und Strukturen ist. Systemische Ansätze betonen so konsequent und auch unter schwierigsten Bedingungen die Eingebundenheit des Menschen in seinen sozialen Kontext, seine Subjektivität, das Verfügen über Ressourcen und die Intentionaliät seiner Handlungen, auch wenn sie in problematischen Situationen teils schwer verständlich sein mag.

2.2 Menschenbildannahmen, Handlungstheorien und Haltungen

Menschenbildannahmen verfügen über deskriptive („So stellen wir uns den Menschen vor") und präskriptive Teile („So soll der Mensch sein, damit menschliches Leben gelingt"), die unsere Vorstellungen von menschlichem Handeln und unsere Haltungen in Gesprächen beeinflussen.

Aus den deskriptiven Teilen von Menschenbildern entstehen Vorstellungen darüber, wie Menschen handeln und damit in einem sehr offenen Sinne „Handlungstheorien". Gehen wir davon aus, der Mensch ist eine Reiz-Reaktions-Maschine wie im Behaviorismus, werden wir unser Gesprächshandeln danach ausrichten. Halten wir wie bei einigen systemischen Autoren jedes noch so skurrile Verhalten von Menschen für einen Ausdruck von Intentionalität, Kreativität und Lösungssuche unter schwierigen Lebensbedingungen, wird dies sehr gegenteilige Auswirkungen auf unsere Annahmen über Gesprächspartner und deren Handeln haben.

Aus den präskriptiven Anteilen von Menschenbildern entstehen Wertvorstellungen, also Vorstellungen allgemein wünschbarer Sachverhalte. Diese beeinflussen vor allem die Ziele einer gesprächsführenden Person und wirken direkt auf das Gespräch (Cranach und Bangerter 2000, S. 237). Sie prägen unsere Vorstellungen, wie Klienten, aber auch wie wir als Fachkräfte handeln sollten, und wir werden unser eigenes wie auch das Handeln von Klienten an diesen Wertvorstellungen messen.

In dieser Art wirken Menschenbildannahmen, die mit ihnen verbundenen Wertvorstellungen und Annahmen über menschliches Handeln direkt und indirekt bis ins Gesprächsverhalten hinein; Abb. 2.2, in Anlehnung an Mutzeck (2014, S. 36), verdeutlicht diese Zusammenhänge.

Aus den hier zugrunde gelegten Menschenbildannahmen und Handlungstheorien lassen sich Grundhaltungen herausschälen, die Gesprächsführung tiefgreifend beeinflussen. Im Folgenden werden einige solche hilfreiche Grundhaltungen für die Gesprächsführung beschrieben. Die Aufzählung ist exemplarisch und unvollständig, sie soll anregen, in den persönlichen Menschenbildannahmen,

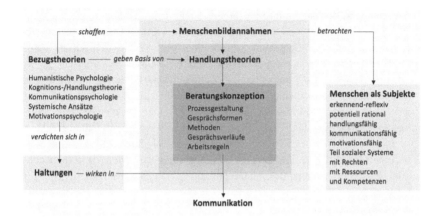

Abb. 2.2 Menschenbild – Handlungstheorie – Haltungen (Mutzeck 2014, Anpassungen WW)

im Fachwissen und in Methodenkenntnissen nach einer eigenen persönlichen Grundhaltung zu suchen. Dabei wird der Grundsatz der persönlichen und situativen Stimmigkeit (Schulz von Thun 2016) und der Integration in ein persönlich und beruflich glaubwürdig vertretenes Repertoire besonders wichtig.

▶ **Haltung** Der Begriff der „Haltung" (engl. „attitude") ist ein wissenschaftlich unscharf unterlegter, in der Sozialen Arbeit verbreiteter umgangssprachlicher Ausdruck für Einstellungen (psychologisch) oder Gesinnungen (ethisch), auch verstanden als Selbstbeherrschung im Sinne von „Haltung bewahren" (Socialnet Lexikon 2019). Von Fachkräften der Sozialen Arbeit werden Grundhaltungen verlangt, die zu sozialer Gerechtigkeit und Sicherheit beitragen, prosoziales Handeln, Empathie und Engagement für Klienten ausdrücken. Dabei gelten unengagiertes Handeln ebenso als unprofessionell wie nur betroffenenorientierte Parteilichkeit (Kreft und Mielenz 2017, S. 454).

2.2.1 Humanistische Psychologie: Selbstaktualisierung, Subjektivität und Beziehung

Der personzentrierte Ansatz nach Rogers hat die Bedingungen einer wertschätzenden Beziehung für jedes Gespräch besonders herausgestellt. Die

Grundhaltungen der persönlichen Echtheit (Kongruenz), bedingungsfreien Wert-schätzung (Akzeptanz) und zwischenmenschlichen Einfühlung (Empathie) für jede Art von helfender Beziehung wurden vom personzentrierten Ansatz schon früh als bedeutsame Wirkfaktoren erkannt (Seithe 2008; Weinberger 2013). Sie werden mittlerweile als Voraussetzung für alle auf Kooperation und gemeinsame Problemlösung ausgerichteten Gespräche erachtet. Auch die Einsicht in die von Rogers konstatierte Selbstaktualisierungstendenz oder in die Existenz eines subjektiven Erfahrungsfelds bei allen Menschen sollte zur Grundhaltung führen, dass alles Verhalten eines Gesprächspartners einen subjektiven Sinn und persön-lich „gute Gründe" hat, dass Bezüge zum Selbstbild von Menschen verstanden werden wollen und dass zurückhaltend mit normativen Bewertungen umgegangen werden sollte.

Die Tatsache anzuerkennen, dass eine subjektive Erfahrungswelt existiert, schafft einen grundlegenden Respekt gegenüber den Erfahrungen und Sicht-weisen von Gesprächspartnern. Erst eine solche Grundhaltung macht überhaupt den Dialog in der Kommunikation sinnvoll und interessant: Was steckt in den Aussagen meines Gesprächspartners und wie kann ich sie verstehen? Was kann ich erfahren und wie kann ich meinen Gesprächspartner kennenlernen? Neu-gier und der Grundsatz des Nicht-Wissens als Grundhaltung – beides wird in systemischen Ansätzen noch radikalisiert – deuten sich hier bereits an.

2.2.2 Kognitionspsychologie: Informationsverarbeitung – Lernen – Problemlösen

Die Kognitionspsychologie weist darauf hin, dass Menschen ständig Informationen verarbeiten, in Lernprozessen Erfahrungen zu neuem Wissen ver-arbeiten und Probleme systematisch zu lösen versuchen (Edelmann und Wittmann 2019; Tobinski 2017), in diesem Sinne verstand Karl Popper das Diktum und den Titel eines seiner Bücher: „All life is problem solving" (Popper 2008).

Daraus lassen sich einige grundlegende Haltungen ableiten. Das epistemologische Subjektmodell betrachtet Menschen analog zu Wissenschaftlern – quasi als Forscher: beobachtend, Hypothesen generierend und testend, zielorientiert vorgehend und problemlösend. Wenn man die Tatsache, dass Menschen analog Wissenschaftlern permanent lernen, Informationen verarbeiten, Wissen erwerben und problemlösend denken, wird man sie viel eher als gleichberechtigte Partner, als Mit- und Co-Denker in Klärungs- und Interventionsprozessen betrachten, wird ihre Sichtweisen sehen wollen und sie auf Augenhöhe behandeln.

Aber auch Grenzen dieser Sicht des Menschen als erkennend-informations-verarbeitendes Wesen werden deutlich: Bei Menschen, die unter Drogen stehen, schwer übermüdet, sehr aufgewühlt, aggressiv, gestresst oder traumatisiert sind, ist die Informationsaufnahme stark erschwert und die Wirkung eines Gesprächs fraglich. Wenn Informationsverarbeitung so wichtig und Gespräche gleich-zeitig so flüchtig sind, ist es bedeutsam, Gesprächspartnern Zeit zu lassen und für Gespräche genügend Zeit einzuräumen; so ist Kritik oder Konfliktlösung zwischen Tür und Angel meist wenig hilfreich. Und eine Voraussetzung jeder Informationsverarbeitung ist Aufnahmefähigkeit: Sie fordert ausreichend Zeit zur Verarbeitung, die Berücksichtigung von Aufmerksamkeitsspannen, eine angemessene Komplexität der Sprache oder ein adaptiertes Sprechtempo, Zeit zum Nachdenken im Gespräch und Denkpausen, eine Sache, vor der sich viele Fachkräfte fürchten.

Ein dritter Grundsatz aus der Kognitionspsychologie betont die Bedeutung des gemeinsamen Problemlösens im Gespräch. Dies hilft, Probleme systematisch und nach den Regeln guten Problemlösens anzugehen, d. h., sie präzise zu identi-fizieren, frustrationstolerant und kreativ zu diskutieren und zielorientiert zu lösen und entgleiste Problemlöseformen wie Aktionismus, thematisches Vagabundieren oder Irrational-Driften („Weg mit der ganzen Rationalität – der Bauch zählt") zu vermeiden (Dörner 2017, S. 154 ff.). Und wer Suchen und Finden als Gesprächs-realität akzeptiert, wird schließlich sich und Gesprächspartnern gegenüber auch fehlerfreundlicher reagieren.

2.2.3 Handlungstheorie: Zielorientiertes und verständigungsorientiertes Handeln

Eher selten haben in der Sozialen Arbeit Gespräche ausschließlich die alltägliche Begegnung oder Geselligkeit zum Zweck und nur selten kann man sie spontan „laufen lassen". Die Sicht der psychologischen Handlungstheorie auf Gespräche führt zur Grundhaltung, dass Gespräche zielorientiertes soziales Handeln sind. Damit folgen wir der Logik systematischen Handelns (Situationsanalyse – Ziel-setzung – Planung – Durchführung – Evaluation) und bemühen uns, möglichst gemeinsame Ziele zu erreichen – gute Kommunikation ist, wenn beide Partner ihre Ziele erreichen!

Damit sind zwei Handlungstypen angedeutet, die als verständigungs-orientiertes und strategisches Handeln beschrieben werden (Habermas 2009), womit die beiden Extrempole der Handlungsorientierung bezeichnet sind, wie sie bereits mit den Begriffen „Verständigung" und „Interessenrealisierung" in der Definition von Kommunikation erscheinen: Der eine Pol ist durch Dialog, Verständigung und Konsens charakterisiert; gemeinsame Gesprächsziele und das gegenseitige Verstehen stehen dabei im Zentrum. Der andere Pol rückt eigene Ziele ins Zentrum. Soziale Arbeit setzt verständigungsorientiertes Handeln als ethische Norm; Dialog und Co-Produktion sind wesentliche Grundprinzipien von psychosozialer Hilfe. Zielorientiertes und systematisches Gesprächshandeln ist also auf Kooperation ausgerichtet. Gibt es Situationen, in denen strategisches Handeln, also die alleinige Durchsetzung eigener Ziele und (damit macht-orientiertes Handeln) in Gesprächen dennoch legitim sind?

Strategische Gesprächsführung ist dann legitim, wenn es um akute Gefährdungs- oder Krisensituationen geht – wenn z. B. eine Sozialarbeiterin in einem Gespräch von einem Klienten bedroht wird oder wenn ein Sozialpädagoge mit einer suizidalen Jugendlichen auf dem Balkon im dritten Stock eines Jugendheims steht und einen Suizid zu verhindern sucht. Sie kann auch in eskalierten Konflikten angebracht sein – oder in Situationen, in denen legitime Rechte oder der Selbstschutz von Fachkräften oder Klienten gegenüber Dritten verteidigt werden müssen. In Mitarbeitergesprächen wird ebenfalls nicht der Idealtypus der herrschaftsfreien Kommunikation gepflegt, solche Gespräche haben durchaus auch strategische Anteile (Sicherung des eigenen Arbeitsplatzes, Darstellung der eigenen Kompetenzen).

2.2.4 Kommunikationspsychologie: Auch in Schwierigkeiten – miteinander reden

Schulz von Thun definiert die Programmatik seiner Kommunikationspsychologie schon im Titel seiner Bücher: „Miteinander reden" (Schulz von Thun 2019) ist sowohl Programm als auch Grundhaltung – eine, die besonders in Situationen wichtig wird, in denen das Gespräch abzureißen droht: In Konflikt- und Krisensituationen, bei Kritik und Konfrontationen, in Situationen der Unfreiwilligkeit von Gesprächspartnern oder bei schlechten Nachrichten das direkte Gespräch zu suchen und den Gesprächsfaden zu halten.

Darüber hinaus lässt sich aus der Kommunikationspsychologie eine Vielzahl von Grundhaltungen ableiten, die hier nur angedeutet werden kann: Schwierigkeiten statt in der Person des Gesprächspartners in der Kommunikation selbst zu suchen, stets die Vieldeutigkeit von Kommunikation in Rechnung zu stellen (und nicht schon zu wissen, was der Gesprächspartner meint), *mit* Betroffenen statt *über* sie zu reden – das wären solch einfache Grundsätze. Das Ziel der doppelten Stimmigkeit von Situation und Person (Schulz von Thun 2016) wurde bereits angesprochen – als Grundhaltung diese Stimmigkeit zu suchen, Störungen ernst zu nehmen und darauf metakommunikativ zu reagieren, statt sie zu ignorieren, sind weitere Beispiele für Grundhaltungen, die sich aus der Kommunikationspsychologie ergeben.

2.2.5 Systemtheorie: Nichtwissen, Neugier, Neutralität und Nützlichkeit

Die vielen, durchaus heterogenen systemischen Ansätze – gemeint sind hier die Ansätze psychologischer Herkunft (Barthelmeß 2014; Schlippe und Schweitzer 2016) auf wenige Grundhaltungen reduzieren zu wollen, wäre vermessen. Da die Systemtheorie aber den Wert des Nutzens (gegen „die Wahrheit") verteidigt, sei – auch wenn sich dieses Lehrbuch nicht radikalkonstruktivistisch-systemisch versteht – eine kleine, nützliche Auswahl systemischer Grundhaltungen für konstruktive Gesprächsführung erlaubt.

Die radikale Subjektivität der Wirklichkeitskonstruktionen von Menschen ist ein durchgängiges Merkmal systemischen Denkens, dessen erkenntnistheoretische Wurzeln im radikalen Konstruktivismus liegen (Pörksen 2015; Simon 2014). Konsequenterweise hat sie daher als Grundhaltung „Nicht-Wissen" zur Folge – niemand kann wissen, wie ein Gesprächspartner die Welt sieht. Daher sind aus systemisch-konstruktivistischer Sicht Nicht-Wissen und eine daraus entstehende konstruktive Neugier wesentliche Grundhaltung für Gespräche. Es gilt, offen zu sein und sich den Sichtweisen von Gesprächspartnern anzunähern, unter der systemischen Annahme, dass wirkliches Verstehen nicht möglich ist („Darf ich Sie mal gründlich missverstehen …?"). Auch gibt es in diesem Verständnis keine objektiven Probleme, sondern nur Probleme „von jemandem". Die Frage ist daher im systemischen Denken nicht, „was ist das Problem", sondern „wer hat das Problem" (und wer vielleicht nicht). Das hilft, mit allzu objektivierenden Sichtweisen in Gesprächen vorsichtig zu werden, auch wenn diese manchmal zwingend sind. Bei Selbst- und Fremdgefährdung, absoluter Armut, manifester Gewalt und weiteren an ethischen und rechtlichen Standards objektivierbaren Problemen wäre eine Relativierung wiederum ein Kunstfehler – und das auch die Grenzen systemtheoretischer Konstruktionen.

Wenn Wirklichkeit immer konstruiert und man selbst auch nur *ein* Beobachter mit *einem möglichen* Standpunkt in dieser Welt ist, wird man auch vorsichtig mit Bewertungen und starren Deutungen. Stattdessen in *Hypothesen* zu denken, die im Dialog verifiziert werden müssen, ist in der Sicht der Systemtheorien hilfreich.

Weitere Merkmale systemischen Denkens sind die *Zirkularität* und die *Komplexität* von Problemen und ihren Entstehungskonstellationen. Es ist in jedem Gespräch hilfreich, von einfachen Ursache-Wirkungs-Ketten abzurücken und *Mehrdimensionalität* anzunehmen. Ursachen für Probleme zu kennen, ist systemischem Denken nicht wichtig – stattdessen konzentriert es sich in Beratung und Therapie auf Gegenwart und Zukunft.

Konsequenterweise rückt das systemische Denken vom Kausalitäts-prinzip ab und betont die *Funktion* von Problemen: „Probleme sind Lösungen" (von früheren Problemen, mit vielleicht zu hohen Kosten (Mücke 2019). Für das Problemverständnis im systemischen Denken führt das zu einer engagiert-wertschätzenden *Neutralität* gegenüber Problemen. Diese werden als Lösungsversuche gewürdigt und vorschnelle Veränderungen werden mit Skepsis betrachtet, denn es kann auch sinnvoll sein, Dinge *nicht* zu verändern (z. B. wenn der Nutzen der Veränderung zu gering ist oder die Kosten zu hoch sind). Systemisches Denken kann also eine positive Sicht auf Probleme lehren. Und zuletzt: Die *Nützlichkeit* einer Intervention ist das Leitkriterium systemischen Handelns, das einen ausgesprochenen *Pragmatismus* im Wahrnehmen, Deuten und Handeln in Gesprächen fördert.

2.2.6 Lösungsorientierter Ansatz – mehr machen von dem, was funktioniert

Die lösungsorientierte Gesprächsführung geht von Ressourcen von Menschen aus: Wer die Fähigkeit hat, ein Problem zu konstruieren, hat auch die, es zu lösen (Mücke 2019, S. 38). Wertschätzung und positive Konnotation *aller* gesprächsbezogenen Ereignisse ist damit eine wesentliche Grund-haltung lösungsorientierten Denkens. Dies ist nicht mit einer simplen „*Think-positive*"-Mentalität zu verwechseln. Defizite werden dann durch positiv-wertschätzende Konnotation zu Ressourcen, wenn die dem Problem zugrunde liegenden Kräfte und Fähigkeiten eruiert werden.

Veränderung, ein wesentliches Ziel vieler Gespräche, ist nicht nur möglich, sondern unumgänglich, da sie Teil jedes menschlichen Lebens ist. Lösungs-orientiertes Denken ist pragmatisch und wirkungsorientiert, was bereits die drei basalen Grundregeln lösungsorientierten Handelns deutlich machen: Repariere nicht, was nicht kaputt ist; tu mehr von dem, was funktioniert; und versuche etwas (wirklich) anderes, wenn etwas mehrfach nicht funktioniert hat (Schmitz 2016).

2.2.7 Motivationstheorien: Bedürfnisse, Selbstwirksamkeit, Veränderungsmotivation

Wie oben angedeutet, ist Veränderung ein konstitutives Element von Interventionen der Sozialen Arbeit – Veränderung zu wiedergewonnener Selbständndigkeit und Autonomie in der Lebensführung, Veränderung zu funktionierenden Teams, Arbeitsprozessen oder Institutionen. Gespräche setzen Veränderungsbereitschaft voraus, in der Beratung und Betreuung tendenziell eher bei Klienten, in Supervision und Teamgespräch auch bei Fachkräften. Motivation, Freiwilligkeit und Veränderungsbereitschaft sind zwar ein in der Sozialen Arbeit gut gepflegter Mythos, häufig aber keine Realität (Klug und Zobrist 2016).

Grundhaltungen zur Gesprächsführung sollten daher Motivation und Veränderungsbereitschaft von Gesprächspartnern immer berücksichtigen, denn nicht immer kann von ihr einfach ausgegangen werden (Miller und Rollnick 1999, 2015; Keller 1999, S. 20 f.). Familien, die über Generationen Sozialhilfe beanspruchen, Menschen, die chronisch psychisch krank sind, suchtkranke oder arbeitslose Klienten sind durch viele erfolglose Bewältigungsversuche vielleicht desillusioniert und resigniert. Und auch bei Kolleginnen und Kollegen ist nicht immer die Veränderungsbereitschaft zu finden, die von Professionellen erwartbar wäre. Es ist daher eine hilfreiche Grundhaltung, Veränderungsbereitschaft und Motivation von Gesprächspartnern – wie *wir* sie erwarten – nicht einfach vorauszusetzen.

Das Wissen, dass Veränderungsmotivation unterstützt werden kann, dass sie aber Zeit braucht, fragil und dem Risiko von Rückschlägen ausgesetzt ist (Miller und Rollnick 2015, S. 347), schafft Geduld mit vermeintlich aussichtslosen Situationen und Ausdauer in der Arbeit an Veränderung. Die Motivationspsychologie macht auch deutlich, dass kein Mensch ohne Motive und Bedürfnisse ist. Diese Motive und Bedürfnisse entsprechen aber vielleicht nicht unseren Erwartungen als Fachkraft und unserem Auftrag.

Die motivierende Gesprächsführung (Miller und Rollnick 2015) versucht, Motivation und Veränderungsbereitschaft im Dialog zu schaffen und Klienten dort „abzuholen", wo sie motivational stehen, aber systematisch an ihrer persönlichen Veränderungsmotivation zu arbeiten. Lösungsorientiert-systemische Ansätze fokussieren eher darauf, bestehende Motivlagen von Gesprächspartnern für Veränderung zu nutzen. Auf beide Strategien wird im Kapitel zu den Methoden der Gesprächsführung vertieft eingegangen.

2.2.8 Soziale Arbeit: Hilfe, Kontrolle, Empowerment

Soziale Arbeit hat häufig mit Notsituationen und Lebenskrisen zu tun, und viele Klienten kommen im Rahmen von Zwangskontexten in Kontakt mit der Sozialen Arbeit (Conen et al. 2018; Zobrist & Kähler 2017): Kinderschutz, Arbeitslosenberatung, Psychiatrie, Jugendhilfe oder Bewährungshilfe sind Arbeitsfelder, in denen ein größerer Teil der Klienten nicht aus freien Stücken Unterstützung beansprucht. Der Umgang mit Unfreiwilligkeit und das Dilemma von Hilfe und Kontrolle, von gesetzlichem, Klienten- und professionellem Mandat stellen dabei einige Herausforderungen für die Gesprächsarbeit dar.

Gesetzliche Maßnahmen bedeuten eine massive Einschränkung der Selbstbestimmung von Klienten. Das Dilemma z. B. zwischen Kindeswohl (gesetzlicher Auftrag) und familiärem Zusammenhalt (Interesse einer Familie) kann durch ein klares Ja zu den Regeln gesetzlicher Arbeit und zu beschlossenen Zwangsmaßnahmen oder Eingriffen transparent gemacht werden; so lassen sich Rollenunklarheiten verhindern (Conen et al. 2018). Wenn wir eine amtliche Rolle offenlegen und reflektiert vertreten, minimiert dies auch das Risiko, dass wir Klienten helfen, andere Hilfeinstanzen zu überlisten. Das verlangt zugleich, zu akzeptieren und zu deklarieren, dass im Gespräch „ein amtliches Ohr" mithört: „Als ihr Beistand müsste ich melden, wenn …"

Es gehört ebenso zur Haltung der Sozialen Arbeit, den Eingriffscharakter von Interventionen möglichst zu reduzieren und kooperatives Handeln möglichst zu erhöhen (Müller und Hochuli Freund 2017, S. 156) und so Klienten bei der gelingenden Bewältigung von Lebenskrisen im Sinne des Empowerment zu unterstützen. Dabei haben auch unkonventionelle Lebensentwürfe, Verhaltensmuster oder Ausdrucksformen (der „Eigen-Sinn" der Klienten) ihr Recht. Als Grundhaltung im Gespräch gilt es, die Selbstbestimmung von Klienten mit notwendigen Schutz-, Kontroll- und Eingriffshandlungen immer zu balancieren.

Lern- und Reflexionsfragen

- Was bedeutet die Rede von deskriptiven und normativen Anteilen in Menschenbildern?
- Erklären Sie den Zusammenhang von Menschenbildannahmen, Handlungstheorien, Haltung und Gesprächskonzeption am Beispiel einer persönlich erlebten kommunikativen Situation.
- Ihr persönliches Menschenbild: Finden Sie im Kapitel Anklänge, erregen einzelne Aussagen Ihren Widerspruch?

- Welche persönlichen (politischen, ethischen, religiösen) Grundhaltungen ließen Sie das Studium in Sozialer Arbeit wählen? Welche sind Ihnen für Ihre berufliche Tätigkeit in der Sozialen Arbeit besonders wichtig?
- Wird Ihr persönliches Menschenbild im Alltag wirksam? Woran erkennen andere Menschen, dass Sie über ein solches verfügen?

2.3 Aufbau und Systematik der Kapitel 3–6

In den folgenden drei Kapiteln wird die Vorbereitung von Gesprächen eingeführt, eine zielführende Gliederung von Gesprächen in Phasen vermittelt sowie die Dokumentation von Gesprächen und deren Nachbereitung beschrieben (vgl. Abb. 2.3). Dieses grundlegende Rüstzeug dient für alle Gesprächsformen in der Praxis der Sozialen Arbeit. Das letzte Kapitel im Teil B stellt vier methodische Ansätze der Gesprächsführung für unterschiedlich herausfordernde Situationen vorzugsweise in der Klientenarbeit dar. Dazu werden zwölf kommunikative Handlungstypen vorgestellt und praktische Hilfen zur Umsetzung gegeben.

Gesprächsvorbereitung	Gesprächsdurchführung	Gesprächsevaluation
Sechs Aspekte der Gesprächsvorbereitung	Vier handlungsleitende Bezugsebenen im Gespräch	Drei Formen der Evaluation
1. Anlass klären 2. Selbstklärung 3. Perspektivenwechsel 4. Gesprächsphasenkonzept 5. Rahmen, Organisation, Einladung	1. Strukturaspekte des Gesprächs 2. Gesprächsphasenkonzept 3. Arbeitsregeln 4. Moderations- und Interventionsformen	1. Evaluation mit Klienten am Gesprächsende 2. Evaluation nach dem Gesprächsende 3. Vertiefte Evaluation in kooperativer Beratung oder Supervision

Gesprächsdokumentation

1. Verlaufsnotizen/Journal
2. Protokoll

Abb. 2.3 Systematik von Gesprächsvorbereitung, -durchführung und -evaluation

Dies stellt das Basiswerkzeug zur Gesprächsführung für jede Fachkraft dar. Es ermöglicht den Einstieg für Berufsanfänger in eine selbstständige Gesprächsführung und gibt erfahreneren Praktikern die Möglichkeit, ihr Wissen und Können zu vertiefen. Der systematische Aufbau erleichtert die Vorbereitung, das Training und die Reflexion von Gesprächen durch einen einheitlichen und übersichtlichen Aufbau.

Literatur

Barthelmeß, M. (2014). Systemische Beratung: Eine Einführung für psychosoziale Berufe. Weinheim: Beltz.

Cecchin, G., et al. (2010). Respektlosigkeit: provokative Strategien für Therapeuten. Heidelberg: Auer.

Conen, M.-L., et al. (2018). Wie kann ich Ihnen helfen, mich wieder loszuwerden? Therapie und Beratung mit unmotivierten Klienten und in Zwangskontexten. Heidelberg: Auer.

Cranach, M. v. & Bangerter, A. (2000). Wissen und Handeln in systemischer Perspektive: Ein komplexes Problem. In: Mandl, H./Gerstenmaier, J. (Hg.). Die Kluft zwischen Wissen und Handeln: Empirische und theoretische Lösungsansätze. Göttingen: Hogrefe. S. 221-252.

Dörner, D. (2017). Die Logik des Misslingens: Strategisches Denken in komplexen Situationen. Reinbek bei Hamburg: Rowohlt.

Edelmann, W. & Wittmann, S. (2019). Lernpsychologie. Weinheim: Beltz.

Groeben, N., et al. (1988). Forschungsprogramm Subjektive Theorien: Eine Einführung in die Psychologie des reflexiven Subjekts. Tübingen: Francke.

Habermas, J. (2009). Theorie des kommunikativen Handelns. Frankfurt a.M.: Suhrkamp.

Heckhausen, J. & Heckhausen, H. (2018). Motivation und Handeln. Berlin: Springer.

Keller, S. (1999). Motivation zur Verhaltensänderung: Das Transtheoretische Modell in Forschung und Praxis. Freiburg i.B.: Lambertus.

Klug, W. & Zobrist, P. (2016). Motivierte Klienten trotz Zwangskontext: Tools für die Soziale Arbeit. München: Reinhardt.

Kreft, D. & Mielenz, I. (2017). Wörterbuch Soziale Arbeit. Weinheim: Beltz Juventa.

McLeod, J. (2004). Counselling – eine Einführung in Beratung. Tübingen: DGVT-Verlag.

Methner, A., et al. (2013). Kooperative Beratung. Stuttgart: Kohlhammer.

Miller, W. R. & Rollnick, S. (2015). Motivierende Gesprächsführung. Freiburg i.B.: Lambertus.

Mücke, K. (2019). Probleme sind Lösungen: Systemische Beratung und Psychotherapie – ein pragmatischer Ansatz. Berlin: Ökosysteme Verlag.

Müller, B. & Hochuli Freund, U. (2017). Sozialpädagogisches Können. Freiburg i.B.: Lambertus.

Mutzeck, W. (2014). Kooperative Beratung. Weinheim: Beltz.

Popper, K. R. (2008). All life is problem solving. London: Routledge.

Pörksen, B. (2015). Schlüsselwerke des Konstruktivismus. Wiesbaden: VS Verlag für Sozialwissenschaften.

Ried, C. (2017). Sozialpädagogik und Menschenbild. Wiesbaden: Springer Fachmedien.

Schlippe, A. v. & Schweitzer, J. (2016). Lehrbuch der systemischen Therapie und Beratung. Göttingen: Vandenhoeck & Ruprecht.

Schmitz, L. (2016). Lösungsorientierte Gesprächsführung. Dortmund: Verlag Modernes Lernen.

Schulz von Thun, F. (2016). Miteinander reden 3: Das „Innere Team" und situationsgerechte Kommunikation. Reinbek bei Hamburg: Rowohlt.

Schulz von Thun, F. (2019). Miteinander reden 1-4: Störungen und Klärungen/Stile, Werte und Persönlichkeitsentwicklung/Das „Innere Team" und situationsgerechte Kommunikation/Fragen und Antworten. Reinbek bei Hamburg: Rororo.

Seithe, M. (2008). Engaging. Möglichkeiten Klientenzentrierter Beratung in der Sozialen Arbeit. Wiesbaden: VS-Verlag für Sozialwissenschaften.

Simon, F. B. (2014). Einführung in Systemtheorie und Konstruktivismus. Heidelberg: Auer.

Socialnet Lexikon (2019). Haltung. In: socialnet Lexikon. URL: https://www.socialnet.de/lexikon/Haltung. Zugriffsdatum: 10.12.2019.

Staub-Bernasconi, S. (2006). Der Beitrag einer systemischen Ethik zur Bestimmung von Menschenwürde und Menschenrechten in der Sozialen Arbeit. In: Dungs, S., et al. (Hg.). Soziale Arbeit und Ethik im 21. Jahrhundert. Leipzig: Evang. Verlagsanstalt. S. 267–288.

Stemmer-Lück, M. (2012). Beziehungsräume in der Sozialen Arbeit: Psychoanalytische Theorien und ihre Anwendung in der Praxis. Stuttgart: Kohlhammer.

Tobinski, D. (2017). Kognitive Psychologie. Berlin: Springer.

Weinberger, S. (2013). Klientenzentrierte Gesprächsführung. Weinheim: Juventa.

Zobrist, P. & Kähler, H.-D. (2017). Soziale Arbeit in Zwangskontexten: Wie unerwünschte Hilfe erfolgreich sein kann. München: Reinhardt.

Weiterführende Literatur

Schilling, J. (2000). Anthropologie. Neuwied: Luchterhand.

Kanfer, F. H.; Reinecker, H. & Schmelzer, D. (2012). Selbstmanagement-Therapie. Berlin: Springer. Kapitel 1.3.

König, E.; Volmer & G. (2016). Einführung in das systemische Denken und Handeln. Weinheim: Beltz. Teil 4 Grundlagen: Das Menschenbild.

Gesprächsstruktur – Situationsbedingungen und Anforderungen von Gesprächen verstehen

3

Zusammenfassung

Das folgende Kapitel beschreibt das Gespräch als ein soziales System. Der Kontext und die Komponenten des sozialen Systems „Gespräch" schaffen bestimmte, ggf. sehr gegensätzliche Situationsbedingungen und Anforderungen. Um diese analysieren und hinreichend gut verstehen zu können, wird das Modell der Gesprächsstruktur vorgestellt. Es bezieht den Kontext, die Vorgeschichte und den Anlass eines Gesprächs, die Themen und Ziele, die beteiligten Personen und deren Beziehungen systematisch aufeinander und ermöglicht so ein Verständnis bedeutsamer Faktoren, die auf ein Gespräch wirken.

Gespräche sind soziale Situationen, die potenziell sehr verschiedene Anforderungen an die gesprächsführenden Fachkräfte stellen. Die Kontexte und Konstellationen von Gesprächen, die diese Bedingungen und Anforderungen erzeugen, sind in der Planung und Moderation immer zu berücksichtigen, wenn Gespräche nicht daran scheitern sollen, dass man wesentliche Voraussetzungen einer sozialen Situation nicht bedacht hat (Abb. 3.1).

Geht man vom Orientierungsmodell zur Gesprächsführung aus, ergeben sich mehrere Rahmungsebenen zu einer Gesprächssituation: Die allgemeinste stellt sicher der Auftrag der Sozialen Arbeit und der Fachkraft im Kontext ihrer

---

Elektronisches Zusatzmaterial Die elektronische Version dieses Kapitels enthält Zusatzmaterial, das berechtigten Benutzern zur Verfügung steht. https://doi. org/10.1007/978-3-658-29204-1_3. Die Videos lassen sich mit Hilfe der SN More Media App abspielen, wenn Sie die gekennzeichneten Abbildungen mit der App scannen.

Kapitel 3
Gesprächsstruktur

Einführungsvideo

Abb. 3.1 Einführungsvideo 3: Gesprächsstruktur (https://doi.org/10.1007/000-0jy)

Institution und beruflichen Aufgabe dar. Darunter liegen hilfe- und organisationsbezogene Prozesse und das entsprechende methodische Handeln, z. B. in Hilfeprozessen oder der professionellen Kooperation. Der Fall, sein Verlauf und
die ihm eigenen menschlichen und sozialen Konstellationen stellen die nächste
Rahmung dar und schließlich kann die Vorgeschichte und Ausgangslage zu einem
einzelnen Gespräch nochmals bedeutsam sein.

Diese Eingebundenheit eines Gesprächs in einen systemischen Kontext und
die daraus entstehende „Wahrheit und Logik" der Situation fasst Schulz von
Thun in ein Modell von Gesprächen, das sich von der bekannten Lasswell-Formel
ableitet: „Wie kommt es (Vorgeschichte) und welchen Sinn macht es (Zielsetzung), dass ausgerechnet ich (in welcher Rolle) ausgerechnet mit Ihnen (in
welcher Zusammensetzung) ausgerechnet dieses Thema bearbeiten möchte?"
(Schulz von Thun 2016, S. 329).

Im Folgenden wird dieses Situationsmodell um zwei Elemente erweitert. Zur
Analyse von Gesprächssituationen dienen sechs Elemente, in denen unschwer
Schulz von Thuns Modell der vier Seiten einer Nachricht wiederzuerkennen
ist. Diese Elemente zeigen ein Gespräch als soziales System mit spezifischen
Situationsbedingungen, im Folgenden als Gesprächsstruktur bezeichnet.

▶ **Gesprächsstruktur**
Als Gesprächsstruktur wird in diesem Buch eine systemtheoretisch orientierte
Modellvorstellung bezeichnet. Sie dient der Analyse von Gesprächssituationen
und der Antizipation der Anforderungen für eine situations- und subjektgerechte

Kontext
Auftrag Sozialer Arbeit
Handlungsfeld und Organisation
Aufgabe

und

Vorgeschichte
Ereignisse
Vorgespräche
Anlass und Grund

Personen
soziale Merkmale
Persönlichkeit
Normen und Werte
aktuelles Befinden

Themen
Sachklärung
Selbstklärung
Beziehungsklärung
Systemklärung

Beziehungen
Rollen
Macht
Beziehung

Gesprächsvorbereitung
Gesprächsform
Moderationsmethoden
Gesprächsverlauf
Arbeitsregeln

als Basis der

Ziele
sachliche Klärung
emotionale Klärung
Problemlösung
Handlungsvorbereitung

Abb. 3.2 Gesprächsstruktur – Situationsbedingungen von Gesprächen analysieren (Schulz von Thun 2016, S. 322 f., Anpassungen WW)

Gesprächsführung. Sechs Elemente konstituieren ein Gespräch als soziales System (vgl. Abb. 3.2):

1. der *Kontext,* in den ein Gespräch eingebunden ist,
2. die *Vorgeschichte* des Gesprächs und die *Anlässe,* die zu ihm führen,
3. die *Personen,* die am Gespräch teilnehmen,
4. die *thematische Struktur,* also die Inhalte und Themen des Gesprächs,
5. die zwischenmenschliche Struktur, also die Beziehungen der anwesenden Personen und schließlich
6. die *Ziele* des Gesprächs (ders., S. 323 ff.).

Der *Kontext* rahmt jedes Gespräch und macht einen Unterschied: Es ist von zentraler Bedeutung, ob z. B. eine Beratung in der freiwilligen Jugend- und Elternberatung oder mit Pflichtklientschaft im Rahmen einer angeordneten sozialpädagogischen Familienbegleitung stattfindet. *Vorgeschichte und Anlass* eines Gesprächs sollten reflektiert werden: Sie können unproblematisch sein (ein Standortgespräch in einer erfolgreichen Heimplatzierung) oder hochriskant (ein Krisengespräch bei Suizidalität), sie bilden den Hintergrund für Stimmungen und Erwartungen und definieren die Ziele vor. Zusätzlich zum Situationsmodell von Schulz von Thun eingeführt wurde die Berücksichtigung der *Person.* Gesprächspartner bringen *sich als* Person ins Gespräch mit, sie kommen in der Regel entspannt in eine durchschnittliche Teamsitzung, aber wohl eher unentspannt in ein Schlechte-Nachrichten- oder hochkonfrontatives Gespräch. Die *zwischenmenschliche Struktur, die Beziehungen* der Anwesenden, sind in einer längeren stationären Begleitung eher informell und vertraut, man kennt sich gut. Im Sozialdienst hingegen sind sie formell und eher sachorientiert. Die *Ziele* wiederum können auf verschiedenen Ebenen (sachliche, persönliche, emotionale oder Systemklärung) liegen, sie sind oft zu wenig klar, oft zwischen den Gesprächspartnern divergierend und hochbedeutsam für ein Gelingen.

3.1 Der Kontext

Der Kontext von Gesprächen in der Sozialen Arbeit lässt sich in einer Hierarchie von Bezugsebenen verstehen. Hintergrund jedes Gesprächs ist der *gesellschaftliche Auftrag der Sozialen Arbeit.* Dieser Auftrag wird in der Regel einer *Organisation* erteilt und durch sie interpretiert und konkretisiert. Das Aufgabenverständnis der sozialen Einrichtung (und wie es sich in Leitbildern, Konzepten und Methoden niederschlägt) stellt einen nächsten Bezugsrahmen dar. Organisationen arbeiten in der Regel arbeitsteilig und spezialisiert, daraus wird eine weitere Ebene erkennbar. Gespräche werden von Fachkräften mit einem bestimmten *Auftrag* geführt (Abklärung, Beratung, Betreuung, Teamführung usw.).

Der *gesellschaftliche Auftrag* stellt den allgemeinsten Rahmen Sozialer Arbeit dar. Gemeint ist der grundlegende Auftrag an die Soziale Arbeit (vgl. Abschn. 2.1) sowie die entsprechenden rechtlichen und fachlichen Rahmenbedingungen (freiwillige vs. gesetzliche Hilfen, materielle oder psychosoziale Hilfen, individuums-, gruppen-, familienorientierte oder sozialräumliche Hilfen). Die vielfältigen Probleme, die daraus entstehen (wie z. B. doppeltes Mandat, Ungewissheit professioneller Hilfeleistungen, Aktivierung und Partizipation), gilt es im Gespräch zu berücksichtigen.

Die *Organisation* beeinflusst die Gesprächsstrukturen durch ihren Leistungsauftrag und durch ihr Aufgabenverständnis: Ein Sozialamt hat einen Auftrag zur materiellen und psychosozialen Grundsicherung und füllt ihn mit einem Auftragsverständnis im Sinne des New Public Management und „aktivierender Sozialhilfe". Die Organisation prägt so Gespräche in hohem Maß: Leitbilder und Konzepte, Qualitätssicherungsmaßnahmen u.v.m. setzen dafür intern den Rahmen.

Die *Aufgabe oder der Auftrag* im Rahmen der Organisation stellt ein weiteres Strukturelement des Gesprächs dar: Je nach Aufgabe der Fachkraft (z. B. psychosoziale Beratung vs. wirtschaftliche Sozialhilfe, Intake vs. Begleitung) werden sich Ziele, Inhalte und Methoden des Gesprächs stark unterscheiden. Die

Beratung auf einem großen spezialisierten Sozialdienst mit hohen Klientenzahlen wird sehr viel enger auf wirtschaftliche Sozialhilfe fokussieren als die Beratung in einem kleinen, polyvalenten Sozialdienst mit breitem Auftrag, geringeren Klientenzahlen und einem Angebot an psychosozialer Beratung.

3.2   Vorgeschichte und Anlass

Vorgeschichte und Gesprächsanlass lassen das Gespräch in seinem zeitlichen und thematischen Kontext verständlich werden („Was führte zu diesem Gespräch?", „Was ist der Grund dieses Gesprächs?"). Das kann eine institutionelle, persönliche oder soziale Vorgeschichte sein. Sie rahmt die Ziele und Inhalte und stellt den Ausgangspunkt des Gesprächs dar. Der Gesprächsanlass liegt zeitlich eher kurzfristig und ursächlich eher an der Oberfläche (häufig ein Einzelereignis), es gilt, ihn kritisch zu betrachten, um zu den tiefer liegenden Gründen für ein Gespräch vorzustoßen. Nur wenn Vorgeschichte und Anlass mit den Themen, Zielen und der Form des Gesprächs stimmig sind, werden Gespräche wirkungsvoll.

3.3   Personen

Menschen bringen sich mit ihren persönlichen Besonderheiten in Gespräche mit und diese Besonderheiten nehmen Einfluss auf das Gespräch.

Soziale Merkmale – Alter und Geschlecht, kulturelle und soziale Zugehörigkeiten, Bildung und Beruf, Behinderungen, Krankheit oder Gesundheit und vieles mehr – üben wesentlichen Einfluss auf das Gespräch aus. Schon der Unterschied zwischen einem Vorschul- und einem Schulkind und die entsprechende kognitive Entwicklung verändern die Anforderungen an die Gesprächsführung.

Zur *Persönlichkeit* eines Gesprächspartners könnte man z. B. die fünf Basismerkmale von Persönlichkeit („Big Five") heranziehen. Dabei lässt sich vielleicht vorwegnehmen, ob ein Gesprächspartner eher emotional stabil oder labil, offen oder verschlossen, am Kontakt interessiert oder desinteressiert, liebenswürdig oder feindselig, handlungsfähig oder desorganisiert ist.

Normen und Werte von Gesprächspartnern spielen eine bedeutende Rolle, da sie für die Identität von Personen sehr wichtig und nur schwer veränderbar sind. Besonders wenn Werte zwischen den Gesprächsteilnehmern stark differieren, können daraus erhebliche Störungen oder Konflikte resultieren.

Die *Bedürfnisse* von Gesprächspartnern zu übersehen oder unwissentlich zu verletzen, kann Gespräche schnell scheitern lassen. Vermutete oder gekannte

Bedürfnisse von Gesprächspartnern sind daher in der Analyse von Gesprächssituationen zu berücksichtigen, wozu Bedürfnistheorien (Obrecht 2009) eine Orientierung geben können. Menschen wünschen sich in Gesprächen Schutz und Respekt ihrer Integrität gegenüber, Sicherheit und Klarheit, kognitive Orientierung, hilfreiche Information und Anregung, sie suchen Wertschätzung und Unterstützung und nicht zuletzt einen sensiblen Umgang mit Selbstbildern und Identitäten.

Schon erwähnt wurden die *subjektive Wirklichkeit* und kognitive, emotionale und motivationale Strukturen der Gesprächspartner als personale Besonderheiten. Diese zu antizipieren, ist hilfreich, um wirklich in Kontakt zu kommen, auf Gesprächspartner eingehen zu können und nicht an ihnen vorbeizureden.

Zuletzt ist natürlich auch wichtig, das *aktuelle* Befinden von Gesprächspartnern zu berücksichtigen. Ob Eltern nach drei schlaflosen Nächten erschöpft und übernächtigt oder ob sie ausgeschlafen und erholt in ein Familiengespräch kommen, wird einen erheblichen Unterschied machen. Antizipation und Einfühlung in das Befinden der Gesprächspartner verhelfen auch hier zu erfolgreichen Gesprächen.

3.4   Gesprächsthemen und Inhalte

Kern jedes Gesprächs sind dessen *Themen bzw. Inhalte*. Diese können gut oder vage formuliert, gemeinsam gewählt oder einseitig verordnet sein; sie können primär sachlich oder persönlich, emotional und beziehungsorientiert sein. Sie können komplex oder einfach zu verstehen sein. Die thematische Breite in Gesprächen reicht von einem einzelnen Thema bis zu einer überfordernden Menge von Problemen und Anliegen, die in einem Gespräch aufgeworfen werden können. Wie ein Gesprächsinhalt formuliert wird, ist selbst Gegenstand des Gesprächs. Auch gilt es zu überlegen, welche Fragen ein Tabu darstellen und daher heikel zu thematisieren sind oder vielleicht gar nicht bearbeitet werden sollen oder können.

Gesprächsthemen lassen sich nach dem Modell der vier Seiten einer Nachricht (Schulz von Thun 2019) oder, in der Adaption von Redlich, als vier Themenfelder in der zwischenmenschlichen Verständigung (Redlich 2009, S. 12) fassen. Dabei werden Sachthemen (Sachseite), inneres Erleben (Selbstoffenbarungsseite), Beziehungsthemen (Beziehungsseite) und notwendige Maßnahmen (Appellseite) in einem Gespräch unterschieden. Bei Sachthemen geht es um die Klärung von objektiven Fakten und um die Herstellung von Wissen oder um Übermittlung

und Klärung von sachbezogenen Informationen. Als Grundprinzip und Quali-
tätskriterium verlangt Redlich *Wahrheit* im Umgang mit Sachverhalten. Häufig
ist ebenfalls in Gesprächen die Ebene der Problemlösung und Planung von
Maßnahmen: Gespräche bahnen häufig das Handeln der Beteiligten an. Die Qualität des Gesprächs misst sich dann an der *Effizienz* der erarbeiteten Lösungen. Das
innere Erleben der Personen ist ein weniger alltagsnahes Themenfeld; wir bringen
unsere Emotionen und unser Erleben zum Ausdruck und versuchen zu klären und
zu verstehen, was uns bewegt. Die Qualität des Gesprächs misst sich nach Redlich in diesem Themenfeld an der *Authentizität* des Gesprächs. Die Klärung von
Beziehungen und das Aushandeln von Beziehungsdefinitionen als letzte Themen-
ebene ist vermutlich im Alltag am wenigsten selbstverständlich. Sie erfordert eine
grundlegende *Akzeptanz* sowie Einfühlungsvermögen und die Bereitschaft zur
Klärung und Aushandlung von Beziehungsverständnissen.

Die Grafik von Redlich (Abb. 3.3) zeigt die vier Themenfelder und ihren
Gegenstand sowie die vier Grundprinzipien der Kommunikation im jeweiligen
Themenfeld.

Abb. 3.3 Vier Themenfelder in der zwischenmenschlichen Verständigung in Gespräch
und Beratung (Redlich 2009, S. 12)

3.5   Beziehungsstrukturen

Beziehungen sind bei Gesprächen die zentralen Einflussfaktoren, Paul Watzlawick betonte dies mit dem zweiten seiner Kommunikationsaxiome, nach dem der Beziehungsaspekt immer den Inhaltsaspekt einer Nachricht definiert (nicht aber umgekehrt): Um welche Art von Beziehungen es sich handelt (Klient – Fachkraft, Vorgesetzter – Untergebener, Peer – Peer) und wie die Qualität dieser Beziehungen ist (wertschätzend, offen, formell oder informell, konfrontations- und ambivalenztolerant oder konflikthaft, persönlich nahe oder distanziert), beeinflusst maßgeblich jedes Gespräch.

Dabei geht es nicht immer um authentisch-persönliche Beziehungen. Auch *Rollen* definieren unsere Position im Gespräch, sie enthalten Erwartungen an unser Verhalten und strukturieren die Interaktion. Teilnehmer eines Gesprächs handeln nicht immer authentisch, sondern immer auch in Rollen, die eine gezielte Selbstpräsentation zur Folge haben. Die Rolle als Vertreter einer sozialen Behörde zu betonen oder diesen Aspekt bewusst im Hintergrund stehen zu lassen, kann zum Beispiel entscheidend für einen Gesprächserfolg sein.

Macht ist ein weiteres konstitutives Merkmal jeder sozialen Beziehung (König 2016). Macht bedeutet, in einer sozialen Beziehung den eigenen Willen auch gegen Widerstreben und ohne Anerkennung der Betroffenen durchsetzen zu können, so der klassische Machtbegriff von Max Weber (Weber 2005). Vor allem bei schwierigen Gesprächen ist es entscheidend zu bedenken, wer welche Machtstrategien verfolgen könnte und worauf diese Macht beruht (Zwang, Belohnung, Legitimation, Sachkenntnis usw.). Nicht jedes Gespräch in der Sozialen Arbeit findet im Sinne von Habermas' „herrschaftsfreier Kommunikation" statt: Ein professioneller Umgang mit professioneller und institutioneller Macht erfordert daher immer reflektiertes und nichtmanipulatives Vorgehen, je nachdem auch bewussten Verzicht auf machtorientiertes Handeln.

3.6   Ziele

Die *Ziele* gehören zu den wichtigsten Gesprächsstrukturen. Sie steuern Gespräche in hohem Maß. Fehlt die Zielklärung, so gilt das – vor allem in formellen Gesprächen – als Kunstfehler der Gesprächsführung. Ziele sollten *vor* einem Gespräch bekannt gegeben werden, es muss gegebenenfalls auch geklärt werden, was in einem Gespräch *kein* Ziel ist. Die Auftragsklärung sollte z. B. in der Beratung deutlich vom beraterischen Arbeitsprozess getrennt sein; die Ziele von Erstgesprächen sind Problem- und Auftragsklärung sowie das Arbeitsbündnis zwischen Berater und Klient, nicht schon erste Interventionsversuche. Bezüglich der Klärung von Zielen unterscheiden wir die Ebenen der sachlichen Klärung, der Selbstklärung, der Beziehungs- und Systemklärung sowie der Problemlösung und Handlungsvorbereitung. Die Basis dieser Unterscheidung ist das Modell der vier Seiten einer Nachricht (Schulz von Thun 2019).

Aus dieser Analyse der Gesprächsstruktur lassen sich nun eine situationsangemessene und zielführende Gesprächsform oder Mischungen mehrerer Gesprächsformate ableiten, die dann in Phasen gegliedert und methodisch-zielführend gestaltet werden können. Darauf wird in den folgenden Kapiteln eingegangen.

Lern- und Reflexionsfragen

- Wenden Sie die adaptierte Lasswell-Formel auf ein kürzlich geführtes Gespräch an: „Wie kam es und welchen Sinn machte es, dass …"
- Erläutern Sie die sechs Aspekte des erweiterten Situationsmodells.
- Welche Gesprächsgegenstände und Prinzipien entsprechen den vier Themenfeldern in Gesprächen (Sachseite, Selbstoffenbarung, Appell und Beziehung)?
- Bedenken Sie den nicht unerheblichen Aufwand einer vor Gesprächen vorgenommenen Analyse der Gesprächsstruktur: Wo sehen Sie Grenzen der Antizipation einer Gesprächssituation? Was denken Sie, lohnt den Aufwand?

Literatur

König, O. (2016). Macht in Gruppen gruppendynamische Prozesse und Interventionen. Stuttgart: Klett-Cotta.

Obrecht, W. (2009). Was braucht der Mensch? Grundlagen einer biopsychosoziokulturellen Theorie menschlicher Bedürfnisse und ihre Bedeutung für eine erklärende Theorie sozialer Probleme. Luxemburg: Ligue Médico-Sociale.

Redlich, A. (2009). Gesprächsführung in der Beratung von Lehrern, Eltern und Erziehern. Hamburg: Fachbereich Psychologie, Arbeitsgruppe Beratung und Training.

Schulz von Thun, F. (2016). Miteinander reden 3: Das „Innere Team" und situationsgerechte Kommunikation. Reinbek bei Hamburg: Rowohlt.

Schulz von Thun, F. (2019). Miteinander reden 1: Störungen und Klärungen. Reinbek bei Hamburg: Rowohlt.

Weber, M. (2005). Wirtschaft und Gesellschaft. Frankfurt a. M.: Zweitausendeins.

Weiterführende Literatur

Schulz von Thun, F. (2016). Miteinander reden 3: Das „Innere Team" und situationsgerechte Kommunikation. Reinbek bei Hamburg: Rowohlt.

Der Gesprächsprozess – Gesprächsphasen gestalten

4

Zusammenfassung

Gespräche bedeuten Arbeit im Prozess und Interaktionsprozesse sind nur teilweise vorhersehbar und begrenzt planbar. Eine professionelle Klärung und Bearbeitung von Anliegen, Themen und Problemen erfordert jedoch ein systematisches Vorgehen (Prozess als „Prozedere"). Gespräche werden dazu in Phasen oder Arbeitsschritte gegliedert. Mit dem Gesprächsprozess wird dieser systematische Aufbau eines Gesprächs in Phasen verstanden. Das Kapitel beschreibt ein offenformatiges, universelles Gesprächsphasenkonzept. Mit dem Klärungsgespräch nach Thomann (2014) schlägt es ein breit verwendbares Basismodell für die Gesprächsführung vor und führt in zwei Modelle der Rollengestaltung in Gesprächen ein.

Gespräche sind, wie in Abschn. 1.7 ausgeführt, einerseits flüchtig, da in gesprochener Sprache stattfindend, andererseits unwiderruflich, denn „gesagt ist gesagt". Sie sind interaktiv, da von den wechselseitig aufeinander bezogenen Gesprächsäußerungen abhängig, und methodisch, da durch Handlungsschemata und kulturelle Standards geprägt. Pragmatisch sind sie, weil sie auf Ziele, Aufgaben und gemeinsame Handlungen ausgerichtet sind. All dies bedeutet Gesprächsarbeit in einem Prozess, der nur teilweise planbar ist (Abb. 4.1). Gespräche folgen aber

Elektronisches Zusatzmaterial Die elektronische Version dieses Kapitels enthält Zusatzmaterial, das berechtigten Benutzern zur Verfügung steht. https://doi. org/10.1007/978-3-658-29204-1_4. Die Videos lassen sich mit Hilfe der SN More Media App abspielen, wenn Sie die gekennzeichneten Abbildungen mit der App scannen.

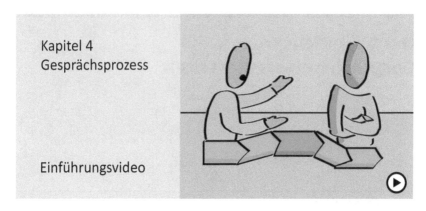

Kapitel 4
Gesprächsprozess

Einführungsvideo

Abb. 4.1 Einführungsvideo 4: Gesprächsprozess (https://doi.org/10.1007/000-0jz)

typischen Mustern (Hans Aeblis Diktum „die Badeszenen gleichen sich" trifft hier zu) und sie verlaufen sinnvollerweise in einem situations-, anlass- und adressaten-gerecht gestalteten Prozess, denn sie sind keine „Unterhaltungen", in denen wir von Thema zu Thema springen und uns treiben lassen können.

Wie viele Begriffe im Bereich der Kommunikation ist auch (Gesprächs-) „Prozess" ein mehrdeutiger Begriff, der im Folgenden präzisiert werden soll.

▶ **Gesprächsprozess**
Ein „Gesprächsprozess" kann sehr Verschiedenes bedeuten. Er umfasst einen

1. Interaktionsprozess – also dynamisch-offenen, möglicherweise vagabundierenden, thematisch vor- und zurückspringenden, im Kreis drehenden oder eben auch zielstrebigen Verlauf der Kommunikation in der Logik von Aktion und Reaktion,
2. Erlebens- und Verarbeitungsprozess der Gesprächspartner mit zunehmender Klärung, Entscheidung und Vorbereitung von Handlungen,
3. systematisch und zielführend gestalteten Prozessverlauf eines Gesprächs. Der Prozessbegriff in diesem Buch bezeichnet den systematischen Aufbau von Gesprächen in einem konstruktiven, gelenkten Verlauf.

Systematische Gesprächsphasenkonzepte sind nützliche, aber flexibel zu hand-habende Landkarten durch das potenzielle Dickicht der Interaktion, weil sie den Problemlöseprozess und die dazu nötigen Interaktionsprozesse gestaltbar

machen – sie sind ein wesentlicher Teil professionellen sozialkommunikativ-
methodischen Handelns in Gesprächen.

Neben für viele Gesprächssituationen verwendbaren Gesprächskonzepten gibt
es auch sehr spezifische Situationen oder Gesprächstypen, die ebenso spezifische
Abläufe erfordern: Ein Kritik- oder Konfliktgespräch unterscheidet sich in seinem
Ablauf stark von einem Beratungs- oder Erstgespräch, eine systemisch orientierte
kollegiale Beratung ist anders aufgebaut als eine geleitete Supervisionssitzung.
Über jede Gesprächssituation denselben Ablauf zu stülpen, ist daher fachlich nicht angemessen. Vor allem im Bereich der herausfordernden Gesprächsformen (Kritik-, Krisen-, Konflikt- und Schlechte-Nachrichten-Gespräche) sind
spezifische Abläufe zwingend, die zu beachten sind. Teilweise gelten hier deutlich andere Regeln als in klärend-helfenden Gesprächen. Und häufig finden sich
Fachkräfte in Mischformen von Gesprächen vor, die eine sehr individuelle Vorbereitung und Berücksichtigung verschiedener Anteile von Gesprächsformen verlangen.

Dennoch lassen sich Grundmuster von Gesprächsverläufen zeigen, die
sehr breit verwendbar sind. Zwei Modelle, die für ein großes Spektrum von
Gesprächsanlässen einsetzbar sind, werden im Folgenden vorgestellt.

4.1   Ein allgemeines Verlaufsschema

Gespräche wurden definiert als kooperatives, dialogisches Problemlösen nach
dem Modell einer vollständigen Handlung: Situationsbeschreibung und -analyse,
Zielsetzung, Planung, Durchführung und Auswertung. Sie stellen die Kernphase jedes Gesprächs dar. Gerahmt werden sie durch eine Eröffnungs- und
Beendigungsphase, die Gespräche von alltäglicher Kommunikation unterscheiden (Brinker & Sager 2010, S. 91). Es ist hilfreich, den Grundgedanken
der vollständigen Handlung für das eigene Gesprächshandeln zu verinnerlichen,
auch wenn Gespräche nur selten starren Verläufen folgen: Wiederholungen,
Abweichungen, Themensprünge oder mehrfaches Durchlaufen einer Phase sind
eher die Regel als die Ausnahme.

Benien (2015, S. 47) schlägt für ein allgemeinstes Gesprächsphasenkonzept
(vgl. Abb. 4.2) fünf Gesprächsphasen vor. Sie sind für sachorientierte Gespräche
hilfreich, wo einzelne oder mehrere aufeinanderfolgende Themen bearbeitet
werden.

In der *Anfangsphase* sollte der Kontakt zwischen den Teilnehmern hergestellt
und der Rahmen des Gesprächs geklärt werden. Die *Informationsphase* dient

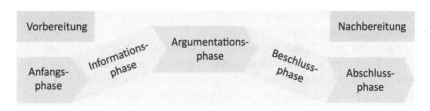

Abb. 4.2 Allgemeines Gesprächsphasenkonzept (Benien 2015, S. 47)

dazu, alle Teilnehmer auf den gleichen Stand zu einem Anliegen oder Thema zu bringen, dieses wird beschrieben, und Fragen zur Klärung werden gestellt. In der *Argumentationsphase* kommen die Teilnehmer miteinander ins Gespräch, tauschen sich aus, argumentieren und suchen nach Klärung oder Lösung für das anstehende Problem. Ziele werden geklärt und abgewogen und Realisierungs- oder Umsetzungsmöglichkeiten diskutiert. Schließlich ist eine Entscheidung nötig, um weiteres Handeln der Beteiligten vorzubereiten. In der *Beschluss- phase* wird eine Entscheidung getroffen oder ein Weg der Problemlösung ein- geschlagen, und es werden Vorbereitungen zur Umsetzung des Entscheids getroffen. Aufgaben, Verantwortlichkeiten, Termine usw. werden besprochen und definiert. In der *Abschlussphase* werden die Ergebnisse schließlich zusammen- gefasst, noch offene oder ungeklärte Dinge festgehalten und die Teilnehmer ver- abschiedet oder zum nächsten Thema weitergeleitet.

Die Person, die das Gespräch leitet, übernimmt dabei die grundlegenden Aufgaben: Einführung, Begrüßung, Ermöglichung von Kontakt unter den Teil- nehmern, Klärung von Kontext, Bedeutung und Inhalt des Themas, Information usw. Sie strukturiert den Argumentations-, Beschluss- und Abschlussprozess und trägt durch strukturierende und verstehensorientierte Äußerungen wie Fragen, Zuhörreaktionen oder Zusammenfassungen zum Klärungs- und Entscheidungs- prozess bei.

4.2   Das Klärungsgespräch als Basismodell

„Klärungshilfe" ist ein Konzept für helfende Gespräche in Konflikten und Problemsituationen im beruflichen und privaten Kontext. Es eignet sich für Gespräche mit einzelnen oder mehreren Teilnehmern und wurde von der Hamburger Schule der Kommunikationspsychologie entwickelt. Mittlerweile hat das Konzept eine große Verbreitung gefunden. Das Gesprächsphasenmodell der

Klärungshilfe (Thomann und Schulz von Thun 2007) wird in diesem Buch als Basismodell für die Gesprächsführung in der Sozialen Arbeit vorgeschlagen. Das Klärungsgespräch hat eine prägnante Problemlösestruktur (vgl. Abb. 4.3). Es ist robust im Aufbau, breit verwendbar und lässt sich für spezifische Gesprächsformen adaptieren. So wird es hier als Basisform vor allem in der Klientenarbeit für psychosoziale Klärungsgespräche mit einzelnen oder mehreren Teilnehmern empfohlen. Im Folgenden wird in die Grundstruktur des Klärungsgesprächs eingeführt.

Das Klärungsgespräch sieht sieben Gesprächsphasen vor, sie werden im Folgenden kurz beschrieben und die Aufgaben der gesprächsführenden Person in jeder Phase skizziert.

1. Phase: Kontakt- und Situationsklärung
Am Anfang des Gesprächs geht es darum, Kontakt und Beziehung zu den Gesprächsteilnehmern herzustellen, ihr aktuelles Befinden wahrzunehmen und zu würdigen, sich also seinen Gesprächspartnern „anzuschließen" *(Joining)*. Weiter sollten Kontext und Vorgeschichte des Gesprächs allen Beteiligten klar sein, und das Vorwissen der Beteiligten sollte abgerufen oder aktualisiert werden *(Framing)*. Ein Arbeitsbündnis für das Gespräch meint noch nicht die inhaltlichen Anliegen, sondern die Klärung von Regeln der Zusammenarbeit, von Befürchtungen und Bedürfnissen sowie von organisatorischen und zeitlichen Fragen.

Aufgabe des Moderators ist es, die Vorgeschichte und Rahmenbedingungen anzusprechen und dafür zu sorgen, dass alle Teilnehmenden sich „auf der gleichen Veranstaltung" befinden und gut angekommen sind. Weiter sollte der Moderator einen vorschnellen Einstieg in die Kernphase des Gesprächs verhindern.

2. Phase – Thema herausfinden
In dieser Phase geht es um das Thema des aktuellen Gesprächs. Was besprochen oder verändert werden soll, wird konkretisiert. Bei einer Serie von mehreren

Abb. 4.3   Gesprächsphasen im Klärungsgespräch (Thomann und Schulz von Thun 2007)

Sitzungen liefern die zuerst geäußerten Anliegen zwar einen Anhaltspunkt, die Themen müssen aber für jede Sitzung wieder aktualisiert werden. In der Sozialen Arbeit sind Themen häufig schon vor dem Gespräch klar oder gesetzt – es gilt, sie nochmals zu benennen und in jedem Fall zusätzliche und neu hinzugekommene oder spontan auftauchende Themen der Gesprächspartner aufzunehmen.

Aufgabe des Moderators ist es, gesetzte Themen zu nennen und neue Anliegen aller einzelnen Beteiligten zu sammeln. Weiter muss er Einigung über das Gesprächsthema herstellen und das Thema zum roten Faden der Sitzung machen.

3. Phase – die Sichtweise jedes Einzelnen

Jetzt beginnt die inhaltliche Klärungsarbeit, bei der das Thema – oder die Themen (bei mehreren Themen in einem zyklischen Verlauf der Phasen 3 bis 6) – behandelt werden. Jeder einzelne Gesprächsteilnehmer sollte sich über das ihm Wichtige äußern können, und er sollte – bei Gruppen-, Team-, Paar- oder Familiengesprächen – nicht in einen Streit der Gesprächspartner verwickelt werden. Der Klärungshelfer hört zu, bis er das Gefühl hat, er habe alles Wichtige verstanden. Dabei unterbindet er vorerst die Interaktion unter den Teilnehmenden, um Verstrickung, Streit und vorschnelle Diskussionen oder Lösungen zu verhindern.

Es ist wichtig, in dieser Phase auf die Gefühle und Sichtweisen der Teilnehmer zu achten und ihren Kontakt zu sich, zum Thema und zum Moderator zu vertiefen. Die weiteren Gesprächsteilnehmer konzentrieren sich auf das Zuhören und die Selbstklärung, sie stecken ihre Positionen ab, bereiten sich aber auch auf die Dialogphase vor. Dies halten wir auch in Einzelgesprächen so, in diesem Fall geht es um die Selbstexploration des Klienten, um die Eruierung verschiedener Anteile oder Positionen in seinem inneren Team und deren Präzisierung.

Aufgabe des Moderators ist es, Anwalt der Sichtweise von Einzelnen zu sein und Interaktionen zwischen Klienten zu unterbinden. Die Teilnehmer werden zu langsamem Zuhören und Verstehen hingeführt, das Verständnis wird vertieft und die Situation analysiert.

4. Phase – gestalteter Dialog und Auseinandersetzung

Nun geht es um die Klärung des Themas zwischen den Klienten oder für einen Klienten. Das Ziel ist besseres Verstehen eines Anliegens oder Themas. Durch Zuhören, Fragen und Konfrontation von verschiedenen Sichtweisen, durch neue Sichtweisen soll ein Thema, Anliegen oder Problem beschrieben und von verschiedenen Seiten oder Positionen beleuchtet, geklärt und geordnet werden. Dazu gehört auch, Teilnehmende mit dem Thema, mit sich und anderen Gesprächspartnern in Kontakt zu bringen, ohne dass bereits Diskussionen oder Bewertungen stattfinden oder vorschnell Lösungen gesucht werden.

Aufgabe des Moderators ist es, darauf zu achten, dass die Teilnehmer sich mitteilen und zuhören. Er muss unterbrechen, wenn Sackgassen entstehen, und sollte Hilfen zur Kommunikation und Verständigung anbieten. Besonderheiten sollte er sich merken und im Gespräch emotionale Klärung und Verstehen (Selbst-, Kommunikations-, Persönlichkeits-, Systemklärung) unterstützen.

5. Phase – Vertiefung und Prägnanz der Gefühle oder sachliche Problemlösung
Je nachdem, ob es sich im Gespräch um ein eher sachliches oder psychosoziales Anliegen handelt, geht es nun um sachliche Problemlösung oder emotionale Vertiefung der Klärungsarbeit. Bei sachlichen Problemen ist es möglich, Lösungsversuche zu lancieren. Emotionale und psychosoziale Probleme lassen sich oft nicht im rationalen Sinne „lösen". In diesem Falle helfen am ehesten die Akzeptanz von Verschiedenheiten und die bildhafte Verarbeitung von Emotionen. Diese zu verdeutlichen, ist Ziel der Phase. Am besten kleidet man Gefühle in Bilder, die sich einprägen. Auch Wünsche können nun geäußert und Veränderungen im Erleben bekräftigt werden.

Aufgabe des Moderators ist es, die Klärung der Gefühle durch Wortbilder und kreative Techniken, durch Zuhören und Verdeutlichen zu unterstützen. Für Sachprobleme sollten nun systematisch Lösungen gesucht werden. Der Moderator sollte die Akzeptanz von Verschiedenheiten unterstützen und bei sachlichen oder lösbaren emotionalen Problemen Veränderungswünsche und Problemlösungen thematisieren und unterstützen.

6. Phase – verstandesmäßiges Einordnen, Vereinbarungen und Hausaufgaben
Bei sachlichen Problemen geht es in dieser Phase darum, Entscheidungen zu treffen, Lösungswege zu definieren und deren Umsetzung zu planen. Vereinbarungen werden getroffen, und Aufgaben werden gestellt. Bei emotionalen Themen geht es darum, das Erarbeitete kognitiv nachzuvollziehen, bisher als diffus oder widersprüchlich Empfundenes einzuordnen und „Wahr-Falsch"- und „Schwarz-Weiß"-Zuordnungen neu zu verstehen: Statt sachlicher Problemlösung stehen Neudeutung und Zukunftsperspektiven im Vordergrund. Es geht auch darum, egozentrische Sichtweisen zu überwinden („Meine Gefühle sind die einzig richtigen") und eine gemeinsame Theorie der Schwierigkeiten zu entwickeln, die Veränderungen ermöglichen soll. Aus dieser neuen Sicht können Hausaufgaben für die Teilnehmenden entwickelt werden.

Aufgabe des Moderators ist es, eine gemeinsame und alltagstaugliche Theorie der Problemsituation zu entwickeln, Lösungsansätze zu konkretisieren, Entscheidungen und Vereinbarungen vorzuschlagen und mit den Teilnehmern Regeln und Vorgehensweisen zu vereinbaren.

7. Phase – die Situation abschließen

Bevor man auseinandergeht, sollte jeder Teilnehmer noch einmal die Gelegenheit erhalten zu sagen, wie das Gespräch für ihn war, wie er sich im Moment fühlt, mit welcher Stimmung er den Raum verlässt und was eventuell noch offen ist oder was gegebenenfalls aus dem Gespräch belastend wirkt. Selbst bei Zeitdruck sollte ein solches Blitzlicht zugelassen werden. Der Moderator sollte unbedingt klären, was noch offen ist, wie man verbleibt und wie es weitergeht und wer was unternimmt, um den Prozess um ein Problem oder Anliegen voranzubringen.

Aufgabe der Moderators in dieser Phase ist, das Loswerden von Ballast zu ermöglichen. Das abschließende Blitzlicht sollte den Kontakt zu jedem Einzelnen stabilisieren. Er sollte Verabredungen für eine nächste Sitzung bekanntgeben, den Stand der Dinge und Vereinbarungen resümieren.

Es soll hier nochmals auf zwei Dinge aufmerksam gemacht werden: Phasenverläufe sind eine idealtypische Struktur, eine Art Geländer oder eine kognitive Landkarte, mittels derer alle Beteiligten sich orientieren, den nächsten Schritt suchen und das Ziel im Auge behalten können. Würde man aufgezeichnete Klärungsgespräche untersuchen, könnte man feststellen, dass der reale Ablauf in vielerlei Hinsicht abweicht und von Wiederholungen, zirkulären Verläufen, mehrfachen Anläufen usw. gekennzeichnet ist. Als Metapher bietet sich ein Ruderboot an: Es rudern viele Menschen, nicht immer in die gleiche Richtung, Gegenwinde und Strömungen stören – für die gesprächsführenden Person ist es wichtig, Landkarte und Kompass zu beachten, um die Gesamtrichtung nicht zu verlieren.

Zum Zweiten erfolgt hier nochmals die Anregung (und explizite Aufforderung), alle in diesem Buch vermittelten Modelle, Raster und Abläufe selbstverantwortlich und abgestimmt auf den Kontext, die Situation und Personen zu benutzen und nicht mechanisch einzusetzen. Erst die Anpassung an Ihren persönlichen Stil als gesprächsführende Person und die dadurch mögliche Stimmigkeit ermöglicht eine wirksame und lebendige Gesprächsführung. Raster und Abläufe sind nur das technische Gerüst und eine grobe Orientierung. Und neben der angemessenen Anwendung von Methoden, Techniken oder Arbeitsregeln sollte sich jeder Mensch in gesprächsführender Rolle schließlich auch wohl in seiner Haut fühlen.

4.3   Modelle zur Rollengestaltung im Gespräch

Menschenbilder und Grundhaltungen, handlungstheoretische Modellvorstellungen und methodische Ansätze der gesprächsführenden Person verdichten sich in sozialen Rollen, die in Gesprächen eine starke Wirkung entfalten. Als gesprächsführende Fachkraft handeln wir immer in einer oder mehreren beruflichen Rollen, wir sind nie nur Teil einer persönlichen Begegnung, wie dies in privaten Gesprächen der Fall ist. Der Begriff der „Rolle" stammt aus dem altgriechischen Theater und meint ein durch Thema und Inhalt vorgeschriebenes Verhalten eines Akteurs. Sozialpsychologisch definiert, ist die Rolle die Summe der von einem Individuum erwarteten Verhaltensweisen, auf die das Verhalten anderer Gruppenmitglieder abgestimmt ist. Die erwarteten Verhaltensweisen beziehen sich auf die Position des Rolleninhabers im interaktiven Gefüge (Six 2020). Dabei prägen grundlegende Rollen (als Berater, Betreuer, Beistand oder Mitglied einer Sozialbehörde) das ganze Gespräch oder bestimmte Phasen im Gespräch (vgl. Abb. 4.4). Zwei Modelle zur Rollengestaltung sollen deutlich machen, was diese Funktion und typischen Aufgaben der gesprächsführende Person und die entsprechenden Erwartungen an sie sind.

4.3.1 Inneres Team und phasenspezifische Rollen

Benien differenziert die Rollen von Gesprächsführenden anhand des Modells vom inneren Team und typischer Gesprächsphasen (Benien 2015, S. 271; Schulz von

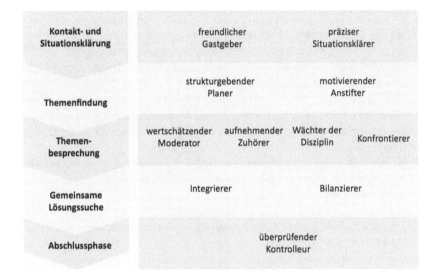

Abb. 4.4 Rollengestaltung nach Gesprächsphasen (Benien 2015, S. 272)

Thun 2016). Den Phasen des Gesprächs werden spezifische Rollen zugeordnet, wodurch die situative Stimmigkeit und der Klärungsprozess in Gesprächen verbessert werden. Erfahrene Moderatoren haben nach Benien einen gut entwickelten Sinn dafür, was die Situationslogik und zwischenmenschliche Konstellation in Gesprächen im Moment verlangen. Neben dem Handwerkszeug guter Moderatoren braucht es dazu ein „gut sortiertes inneres Team, das zur richtigen Zeit das Richtige tut: Ein Teammitglied, das eben noch goldrichtig war, kann wenige Momente später zur inneren Fehlbesetzung führen" (Benien 2015, S. 271).

Die Gliederung der Moderation in verschiedene Phasen dient nicht nur dazu, dass der Moderator im Prozess einer Besprechung den Überblick behält, sondern sie soll bewusst machen, wann welche innere Teambesetzung aufs Spielfeld gehört und wann welche inneren Mitspieler auf der Reservebank Platz nehmen sollen. Visualisiert sieht die *Mannschaftsaufstellung* für das innere Team in der Gesprächsführung folgendermaßen aus:

Folgende Rollen verortet Benien im Gesprächsverlauf, die Verhaltenserwartungen an sie beschreibt er wie folgt:

- In seiner Stammmannschaft benötigt das innere Team einen *wertschätzenden und zu Beiträgen einladenden Moderator,* der die Zügel nur locker in der Hand hält, aber auch einen *dominierenden Machthaber,* der zur Not die Zügel fest in die Hand nimmt und mit ordnender Kraft über das Geschehen wacht.
- Es braucht einen *aufnehmenden Zuhörer,* der aktiv zuhört, zusammenfasst und auf den Punkt kommt – aber auch einen *Wächter der Disziplin,* der bei Entgleisungen und Verletzungen wieder für Ruhe und Sachlichkeit sorgt.
- Der *freundliche Gastgeber* kann gemeinschaftsbildend und der *präzise Situationsklärer* analytisch wirken.
- Den Auftakt eines Themas übernimmt ein *motivierender Anstifter,* und der *Bilanzierer* fasst das Diskussionsergebnis zusammen, damit nicht jeder sein individuelles Fazit zieht, sondern wirklich ein gemeinsames Ergebnis erreicht wird.
- Neben dem *Integrierer* braucht das innere Team einen *Konfrontierer,* der Prozesse stoppt und, wenn die Zeit drängt, die Diskussion über ein bestimmtes Thema abbricht.
- Vor der Moderation ist der *strukturgebende Planer* und am Schluss der *überprüfende Kontrolleur* am Werk, der abwägt, ob die Vereinbarungen realistisch, konkret und verbindlich sind.
- Der *selbst Engagierte, Betroffene* und *Interessierte* mit eigenen Aktien im Geschäft sollte sich nicht unbemerkt in den Vordergrund schieben oder womöglich sogar zum Spielführer des inneren Teams werden.

4.3.2   Rollen in Klärungsgesprächen mit mehr als zwei Personen

Das Modell der Rollengestaltung von Benien (2015) eignet sich für eine breite Palette von Gesprächen, von Arbeitsbesprechungen bis zu Beratungsgesprächen.

In Klärungsgesprächen mit mehr als zwei Personen ändern sich die Anforderungen und Aufgaben im Gespräch und ändert sich damit auch die Rollengestaltung der gesprächsführenden Person. Die Hauptrolle der *Klärungshelfer* verschiebt sich auf den *Anwalt des Zwischenmenschlichen.* Auch wenn die Moderationsrollen aus dem obigen Modell nicht ungültig sind, fokussiert Klärungshilfe auf die zwischenmenschlichen Prozesse der Gesprächsteilnehmer. Thomann unterscheidet dabei vier Rollen (Thomann und Schulz von Thun 2007, S. 117 ff.):

- *Notbrücke:* Wenn der Kontakt zwischen zwei Gesprächsteilnehmern mehr oder minder gestört ist und die Kontaktbrücke nicht mehr trägt – z. B. bei schwereren Belastungen, Konflikten oder Entscheidungen von großer Tragweite –, errichtet der Klärungshelfer eine Notbrücke: In der Anfangsphase von Gesprächen bedeutet dies, dass Teilnehmer nur direkt zu ihm sprechen und von ihm in ihren Äußerungen akzeptiert und verstanden werden. Andere teilnehmende Personen hören dabei nur zu. In dieser kommunikativen „Umwegschaltung" liegt ein wirksames Mittel der Verständigungshilfe. Der Gesprächsführende bietet das, was andere Gesprächspartner im Moment nicht bieten können: Aufmerksamkeit und Zuhören. Dabei ist es wichtig, die Aufmerksamkeit für die teilnehmenden Personen gleichmäßig zu verteilen, hieraus entsteht die zweite Rolle:
- *Allparteilicher Anwalt:* Allparteilichkeit steht im Gegensatz zu Neutralität oder Schiedsrichterrolle mit ihrer emotionalen Abstinenz. Sie gibt emotionale Unterstützung, welche die Teilnehmer besonders in schmerzlichen oder schwierigen Situationen benötigen, und verteilt sie gleichmäßig auf alle Anwesenden. Einseitige Parteinahme ist in diesen Situationen äußerst schädlich und unterminiert die Glaubwürdigkeit des Gesprächsführenden.
- *Dolmetscher:* Um das dialogische Hin und Her in kontaktgestörten Situationen zu fördern, nimmt der Klärungshelfer auch die Rolle eines Dolmetschers ein, der versucht, eine gemeinsame Sprache zu finden, und der darauf achtet, dass Aussagen den Angesprochenen „in den richtigen Hals" kommen. Hier kann er korrigierend und Verständnis schaffend eingreifen.
- Schließlich hat er als *Kommunikationstrainer* die Aufgabe, mit den Problemen ein Stück voranzukommen und gleichzeitig die Kontakt- und Dialogfähigkeit der Teilnehmenden zu fördern.

Lern- und Reflexionsfragen

- Erläutern Sie die drei Begriffsbedeutungen von „Gesprächsprozess".
- Welche Hauptphasen hat ein Klärungsgespräch und welche Funktionen haben sie im Rahmen einer Anliegen- oder Problemklärung?
- Welche Hauptaktivitäten leisten gesprächsführenden Personen in den sieben Phasen des Klärungsgesprächs?
- Was wären für Sie die Hauptherausforderungen in der Moderation eines Einzel- und eines Mehrpersonengesprächs mit einem herausfordernden, z. B. konflikthaltigen oder kontroversen, Thema?
- Was können Sie tun, um bei Desorientierung in einem Gespräch zum roten Faden zurückzukommen?
- Welche Rollen im Gespräch wurden Ihnen beim Lesen bedeutsam? Welche liegen Ihnen, welche könnten eine Herausforderung für Sie sein?

Literatur

Benien, K. (2015). Schwierige Gespräche führen. Reinbek bei Hamburg: Rowohlt.

Brinker, K. & Sager, S. F. (2010). Linguistische Gesprächsanalyse. Berlin: E. Schmidt.

Schulz von Thun, F. (2016). Miteinander reden 3: Das „Innere Team" und situationsgerechte Kommunikation. Reinbek bei Hamburg: Rowohlt.

Six, B. (2020). Rolle. In: Wirtz, M. A. (Hg.), Dorsch – Lexikon der Psychologie. Göttingen: Hogrefe. URL: https://portal.hogrefe.com/dorsch/rolle/

Thomann, C. & Schulz von Thun, F. (2007). Klärungshilfe 1: Handbuch für Therapeuten, Gesprächshelfer und Moderatoren in schwierigen Gesprächen. Reinbek bei Hamburg: Rowohlt.

Weiterführende Literatur

Schulz von Thun, F. (2016). Miteinander reden 3: Das „Innere Team" und situationsgerechte Kommunikation. Reinbek bei Hamburg: Rowohlt.

Die Vor- und Nachbereitung von Gesprächen

5

Zusammenfassung

Gespräche vorzubereiten, zu dokumentieren und zu evaluieren gilt als Standard professionellen Handelns, ist jedoch nicht selten eine Herausforderung im beruflichen Alltag: Komplexe Ausgangssituationen, diffuse Aufträge, Zeitprobleme, aber auch die Spannung zwischen Planung und Nichtplanbarem, konzeptueller Festlegung und flexibler Offenheit stellen nur einige der Herausforderungen von Gesprächsvorbereitung dar. Das Kapitel stellt Grundüberlegungen zum Verhältnis von Planung und Offenheit an und es denkt über Antizipation, Ungewissheitsreduktion und das Hinterfragen vermeintlicher Gewissheiten nach. Ein Modell differenzierter Gesprächsvorbereitung wird aufwandsärmeren Varianten gegenübergestellt und Hilfen zur Dokumentation von Gesprächen werden vorgeschlagen. Zuletzt wird die Evaluation von Gesprächen angeleitet.

Gespräche in der Sozialen Arbeit finden oft zu belasteten, komplexen und häufig auch intransparenten Situationen statt. Ohne systematische Vorbereitung und Reflexion bleiben Gespräche dann ergebnislos oder richten sogar Schaden an, wenn z. B. relevante Personen nicht anwesend sind, wichtige Themen nicht zur Sprache kommen, gemeinsame (oder divergierende) Problemverständnisse nicht geklärt sind oder heikle Beziehungsaspekte nicht bedacht werden (Abb. 5.1).

―――――――――――
Elektronisches Zusatzmaterial Die elektronische Version dieses Kapitels enthält Zusatzmaterial, das berechtigten Benutzern zur Verfügung steht. https://doi. org/10.1007/978-3-658-29204-1_5. Die Videos lassen sich mit Hilfe der SN More Media App abspielen, wenn Sie die gekennzeichneten Abbildungen mit der App scannen.

Abb. 5.1 Einführungsvideo 5: Gespräche vor- und nachbereiten (https://doi.org/10.1007/000-0k0)

Es geht daher eher selten ohne die Planung von Gesprächen und gegen Planung gibt es eine große Menge an Vorbehalten: „Wer plant, irrt genauer", „Planung ersetzt Zufall durch Irrtum" und ähnliche Bonmots geben diese verbreitete Planungsskepsis gerade zu kommunikativen Situationen wieder. Verbreitete Einwände gegen Vorbereitung sind das Schwinden von Spontaneität und situativer Stimmigkeit oder die Einschränkung der Unvoreingenommenheit gegenüber Gesprächspartnern. Gute Vorbereitung steht jedoch keineswegs im Widerspruch zu Echtheit, Offenheit und Spontaneität im Gespräch. Sie ist im Gegenteil deren Voraussetzung – sie senkt den Handlungsdruck im Gespräch und setzt emotionale und kognitive Kapazitäten für die Interaktion und Problembearbeitung frei. Nur gut vorbereitet kann man im Gespräch spontan und flexibel reagieren, es sei denn, man besitzt bereits jahrelange Erfahrung und starke tragfähige Routinen. Die Grundidee hier ist: „Wer plant, wird durch den Zufall begünstigt."

Einen offenkundig so klaren Begriff wie Gesprächsvorbereitung definieren zu müssen, scheint müßig. Die Grundidee einer professionellen Gesprächsvorbereitung ist aber nicht selbsterklärend und wie vieles in der Kommunikation „einfach, aber nicht leicht". Daher im Folgenden eine Definition:

▶ **Gesprächsvorbereitung** Gesprächsvorbereitung

- positioniert Gespräche stimmig im Kontext,
- klärt Ziele, Themen und Sichtweisen der Fachkraft,
- fühlt sich in Gesprächspartner ein und antizipiert sensible Elemente,

- plant einen flexibel-stabilen, situations- und themenadäquaten Ablauf
- je nach Situation zwischen großer Offenheit und strikter Festlegung
- zur Freisetzung kognitiv-interaktiver Ressourcen der Teilnehmer, zur Unterstützung der systematischen Bearbeitung von Themen und zur Erreichung der Gesprächsziele.

Gesprächsvorbereitung balanciert immer zwischen den Polen der Gewissheit und Ungewissheit. Gespräche vorzubereiten bedeutet zum einen *Antizipation und Ungewissheitsreduktion,* das schafft Sicherheit. Es hilft, einen Problemlöseprozess systematisch anzugehen, auf erwartbare Störungen vorbereitet zu sein und ihn auch durchzuhalten. Planung hilft aber auch, flexibel auf Unerwartetes reagieren zu können. Nötig sind dabei allerdings das kritische Hinterfragen von vermeintlichen Gewissheiten und eine freundliche Respektlosigkeit gegenüber eigenen Deutungsmustern und Vorlieben (Cecchin, 2010). Die Folge kritischer Reflexion *vor dem Gespräch* ist also auch *Ungewissheitserhöhung* mit dem Gewinn *größerer Offenheit und Flexibilität.* Dadurch werden Fehlannahmen oder einseitige Vor-Urteile reduziert; allerdings steigt so auch die Ungewissheit vor einem Gespräch, und die Variationsmöglichkeiten während des Gesprächs nehmen zu (vgl. Abb. 5.2). Gut vorbereitete Fachkräfte stellen sich auf beides ein, auf einen strukturierten Verlauf, erwartbare Ereignisse und auf Dinge, die sich erst im und aus dem Gespräch ergeben können.

Abb. 5.2 Antizipation und Reflexion: Gewissheits- und Ungewissheitsbearbeitung

Eine systematische Nachbereitung von Gesprächen ist der Schlüssel zur Adaption von Hilfeprozessen wie auch zum persönlich-beruflichen Lernen aus Gesprächen. Auch dabei pendeln wir zwischen den Polen der Gewissheit und Ungewissheit: Jedes Gespräch schafft Wissen, Klärung, Entscheidungen und Ergebnisse. Dadurch entstehen neue Gewissheiten und ebenso viele Fragen zur weiteren Bearbeitung und nur, wer systematisch nachbereitet, wird aus dem eigenen Gesprächshandeln lernen, denn nicht jedes im Gespräch gemachte Erlebnis wird auch zur reflektierten Erfahrung (Gruber 1999).

5.1   Systematische Gesprächsvorbereitung in fünf Schritten

Da die Qualität eines Gesprächs nicht mit der Wortflut zunimmt, kommt es eher darauf an, das Richtige zum richtigen Zeitpunkt zu sagen. Diese Fähigkeit beruht auf einer inneren Klarheit, zu der man durch gute Vorbereitung gelangen kann (Benien 2015, S. 49).

In Kap. 3 wurde das Modell der Gesprächsstruktur (vgl. Abb. 3.2) als Grundlage jeder Gesprächsvorbereitung vorgestellt: Erst, wer *Kontext, Vorgeschichte, Personen, Themen, Ziele und Beziehungen* zu einem Gespräch hinreichend versteht, entwickelt auch ein Verständnis der Anforderungen dieses Gesprächs und kann dann zielführend vorbereiten. Die beschriebenen sechs Aspekte der Gesprächsstruktur werden nun (vgl. Abb. 5.3) in das Modell der Gesprächsvorbereitung nach Benien (2015) integriert und für den Kontext der Sozialen Arbeit angepasst.

5.1.1   Kontext, Vorgeschichte und Anlass klären

Die Bedeutung, die der *Kontext* eines Gesprächs für die Gesprächsgestaltung hat, wurde bereits mehrfach betont. Vor einem Klientengespräch kann es hilfreich sein, sich den Auftrag der Sozialen Arbeit in diesem Gespräch zu vergegenwärtigen und sich z. B. konkret vor Augen zu führen, was z. B. „Unterstützung der selbständigen Lebensführung", „Bewältigung psychosozialer Problemsituationen" oder „lebensweltnahe Hilfe" in dieser Gesprächssituation bedeutet. Weiter sollte der oft sehr routinisiert mitlaufende Rahmen der Institution bewusstgemacht werden, und das Gespräch sollte dem vorhandenen Handlungstypus (Heiner 2018, S. 80 ff.) entsprechen: Ob eine Intervention im stationären oder ambulanten Kontext stattfindet, ob sie freiwillig oder als Eingriff erfolgt, ob sie

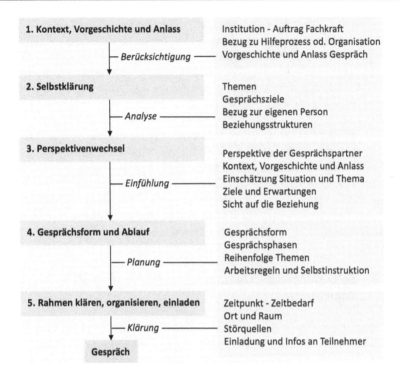

Abb. 5.3 Gesprächsvorbereitung in fünf Schritten (Benien 2015, S. 48 ff.)

dem Handlungstypus Beratung, Begleitung, Betreuung oder niederschwellige Unterstützung zugehört, ob sie lang- oder kurzfristig angelegt ist – all dies wirkt sich auf ein Gespräch aus und sollte der gesprächsführenden Person bewusst sein.

Die (Organisations-, Bereichs-, Interventions- oder Beratungs-)*Konzepte* stellen eine weitere Rahmung dar. Ob in einer Suchtberatungsstelle die motivierende Gesprächsführung als zentraler Arbeitsansatz gilt oder sich das Team eines Jugendheims auf den lösungsorientierten Ansatz verpflichtet, hat unmittelbaren Einfluss auf die Gesprächsführung, denn motivierende Gesprächsführung pflegt z. B. einen spezifischen Umgang mit Widerstand und der lösungsorientierte Ansatz verzichtet u. a. auf elaborierte Problemanalysen.

Die *eigene Aufgabe im Hilfeprozess* sollte in der Gesprächsvorbereitung nochmals bewusstgemacht werden: Erstabklärung, Begutachtung, Beratung, anwaltschaftliche Verhandlung mit Dritten, Mitarbeiterbeurteilung oder

Management – die Moderationsaufgaben korrespondieren mit den Zielen, Inhalten und Rollen im Gespräch. Geht es um organisationsbezogene Gespräche (Führungs-, Feedback-, Team- oder Mitarbeitergespräche), müssen Organisationskontext und entsprechende Vorgaben und Konzepte berücksichtigt werden. Bei der Klärung von Kontext, Vorgeschichte und Anlass eines Gesprächs können folgende Fragen hilfreich sein:

- Was ist Auftrag der Sozialen Arbeit in diesem Gespräch? Was gibt die Organisation an Rahmenbedingungen, Konzepten oder Methoden vor?
- Welche Funktion hat dieses Gespräch im Hilfe- bzw. im Organisationsprozess?
- Was ist die Vorgeschichte und der Anlass dieses Gesprächs?
- Muss ich Vorinformationen zu oder Sichtweisen von Teilnehmern einholen?
- Wer ist überhaupt der richtige/sind die richtigen Gesprächspartner?
- Ist das Gespräch notwendig, was würde geschehen, wenn es nicht stattfände?

5.1.2 Selbstklärung – Themen, Ziele, Personen und Beziehungen

In jedem Gespräch stellen sich vier Herausforderungen gleichzeitig (vgl. Abb. 5.4): Ein oder mehrere Themen oder Probleme müssen geklärt oder gelöst werden (Sachinhalt), man möchte beim Gesprächspartner etwas erreichen, Maßnahmen planen oder Handlungen vorbereiten (Appellseite, Ziele) und teilt etwas von sich mit und bringt inneres Erleben zum Ausdruck (Selbstoffenbarung). Die Beziehung zum Gesprächspartner ist entweder explizit Thema des Gesprächs oder aber die Basis der gemeinsamen Arbeit (Beziehungsseite). Im zweiten Schritt wird die *eigene* Sichtweise und Position zum Gespräch geklärt, das Kommunikationsquadrat dient dabei zur Strukturierung (Benien 2015, S. 50). Die Leitfragen wurden an die Soziale Arbeit angepasst:

5.1.3 Perspektivenwechsel: Identifikation mit dem Gesprächspartner

Jedes Gespräch hat so viele Perspektiven, Sichtweisen, Erwartungsrichtungen und Ziele wie Teilnehmer (Benien 2015, S. 61 f.). Dies legt es nahe, sich in der Gesprächsvorbereitung in die Gesprächspartner einzufühlen und ihre Sichtweise und ihr Erleben zu antizipieren. „In ihre Haut zu schlüpfen" oder ein Stück Weg „in ihren Schuhen" zu gehen, verhilft zu besserem Verstehen

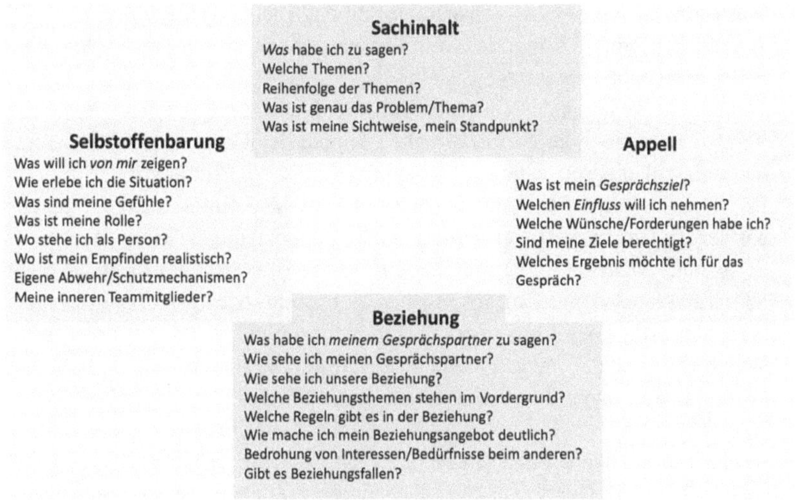

Sachinhalt
Was habe ich zu sagen?
Welche Themen?
Reihenfolge der Themen?
Was ist genau das Problem/Thema?
Was ist meine Sichtweise, mein Standpunkt?

Selbstoffenbarung
Was will ich *von mir* zeigen?
Wie erlebe ich die Situation?
Was sind meine Gefühle?
Was ist meine Rolle?
Wo stehe ich als Person?
Wo ist mein Empfinden realistisch?
Eigene Abwehr/Schutzmechanismen?
Meine inneren Teammitglieder?

Appell
Was ist mein *Gesprächsziel*?
Welchen *Einfluss* will ich nehmen?
Welche Wünsche/Forderungen habe ich?
Sind meine Ziele berechtigt?
Welches Ergebnis möchte ich für das
Gespräch?

Beziehung
Was habe ich *meinem Gesprächspartner* zu sagen?
Wie sehe ich meinen Gesprächspartner?
Wie sehe ich unsere Beziehung?
Welche Beziehungsthemen stehen im Vordergrund?
Welche Regeln gibt es in der Beziehung?
Wie mache ich mein Beziehungsangebot deutlich?
Bedrohung von Interessen/Bedürfnisse beim anderen?
Gibt es Beziehungsfallen?

Abb. 5.4 Das Kommunikationsquadrat in der Gesprächsvorbereitung (Benien 2015, S. 50 ff.)

der Gesprächspartner und ihres Verhaltens. Nicht nur bei herausfordernden Gesprächsformen wie Kritik-, Konflikt- oder Schlechte-Nachrichten-Gesprächen ist der Perspektivenwechsel eine hilfreiche Vorbereitung auf die möglichen Reaktionen der Gesprächspartner. Aber besonders in heiklen Gesprächen kann es hilfreich sein, Verletzungs- und Störungspotenziale zu erahnen und aus einer Position der Einfühlung heraus zu reagieren.

Ein Perspektivenwechsel beginnt mit der Identifikation mit dem Gesprächspartner und seiner Situation. Man geht mental durch die Situation und das Umfeld des Gesprächspartners, vergegenwärtigt sich dessen Erleben und Empfinden und fragt sich nach Sichtweisen, Bedürfnissen, Befürchtungen oder Hoffnungen. Auch besonders sensible Persönlichkeits- oder Themenbereiche, mögliches Abwehrverhalten zum Schutz des eigenen Selbstbilds zu eruieren, ist hilfreich, um nicht unnötige Verletzungen, Bloßstellung oder Gesichtsverlust zu riskieren.

Im alltäglichen Nachdenken neigen Menschen eher dazu, eigene Sichtweisen zu bestätigen, als sie zu revidieren. Perspektivenwechsel bringen daher gelegentlich unerwartete Einsichten, sie fallen aber alleine nicht immer leicht. So kann es nötig werden, den Perspektivenwechsel mit einem Partner durchzuführen, der einen *in der Rolle des Gesprächspartners* befragt. Wenn man sich in seine Gesprächspartner hineinversetzen möchte, kann man sich Folgendes fragen (lassen):

- Was ist die Sicht des Gesprächspartners auf das Thema oder Problem?
- Welche Bedürfnisse bringt der Gesprächspartner mit ins Gespräch? Sind diese verletzt, bedroht oder infrage gestellt?
- Welche Motive leiten den Gesprächspartner, welche Ziele verfolgt er?
- Was an Abwehr- oder Schutzverhalten könnte der Gesprächspartner zeigen, und was will er damit schützen (Selbstbild, Selbstwert, Autonomie)?
- In welchem körperlich-seelisch-geistigen Zustand kommt mein Gesprächspartner ins Gespräch? Ist er gesund/krank, glücklich/unglücklich, angespannt/ entspannt, übernächtigt/ausgeschlafen, nüchtern oder „verladen", stabil oder vulnerabel, kommt er aus eigener Motivation, oder wird er „geschickt", kommt er offen oder mit unverrückbaren Sichtweisen?
- Wie sieht er mich als Person/meine Rolle/unsere Beziehung?
- Welche Erwartungen, Forderungen und Ansprüche bringt er mit?

Sollte der Perspektivenwechsel misslingen, rät Benien dazu, möglichen eigenen Projektionen oder Übertragungen nachzugehen (Benien 2015, S. 62). Bei *Projektionen* lehne ich Personen ab, weil sie etwas ausleben, was ich mir verbiete. Bei *Übertragungen* lehne ich Personen ab, weil sie Ähnlichkeiten mit Personen zeigen, mit denen ich schlechte Erfahrungen gemacht habe. Beide Abwehrformen verhindern eine Identifikation und erschweren in der Folge Empathie und Verständigung, ohne die ein Gespräch kaum gelingt. Sollten solche Abwehrformen bei der gesprächsführenden Person auftauchen, empfiehlt es sich, das Thema in eine Supervision oder kollegiale Beratung einzubringen, um sie vor dem Gespräch zu bearbeiten.

5.1.4   Gesprächsform und Ablauf wählen

Nun erfolgt eine konkrete Vorbereitung des Gesprächsablaufs. Der erste Schritt dazu ist die Klärung der *Gesprächsform,* die das grundlegende Vorgehen der Problemlösung strukturiert und situationsangemessen sein muss. Die Anforderungen und das Vorgehen in Konflikt-, Beratungs- oder Informationsgesprächen unterscheiden sich erheblich, und sich in einem Beratungsgespräch zu wähnen, während der Gesprächspartner sich in einem Konfliktgespräch sieht, wäre ein fataler Irrtum, allerdings einer, der häufig erlebbar ist. Missverständnisse und Dissonanzen werden in diesem Fall den Gesprächserfolg behindern – man befindet sich nicht „auf der gleichen Veranstaltung".

Hat man sich einmal auf eine problem- und themenadäquate Gesprächsform (oder Mischformen von Gesprächstypen) festgelegt, geht man das Gespräch gedanklich in seinem Ablauf durch und wählt oder setzt einen zielführenden Ablauf in Gesprächsphasen (vgl. Kap. 8, 9). Dabei helfen folgende Fragen:

- Wie gestalte ich den Einstieg und schaffe eine stimmige Gesprächsatmosphäre?
- Welche Ziele und Themen sollen im Gespräch Raum erhalten (welche nicht)?
- Was ist eine sinnvolle Abfolge der Themen und Arbeitsschritte?
- Wie kann ich Gesprächspartner auf Augenhöhe ins Thema mitnehmen und die Interessen aller Beteiligten berücksichtigen?
- Wo im Gespräch könnte es zu Schwierigkeiten kommen und welches Verhalten würde der Verständigung dienen? Gibt es Situationen, in denen ich das Gespräch unterbrechen oder abbrechen würde?
- Wie kann ich die Ergebnisse des Gesprächs zusammenfassen, dokumentieren und für weiteres Handeln sichern?

5.1.5 Rahmen klären, organisieren und einladen

Im nächsten Schritt klärt die gesprächsführende Person den äußeren Rahmen, organisatorische Fragen, die Art der Einladung und die nötigen Vorinformationen für alle Beteiligten. Hier gilt es ggf. nochmals zu prüfen, ob man mit den relevanten Personen ins Gespräch kommt und wer an- oder abwesend sein muss, kann oder darf – gerade bei Mehrpersonengesprächen.

Ein klarer und ungestörter äußerer Rahmen ist die Grundvoraussetzung jedes guten Gesprächs. Ein Alltagsgespräch kann zwischen Tür und Angel oder im öffentlichen Raum einer Einrichtung stattfinden, aber Beratungs- oder Konfliktgespräche werden zur Farce, wenn Telefon oder ungewollte Zuhörer (wie in einem größeren Büro oder in einem Wohngruppenraum) stören. Andererseits können sicherheitsrelevante Überlegungen bedeutsam sein. Hilfreiche Fragen dazu sind:

- Was ist der geeignete Zeitpunkt für das Gespräch (sofort, schnell, mit Distanz)?
- Was benötige ich an Zeit, um das Gespräch ohne Hektik zu führen?
- Wie sieht der geeignete Raum aus (sicheres Terrain für mich, neutrales Terrain oder sicherer, vertrauter Ort für den Gesprächspartner)?
- Wie schalte ich absehbare Störquellen aus?
- Wie können der Raum, das Setting, die Sitzordnung, geschlossene, halbgeöffnete Türen, Kaffee, Wasser (oder eben nicht) zu einer guten Atmosphäre beitragen?

- Gibt es sicherheitsrelevante Vorkehrungen, die ich treffen muss? Dazu gehören Datenschutzaspekte, die Einsehbarkeit des Raums, die Allgegenwart der für Aufnahmen verwendbaren Smartphones, Nähe und Distanz, Beschaffenheit des Raums, Fluchtwege oder die schnelle Erreichbarkeit von Drittpersonen usw.

Danach erfolgen Überlegungen zur Einladung zum Gespräch: Und diese ist schon die erste kommunikative Handlung. Sie schafft den ersten Eindruck und ist Kontaktaufnahme. Bei formellen Gesprächen, wie in der gesetzlichen Sozialarbeit, Jugend- oder Bewährungshilfe – überall dort, wo Klienten vorgeladen werden, ist es wichtig, Transparenz über Themen und Ziele von Gesprächen zu schaffen.

Information ist Macht; Intransparenz und das Vorenthalten bedeutsamer Informationen erhöhen die Angst und das Abwehrverhalten von Gesprächspartnern. Im Sinne der Verständigung und kooperativen Problemlösung müssen Themen und Ziele von Gesprächen transparent gemacht werden, wenn dem nicht gewichtige Gründe entgegenstehen. Selbst bei Routinegesprächen ist gute Information vor dem Gespräch hilfreich: Sie ermöglicht allen Beteiligten, sich vorzubereiten. Information und Transparenz schaffen Sicherheit und Komplexitätsreduktion, sie geben Struktur und stimmen alle Beteiligten auf das Gespräch ein, was zu einer besseren Atmosphäre und besseren Ergebnissen beiträgt.

5.2 Varianten der Gesprächsvorbereitung

Die oben beschriebene Form der Gesprächsvorbereitung gilt für komplexere oder herausfordernde Gespräche mit entsprechendem Gewicht oder Risiken für die beteiligten Personen. Für viele alltagsnahe Gespräche, z. B. in niederschwelligen oder alltagsnahen Kontexten, wird eine solch intensive Gesprächsvorbereitung nicht immer möglich und auch nicht nötig sein. Erfahrene Fachkräfte verfügen über gute Routinen, und je nach Kontextwissen, Erfahrung und Können genügt es, einzelne Elemente der Gesprächsvorbereitung zu fokussieren. Es mag z. B. ausreichend sein, das Ziel nochmals zu klären, sich mit einem Perspektivenwechsel auf den Gesprächspartner einzustimmen, eine Strategie festzulegen oder mit Selbstinstruktionen ungünstige Reaktionen zu stoppen und günstige zu bahnen.

Auch unter Zeitknappheit lassen sich Gespräche ausreichend vorbereiten, wenn einige wichtige Fragen beantwortet werden. Als Minimalvariante seien folgende vier Fragen vorgeschlagen:

- Was ist die Situation/der Fall?
- Was möchte ich erfahren?
- Was möchte ich mitteilen?
- Was möchte ich erreichen?

Zwischen der oben vorgestellten elaborierten Form und einer situativen Kurz-vorbereitung sind alle Varianten möglich und erlaubt – Gesprächsvorbereitung ist immer auch eine Frage der zur Verfügung stehenden Zeit und abhängig von Können, Routinen, persönlichem Stil und Sicherheitsbedürfnis oder Ungewiss-heitstoleranz. Und bei aller Vorbereitung sollte es immer das Ziel bleiben, Offenheit für Dialog und Begegnung sowie flexibles und spontanes Handeln im Gespräch zu ermöglichen und ein Gespräch nicht durch starre Regeln oder Strukturen zu ersticken.

5.3 Gesprächsdokumentation – Notizen, Protokolle und Aufnahmen

Die systematische Dokumentation von bedeutsamen Gesprächen sowohl mit Klienten als auch in der Kooperation mit anderen Berufsgruppen ist für eine professionelle Soziale Arbeit unverzichtbar (Reichmann 2016, S. 166). Fach-kräfte der Sozialen Arbeit sollten belegen können, was sie warum auf welche Weise tun oder getan haben, und Dokumentation ist ein unverzichtbares Mittel professioneller Qualitätssicherung und Selbstlegitimation (Brack und Geiser 2009). Dazu sind Verlaufsnotizen, Journalführung und verschiedene Formen von Protokollen nötig. Im Folgenden daher einige Ausführungen zur Dokumentation von Gesprächen.

In vielen Gesprächsformen ist das Protokoll die Standarddokumentation, in der Regel wird es nach dem Gespräch erstellt, teils bereits im Gespräch durch Notizen gestützt. Hilfreiche Gedächtnisstützen sind auch Visualisierungen wie Flipcharts, Kärtchen oder Blätter, mit denen eventuell bedeutsame Inhalte bereits während des Gesprächs und für alle sichtbar visualisiert und notiert wurden. Eventuell genügen aber auch informelle Verlaufsnotizen oder Protokolle, die bei der Nachbereitung des Gesprächs erstellt werden.

In jedem Fall ist am Anfang eines Gesprächs zu klären, ob Notizen gemacht werden und wie mit ihnen umgegangen wird; dies gehört zur notwendigen Trans-parenz gegenüber den Gesprächspartnern. Ob ein Protokoll erstellt werden soll und welche Form angemessen ist, wie persönliche Gesprächsnotizen behandelt

werden und, noch mehr, ob Gespräche audio- oder videoprotokolliert werden –
den Gesprächspartnern sollte jede Dokumentation angekündigt und kurz erklärt
werden. Datenschutzaspekte sind dabei unbedingt zu beachten; bei audiovisuellen
Aufnahmen ist die schriftlich dokumentierte Einwilligung der Gesprächspartner
zwingend; verdeckte Aufnahmen sind sowohl unethisch als auch ein Verstoß
gegen Persönlichkeitsrechte und daher strafbar.

5.3.1 Verlaufsnotizen im Gespräch

Während eines Gesprächs Notizen zu machen, wird hier besonders Berufs-
anfängern empfohlen, auch wenn das Multitasking von Sprechen, Zuhören
und Schreiben einiger Übung bedarf und anfangs vielleicht als unangenehm
empfundene Pausen im Gespräch zur Folge hat. Solche lassen sich aber auch
positiv deuten. Denn Notizen sind nicht nur Strukturierungshilfe und Gedächtnisstütze, sie sind eine der wenigen legitimen Unterbrechungen im Gesprächsfluss.
Sie können diskret genutzt werden, um sich und Gesprächspartnern nützliche
Denkpausen zu verschaffen.

Mit einer guten Gesprächsvorbereitung sollten Notizen nicht übermäßig
schwerfallen, denn bei der Gesprächsvorbereitung lassen sie sich bereits auf
Papier vorstrukturieren. Es kann hilfreich sein, die Gesprächsphasen bereits so
großzügig auf Blättern zu notieren, dass die Notizen in die Vorbereitung hinein-
geschrieben werden können; oder aber man benutzt vorgefertigte Journalblätter
wie sie in vielen Einrichtungen vorfindbar sind. Der Vorteil digital hand-
geschriebener Notizen besteht darin, dass mit modernen Note-taking-Programmen
auf Tablets Texterkennung möglich ist und bei sorgfältigerer Handschrift und
etwas Übung durchsuchbare Gesprächsnotizen entstehen.

5.3.2 Gesprächsprotokolle

In vielen Gesprächen werden Sachverhalte und Themen geklärt, Vorhaben entwickelt, Entscheidungen getroffen und Aufgaben verteilt. Für die Sicherung der
Ergebnisse ist dazu oft ein Protokoll notwendig, damit alle Teilnehmer informiert
und die Aufgaben aus einem Gespräch klar sind.

In Teamsitzungen, Standort- oder Mitarbeitergesprächen sind Protokolle ein
unverzichtbares Mittel der Gesprächsdokumentation (Hartmann 2017, S. 126).
Das Protokoll hält Informationen, gemeinsame Entscheidungen und Ergebnisse fest. Neben der Informationssicherung hat es auch eine Steuerungs- und

Vergewisserungsfunktion, da die Verschriftlichung des Gesprächs alle Teilnehmer zur Klarheit zwingt. Da die protokollierende Person besonders darauf achtet, ob Klarheit herrscht (nur dann kann eindeutig protokolliert werden), kann sie die gesprächsführende Person unterstützen. Sie kann nachfragen, was sie notieren soll oder ob ihre Notiz zutreffend ist. Protokollanten sollten dementsprechend eng mit der gesprächsführenden Person kooperieren.

An den Anfang jedes Protokolls gehören folgende Angaben: Protokolltyp – Veranstalter, Leitung, Protokollant – Anlass des Treffens – Datum und Zeit – Anwesende. Unter Umständen sind folgende Punkte zusätzlich angezeigt: Traktanden – Aufzählung der Gesprächsunterlagen – Sitzungsort. Ans Ende des Protokolls gehören schließlich: Verteilerhinweis – Termin und Ort der nächsten Sitzung. Folgende Protokolltypen sind gängig (Gäde und Listing 2001):

- *Präsenzprotokoll:* Diese Art von Protokoll erfordert keine Nacharbeit. Während der Sitzung ist allerdings höchste Aufmerksamkeit geboten, das Wesentliche wird direkt mitgeschrieben. Meist entsteht so ein Kurzprotokoll; es kann handgeschrieben und direkt vor Ort vervielfältigt oder am Computer geschrieben werden, Handnotizen auf dem Tablet können direkt als PDF versandt werden.
- *Beschlussprotokoll:* Beschlüsse werden wörtlich mitgeschrieben. Es wird ferner aufgenommen, wie der Beschluss zustande kam. Auch beim Beschlussprotokoll empfiehlt es sich festzuhalten, wer etwaige Aufgaben erledigen soll und wie – und auch, wer die Ausführung kontrolliert.
- *Kurzprotokoll:* Das Kurzprotokoll wird sehr häufig verwendet, da es einen übersichtlichen Extrakt der Sitzung darstellt.
- *Verlaufsprotokoll:* In einem solchen Protokoll werden alle wesentlichen Schritte des Gesprächsverlaufs festgehalten. Das kann bspw. bei richtungweisenden Entscheidungen notwendig sein. So kann bei Bedarf später nachgeprüft werden, an welchem Punkt des Prozesses welche Informationen bereits verarbeitet waren.

5.3.3 Audio- und Videodokumentation von Gesprächen

In besonderen Fällen können Audio- oder Videoaufnahmen bei der Dokumentation von Gesprächen gute Dienste leisten. Mit Smartphones ist es mittlerweile ohne viel Aufwand möglich, hochwertige Aufnahmen zu fertigen, und auch die entscheidende Tonqualität der meisten Smartphones oder Tablets ist mittlerweile sehr gut. Audioprotokolle stören ein Gespräch weniger, allerdings ist ihre Analyse sehr ermüdend, da dem Hörer die visuellen Informationen fehlen. Videoaufnahmen können das Gespräch stärker stören; mindestens in der Anfangsphase fühlen sich die Teilnehmer beobachtet und sind deshalb oft etwas befangen. Zu beachten ist hierbei die Tonqualität und das Licht in Büroräumen. Es sollte in ruhiger Umgebung gefilmt werden und die Aufnahmegeräte sollten mit dem Tageslicht (von Fenstern aus) filmen.

In Beratungs- und Psychotherapieausbildungen ist die videogestützte Reflexion Standard. Kollegiale Beratungen oder Ausbildungssupervisionen stützen sich häufig auf Videoaufnahmen von Gesprächen. Dabei sind Daten- und Personenschutz zu beachten, und es braucht zwingend die schriftliche Einwilligung der Gesprächsteilnehmer. Der Nachteil videogestützter Dokumentation und Reflexion ist offensichtlich – es ist sehr aufwendig, ein z. B. 50-minütiges Gespräch durchzusehen, und die großen Datenmengen in HD-Qualität lassen die Speicherung auf institutionellen IT-Systemen vermutlich nur in Ausnahmefällen zu. Für Ausbildungszwecke sind Audio- oder Videoaufnahmen hingegen ein ausgezeichnetes und mittlerweile verbreitetes Lern- und Prüfungsmedium, selbst wenn die Daten- und Informationsmengen groß sind und der Zeitaufwand für die Analyse beträchtlich ist.

5.4   Gesprächsevaluation

Die Fähigkeit zur Evaluation und (Selbst-)Reflexion gilt als eine der zentralen Berufskompetenzen von Fachkräften der Sozialen Arbeit (Heiner 2018, S. 66), und Evaluation und Selbstevaluation haben als Methoden der Sozialen Arbeit eine lange Tradition (Spiegel und Sturzenhecker 2018, S. 132 ff.). Ziele von Evaluation sind die Qualitäts- und Wirkungsüberprüfung von Prozessen, Interventionen und Wirkungen und deren Optimierung durch Lernprozesse. Aus Gesprächen entstehen nur dann Erfahrungen und Lernprozesse, wenn diese evaluiert, d. h. reflektiert werden.

▶ **Gesprächsevaluation** Die Grundidee von Gesprächsevaluation ist eine systematische und fokussierte Reflexion und Bewertung eines Gesprächs, mit Gesprächspartnern, alleine oder unter Fachkräften, und die dadurch ausgelösten Lernprozesse.

- Allgemeine Evaluation fokussiert auf zu wählende Schwerpunkte wie Zielerreichung, Gesprächsatmosphäre oder Bewältigung herausfordernder Momente.

- Selbstevaluation ist die selbst entschiedene und durchgeführte Bewertung der eigenen Arbeit. Der Fokus liegt auf der eigenen Person, ihren Beiträgen und Wirkungen im Handeln und dem eigenen Beitrag zur Co-Produktion (Heiner 2000).

Die Bewertung des eigenen Handelns kann durch kollegiales Feedback oder Selbsteinschätzung erfolgen, die Bewertung der angestrebten Wirkungen eines Gesprächs bei Gesprächspartnern hingegen nur durch Beobachtung oder Feedback durch diese selbst. Gesprächsevaluation (vgl. Abb. 5.5) sollte die Perspektiven aller Beteiligten berücksichtigen. Zu einer breiteren Sichtweise können also das Partnerfeedback, die Selbstevaluation und die kollegiale Rückmeldung verhelfen. Die Evaluation kann am *Ende des aktuellen Gesprächs* durch die Bewertung des Gesprächspartners und eine Selbsteinschätzung der gesprächsführenden Person oder in der *Nachbereitung* durch Selbsteinschätzung, kollegiales Feedback oder Supervision erfolgen.

5.4.1 Evaluation mit Gesprächspartnern

In der Sozialen Arbeit sind Feedback und Feedbackkultur gängige Begriffe. Offenbar wird diese Kultur aber eher im kollegialen Kreis gepflegt als in der

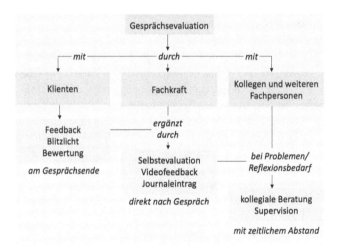

Abb. 5.5 Zeitpunkte und Formen der Gesprächsevaluation

direkten Klientenarbeit. Die Chance direkter Klientenfeedbacks wird eher selten genutzt; möglicherweise ist die Scheu vor der Bewertung der eigenen Arbeit durch Klienten doch sehr groß. Dabei nimmt die Gelegenheit zum Feedback die Gesprächsteilnehmer als Partner ernst. Sie gibt ihnen die Möglichkeit, am Ende des Gesprächs wirksame Elemente des Gesprächs bewusstzumachen und Ballast loszuwerden und damit Schwierigkeiten für weitere Gespräche vorzubeugen und deren Wirkung zu erhöhen. Die Fachkraft erhält Anregungen und Gesprächsteilnehmer können für sich selbst noch einmal bekräftigen, was im Gespräch hilfreich war und was sie daraus mitnehmen (Schmitz 2016, S. 117). In der gemeinsamen Evaluation wird den Gesprächspartnern auch eine Teilverantwortung für das Gespräch zugesprochen, was dem Prinzip der Co-Produktion entspricht. Dazu kann ein kurzes Blitzlicht zum Befinden dienen oder auch ein Feedback zu Hilfreichem oder weniger Hilfreichem, es könnte aber auch eine kriteriengeleitete, ausführliche Evaluation stattfinden, wenn wichtige Abschnitte in einem Hilfeprozess eine solche erfordern.

Hilfreich ist in jedem Fall, diese Rückmeldung durch Fragen zu strukturieren. Dies können Skalierungsfragen sein („Wie viel näher sind wir einer Lösung gekommen auf einer Skala von …?") oder fokussierte Fragen zum Gespräch („Was war hilfreich, was weniger?", „Was nehme ich mit?") oder auch ganz offene Fragen („Gibt es etwas, was Sie mir zum Gespräch noch sagen möchten?").

Feedback-informed Treatment
Feedback-informed Treatment (FIT) ist eine Form systematisch erhobenen Feedbacks durch Klienten der Beratung und Psychotherapie (Miller 2016). Mit FIT erheben Therapeuten am Ende eines Gesprächs in zwei Kurzfragebogen das subjektive Wohlbefinden des Klienten in der der Sitzung vorangegangenen Woche sowie die In-Session-Qualität der aktuellen Zusammenarbeit mit dem Therapeuten.

Mit der Outcome Rating Scale (ORS) geben die Klienten auf einer mit besser/schlechter skalierten Achse an, wie es ihnen persönlich, mit der Familie/nahen Beziehungen/in Arbeit/Schule/Freundschaften und insgesamt geht. Die Session Rating Scale (SRS) ermittelt für das eben beendete Gespräch die Einschätzung des Klienten zu den folgenden Dimensionen:

- die Qualität der Beziehung mit dem Therapeuten,
- die Gemeinsamkeit der Einschätzung zu Fortschritten bei Themen und Zielen,

- die Herangehensweise oder Methode der Arbeit sowie
- abschließend noch einmal das gesamte Gespräch (Walter 2017, S. 194 f.).

Die Ergebnisse dienen der Reflexion über die therapeutische Arbeit und der Optimierung weiterer Maßnahmen und folgender Gespräche. Die Erfolge der Arbeit mit FIT sind sehr ermutigend, die Qualität der gemeinsamen Arbeit von Therapeuten und Klienten nimmt zu und die therapeutischen Fortschritte von Klienten steigen gegenüber Kontrollgruppen deutlich.

Nicht immer ist diese Evaluation oder das Feedback durch Gesprächspartner sinnvoll; sie kann auch überfordern oder Schwierigkeiten auslösen. Wann ist nun eine gemeinsame Evaluation sinnvoll und wann nicht? Es ist schwierig, dazu Angaben zu machen, wenn der konkrete Gesprächskontext nicht bekannt ist. Wenn Gesprächspartner mit der metakommunikativen Ebene überfordert sind, wenn Gespräche im Zwangskontext bei den Gesprächspartnern zu abwehrenden und feindseligen Haltungen führen und am Ende die Gelegenheit zum Feedback nur zur Entwertung des Gesprächs oder der Fachkraft benutzt wird; wenn das Risiko besteht, dass erneut in das Gespräch eingestiegen wird, oder auch im gegenteiligen Fall, wenn Gespräche so konstruktiv verlaufen sind, dass eine gemeinsame Evaluation keinen zusätzlichen Nutzen brächte: In all diesen Fällen wäre zu überlegen, ob auf eine Evaluation nicht verzichtet werden sollte.

5.4.2 Nachbereitung – Evaluation und Selbstevaluation

Evaluation und Selbstevaluation werden hier als zwei Seiten derselben Sache betrachtet, auch wenn im Evaluationsdiskurs damit zwei unterschiedliche Verfahren bezeichnet werden (Spiegel und Sturzenhecker 2018, S. 132 ff.). Evaluation adressiert im hier vertretenen Verständnis das ganze Gesprächs-geschehen, Selbstevaluation unterzieht den eigenen Beitrag zur Co-Produktion im Gespräch einer kritischen Prüfung. Die Evaluation eines Gesprächs im all-gemeineren Sinne überprüft

- das *methodische Handeln* an fachlichen Standards (Leistungsdimension),
- die *Wirkungen* eines Gesprächs an seinen Zielen (Wirkungsdimension),
- die *Qualität* von Gesprächsprozess und -atmosphäre (Prozessdimension) und
- sie bemüht sich schließlich um die *Auslösung von Lernprozessen* durch Bewertungen, Schlussfolgerungen und Vorsatzbildungen.

Für die Selbstevaluation von Gesprächen bieten sich in der Systematik dieses Buchs drei Vorgehensweisen an: eine Kurzevaluation nach den Merkmalen guter Gespräche, eine ausführlichere Evaluation, die den Schritten der Gesprächsvorbereitung und dem Verlauf des Gesprächs folgt, und fokussierend auf Schlüsselepisoden im Gespräch eine Evaluation einzelner Gesprächsabschnitte.

Am Anfang des Buchs wurden 14 unmittelbare Merkmale guter Gespräche (vgl. Abschn. 1.8) vorgestellt (Benien 2015). Sie können zur Kurzevaluation eines Gesprächs dienen. Die einzelnen Merkmale werden in der Nachbereitung bewertet oder von Gesprächsbeobachtern zum Feedback benutzt, anschließend lassen sich Konsequenzen für weitere Gespräche und die eigene Gesprächsführung ziehen.

Will man ein Gespräch systematischer auswerten, so folgt man der Gesprächsvorbereitung und dem Gesprächsverlauf nach folgendem Muster:

Der *Kontext, die Vorgeschichte und der Anlass* des Gesprächs werden nochmals fokussiert, und es wird gefragt, ob das Gespräch dem Kontext und Anlass angemessen war, ob die richtigen Gesprächspartner anwesend waren und das Gespräch sich im Nachhinein als richtig und notwendig herausstellte.

Die *Selbstklärung* wird durchgegangen. Die *Themen* und ihre Bearbeitung, Veränderungen in Sichtweisen oder Standpunkten können dabei hinterfragt werden. Ob die *Gesprächsziele* aus Sicht der gesprächsführenden Person erreicht wurden, ist ein weiterer Gegenstand der Evaluation. Die Ebene der *Person,* ihres Befindens, des emotionalen Nachklangs zum Gespräch, der Zufriedenheit mit dem Gespräch und mit dem eigenen Gesprächshandeln haben hier Platz. Schließlich fragen wir nach dem Stand der *Beziehung* der Teilnehmer nach dem Gespräch und danach, wie sich diese Beziehung durch das Gespräch entwickelt hat.

Der Perspektivenwechsel ist auch hier wieder hilfreich, die *Perspektive der Gesprächspartner* wird nochmals eingenommen und durchdacht. Wurde sie in einem Feedback erfragt, wird sie direkt zum Gegenstand der Reflexion. Im Feedback steckt ein großes Lernpotenzial, es sollte besonders bei Diskrepanzen zwischen den Gesprächspartnern ernst genommen werden, da solche Diskrepanzen häufig auf blinde Flecken hinweisen.

Danach werden die *Überlegungen zur Gesprächsvorbereitung* nochmals durchgesehen. Zu fragen ist, ob die Gesprächsform und der Aufbau geeignet waren, ob die Gesprächsphasen angemessen vorgedacht waren und die Vorsätze für die Gesprächsführung sich als hilfreich herausstellten.

Die *Evaluation des Gesprächsverlaufs* fokussiert schließlich auf das tatsächliche Geschehen im Gespräch, das innerlich durchgegangen wird. Auf die Flüchtigkeit von Gesprächen und die große Menge an Informationen und Eindrücken im Lauf eines Gesprächs wurde bereits hingewiesen. Es ist daher für die Evaluation sinnvoll, den Fokus auf *bedeutsame Abschnitte* im Gespräch zu richten. Für die Reflexion einzelner Handlungsepisoden bietet sich eine dritte Evaluationsstruktur an, die im Anschluss vorgestellt wird.

Als letzter Schritt erfolgt ein *Resümee* zum Gespräch unter der Erfolgs- und Veränderungsperspektive. Evaluation hat Lernen zum Zweck, und die Bestätigung gekonnter und gelungener Elemente im Gespräch wird das konstruktive Handeln ebenso fördern wie die kritische Selbsteinschätzung, das Eingeständnis von Veränderungsbedarf und konkrete Vorsätze zu veränderungs- würdigen Momenten im eigenen Gesprächshandeln.

Für die *Evaluation bedeutsamer Episoden* im Gespräch wird hier die Struktur der Weingartner Appraisal-Legetechnik (Wahl 2002) vorgeschlagen. Diese folgt dem Verlauf des Gesprächs in der Logik von Situation, kommunikativer Reaktion und deren Ergebnisbewertung (vgl. Abb. 5.6). Sie ermöglicht so eine Mikro- analyse bedeutsamer Interaktionen. Man vergegenwärtigt sich zuerst eine bedeut- same Gesprächsepisode und das Handeln des Gesprächspartners. Danach werden eigene handlungsbegleitende Gedanken, Gefühle und Motive sowie die Reaktion auf den Gesprächspartner beschrieben und das Ergebnis dieser Reaktion bewertet. Anschließend können reaktive und hilfreiche Handlungen zu einer Episode identifiziert und Änderungsperspektiven entwickelt werden.

5.4.3 Nachbereitung in Supervision und Intervision

Wenn erhebliche Irritationen oder Probleme im und nach dem Gespräch stehen bleiben, wenn im Anschluss an das Gespräch Ratlosigkeit herrscht, weil dieses offenbar gescheitert ist, oder wenn die Selbstevaluation zu keinem befriedigenden

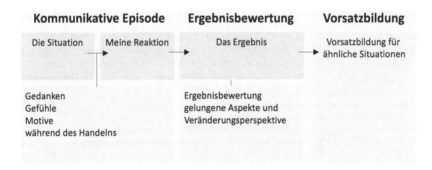

Abb. 5.6 Reflexion kommunikativer Episoden mit der WAL-Technik (Wahl 2002)

Ergebnis führt, sollten Gespräche in einer nachgehenden kooperativen Beratung oder Supervision reflektiert werden. Es kann dann angenommen werden, dass auch die gesprächsführende Person durch blinde Flecken oder Abwehrformen zu einem Nichtgelingen des Gesprächs beitrug. Solche Themen lassen sich nicht immer selbst bearbeiten, es ist hilfreich, dafür Beratung in Anspruch zu nehmen.

Supervision als Beratungsformat und Evaluationsmethode wird hier nicht weiter vertieft, da die Adressaten dieses Buchs sich in ihr vermutlich eher als Ratsuchende denn als Gesprächsführende wiederfinden werden. Die kooperative Beratung wird in Abschn. 9.2 ausführlich vorgestellt.

Lern- und Reflexionsfragen

- Benennen Sie die fünf Hauptschritte der Gesprächsvorbereitung und erläutern Sie Ihre Tätigkeiten beim jeweiligen Schritt.
- Erläutern Sie einige Aspekte des Kommunikationsquadrats in der Gesprächsvorbereitung.
- Wie sieht Ihre persönliche Minimalvorbereitung auf ein Klientengespräch aus?
- Neigen Sie zu kleinteiliger Vorbereitung und benötigen Sie viel Struktur oder gehen Sie sehr offen und spontan an Gespräche heran? Wie viel Ungewissheit in Gesprächen ist für Sie positiv bzw. schwer erträglich?
- Fallen Ihnen Perspektivenwechsel und empathische Einfühlung in andere Menschen leicht? Wie könnten Sie sie ggf. verbessern?
- Scheuen Sie das Feedback von Gesprächspartnern über Ihre Gesprächsführung? Was macht Sie zurückhaltend und was könnte Sie zu mehr Feedback durch Gesprächspartner ermutigen?

Literatur

Benien, K. (2015). Schwierige Gespräche führen. Reinbek bei Hamburg: Rowohlt.
Brack, R. & Geiser, K. (2009). Aktenführung in der Sozialarbeit: Vorschläge für die klientenbezogene Dokumentation als Beitrag zur Qualitätssicherung. Bern: Haupt.
Cecchin, G., et al. (2010). Respektlosigkeit: provokative Strategien für Therapeuten. Heidelberg: Auer.
Gäde, E.-G. & Listing, S. (2001). Sitzungen effektiv leiten und kreativ gestalten. Ostfildern: Grünewald.
Gruber, H. (1999). Erfahrung als Grundlage kompetenten Handelns. Bern: Huber.
Hartmann, M., et al. (2017). Mini-Handbuch Meetings leiten. Weinheim: Beltz.
Heiner, M. (2000). Selbstevaluation. In: Stimmer, F. (Hg.). Lexikon der Sozialpädagogik und Sozialarbeit. München: Oldenbourg. S. 590–597.
Heiner, M. (2018). Kompetent handeln in der Sozialen Arbeit. München: Reinhardt.

Miller, S. D., et al. (2016). Feedback-Informed Treatment (FIT): Improving the Outcome of Psychotherapy One Person at a Time. In: O'Donohue, W./Maragakis, A. (Hg.). Quality Improvement in Behavioral Health. Berlin: Springer. S. 247–262.

Reichmann, U. (2016). Schreiben und Dokumentieren in der Sozialen Arbeit. Opladen: Barbara Budrich.

Schmitz, L. (2016). Lösungsorientierte Gesprächsführung. Dortmund: Verlag Modernes Lernen.

Spiegel, H. & Sturzenhecker, B. (2018). Methodisches Handeln in der Sozialen Arbeit. München: Reinhardt.

Wahl, D. (2002). Mit Training vom trägen Wissen zum kompetenten Handeln? In: Zeitschrift für Pädagogik. 2. Jg. S. 227–241

Walter, U. M. (2017). Grundkurs methodisches Handeln in der Sozialen Arbeit mit Online-Zusatzmaterial. München: Ernst Reinhardt.

Weiterführende Literatur

Brack, R. & Geiser, K. (Hg.) (2009). Aktenführung in der Sozialarbeit. Bern: Haupt.

Prior, M. (2010). Beratung und Therapie optimal vorbereiten. Heidelberg: Auer.

Reichmann, U. (2016). Schreiben und Dokumentieren in der Sozialen Arbeit. Opladen: Barbara Budrich.

Methodische Ansätze zur Gesprächsführung

6

Zusammenfassung

Kapitel 6 stellt vier methodische Ansätze zur Gesprächsführung vor. Die kooperative Gesprächsführung fungiert als Basismodell der Verständigung und Problemlösung und für die Arbeit mit freiwilligen, handlungsfähigen und problembewussten Gesprächspartnern. Zwölf kommunikative Basistechniken zu einfühlendem Verstehen, aktiver Einflussnahme und konstruktiver Beziehungsgestaltung werden vorgestellt. Die lösungsorientierte Gesprächsführung wird für Klienten mit Problemtrance und wenig aktivierten Ressourcen empfohlen, motivierende Gesprächsführung als Arbeitsmodell für Menschen mit wenig Problembewusstsein und geringer Motivation oder Ambivalenz gegenüber Veränderung. Der Ansatz der systemischen Arbeit in Zwangskontexten schließlich instruiert zur Gesprächsführung mit unfreiwilligen Klienten. Entlang der wachsenden Herausforderungen der Gesprächssituation und Klientel entfaltet jeder Ansatz sein je spezifisches Potenzial.

Die große Vielfalt an Gesprächen in der Sozialen Arbeit erfordert ein breit anwendbares Repertoire an Ansätzen und Methoden zur Gesprächsführung. Kaum ein Konzept der Gesprächsführung in psychosozialen Kontexten kommt

---

Elektronisches Zusatzmaterial Die elektronische Version dieses Kapitels enthält Zusatzmaterial, das berechtigten Benutzern zur Verfügung steht. https://doi.org/10.1007/978-3-658-29204-1_6. Die Videos lassen sich mit Hilfe der SN More Media App abspielen, wenn Sie die gekennzeichneten Abbildungen mit der App scannen.

© Springer Fachmedien Wiesbaden GmbH, ein Teil von Springer Nature 2020
W. Widulle, *Gesprächsführung in der Sozialen Arbeit*, Basiswissen Soziale Arbeit 9, https://doi.org/10.1007/978-3-658-29204-1_6

dabei ohne Grundannahmen und Gesprächstechniken aus der *personzentrierten Beratung* aus (Pallasch und Kölln 2014; Seithe 2008; Weinberger 2013). Ebenso wenig kann auf die Grundprinzipien *kognitiv-verhaltensorientierter* Therapie und Beratung (Brakemeier und Jacobi 2017; Winiarski 2012) verzichtet werden. Und auch *systemische* Ansätze haben sich jenseits von Psychotherapie und Beratung etabliert, wenn Probleme in Gesprächen ressourcen- und lösungsorientiert bearbeitet werden sollen (Abb. 6.1).

In Beratung und Psychotherapie gibt es aber bereits seit vielen Jahren starke Trends zu integrativen, schulenübergreifenden und an der Wirksamkeit orientierten Beratungs- und Therapiemodellen (Grawe 2000, 2001; Schiersmann und Thiel 2009; Thivissen 2014) und dieser Trend verstärkte sich in den letzten Jahren. Keiner der nachfolgend vorgestellten Ansätze kann als rein „schulenspezifisch" gelten – selbst die lösungsorientierte Gesprächsführung enthält viele Elemente aus der kognitiven Verhaltenstherapie und dem personzentrierten Ansatz.

Fachkräfte der Sozialen Arbeit können in etlichen Praxisfeldern nicht davon ausgehen, dass Klienten freiwillig, mit großem Problembewusstsein, stabiler Handlungsfähigkeit und ausgeprägter Motivation ihre Hilfe in Anspruch nehmen. Gesprächsführung muss sich daher besonders unter erschwerten Bedingungen bewähren. Die vorgestellten vier Ansätze folgen der Idee einer anlassgerechten, situations- und problemadäquaten Gesprächsarbeit – auf einem Kontinuum von günstigen bis hin zu erschwerten Konstellationen (vgl. Abb. 6.2). Es ist dabei wichtig zu verstehen, dass Problembewusstsein und Motivation,

Abb. 6.1 Einführungsvideo 6: Methodische Ansätze & kommunikatives Handeln (https://doi.org/10.1007/000-0k1)

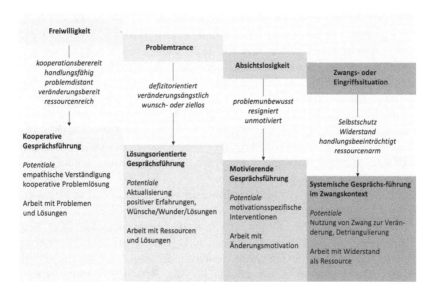

Abb. 6.2 Ansätze der Gesprächsführung, Eignungsräume und Potenziale

Handlungsfähigkeit und Freiwilligkeit nicht ausschließlich personale Eigenschaften der Klienten sind, sondern immer auch durch Person-Situations-Konstellationen beeinflusst werden. Freiwilligkeit oder Zwang zur Teilnahme an einer Intervention, ausgeprägtes oder fehlendes Problembewusstsein, starke oder unzureichende Motivation und hohes oder geringes Maß an Handlungsfähigkeit von Klienten können zwar weitgehend persönlich verfestigt sein, ebenso aber überwiegend durch Lebenssituationen oder Interventionskontexte verursacht und aufrechterhalten werden.

Kein Ansatz, keine Methode wirkt in jeder Situation, „nothing fits for all" und nicht jeder der vier Ansätze ist für jede Situation geeignet. Zum Beispiel kommt eine in Reinform praktizierte personzentrierte oder lösungsorientierte Gesprächsführung in Zwangskontexten schnell an ihre Grenzen. Daher werden für unterschiedlich herausfordernde Situationskonstellationen in diesem Buch vier Beratungsansätze vorgestellt, die auch in professionellen Settings jenseits von Beratung nutzbar sind.

Als Basismodell wird die *kooperative Gesprächsführung* nach Redlich (2009) vorgestellt. Sie ist an personzentrierten, handlungstheoretischen sowie kommunikationspsychologischen Grundprinzipien orientiert, pragmatisch konzipiert und an viele weitere Ansätze anschlussfähig. Der Ansatz wurde für die Beratung von Erziehern, Lehrern und anderen pädagogisch Tätigen entwickelt. Er eignet sich jedoch nicht nur für Beratung, sondern auch für offenere Gesprächsformate, da der Beratungsbegriff mit „kooperative Problemlösung" (Redlich 2009, S. 7) sehr offen formuliert wurde. Durch seine Orientierung an interaktionellen Fertigkeiten ist er sehr geeignet für erste Schritte in der Gesprächsführung. Die neun von Redlich beschriebenen Hauptaktivitäten sind Basisfertigkeiten jeder Kommunikation. Sie werden vertieft dargestellt und durch Interaktionsformen erweitert, die für herausfordernde Gesprächsformen (vgl. Kap. 9) erforderlich sind. Kooperative Gesprächsführung ist hilfreich mit Gesprächspartnern, die über Problembewusstsein und eine gewisse Problemdistanz und Motivation verfügen und bei denen ein gewisses Maß an Freiwilligkeit und Handlungsfähigkeit erkennbar sind.

Der *lösungsorientierte Ansatz* von Steve de Shazer und Insoo Kim Berg (Bamberger 2015; Lindemann 2018; Schmitz 2016) ist in der deutschsprachigen Sozialen Arbeit überaus prominent geworden. Er hat „als freundlicher und respektvoller Ansatz nicht nur im Bereich von Beratung, sondern auch in Pädagogik und Sozialer Arbeit Karriere gemacht" (Schmitz 2016, S. 15) und sich neben der personzentrierten Gesprächsführung als zweites Paradigma etabliert. Er scheint dem Autor besonders dann geeignet, wenn Menschen in Problemtrance, Resignation und negativen Denkmustern und Erfahrungen feststecken und ihre Ressourcen und Möglichkeiten nicht oder zu wenig sehen.

Die *motivierende Gesprächsführung* (Miller und Rollnick 2015; Rosengren 2012) ist im Sucht- und Gesundheitsbereich weit verbreitet, sie versteht sich ebenfalls als integratives Gesprächs- und Beratungsmodell, das personzentrierte, motivations- und verhaltenspsychologische Grundlagen nutzt und besonders die Veränderungsmotivation von Klienten zu mobilisieren vermag. Sie ist geeignet für Menschen, die wenig Problembewusstsein mitbringen, vielleicht resigniert sind, die kaum echte Veränderungsbereitschaft entwickeln oder Veränderungen ambivalent gegenüberstehen oder die davon überzeugt sind, dass sie „es eh nicht schaffen". Motivierende Gesprächsführung unterstützt durch „Change Talk" Motivation, Veränderungsbereitschaft und sie hilft zu Zuversicht und Verhaltensänderung.

Soziale Arbeit handelt nicht selten im Rahmen von unfreiwilligen Interventionen, Eingriffen und Zwangsmaßnahmen. Bei Klienten erzeugen diese Widerstand, Skepsis und Misstrauen gegenüber Fachkräften und Versuche, Sozialarbeitende so schnell wie möglich wieder loszuwerden. Motivation und Kooperationsbereitschaft sind oft erschwert. Für *Gesprächsführung in Zwangskontexten* werden daher der systemischen Ansatz von Conen, Cecchin und Klein

(2018) und die Arbeiten von Zobrist, Kähler und Klug (Klug und Zobrist 2016; Zobrist und Kähler 2017) vorgestellt. Diese sind besonders für Gesprächssituationen unter Zwang, gerichtlichen Auflagen oder bei Eingriffen geeignet, wo Mandate von Gerichten, Arbeitgebern oder auch privaten Drittpersonen den Gesprächen einen verpflichtenden Rahmen und Auftrag geben.

Anlassgerechte, d. h. situations-, problem- und adressatenorientierte Gesprächsführung (Wendt 2017) ergibt für jeden der vier Ansätze zur Gesprächsführung spezifische Eignungsräume, in denen sie ihre Potenziale entfalten.

6.1 Kooperative Gesprächsführung

Die kooperative Gesprächsführung ist breit angelegt, sodass sie für eine Vielzahl von Gesprächsarten grundlegende und gut erlernbare Methoden und Techniken bietet. Das Konzept ist für Beratung konzipiert, aber auch für Situationen außerhalb von Beratung anwendbar, bei denen der „Problembesitz" nicht ausschließlich beim Gesprächspartner liegt und kein entsprechendes Setting vorliegt.

▶ Die kooperative Gesprächsführung (Redlich 2009) ist ein in den 1980er-Jahren im Umfeld der Hamburger Schule der Kommunikationspsychologie entwickeltes personzentriert-handlungspsychologisch orientiertes Konzept. Sie versteht Gesprächsführung als professionelle Verständigung, d. h. als Auseinandersetzung und Kooperation in Problemlöseprozessen. Entwickelt wurde sie für die Beratung von Lehrern, Eltern und Erziehern, aber auch von Kindern und Jugendlichen im pädagogischen und psychosozialen Bereich.

In der kooperativen Gesprächsführung gilt es, drei grundlegende Aufgaben wahrzunehmen, die sich in neun Gesprächsaktivitäten konkretisieren. Sie werden etwas missverständlich Gesprächs*formen* genannt (Redlich 2009, S. 4); gemeint sind kommunikative Handlungstypen (Fragen, Zuhören, Schweigen usw.). Die gesprächsführende Person sollte ihre Gesprächspartner *einfühlend verstehen,* gleichzeitig auf den Gesprächsprozess und -partner *aktiv Einfluss nehmen* und drittens die *Beziehung konstruktiv gestalten.*

Für das *einfühlende Verstehen* gibt Redlich vier Verhaltensweisen an: aufmerksam zuhören, offen fragen und Gedanken und Gefühle treffend wiedergeben. Der Umgang mit Schweigen wird hier noch ergänzt. Diese Aktivitäten lenken den Verständigungsprozess nur in geringem Maß, im Vordergrund stehen hohe Wertschätzung und geringe Lenkung.

Um einen zügigen Problemlösungsprozess zu fördern, muss die gesprächsführende Person aber auch *strukturierend aktiv werden* und den Problemlöseprozess steuern. Dazu dienen die folgenden Aktivitäten: Die gesprächsführende
Person entwickelt selbst Vorschläge und bietet sie den Gesprächspartnern an, und
sie nimmt klar Stellung, bleibt inhaltlich also nicht zwingend abstinent. Weiter
strukturiert sie das Gespräch in transparenter Weise. Dazu gehören Aktivitäten wie das Lancieren eines Themas oder Starten eines Gesprächsabschnitts,
das Unterbrechen oder Bremsen, etwa bei Themenabweichungen oder wenig
konstruktiven Beiträgen, weiter das Zusammenfassen am Ende von Gesprächsabschnitten und das Stoppen oder Abschließen einer Gesprächsphase.

Der dritte Aktivitätsbereich dient dazu, die *Beziehungen im Gespräch
konstruktiv zu gestalten* (Redlich 2009, S. 6). Die gesprächsführende Person
achtet auf Beziehungsangebote und gestaltet die Beziehung angemessen,
sie achtet auf Dialog und partnerschaftliche Kommunikation und versucht,
Beziehungsfallen zu vermeiden (Abhängigkeits-, Anlehnungs-, Experten-,
Freundschaftsfallen). Wenn diese implizite Beziehungsgestaltung nicht ausreicht und dennoch Störungen oder Gesprächsblockaden auftauchen, thematisiert
die gesprächsführende Person diese explizit und bemüht sich um gemeinsame
Metakommunikation und Klärung der Störungen. Ergänzt werden Interaktionsformen für den Fall, dass Metakommunikation nicht ausreicht. Dann wird es
vielleicht nötig, aktiv mit dem Widerstand der Gesprächspartner zu arbeiten,
konfrontativ zu agieren oder in eher strategischer Weise mit wenig konstruktiver
Kommunikation umzugehen, z. B. sogenannte „Killerphrasen" kommunikativ zu
bearbeiten.

6.2   Hauptaktivitäten in der Gesprächsführung

Im Folgenden werden die Hauptaktivitäten gesprächsführender Personen (vgl.
Abb. 6.3) detailliert beschrieben und mit Hinweisen für die Praxis der Gesprächsführung erläutert. Sie werden ergänzt durch grundlegende Moderationsaktivitäten
aus der Klärungshilfe (Thomann und Schulz von Thun 2007). Die Vorstellung
folgt den drei genannten Aktivitätsbereichen (Redlich 2009, S. 4, Ergänzungen
WW). Einige allgemeine Erläuterungen werden den Handlungsformen vorangestellt.

Einfühlendes Verstehen zwischen Gesprächspartnern ist eine Kernvoraussetzung aller gelingenden Gespräche, besonders in Konflikt- oder Kritikgesprächen kann nicht darauf verzichtet werden. In Gesprächen geht es
maßgeblich darum, durch Verständigung Verstehen zu ermöglichen: Klienten

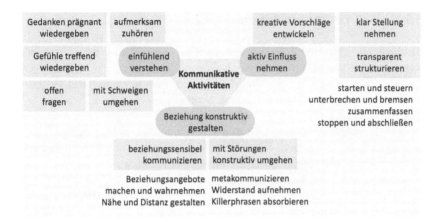

Abb. 6.3 Hauptaktivitäten in der kooperativen Gesprächsführung (Redlich 2009, S. 4, Ergänzungen WW)

sollen *sich selbst,* Gesprächspartner bzw. Fachkräfte und Klienten sollen *einander* verstehen. Was „Verstehen" eigentlich bedeutet, ist uns im Alltag häufig unklar. Es bedeutet kognitives und emotionales Einordnen von neuen in alte, von unbekannten in bekannte Zusammenhänge (Flammer 2001, S. 85). Menschen wollen sich verstanden fühlen. Verstanden zu werden reduziert Isolation, schafft Verbindung und sichert Unterstützung, es bedeutet Anerkennung und Wertschätzung. Einfühlendes Verstehen ist, so gesehen, der wirksamste Gesprächsförderer.

Menschen zu verstehen erfordert Wissen über die Situation von Gesprächspartnern – je mehr man über Gesprächspartner weiß, ihre objektive Lebenslage, erlebte Lebenswelt und subjektiven Sichtweisen, umso leichter fällt Verstehen: So hängen auch *Fachwissen, Erfahrungswissen* und *Verstehen* zusammen. Dieses Lehrbuch teilt nicht die Position des radikalen Konstruktivismus (Nüse und Groeben 1995; Unger 2005), dass Verstehen nicht möglich und bestenfalls konstruktives Missverstehen möglich sei. Eine vergleichbare evolutionäre Entwicklung, die in ihr ausgebildeten Wahrnehmungs- und kognitiven Fähigkeiten von Menschen sowie eine angemessen große Menge an gemeinsamen sprachlichen, kulturellen, sozialen und psychischen Bedeutungsvorräten (Burkart 2019, S. 53) ermöglichen hinreichendes (wenn auch nie vollständiges) Verstehen zwischen Menschen. Eine wesentliche Voraussetzung dafür ist allerdings aufmerksames Zuhören.

6.2.1 Aufmerksam zuhören

Aufmerksam zuzuhören ist in allen Gesprächsformen die wichtigste Kommunikationsform, um die Gesprächspartner zum Berichten zu ermutigen und um sich zu verständigen. Voraussetzungen sind Konzentration, Präsenz, Zuwendung zum Gesprächspartner und Aufmerksamkeit für das, was er ausdrückt. Zuhören ist vor allem wichtig, um die Breite eines Problems zu verstehen, die den Gesprächspartnern am Anfang meist noch unklar ist. Das sparsame, aufmerksame Zuhören zeichnet sich u. a. dadurch aus, dass man den Gesprächspartner mit non- und paraverbalen Zuhörsignalen ermutigt.

Aufmerksames Zuhören ist angemessen bei der Themenfindung, am Anfang des inhaltlichen Teils von Gesprächen, wenn Gesprächspartner frei, offen und verständlich berichten, oder nach einer Phase starker Aktivität der gesprächsführenden Person. Diese sollte dabei auf Folgendes achten:

- Blickkontakt halten, ohne anzustarren (Blickkontakt signalisiert Interesse),
- nonverbal zum Fortfahren ermuntern (nicken, fragendes Gesicht),
- bequeme, offene und zugewandte Sitzhaltung (leicht geöffneter Winkel),
- die Gesprächsgeschwindigkeit regulieren, wenn es ihr zu schnell geht oder wenn es verwirrend wird („Jetzt komm ich nicht mehr mit"),
- dem Thema des Gesprächspartners folgen und durch Zusammenfassen signalisieren, was man verstanden hat – Zusammenfassen verlangsamt den Gesprächsverlauf und ermöglicht Verarbeitung der Inhalte,
- bei der Selbstexploration mit Fragen zurückhaltend sein (Redlich 2009, S. 17).

6.2.2 Gedanken prägnant wiedergeben

Menschen leben in einer subjektiven Sicht auf Wirklichkeit; dies wurde unter den Grundlagen der Gesprächsführung bereits thematisiert. Mit dem Versuch des Verstehens durch die Verbalisierung von Gedanken, das Paraphrasieren oder Zusammenfassen betreten Gesprächspartner den Raum des psychischen Erlebens anderer Menschen. Verständigung und Verstehen im Gespräch hat dabei immer zwei Aspekte – sich selbst und andere verstehen zu können.

Menschen bringen ein komplexes Gefüge von Wahrnehmungen, Einstellungen, Gedanken und Gefühlen zu ihrer Situation mit in jedes Gespräch. Sich mit den Gedanken des Gesprächspartners zu beschäftigen, heißt, seine Sicht der Wirklichkeit ernst zu nehmen und sie zu klären. Dies hat einerseits diagnostische

Zwecke und trägt andererseits zur Selbstklärung der Gesprächspartner bei, es hat aber auch bereits Veränderungsfunktion, indem z. B. irrationale Gedanken und realitätsferne Wirklichkeitsannahmen korrigiert werden können (Redlich 2009, S. 33).

Das Wiedergeben von Gedanken ist dann angemessen, wenn Klienten überhaupt Ideen, Gedanken oder Interpretationen äußern, wenn es sich dabei um Gedanken zum Thema handelt, wenn die Gedanken diffus, spekulativ, falsch oder vereinfachend sind und wenn Gefühle nicht im Vordergrund stehen. Beim Wiedergeben von Gedanken sollte die gesprächsführende Person.

- nur zentrale Gedanken und keine Nebensächlichkeiten reflektieren,
- beim Thema bleiben,
- unverfälscht wiedergeben, keine Zusätze oder Änderungen machen,
- in eigenen Worten wiedergeben, Nachäffen oder bloßes Echo vermeiden,
- kurz und präzise wiedergeben und Gesprächspartner nicht verwirren (Redlich 2009, S. 34).

6.2.3 Gefühle treffend wiedergeben

Gefühle sind ein essenzieller Bestandteil menschlichen Erlebens und Handelns. Mit der Thematisierung von Gefühlen dringt das Gespräch tiefer ins psychische Erleben von Menschen ein. In eher sachorientierten Gesprächen wie Arbeitssitzungen oder Standortbestimmungen werden Gefühle als normaler Teil menschlichen Erlebens und Handelns betrachtet, sie werden einbezogen wie andere Ebenen (Denken, Handeln, Motive) auch.

In der Beratung sind Gefühle häufig der Gegenstand der Klärung: Unterdrückte, diffuse, ambivalente oder negative Emotionen sind ein wesentlicher Gegenstand des Klärungsprozesses (Redlich 2009, S. 43 f.). Dabei hat das Wiedergeben von Gefühlen bereits eine Veränderungsfunktion: Indem man Gefühle bewusst macht und benennt, wandelt sich das aktuelle emotionale Erleben bereits. Das Benennen führt weiterhin dazu, durch Bewusstmachen des Erlebens ein Stück emotionale Distanz zu Problemen und zum Gefühl selbst zu schaffen. Verständnis für und Akzeptanz von Gefühlen stärken schließlich die Beziehung der gesprächsführenden Person zu den Gesprächsteilnehmern.

Das Umschalten von der Sach- auf die emotionale Ebene und die Wiedergabe von Emotionen sind dann angemessen, wenn ein Gesprächspartner (verbal oder nonverbal) wichtige Gefühle erkennen lässt, wenn Gefühle diffus oder widersprüchlich geäußert werden, wenn der gesprächsführenden Person die Gefühle des Klienten unklar sind oder starke negative Gefühle im Raum sind. Die gesprächsführende Person sollte beim Verbalisieren von Gefühlen.

- wichtige Gefühle präzis benennen,
- es nicht beim Echo belassen oder immer neue Gefühlsnennungen einbringen,
- Gefühle im Hier und Jetzt (in Gegenwartsform) wiedergeben,
- keine Zusätze oder Veränderungen vornehmen (Redlich 2009, S. 44).

6.2.4   Hilfreich fragen

Das Formulieren von hilfreichen Fragen zählt zu den Schlüsselkompetenzen in der Beratung, es ist aber auch für die Fokussierung von Problemlöseprozessen in Klärungsgesprächen oder Arbeitssitzungen von Bedeutung. Hilfreiche Fragen steuern und beschleunigen Klärungsprozesse. Hindernde Frageformen hingegen wie die im Folgenden beschriebenen sind in allen Gesprächsformen Kommunikationsbarrieren, sie sollten vermieden werden (Weber 2012, S. 44). *Ursachen- oder Warum-Fragen* („Warum haben Sie das getan?") wirken bohrend. *Kontroversfragen* („Ist es nun so oder so?") engen ein und verlangen schnelle und vielleicht übereilte Entscheidungen. *Suggestivfragen* („Finden Sie nicht auch …?") beinhalten bereits die Antwort, irritieren, manipulieren und bringen keine neuen Antworten. *Geschlossene Fragen* („Waren Sie gestern Abend zu Hause?") bringen nur wenig Information, sie können nur mit Ja oder Nein beantwortet werden und sind nur zur Sicherung des eigenen Informationsstands sinnvoll.

Alle offenen Fragen hingegen (alle sogenannten W-Fragen außer der Warum-Frage) gelten als hilfreiche Fragen: Sie helfen, die subjektive Wirklichkeit der Teilnehmer zu klären, fördern gegenseitiges Verständnis und wirken durch Klärung von Sachverhalten bereits in Richtung Lösung oder Veränderung.

- *Offene Fragen* bringen vielfältige Informationen und Antworten (wann, wo, wie viel, wer, was, wohin, wozu …?).
- *Orientierende Fragen* („Wo waren wir gerade stehen geblieben?") führen zum Thema zurück und fokussieren die Teilnehmer ohne direkte Steuerung.
- *Konfrontierende Fragen* („Eben haben Sie gesagt, … wie ist das dann mit …?) zeigen Widersprüche auf und konfrontieren mit Diskrepanzen.

Fragen sind in jedem Gespräch in der Sozialen Arbeit bedeutsam, weil komplexe materielle, soziale und psychische Situationen geklärt werden müssen und weil je nach Gesprächsform auch die soziale Diagnostik im Vordergrund steht, die viele Fragen erfordert. Fragen ermöglichen eine gezielte Erhebung von Informationen, lenken die Gesprächsrichtung aber sehr viel stärker als Zuhörreaktionen.

Häufig geht es in der Sozialen Arbeit auch um rechtliche und finanzielle Fragen, um für Klienten bedeutsame Entscheidungen, die Sozialarbeiter treffen. Dabei geht es oft nicht nur um Selbstklärung der Klienten. Dennoch gilt es auch hier, inquisitorisches Ausfragen und Fehldeutungen zu vermeiden (Redlich 2009, S. 23). Fragen im Gespräch sind dann angemessen, wenn Klientenäußerungen global-abstrakt-missverständlich sind, wenn sie widersprüchlich-diffus-missverständlich oder sehr zögerlich sind oder wenn es sich um für Klienten besonders wichtige Themen handelt. Gesprächsführende Personen sollten.

- nur fragen, wenn sie wirklich etwas wissen wollen,
- möglichst offene Fragen verwenden,
- geschlossene Fragen nur im Notfall benutzen,
- auch mit Fragen beim Thema des Gesprächspartners bleiben,
- keine Doppel- oder Mehrfachfragen stellen,
- Warum-Fragen nur verwenden, um subjektive Ursachenzuschreibungen der Gesprächspartner auf ein Problem zu erfahren, und
- bei Fragen die Reaktionen des Gesprächspartners (Verschließt er sich? Fühlt er sich ausgefragt?) beachten (Redlich 2009, S. 24).

6.2.5 Mit Schweigen umgehen

Schweigen und unerwartete Gesprächspausen sind für die meisten Anfänger der Gesprächsführung oder Beratung etwas höchst Unangenehmes. Alle Aufmerksamkeit und Erwartungen scheinen plötzlich auf die gesprächsführende Person gerichtet, der Gesprächsfaden droht abzureißen, der Druck auf Reaktionen wächst – und all dies kann schnell einmal hilflos und ratlos machen.

Mögliche Ursachen für Schweigen können sein: Der Gesprächspartner denkt einfach nach, er ist um eine Antwort verlegen, weiß nicht mehr weiter, ist generell unsicher oder schweigt bewusst. In solchen Situationen neigen Menschen vorschnell dazu, einfach irgendetwas zu sagen, nur um das Schweigen zu beenden.

Schweigen und Pausen können konstruktiv und bewusst genutzt werden. Wie kann man wissen, was hinter dem Schweigen steckt, und wie kann man mit Schweigen im Gespräch umgehen? Im Folgenden werden einige Interpretationen zu gängigen Gesprächspausen und Anregungen zum Umgang mit dem Schweigen wiedergegeben (Weisbach und Sonne-Neubacher 2015, S. 63 ff., Ergänzungen WW):

- *Natürliches Schweigen* betrifft zwei Drittel allen Schweigens. Dies sind „Du-bist-dran"- oder „Ich-denke-nach"-Pausen. Hier kann man im Gespräch weiterfahren oder sich entspannt zurücklehnen und warten, bis der Gesprächspartner den Kontakt wieder aufnimmt.

- *Bewusstes* Schweigen kann allen Teilnehmern Gelegenheit zum Nachdenken und Nach-innen-Hören, zur ruhigen Äußerung und freien Rede geben.

- *Peinliches Schweigen* entsteht, wenn einem Teilnehmer etwas unangenehm oder schambesetzt ist. Gesprächspartner sollte man hier nicht „im eigenen Saft schmoren lassen". Das vermutete Gefühl anzusprechen und empathisch zuzuhören, ist in der Regel hilfreich, die Situation innerer Not kann aber auch durch Nichtbeachtung und Weitergehen im Gespräch entschärft werden. Vorsicht gilt in Gruppengesprächen, wenn das Risiko des Bloßstellens besteht.

- *Hilfloses Schweigen* entsteht, wenn es keine Worte gibt für eine Schwierigkeit oder ein Gefühl oder wenn Widerstand oder Verhärtung im Gespräch um sich greifen. Hier hilft die Bitte, sich mitzuteilen: „Erzählen Sie mir doch, was gerade in Ihnen vorgeht …"

- *Lähmendes Schweigen* in Gruppengesprächen oder Teamsitzungen kann ein Hinweis auf kalte, d. h. erstarrte oder lähmende Konflikte, mangelndes inneres Engagement oder Störungen in der Hierarchie sein: Hier hilft Metakommunikation und Thematisieren der Störung.

- *Schweigen als Verlangsamen* kann aus temporeichen Auseinandersetzungen die Energie nehmen.

- Wer *unsicher ist,* weshalb eine Gesprächspause entstanden ist, kann sich metakommunikativ versichern: „Es geht Ihnen etwas durch den Kopf." Oder auch: „Dich beschäftigt noch etwas."

Die aktive Einflussnahme auf das Gesprächsgeschehen stellt den zweiten Aktivitätsbereich der Gesprächsführung dar. Bei nur einfühlsamem Verstehen drehen sich Gespräche irgendwann einmal im Kreis, es stellt sich die Frage, was denn mit den nun verstandenen Problemen angefangen werden soll. Hier braucht es die aktive Einflussnahme der gesprächsführenden Person auf zwei Ebenen: Auf die Inhalte des Gesprächs wirkt sie ein durch Stellungnahmen, Lösungsvorschläge, Anregungen, Kritik oder auch (taktvolle) Konfrontation. Auf den Prozessverlauf des Gesprächs wirkt sie ein durch transparentes Strukturieren von Problemlöseschritten im Gespräch. Diese doppelte Einflussnahme im Gespräch zu realisieren und dabei den Gesprächspartnern genügend Raum zu lassen, gleichzeitig in der Gesprächssteuerung und inhaltlichen Auseinandersetzung zu agieren, erfordert ein hohes Maß an Selbstwahrnehmung, Flexibilität und Reflexivität.

Je nach Gesprächsform und Kontext sind Varianten denkbar (z. B. bei reiner Moderation), wo die gesprächsführende Person sich inhaltlicher Bemerkungen ganz enthält und nur die Steuerung des Gesprächs übernimmt. In der Realität wird es in Gesprächen weitaus häufiger vorkommen, dass auch gesprächsführende Personen Standpunkte, Zielvorstellungen und Lösungsideen haben und sich entsprechend einbringen wollen oder auch müssen.

Begonnen wird im Folgenden, nicht ganz der Ordnung Redlichs folgend, mit den prozesssteuernden Aktivitäten; anschließend werden Aktivitäten der inhaltlichen Einflussnahme auf Thema, Problem, Ziele, Lösungsideen oder auf Personen in einem Gespräch behandelt.

6.2.6   Transparent strukturieren

Gespräche folgen dem Muster einer vollständigen Handlung oder spezifischeren Strategien, wenn sie Probleme klären, Erleben verändern, Entscheidungen herbeiführen oder Handeln vorbereiten sollen (Redlich 2009, S. 55). Das Problemlösemuster wird dabei an die Gesprächsform und die Anforderungen z. B. eines Beratungs-, Konflikt- oder Krisengesprächs angepasst. Die gesprächsführende Person ist verantwortlich für die systematische Problembearbeitung, sie bringt den Klärungsprozess voran, verhindert Abweichen, Stagnation, im-Kreis-Drehen oder thematische Sprünge, sorgt aber auch für die Wiederholung oder das Auslassen eines Handlungsschritts, wenn der Klärungsprozess im Gespräch auf diese Weise vorangebracht werden kann.

Strukturierende Aktivitäten sind besonders in der Anfangs- und Schlussphase des Gesprächs nötig, in denen erhöhte Leitungsaktivität notwendig ist. Hilfreich sind sie weiter, wenn man zum Übergang zwischen Gesprächsphasen und einem nächsten Schritt oder Thema im Gespräch kommt. Weiter sind sie hilfreich, wenn das Thema unklar wurde, infrage gestellt wird, der rote Faden verloren ging oder das Ziel von Gespräch oder Gesprächsphase unklar ist, (Redlich 2009, S. 57). Aktivitäten zum Strukturieren eines Gesprächs sind.

- ein knapper Rückblick am Ende jeder Gesprächsphase,
- das explizite Ansprechen des Wechsels zur nächsten Phase,
- die Benennung des Ziels der jeweiligen Phase,
- Hinweise und klärende Fragen zum jeweiligen Thema oder Gesprächsabschnitt
- sowie die Nutzung aller Kommunikationsformen (Fragen, Zuhören, Stellung nehmen usw.), um dies zu erreichen (Redlich 2009, S. 58).

Ergänzend werden aus der Klärungshilfe entlehnte weitere strukturierende Aktivitäten beschrieben, die den konstruktiven Verlauf von Gesprächen unterstützen (Thomann und Schulz von Thun 2007).

Bei Gesprächsanfängen oder am Anfang von Gesprächsabschnitten herrscht gelegentlich Unsicherheit. Teilnehmer warten ab oder suchen nach ihrem Einstieg ins Thema. Dieser Einstieg sollte von der gesprächsführenden Person erleichtert und das Gespräch so in Gang gebracht werden; dabei gilt es, die Teilnehmer zu aktivieren. Während eines Gesprächsabschnitts können auch Abweichungen oder Wiederholungen den Fortschritt behindern. Zwei deutlich direktive Verhaltensweisen, *Starten und Steuern,* können Gesprächspartner aktivieren und in eine konstruktive Richtung lenken. Die gesprächsführende Person kann.

- *Anweisungen geben,* die mehr oder weniger direktiv in eine bestimmte Richtung zielen. Dies können strikte Befehle sein, denen kaum zu widersprechen ist („Stopp – lass X. ausreden, ich kann nur einem von euch zuhören") oder völlig freie Anregungen („Sie können … oder auch nicht").
- *Aufforderungen* oder *Wünsche äußern,* die ein Thema oder eine Richtung vorgeben: „Ich möchte, dass Sie jetzt mal fünf Minuten über … reden."
- völlig offen *Anregungen* oder *Angebote* machen: „Wir könnten jetzt über …, aber auch über … reden."

Um eine partnerschaftliche und gleichberechtigte Aktivität der Gesprächspartner sicherzustellen, ist es gelegentlich notwendig, Vielredner zu *unterbrechen und zu bremsen.* Dabei wird das Gespräch von einer Metaebene aus unterbrochen. Das Ziel der Intervention ist dabei,

- *Schaden zu verhindern:* „Ich möchte Sie hier mal unterbrechen. Das gefällt mir so nicht …"
- oder *die Gesprächsrichtung zu ändern:* „Ich möchte Sie unterbrechen. Lehnen Sie sich mal zurück und überlegen Sie, was am Thema positiv sein könnte …"

Wie bereits erwähnt, ist es hilfreich, immer wieder den Stand des Gesprächs zusammenzufassen. Dazu umschreibt die gesprächsführende Person die behandelten Themen, den Stand einer Klärung oder Entscheidung, verweist auf eine Themensammlung, bezieht sich auf die Ordnung des Gesprächs und die Themen.

Zusammenfassungen fokussieren das Gespräch und geben Orientierung für weitere Schritte. Es kann zudem eine Hilfe sein, wenn Gesprächsführende nicht mehr weiterwissen oder den Faden verloren haben. In Zusammenfassungen ist immer auch eine metakommunikative und verständnissichernde Komponente enthalten:

- „Jetzt sind wir im Gespräch am Punkt … angelangt",
- „Wenn ich das kurz zusammenfassen darf …",
- „Wenn ich die letzten Ausführungen richtig verstanden habe …",
- „Also ich möchte jetzt mal die letzten fünf Minuten zusammenfassen und versuchen zu präzisieren, was Sie gesagt haben …".

Schließlich kann in einem Gespräch nie alles besprochen werden. Die gesprächsführende Person kann und muss Gespräche *abschließen oder stoppen.* Sie.

- bewahrt wichtige Anliegen für ein anderes Mal,
- rundet gefühlsmäßige Prozesse ab und
- rechtfertigt sich nicht für das Ende (Thomann und Schulz von Thun 2007, S. 49 f.).

Der zweite Bereich der aktiven Einflussnahme auf ein Gespräch wurde als inhaltliche Einflussnahme bezeichnet. Die gesprächsführende Person nimmt dabei die Position des partnerschaftlichen Gegenübers ein, das sich mit Ideen und Vorschlägen Stellung nehmend einbringt. Redlich nennt hierzu zwei Verhaltensweisen: konkrete Vorschläge entwickeln und klar Stellung nehmen (Redlich 2009, S. 73 ff., 85 ff.).

6.2.7 Eigene Lösungsvorschläge entwickeln

In der Alltagsberatung wird das Erarbeiten von Lösungen meist zum „Ratschläge erteilen", und solche Ratschläge sind nicht selten Gesprächsbarrieren, denn sie werden häufig unerwünscht erteilt und passen nicht zur Situation. Im Gegensatz dazu ist ein häufiges Missverständnis zur personzentrierten Beratung, gar keine eigenen Ideen mehr einzubringen. Es ist jedoch weder in kollegialen noch in Klientenkontakten untersagt, Lösungswege anzubieten oder auch ganz direktive Ratschläge oder Aufgaben zu geben. Im Gegenteil profitieren Klienten oder Kolleginnen oft von der Expertise einer Fachkraft (Redlich 2009, S. 79).

Das Risiko von Vorschlägen liegt darin, dass Gesprächspartner sie zur Wiederherstellung ihrer Autonomie oder ihres Selbstbildes, aus Unsicherheit über die Wirkung oder aus Misserfolgserfahrungen heraus abwehren. Das Vorschlagen von Lösungswegen ist, damit es auf Akzeptanz oder mindestens Offenheit stößt, von einigen Bedingungen abhängig. Es ist dann günstig, wenn eine Entscheidung über Handlungen ansteht und Gesprächspartner Vorschläge wünschen, wenn sie wenig eigene Vorschläge produzieren, wenn Gedanken und Gefühle geklärt sind und sie in der Lage sind, Vorschläge kritisch zu prüfen und Entscheidungen zu treffen (Redlich 2009, S. 81). Fachkräfte sollten.

- Lösungsvorschläge als Angebote formulieren und die Entscheidung Gesprächspartnern überlassen,
- sie verständlich unterbreiten und nicht ins Dozieren verfallen,
- Vorschläge in überschaubarer Anzahl machen statt mit Ideen zu bombardieren,
- Lösungswege verständlich erläutern und so Verständnis für sie schaffen,
- bei Skepsis Vorschläge wieder verwerfen bzw. Bereitschaft dazu signalisieren,
- und ihre Vorschläge als Ermutigung zu eigenen Vorschlägen der Gesprächspartner formulieren.

6.2.8   Stellung nehmen – Zustimmung und Kritik

Von sich zu erzählen, wird in der Kommunikationspsychologie als Gesprächsstörer bezeichnet (Weisbach 2015, S. 133 ff.). Dennoch lebt jedes Gespräch auch vom Austausch und von der Mitteilung eigener Wahrnehmungen, Gedanken und Gefühle. Dies spiegelt z. B. der intransitive Aspekt von Beratung („sich beraten" statt im transitiven Verständnis „jemanden beraten"). Rückmeldungen und Stellungnahmen der gesprächsführenden Person können hilfreich sein, denn Feedback ist eine der wirksamsten Formen sozialen Lernens. Stellungnahmen sind allerdings meist auch mit Wertungen verbunden, die Kritik oder Zustimmung enthalten: Diese gilt es auszubalancieren: Bloße Kritik entmutigt und fördert Widerstand, bloße Zustimmung stabilisiert vorhandene Deutungs- und Verhaltensmuster (Redlich 2009, S. 85).

Kritik sollte die gesprächsführende Person vor sich selbst unzensiert zulassen, aber nach dem Prinzip der selektiven Echtheit den Teilnehmern so zumuten, dass sie einen Lernprozess ermöglicht. Stellungnahmen in der kooperativen Problemlösung stellen eine subjektive Sichtweise des Beraters dar, sind in der Sozialen Arbeit aber häufig gekoppelt mit anderen (fachlichen) Anteilen des Handelns (hier spricht dann z. B. der kontrollierende Bewährungshelfer, der Experte für Sozialhilfefinanzierung oder die Fachfrau für Kinderschutz).

Diese Stellungnahmen aus der Fachlichkeit und dem fachlichen Mandat heraus sind vom kooperativen Problemlöseprozess zu unterscheiden: Stellungnahmen zu

Chancen einer Finanzierung, Bedingungen eines Sorgerechtsentzugs oder einer Sozialhilfekürzung müssen klar und deutlich vorgebracht werden. Hier sollten Fachkräfte Klienten über Restriktionen, Bedingungen und Urteile (aus der fachlichen Sicht oder Macht der Fachkraft heraus) nicht im Unklaren lassen.

Stellungnahmen in diesem Sinne sind angemessen, wenn es um fachlich-rechtliche Entscheidungen der Fachkraft Sozialer Arbeit (Eingriffsaspekte) oder um behördlich gesetzte Auflagen, Bedingungen oder Forderungen an die Klienten geht. In Unfreiwilligkeitskontexten sind sie angemessen, wenn weitere Maßnahmen oder wichtige Entscheidungen von einer Beurteilung durch die Fachkraft abhängen. Weiter sind sie hilfreich, wenn Klienten Rückmeldungen wünschen und Gefühle, Gedanken, Schlussfolgerungen mit Klienten übereinstimmen (als Zustimmung und Verstärkung) oder auch wenn sie differieren (als Konfrontation mit abweichenden Wahrnehmungen oder Kritik). Bei Stellungnahmen sollten.

- fachliche Entscheide oder Bewertungen präzise mitgeteilt und erläutert werden, sodass Klienten diese verstehen,
- persönliche Entscheidungen (aufgrund eigener Einschätzung) und unpersönliche (aufgrund amtlicher Richtlinien) als solche deutlich mitgeteilt werden,
- Stellungnahmen anschaulich-konkret formuliert werden,
- eigene Gefühle und Gedanken als Ich-Botschaften formuliert werden,
- Kritik und Konfrontation respektvoll, konkret und ehrlich sein,
- Gesprächspartner eher dabei „erwischt werden", etwas Richtiges zu tun als etwas Falsches (Redlich 2009, S. 86).

Die konstruktive Beziehungsgestaltung im Gespräch stellt den dritten Bereich dar. Die Gesprächsaktivitäten beziehen sich direkt oder indirekt auf die Beziehungen unter den Gesprächspartnern und zur gesprächsführenden Person. Die Gestaltung einer konstruktiven Beziehung ist eine Voraussetzung jedes erfolgreichen Gesprächs. Nicht akzeptierte Beziehungsdefinitionen schaffen Ärger und Rivalitäten, die sich auf der Sachebene nicht lösen lassen. Die Gestaltung einer konstruktiven Beziehung ist daher die Basis für jede Themenbearbeitung. Der taktvolle Umgang mit Selbstbildern und Beziehungen wird als *beziehungssensible Kommunikation* bezeichnet. Wenn Störungen in den Beziehungen auftreten, ist *explizite Metakommunikation* gefragt. Sollte auch diese erfolglos sein, so gilt es, den Widerstand als Form der Kooperation zu akzeptieren und ihn in eher strategischer Absicht konstruktiv für die Gesprächsziele zu nutzen.

6.2.9 Beziehungssensibel kommunizieren

Menschen sind besonders empfindsam, wenn es um ihr Selbstbild und ihre Autonomie geht, Selbstwirksamkeit, die Erhaltung der eigenen Autonomie und Selbstwerterhaltung sind mächtige Motive im menschlichen Handeln. In Klärungsprozessen in der psychosozialen Arbeit werden Identität, Persönlichkeit, soziale Rolle und Verhalten sowie Beziehungen von Gesprächspartnern überdurchschnittlich intensiv zum Thema, weshalb der Schutz des eigenen Selbstbilds und Selbstwerts sich oft als Widerstand zeigen kann (Redlich 2009, S. 98).

Auch unterliegen die Beziehungen von Gesprächspartnern in der Sozialen Arbeit häufig dem Dilemma von Hilfe und Kontrolle, einer Beziehungskonstellation, die von Klienten nicht immer akzeptiert wird und häufig zu Selbstbehauptungsreaktionen führt. Umso mehr ist eine beziehungssensible Kommunikation von Bedeutung, welche Selbstbilder von Gesprächspartnern nicht ohne Not angreift, Respekt wahrt, unnötigen Gesichtsverlust meidet und die Selbstbestimmung von Gesprächspartnern achtet. Unsensible Äußerungen sind meist herabsetzend, verallgemeinernd und bedrohlich für Selbstbestimmung und Selbstwert, sie rufen daher in aller Regel Ärger und Widerstand hervor. Sensible Kommunikation daher versucht zuallererst, diese Gesprächsstörer (Weisbach und Sonne-Neubacher 2015, S. 133) zu vermeiden.

6.2.10 Explizite Metakommunikation

Metakommunikation ist zur Klärung von Störungen, Widerstand und Blockaden der Beziehung zwischen den Gesprächspartnern hilfreich (Redlich 2009, S. 106 f.). Wenn eine konstruktive Beziehung einer der wichtigsten Wirkfaktoren in helfenden Gesprächen ist, muss die Beziehung gestützt und gefördert werden. Metakommunikation kann dabei als Störungsprävention fungieren.

Explizite Metakommunikation ist in Gesprächen dann angemessen, wenn potenzielle oder wahrgenommene Störungen den Gesprächsverlauf beeinträchtigen, wenn sich Interaktionsmuster zwischen Gesprächspartnern entwickeln, die dem Prozess abträglich sind (Hilflosigkeit, Resignation, Aggression), oder wenn Teilnehmer unterschwellig Kritik, Zweifel, Ärger oder andere negative Punkte an anderen äußern. Sie wird auch nötig, wenn Gesprächspartner Abhängigkeit, Widerstände oder Idealisierungen äußern sowie zu Beginn oder am Ende von Gesprächen zur Klärung der Beziehung. Fachkräfte sollten.

- Metakommunikation explizit als Thema benennen,
- sie vom übrigen Gesprächsverlauf abheben,
- auf einen Punkt und nicht auf viele gleichzeitig fokussieren,
- Probleme, Gedanken und Gefühle im ‚Hier und Jetzt' einbringen,
- keine Lösungsvorschläge zum Problem machen,
- keine Handlungen von Gesprächspartnern interpretieren,
- keine Urteile oder Bewertungen abgeben,
- vorbereitet sein auf drastische Veränderungen der Thematik und
- nicht einfach wieder zur Tagesordnung übergehen (Redlich 2009, S. 107).

6.2.11 Mit Widerstand als Form der Kooperation arbeiten

Widerstand bei Gesprächspartnern kann unterschiedlich gedeutet werden: Im Verständnis der systemischen Psychologie ist Widerstand das derzeit Bestmögliche, was unser Gesprächspartner einbringen kann. Für seinen Widerstand, also die ihm mögliche Form von Kooperation, muss er subjektiv gute Gründe haben, zum Beispiel ein empfundener Zwangskontext, eine subjektive Befindlichkeit, Krankheit, Störung, ein berechtigter Widerwille oder negative Vorerfahrungen.

Das Risiko dieser systemisch-funktionalen Deutung von Widerstand ist es aber, manifeste Gründe für Widerstand – die im Gesprächsverlauf oder in der Gesprächsführung liegen können – zu ignorieren. Gute Gründe, dass Widerstand entsteht, können nämlich auch im Gespräch oder aufseiten des Moderators, des Settings oder anderer Partner liegen: Weisbach deutet Widerstand von Gesprächspartnern vor dem Hintergrund von bedrohter Autonomie und Freiheit oder Einschränkung der Selbstwirksamkeit (Weisbach und Sonne-Neubacher 2015, S. 113). Dies ist in gesetzlichen und unfreiwilligen Kontexten sehr häufig der Fall und darum besonders zu berücksichtigen. Auch können Gesprächsführende Fehler machen und so Widerstand erzeugen. Widerstand sollte in diesem Kontext Anlass sein, die Gesprächsrichtung und das eigene Verhalten zu ändern.

Widerstand kann sich in vier Formen äußern: als Trotz oder indem sich Gesprächspartner verwehrten Alternativen zuwenden, als äußerliche Anpassung und indirekte Wiederherstellung der eigenen Autonomie („Unterlaufen" des Gesprächs, passiver Widerstand) oder als offener Widerstand bzw. offene Aggression. Hilfreich bei Widerstand ist,

- *Gesprächsstörer* wie Belehrungen, Kritik oder Moralisieren zu vermeiden,
- *Alternativen* und Handlungsmöglichkeiten anzubieten,
- *metakommunikativ* den Widerstand zu thematisieren,

- auf den Gesprächsauftrag oder ein gemeinsames *Arbeitsbündnis zu rekurrieren,*
- und *Widerstand* als die Form der derzeit möglichen Zusammenarbeit mit subjektiv berechtigten Gründen akzeptieren.

6.2.12 Killerphrasen kommunikativ bearbeiten

Killerphrasen sind konfliktzentrierte und eskalierende, destruktive Reaktionen von Gesprächspartnern. Sie signalisieren mangelnde Kooperationsbereitschaft des Gesprächspartners und wirken als massive Gesprächsstörer. Durch Sätze wie „Das haben wir schon versucht", „Wenn das alle machen würden" oder „Das kann doch nicht Ihr Ernst sein" wird die Verständigung im Gespräch schwer gestört.

Killerphrasen verletzen die Integrität der Argumentation (Groeben und Christmann 1999) und verweigern die Verständigung. Killerkommunikation argumentiert absichtlich paralogisch, verweigert Begründungen, spiegelt wider besseres Wissen Wahrheit vor, entstellt oder verdreht Sinn, stellt unerfüllbare Forderungen, argumentiert feindselig oder diskreditierend und Ähnliches mehr.

Killerphrasen können sich auf verschiedene Ziele richten (vgl. Abb. 6.4):

- Sie können sich auf den *Sprecher* beziehen, sind z. B. *ausweichend* („Ich sehe da gar keinen Zusammenhang") oder betonen die *eigene Kompetenz* („Davon verstehe ich ja wohl mehr").
- Sie können sich gegen den *Gesprächspartner* richten, wenn zum Beispiel eine Zuständigkeit bezweifelt („Das ist nicht Ihre Aufgabe") oder Unkenntnis unterstellt wird („Kennen Sie überhaupt die Fakten?").

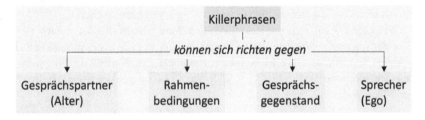

Abb. 6.4 Gegenstände von Killerphrasen (Zuschlag und Thielke 1998, S. 205)

- Sie können weiter das *Gesprächsthema sabotieren* und jede *Veränderung verweigern* („Das ist das falsche Thema", „Das bringt überhaupt nichts") oder *Fragen sabotieren* („So kann man die Frage nicht stellen").
- Schließlich können sie die *Gesprächsbedingungen angreifen* durch Unterstellen von Störungen („Wir wurden vorher gar nicht informiert") oder von Druck („Unter diesen Bedingungen kann man nicht arbeiten").

Der Umgang mit Killerphrasen wird hier behandelt für den Fall, das Metakommunikation keine Klärung brachte und eskalierende Reaktionen weitergehen, das Gespräch jedoch nicht abgebrochen werden kann (Letzteres kann durchaus eine Lösung sein, wenn die Verständigung derart gestört ist). Die kommunikative Bearbeitung von Killerphrasen wechselt von einer verständigungsorientierten zu einer strategischen Kommunikation im Dienst des Gesprächs, die den Gesprächspartner durch gezielte Fragen und Statements in eine Position bringt, in der er nicht anders als kooperativ mehr reagieren kann. Meist enthalten die Reaktionen eine die Killerphrase aufdeckende Komponente („Inwiefern ist das für Sie Blödsinn?"), eine ernstnehmend-herausfordernde Komponente („Was wäre denn für Sie sinnvoll?) und eine zum Thema zurückführenden Anteil („Wie können wir uns konstruktiv weiter auseinandersetzen?"). Der Gesprächspartner wird dabei in konstruktiver Absicht herausgefordert und zur Kooperation aufgefordert. Dadurch werden Killerphrasen in konstruktiver Absicht ausgebremst. Hilfreich sind z. B. folgende Reaktionen (Zuschlag und Thielke 1998, S. 207 ff.):

- Durch geschickte Fragen zur Killerphrase den Partner dazu bringen, dass er Lösungsvorschläge macht. Die Frage nimmt ihn dabei auf der Sachebene ernst und sucht die Klärung, ohne auf den „Killeranteil" einzugehen („Unter diesen Störungen kann man nicht reden" – „Bitte machen Sie doch einen Vorschlag, wo wir das Gespräch ungestört fortsetzen können"),
- Die Killerphrasen ernstnehmen und mit einer Frage eine ernsthafte Antwort verlangen („Was finden Sie an meiner Frage denn dreist?"),
- Den eigenen Standpunkt, das eigene Anliegen ernsthaft wiederholen und betonen, dass es um die Lösung des Problems geht („Ich vertrete hier nicht …, mir geht es um das Problem …"),
- Sachlich entschiedene Richtigstellungen vorzunehmen („Sie konfrontieren uns heute schon das zweite Mal mit dieser Fehlinformation").
- Zum Thema zurückführen und Kooperation einfordern („Wie denken Sie denn, dass wir in dieser Sache konstruktiv weiterkommen").

Metakommunikation und kommunikative Bearbeitung von Killerphrasen klingen in einem Lehrbuch immer einfacher, als sie in der Praxis zu realisieren. Mehr als andere kommunikative Fertigkeiten erfordern sie Haltungsarbeit und Training über einige Zeit. Aber auch der erforderliche Mut und Optimismus in herausfordernden Situationen sowie die Schlagfertigkeit bei destruktiver Kommunikation sind trainierbar.

6.3   Lösungsorientierte Gesprächsführung

Die lösungsorientierte Kurzzeittherapie (De Shazer 2014,2018) und Beratung (Bamberger 2015) hat in der Sozialen Arbeit als freundlicher, respektvoller und pragmatischer Ansatz weite Verbreitung gefunden. Lösungsorientierung kann „in vielfältigen Kontexten überall da eingesetzt werden, wo Menschen gefördert, begleitet oder stabilisiert werden sollen" (Schmitz 2016, S. 15). In etlichen Einrichtungen vor allem der deutschsprachigen Sozialen Arbeit hat sie sich als zentraler Arbeitsansatz etabliert.

Lösungsorientierte Gesprächsführung wird in diesem Buch für Gesprächssituationen empfohlen, in denen Menschen unzureichenden Zugang zu ihren Ressourcen oder Fähigkeiten haben, resigniert sind oder in Problemtrance stecken und in denen sie an subjektiven Wirklichkeiten, Beziehungs- und Interaktionsproblemen arbeiten möchten, die nicht eng mit gesellschaftlich-strukturellen oder sozioökonomischen Problemen verbunden sind (2009, S. 203 f.). Sie sollten dazu Gesprächsbereitschaft, Einsicht in die Notwendigkeit von Veränderung und persönliche Anliegen einbringen. Lösungsorientierte Gesprächsführung stößt jedoch in Zwangskontexten schnell an ihre Grenzen: Bei Klienten mit geringem Problembewusstsein ebenso wie bei narzisstischen Persönlichkeiten können strikte Ressourcenorientierung und Verzicht auf die Konfrontation mit destruktivem Verhalten sogar zur Verstärkung von Verleugnungs- und Abwehrtendenzen bei Klienten führen (Wagner und Russinger 2002, S. 145). Auch sind radikalkonstruktivistische Annahmen wie das „Nicht-Wissen" im Zwangskontext nicht angebracht, sondern eigentlich kontraindiziert, denn Wissen und zwingende Sichtweisen zu einem Delikt (z. B. durch ein Gericht) sind gerade Voraussetzungen einer Intervention.

Lösungsorientierung ist jedoch insofern zwangsläufiger Bestandteil jedes helfenden Gesprächs, als im Anschluss an Situationsanalysen der Blick auf Wünsche und Ziele, Ressourcen, Fähigkeiten und Schritte zu Veränderung gerichtet wird.

▶ **Lösungsorientierung** ist ein in den 1970er-Jahren von Steve de Shazer und Insoo Kim Berg am Brief Family Therapy Center in Milwaukee/USA aus systemischen Therapieansätzen entwickeltes Konzept (De Shazer et al. 2018) der Kurzzeittherapie und -beratung. Es wurde für Beratung (Bamberger 2015) und offene Settings helfender Gesprächsführung (Schmitz 2016) adaptiert. Lösungsorientierte Arbeit.

- nimmt Probleme nur soweit unbedingt nötig in den Blick,
- setzt bei situativen Ausnahmen von Problemsituationen, positiven Erfahrungen und Ressourcen von Klienten an,
- bestärkt in Entwicklungswünschen und Selbstwirksamkeit und fokussiert auf die Verwirklichung von Anliegen
- und lenkt die Aufmerksamkeit auf im Ansatz bereits vorhandene, aber zu wenig beachtete Lösungswege (Bamberger 2015, S. 17; Schmitz 2016, S. 15 ff.).
- Dazu setzt es auf Wertschätzung und Achtung vor der Autonomie von Klienten, auf Neugier und „Nicht-Wissen" den Klienten gegenüber und auf ein stark pragmatisches, theoretisch sparsames Vorgehen.

Für eher problemzentrierte Ansätze der Gesprächsführung stellt der lösungsorientierte Ansatz mit seinen Grundannahmen eine provokante Gegenposition dar. Im Gegensatz zu personzentrierten und handlungstheoretischen Perspektiven (Gesprächsführung als systematisches, kooperatives und verständigungsorientiertes *Problem*lösen) konstatiert der lösungsorientierte Ansatz, er sei nicht in der Lage, Probleme zu lösen. Dies sei für den Erfolg von Gesprächen auch nicht nötig, denn Probleme und Lösungen hätten häufig keinen oder nur einen losen Zusammenhang, und Lösungen seien auch ohne vertiefte Kenntnis oder Analyse von Problemen erreichbar (de Shazer 2018, 12 f.).

Dies steht im Gegensatz zu den bisher vertretenen Grundannahmen der Gesprächsführung, dass Probleme Ursachen und Folgen haben und dass es notwendig ist, Probleme präzise zu beschreiben und zu analysieren, weil Ursachen auf mögliche Lösungen verweisen. Allerdings ist der Gegensatz nicht so grundsätzlich, wie Vertreter lösungsorientierter Beratung es gelegentlich darstellen. Die kooperative Gesprächsführung kann nicht ausschließlich als problemzentrierte Gesprächsführung verstanden werden, denn mit dem Aufnehmen von Bedürfnissen, Wünschen und Zielen der Gesprächspartner greift auch sie auf positive Erfahrungen, Ressourcen und Anliegen zurück. Der lösungsorientierte Ansatz methodisiert allerdings die Lösungsfindung über die Suche nach Ausnahmen zu Problemen, nach positiven Erfahrungen und problemfreien Situationen oder Zuständen, sodass es lohnenswert ist, ihn einzubeziehen.

In diesem Buch werden Problem- und Lösungsorientierung als zwei gleichwertige Aspekte von Bewältigungsstrategien gesehen. Beide versuchen in unterschiedlicher Art, ein Problem (die Diskrepanz zwischen einem unerwünschten Ist-Zustand und einem erwünschten Soll-Zustand bei Vorhandensein einer Barriere, die eine Lösung vorderhand verhindert) zu bewältigen. Problemorientierung wird von systemischen Ansätzen mit dem Argument der Unabhängigkeit von Problemen und Ressourcen häufig diskreditiert. Aber nicht die Benennung von Defiziten ist das Problem von Problemorientierung, auch können Probleme und Lösungen durchaus direkt kausal abhängig sein. Es ist die unzulässige Individualisierung und Subjektivierung von Problemen und die Ausblendung gesellschaftlicher Bedingungen bei der Entstehung von Defiziten (Bohmeyer 2011, S. 382). Zwischen problem- und ressourcenorientierten Sichtweisen differieren dabei auch die Problembegriffe (vgl. Abb. 6.5): Kognitionstheoretische Problembegriffe vertreten ein kausal orientiertes Verständnis von Problemen, das über die Analyse von Ursachen und inhärenten Barrieren zu Lösungen führt (Dörner 1987), die systemische Sichtweise (Schlippe und

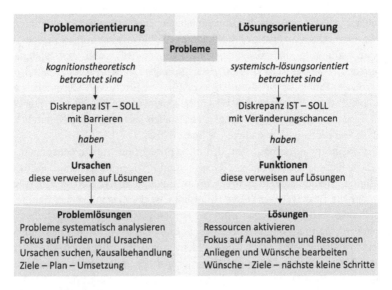

Abb. 6.5 Problembegriff in kognitionstheoretischer und systemisch-lösungsorientierter Perspektive (Dörner 1987; Schlippe und Schweitzer 2016)

Schweitzer 2016, S. 158 ff.) betont die Funktion von Problemen, die Unabhängigkeit von Problemen und Lösungen und die Bedeutung von Ressourcen.

Das Erkenntnismodell des lösungsorientierten Ansatzes ist der Radikale Konstruktivismus, nach dem es keine objektivierbaren Wahrheiten gibt und subjektive Wirklichkeit durch Denken und Handeln, vor allem aber durch Sprache konstituiert wird. Wie schon in Abschn. 2.2 ausgeführt, liegt dem ein positives, ressourcenorientiertes Menschenbild zugrunde: Menschen handeln gemäß diesem Ansatz nicht aus Bosheit, vielmehr ist jedes Verhalten der subjektiv momentan beste, vielleicht einzige Lösungsversuch für ein Problem, so unverständlich es scheinen mag. Dazu gehört auch, den Sinn eines Verhaltens nicht in der Vergangenheit einer Person, sondern im Kontext zu suchen – Verhalten ergibt nur in seinem Kontext einen Sinn.

Das positive Menschenbild drückt sich in einigen affirmativ-normativen Grundannahmen aus: Menschen sind nach dem lösungsorientierten Ansatz grundsätzlich neugierige, interessierte und soziale Wesen. Sie wünschen Möglichkeiten der Mitentscheidung, Partizipation und Einflussnahme. Diese Möglichkeiten erhöhen wiederum die Aktivität, die Auseinandersetzung mit der Welt und die Kooperation. Die damit gemachten Erfahrungen führen wiederum zu gesteigerten Fähigkeiten, Verantwortung und Optimismus, was wiederum Neugier, Interesse und Sozialität von Menschen erhöht (Baeschlin und Baeschlin 2018).

Eine weitere Annahme ist, dass Menschen von außen nicht motivierbar sind, sie können sich nur selbst motivieren oder *sind* bereits für bedeutsame, persönliche Anliegen motiviert. Der lösungsorientierte Ansatz arbeitet daher radikal mit den Sichtweisen, Motiven und Anliegen von Klienten auf der Basis folgender Leitsätze:

- *Probleme sind Herausforderungen,* die jeder Mensch auf sehr persönliche Art zu bewältigen versucht. Sie sind keine Störungen, sondern die Folgen von Bewältigungsversuchen.
- *Menschen sind kundig und kompetent,* sie wollen ihrem Leben einen Sinn geben und verfügen auch über die nötigen Ressourcen dazu. Die Vorstellung von Defiziten ist eine irrige Annahme, allenfalls kann von einem Mangel an Ressourcen die Rede sein.
- *Neugier, Nichtwissen, Zuhören und Ernstnehmen* sind Basisanforderungen an jede hilfreiche Gesprächsführung.
- Die *Orientierung an Gelingendem und ersten kleinen Schritten* erleichtert Lernen, positive Sichtweisen, Entwicklung und Fortschritt.
- *Nichts ist gleich, Ausnahmen deuten auf Lösungen hin.* Veränderung im menschlichen Leben ist in der Sicht des lösungsorientierten Ansatzes

zwangsläufig, und Ausnahmen sind daher die wichtigsten Indizien für bereits
geschehende oder sich anbahnende Veränderungen.

- Ein *stärken- und fähigkeitsorientiertes Umfeld* fördert Kooperation, da es
  Menschen leichter fällt, Veränderungen und Kooperation aus einer Position
  der Fähigkeit heraus einzugehen als aus Hilflosigkeit.
- Jede Reaktion ist Kooperation; das gilt auch für Widerstand, er ist die zur-
  zeit einzig mögliche Form der Zusammenarbeit und macht in diesem Kontext
  Sinn. Nach diesem Sinn gilt es zu fragen, wenn er sich verändern soll
  (Baeschlin und Baeschlin 2018).

Die drei oben bereits genannten Grundregeln leiten die helfende Gesprächsführung (Schmitz 2016, S. 18): „Repariere nichts, was nicht kaputt ist!", „Tu
mehr von dem, was klappt" und „Hör auf mit dem, was mehrfach nicht geklappt
hat, und versuch etwas anderes". Mit diesen Grundsätzen respektiert der lösungsorientierte Ansatz die Sichtweise von Gesprächspartnern und stellt keine Vermutungen über „tiefer liegende" Probleme an. Er begibt sich, ausgehend von
problemfreien Zuständen oder Ausnahmeerfahrungen zum Problemerleben,
gemeinsam mit Gesprächspartnern auf die Suche nach hilfreichen Verhaltensweisen, Umständen oder Bedingungen, welche die gewünschte Entwicklung oder
Veränderung fördern. Und er unterbricht Teufelskreise und stabilisierte Problem-
muster dadurch, dass man nicht mit „mehr desselben" Verhaltens oder Musters
reagiert, sondern etwas wirklich anderes, neues versucht.

Für die lösungsorientierte Gesprächsführung bedeutet dies Folgendes: Das
bewusste Nichtwissen, was das Befinden des Gesprächspartners betrifft, führt zur
einer hohen Gewichtung sorgfältigen Zuhörens und einer ausgewählten Frage-
technik. Anders als die personzentrierte Gesprächsführung, die sehr zurückhaltend mit Fragen ist, stehen Fragen im Zentrum der lösungsorientierten
Arbeit. Die Sichtweisen zu Problemen werden durch positive Umdeutungen
(„Reframing") hilfreich und in Richtung von Lösungen und mehr Handlungsmöglichkeiten erweitert. Grundsätzlich wird für jedes ernste Bemühen des
Klienten echte Wertschätzung und Anerkennung ausgesprochen. Die Gesprächsführung fokussiert dabei mit drei Kernfragen – ohne Umwege über Situations-
oder Problemanalysen – auf Ziele, Ressourcen und verändertes Handeln: „Was
will der Klient?", „Was *kann er tun?*" und „Was ist der *nächste Schritt?*". In
dieser pragmatischen Handlungsorientierung schließt der Ansatz auch an ver-
haltenstherapeutische Ansätze an.

Eine herausragende Rolle wird der Sprache, im Speziellen einer lösungsorientierten Sprache zugeschrieben. Wenn Wirklichkeit durch Sprache *geschaffen*
wird, kann sie in der Sicht der Lösungsorientierung auch durch Sprache

verändert werden. Lösungsorientiert Arbeitende konnotieren Sichtweisen der Gesprächspartner positiv und bemühen sich, negativ Erscheinendes als positive, sinnvolle Bewältigungsversuche umzudeuten. „Geiz" wird damit zur „Sparsamkeit", „Einsamkeit" zum „Kontaktbedürfnis" und „Trauer" zum „starken Gefühl für eine Person". Der Fokus in der Sprache soll auf Hilfreiches gerichtet werden, negative Sprachmuster („gestört", „defizitär" usw.) sind zu vermeiden. Das Nichtwissen und der Fokus auf Ressourcen dominiert auch in der Sprache, daher die Tendenz zu offenen Fragen, Hypothesen, Gedankenexperimenten oder Einladungen zum Mitdenken und als Reaktion immer wieder echte Anerkennung.

Schmitz (2016, S. 23) nennt ein (Beratungs-)Gespräch dann lösungsorientiert, wenn der größte Teil der Gesprächszeit mit folgenden Aktivitäten verbracht wurde:

- Das *Gute am bisher Schlechten* wurde als Ausgangspunkt thematisiert.
- Die *angestrebte Entwicklungsrichtung* des Klienten wurde verfolgt.
- Die *ersten kleinen Schritte* in Richtung der Entwicklung standen im Zentrum.
- Die Veränderungen im Leben des Klienten, wenn diese Entwicklung so weitergeht, und die Zuversicht, die der Klient und andere Beteiligte dazu haben, wurden thematisiert.
- Der gute Umgang mit ähnlichen Situationen in der Vergangenheit und positive Vorbilder des Klienten wurden eruiert.
- Der nächste kleine Schritt und der richtige Zeitpunkt dazu wurden vereinbart.

Dazu bedient sich die lösungsorientierte Gesprächsführung dieser Kernaktivitäten:

- *Lösungsorientierte Fragen* fokussieren in offener Absicht auf Ressourcen und positive Erfahrungen und machen diese in der Wirklichkeit des Gesprächspartners sichtbar (Schmitz 2016, S. 45 ff.). Gefragt wird also nicht: „Kommen Sie mit dieser Situation alleine klar?" (geschlossene Frage), auch nicht „Wie kommen Sie mit dieser Situation klar?" (offene Frage), sondern „Was hat Ihnen geholfen, diese Situation bislang zu bewältigen?" oder „Was gibt Ihnen Zuversicht, mit dieser Situation klarzukommen?" (lösungs-, kompetenz- und ressourcenbezogene Frage). Einstiegsfragen stimmen Gesprächspartner auf Ressourcen ein („Was muss für Sie heute passieren, damit Sie am Ende sagen können, dass sich dieses Gespräch gelohnt hat?"). Überlebensfragen ringen auch noch schwer belasteten Zuständen eine Kompetenz ab („Wie haben Sie das bisher ausgehalten, was hat Ihnen das möglich gemacht, und was gibt Ihnen die Kraft, diesen Zustand auszuhalten?"). Zirkuläre Fragen schließlich führen die vermuteten Sichtweisen bedeutsamer Drittpersonen ein und irritieren damit festgefahrene Selbsteinschätzungen oder andere Bewertungen.

- *Ehrliche Anerkennung* besteht aus wertschätzenden Kommentaren und Rückmeldungen, die Verhalten oder Erleben des Gesprächspartners mit Respekt würdigen. Sie müssen von ehrlicher Überzeugung getragen sein, damit sie wirksam sind. Anders als im personzentrierten Ansatz wird ausdrücklich mit Anerkennung und Komplimenten gearbeitet. Sie müssen allerdings zwingend nichtnormativ sein und das Anliegen des Klienten respektieren, sind also kein bewertendes Lob („folgsamer Klient") für ein von Fachkräften gewünschtes Verhalten.

- *Positives Umdeuten (Reframing)* setzt Dinge in einen neuen Verständnisrahmen und bietet so erweiterte und veränderungswirksame Interpretationen zu Verhalten oder Äußerungen des Gesprächspartners. Umdeutungen beziehen sich häufig darauf, dass Verhalten in einem Kontext sinnvoll ist. Damit werden neue Selbsteinschätzungen unterstützt, die dann z. B. den Blick auf die Nebenwirkungen eines Verhaltens freigeben und damit Veränderungen unterstützen.

- *Skalierungen* relativieren Schwarz-Weiß-Zuschreibungen und schaffen Selbsteinschätzung, auf deren Basis dann erste kleine Schritte in Richtung Veränderung angesprochen werden können („Wie schätzen Sie die Beziehung zu Ihrem Ehemann auf einer Skala von eins bis zehn ein? Eins ist sehr schlecht, nicht mehr zu kitten, zehn ist wunschlos glücklich").

- Die *Wunderfrage* dient dazu, dem Gesprächspartner die Vision eines problemfreien und erwünschten Zustands möglichst erlebbar vor Augen zu führen. Sie konstruiert durch Sprache, Fantasie und möglichst konkrete innere Bilder eine Zielvision, die dann auf erreichbare Ziele heruntergebrochen und in kleinen Schritten anvisiert wird.

- *Gedankenexperimente* laden dazu ein, mögliche Handlungsalternativen durchzuspielen und von fixen Wirklichkeiten zu vergrößerten Handlungsspielräumen zu kommen. Sie sind noch nicht Vorsatz oder Handlungsplanung, sondern das Spiel mit Möglichkeiten (von denen immer mehrere angenommen werden).

- *Hausaufgaben oder Verschreibungen* werden Klienten mitgegeben. Teils geschieht dies in aufrichtiger Haltung (Üben und Umsetzen von kleinen Schritten), teils auch in paradoxer Absicht, im Wissen, dass das Gegenteil während der Bearbeitung der Aufgabe geschieht („Beobachte eine Woche lang dein Verhalten in dieser Situation, aber ändere ja nichts daran, es ist wichtig, es beizubehalten"). Bereits die Aufmerksamkeit auf ein Symptom

oder Verhalten verändert dieses jedoch häufig, und so können erste kleine
Veränderungsschritte paradoxerweise schon unter diesem Handlungsverbot
erfolgen.

Auch lösungsorientierte Gespräche folgen einem Gesprächsphasenkonzept (vgl.
Abb. 6.6). Bedeutsam ist der Start mit einer stark metakommunikativen Aus-
richtung. Die Situationsanalyse hat den Fokus auf positiven Erfahrungen und
Anliegen und einen konsequenten Bezug auf positive Veränderung und die
nächsten kleinen Schritte. Die Unterbrechung des Gesprächs am Ende ist ein
typisches Mittel systemischer Familientherapie und Beratung, sie gibt dem
Klienten Zeit zum Resümieren des Gesprächs, erhöht die Spannung für die
Abschlussintervention und bereitet den Abschluss des Gesprächs vor. Auch das
Ende wird ressourcenorientiert, wertschätzend und die Selbstregulation fördernd
gestaltet. Komplimente, Einladungen zum Experimentieren oder ressourcen-
fördernde Aufgaben beschließen das Gespräch.

Wie schon personzentrierte Gesprächsführung lässt sich auch Lösungsorientierung nicht technisch praktizieren. Persönliche Überzeugung und eine
lösungsorientierte Grundhaltung sind Voraussetzungen für die erfolgreiche
Anwendung. Die anspruchsvollen Frage- und Umdeutungstechniken und der
sensible Umgang mit Sprache verlangen aber auch die Beherrschung der Technik
und damit Übung – ein Anspruch, der den Rahmen dieses Buchs sprengt. Zur
Vertiefung des Grundwissens wird eines der praxisnahen Lehrbücher von
Bamberger (2015), Lindemann (2018) oder Schmitz (2016) empfohlen.

Abb. 6.6 Gesprächsphasenkonzept eines lösungsorientierten Beratungsgesprächs
(Baeschlin und Baeschlin 2018)

6.4   Motivierende Gesprächsführung

Nicht immer sind Menschen in Hilfeprozessen der Sozialen Arbeit so veränderungsbereit und motiviert, wie dies eine äußere Sicht auf ihre Schwierigkeiten nahelegen müsste: Suchtmittelkonsum, selbstschädigendes Gesundheits- und Ernährungsverhalten, häusliche Gewalt oder Teufelskreise von Schulden, Krediten und mehr Schulden schaffen für Klienten und deren Angehörige schwerwiegende gesundheitliche, psychosoziale oder finanzielle Probleme, häufig ohne dass die Betroffenen motiviert sind, an ihrer Situation etwas zu verändern.

Mit Menschen zu arbeiten, die eine für sie oder ihr Umfeld notwendige Änderungsmotivation nicht aufbringen, ist in der Klientenarbeit häufig. Lösungsorientierte Gesprächsführung *nimmt* in diesem Fall vorhandene Wünsche, Ziele und Bedürfnisse von Klienten auf und arbeitet ausschließlich mit diesen. Motivierende Gesprächsführung hingegen *baut* Problembewusstsein und Änderungsmotivation systematisch auf. Sie arbeitet auch mit Menschen ohne Problemeinsicht und zu Interventionsbeginn schon erkennbarer Motivation. Sie wird deshalb hier als dritte Methode für die Gesprächsführung mit wenig problembewussten oder motivierten Gesprächspartnern vor allem in der Klientenarbeit vorgestellt.

Die motivierende Gesprächsführung (MI) wurde zu Beginn der 1980er-Jahre von William R. Miller und Stephen Rollnick konzipiert. Sie entstand aus den enttäuschenden Erfahrungen der Autoren mit den autoritären, hart konfrontierenden und ethisch fragwürdigen Methoden in der Suchtkrankenhilfe, von denen sich die Autoren abwandten (Weigl und Mikutta 2019, S. 10). In den 40 Jahren des Bestehens wurde der Ansatz intensiv wissenschaftlich begleitet und stark weiterentwickelt, im Folgenden wird auf die neueste Auflage (Miller und Rollnick 2015) Bezug genommen.

▶ **Motivierende Gesprächsführung** (MI) ist ein Ansatz, der personzentrierte, motivationspsychologische und verhaltensorientierte Grundprinzipien zu einem therapeutisch-beratungsorientierten Kommunikationsstil integriert. MI bestärkt Menschen zielorientiert in ihrer eigenen Motivation und ihrem eigenen Engagement für Veränderung. Sie eignet sich, geringes Problembewusstsein und Ambivalenz gegenüber Veränderung bei Klienten anzugehen. Sie nimmt Menschen dort an, wo sie aktuell stehen, und stärkt die innere Selbstverpflichtung in einer akzeptierenden und empathischen Atmosphäre auf Veränderung hin (Miller und Rollnick 2015, S. 51).

Folgende Theorien dienen MI als Basis: Aus der Motivationspsychologie wird das Rubikon-Modell benutzt, das deutlich macht, warum sich Menschen nicht zum Handeln durchringen oder für Veränderungen entscheiden und ins Handeln kommen (Heckhausen und Heckhausen 2018). Die Erwartungs-Wert-Theorien (Heckhausen und Heckhausen 2018, S. 141 ff.) machen deutlich, dass Menschen sich ausrichten nach der Wichtigkeit eines Verhaltens (seinem Wert) und der Zuversicht (der Erwartung), es realisieren zu können, und sich dementsprechend motivieren. Die Theorie der kognitiven Dissonanz (Festinger und Irle 2012) beschreibt ungünstige Umdeutungen, die entstehen, wenn die Diskrepanz zwischen dem eigenen Verhalten und bedeutsamen Teilen des Selbstbildes zu groß sind. Das Konstrukt der Selbstwirksamkeit schließlich (Bandura 2008) verweist auf einen zentralen Wirkmechanismus: dass man sich selbst als wirksam in seiner Umgebung erleben will.

Das transtheoretische Modell der Verhaltensänderung (Keller 1999) stellt eine wesentliche Grundlage zum Verständnis der MI dar, auch wenn TTM und MI nicht verwechselt werden sollten: „Sie sind kompatibel und komplementär, aber wie turtelnde Verwandte, die nie geheiratet haben" (Miller und Rollnick 2015, S. 55). Das TTM beschreibt sechs Stadien der Verhaltensänderung bis zu stabilem neuen Verhalten und die entsprechende Veränderungsmotivation der Betroffenen (vgl. Abb. 6.7). Erst durch das TTM wird allerdings verständlich, wie Motivation sich in einem Veränderungsprozess entwickeln kann und wie Klienten durch angemessene Interventionen so angesprochen werden können, dass sie sich am Ort ihrer Veränderungsbereitschaft abgeholt und verstanden fühlen. Fachkräften kann am Modell deutlich werden, dass besonders Menschen im Stadium der Absichtslosigkeit oder Vorbereitung deutlich andere Interventionen benötigen als Menschen, die hochmotiviert zu Veränderung sind. Das Modell zeigt den Prozess der Verhaltensänderung idealtypisch, die Phasen sind nicht trennscharf, Sprünge und Rückschläge sind möglich und das Modell ist als Heuristik und Ordnungsprinzip für motivationale Prozesse zu sehen (Heidenreich und Hoyer 2001).

Die Stadien zeigen eine sehr unterschiedliche Dynamik, einige sind sehr stabil, andere hingegen sehr fragil (Keller 1999, S. 20 ff.):

Im Stadium der *Absichtslosigkeit* haben Menschen keine Absichten zur Veränderung ihres Verhaltens in absehbarer Zeit. Das kann daran liegen, dass sie zufrieden sind und kein Veränderungsbedarf existiert. Mangel an Informationen oder an Problembewusstsein sowie Resignation aufgrund erfolgloser Änderungsversuche können weitere Ursachen sein. Die Stufe der Absichtslosigkeit ist die stabilste aller Stufen, ohne aktive Intervention ist die Wahrscheinlichkeit gering, dass sich Menschen in die nächste Stufe bewegen.

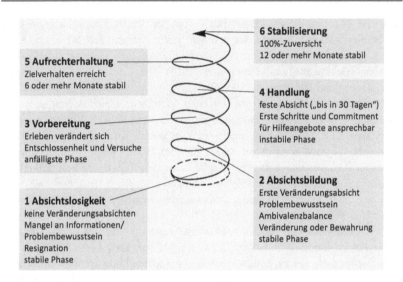

5 Aufrechterhaltung
Zielverhalten erreicht
6 oder mehr Monate stabil

3 Vorbereitung
Erleben verändert sich
Entschlossenheit und Versuche
anfälligste Phase

1 Absichtslosigkeit
keine Veränderungsabsichten
Mangel an Informationen/
Problembewusstsein
Resignation
stabile Phase

6 Stabilisierung
100%-Zuversicht
12 oder mehr Monate stabil

4 Handlung
feste Absicht („bis in 30 Tagen")
Erste Schritte und Commitment
für Hilfeangebote ansprechbar
instabile Phase

2 Absichtsbildung
Erste Veränderungsabsicht
Problembewusstsein
Ambivalenzbalance
Veränderung oder Bewahrung
stabile Phase

Abb. 6.7   Stadien der Verhaltensänderung (Keller 1999, S. 18 ff.)

Menschen im Stadium der *Absichtsbildung* setzen sich mit ihrem Verhalten auseinander, ohne dass dies direkt zu Maßnahmen führen würde. Sie sind sich bewusst, dass sie ein problematisches Verhalten zeigen, stehen Veränderung aber ambivalent gegenüber. Oft stehen Vor- und Nachteile von Veränderung für sie in einer Balance, was veränderndes Handeln erschwert. Gleichzeitig könnten sie sich vorstellen, in absehbarer Zeit ihr Verhalten zu verändern. Auch diese Phase ist sehr stabil: Menschen können ohne echte Veränderung lange in ihr verharren, ohne dass sie beginnen würden, ihr Verhalten zu verändern.

Menschen in der Stufe der *Vorbereitung* haben entscheidende Fortschritte gemacht. Dies zeigt sich an der festen Absicht der Verhaltensänderung und daran, dass sie bereits erste Schritte unternommen haben. Im Zentrum steht aber die klare Entscheidung und Selbstverpflichtung zur Verhaltensänderung („Commitment"). Menschen in dieser Phase haben den „Schritt über den Rubikon" der Veränderungsentscheidung getan. Es ist dabei unwesentlich, ob das Zielverhalten bereits erreicht wurde oder in Fehlversuchen endete. Wichtig ist der Entschluss. Die Stufe der Vorbereitung ist wenig stabil. Sie ist aber wichtig, da hier die bedeutsamen emotionalen, kognitiven und motivationalen Vorbereitungen für Veränderung getroffen und in Vorsätzen und einer Neubewertung des Zielverhaltens gefestigt werden. Menschen in dieser Stufe sind typischerweise für Hilfsangebote ansprechbar. Vermutlich gehen Sozialarbeitende zu oft davon aus, dass Klienten bereits in diesem Stadium in Hilfeprozesse gelangen, und agieren entsprechend.

Auf der *Handlungsstufe* versuchen Menschen nun aktiv, problematisches Verhalten abzubauen. Sie unterziehen ihr Erleben einer Neubewertung und kontrollieren ihre Umgebung durch die Reduktion von ungünstigen Reizen. Dies ist nur durch innere Selbstverpflichtung und Entschlossenheit möglich. Menschen erreichen das Zielverhalten bereits, und sie konnten es schon über gewisse Zeiträume beibehalten. Die Handlungsstufe ist die aktivste Stufe im Prozess der Verhaltensänderung und deshalb auch die anfälligste, was das Risiko eventueller Rückfälle in alte Verhaltensmuster betrifft. Andererseits erfahren Menschen in dieser Phase auch am häufigsten positive Reaktionen von anderen. Die offen beobachtbaren Verhaltensweisen begünstigen die Verstärkung und Ermutigung durch andere.

Die Stufe der *Aufrechterhaltung* ist dann erreicht, wenn Menschen das erwünschte Zielverhalten mehr als sechs Monate beibehalten konnten. Die Stufe wird wie die Handlungsphase als aktive Phase verstanden, in der das Zielverhalten konsolidiert wird und aktive Maßnahmen zur Rückfallprophylaxe eingeübt werden. Je nach Komplexität, Rückfallrisiken und in der Umwelt vorhandenen „Versuchungen" kann die Zeit für die Stabilisierung neuen Verhaltens kürzer ausfallen.

Die *Stabilisierungsstufe* ist gekennzeichnet durch hundertprozentige Zuversicht, das Zielverhalten beibehalten zu können, und durch nullprozentige Versuchung, ins frühere Verhalten zurückzufallen. Sie zu erreichen, ist nicht für alle Situationen realistisch. Es wird Verhaltensbereiche geben, die keine Stabilisierungsstufe zulassen, wo also lebenslang eine Versuchung gegeben ist, die eine aktive Auseinandersetzung mit der Situation und dem eigenen Verhalten nötig macht.

Die Aktivitäten in helfenden Gesprächen sollten gemäß TTM und MI nun stufenspezifisch die Änderungsmotivation und Verhaltensänderung unterstützen (vgl. Abb. 6.8). In den Stadien der Absichtslosigkeit und Absichtsbildung überwiegen kognitiv-affektiv-motivationale Interventionsformen, um Problembewusstsein und Veränderungsmotivation zu erarbeiten. In den weiteren Stadien sollten eher verhaltensorientierte Gesprächsinterventionen zum Einsatz kommen, um neues Verhalten anzuregen, zu unterstützen und zu stabilisieren.

Viele der Gesprächsinterventionen der MI stammen aus dem personzentrierten Ansatz und sind in ähnlicher Weise bei der kooperativen Gesprächsführung (vgl. Abschn. 6.2) vorfindbar. Miller & Rollnick nennen vier Basistechniken der MI und kürzen sie mit dem Akronym OARS (engl. für „Ruder") ab (Miller und Rollnick 2015, S. 85; Weigl und Mikutta 2019, S. 13 ff.):

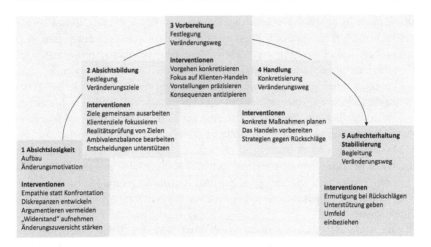

Abb. 6.8 Änderungsmotivation und hilfreiche Gesprächsinterventionen (Körkel und Drinkmann 2002)

- Mit *offenen Fragen* (Open Questions) werden Klienten eingeladen, nachzu-
denken und ihr Thema, Anliegen oder Problem zu explorieren. Hier ist MI
zielorientierter als die personzentrierte Gesprächsführung, die mit Fragen sehr
defensiv umgeht und überwiegend auf Zuhörreaktionen setzt.
- Durch *Affirmationen*, also unterstützend-anerkennende Würdigungen
(Affirmations) wird hervorgehoben, was gut ist: Sichtweisen, Bemühungen
der Person und vieles mehr kommt für Würdigungen infrage. Würdigungen
sind mehr als einfache Paraphrasen oder die Verbalisierung von Emotionen für
ein kognitives Verständnis von Gesagtem, sie sollten von Respekt, Empathie
und Wertschätzung für die Person getragene ermutigende Äußerungen sein
und dürfen keinesfalls zum bewertenden Lob („gut gemacht, braver Klient!")
werden, das eine asymmetrische Bewertungssituation schaffen und die
Beziehung stören würde.
- *Reflektierendes Zuhören* (Reflecting) ist die substanzielle Grundlage für alle
Prozesse der MI. Seine einfache Form entspricht dem aktiven Zuhören, wie
in Abschn 6.2 beschrieben. Komplexere Reflexionen hingegen denken das
Gesagte weiter, führen Gedanken fort, bieten interpretative Vermutungen an
und machen so Angebote zur Klärung des Themas.
- *Zusammenfassungen* (Summarizing), wie sie auch bei Redlich (2009)
beschrieben sind, sammeln mehrere Aspekte des Gesprächs, verbinden

Elemente oder Aussagen zu einem Bild oder leiten zu nächsten Schritten des Gesprächs über. Klienten erhalten so einen Blick auf ihr Gesagtes.

- Weigl und Mikutta (2019, S. 15) ergänzen eine fünfte Basistechnik, das *Geben von Informationen und Erteilen von Ratschlägen* nach vorheriger Einholung der Erlaubnis durch den Gesprächspartner. Dies bringt neue Aspekte ins Gespräch durch fachliche Informationen und macht Lösungsvorschläge zu Veränderungsaspekten. Dabei werden Informationen nicht einfach ungebeten gegeben, denn sie aktivieren so den natürlichen Widerstand von Personen. Sie erfolgen erst nach der Bitte um Erlaubnis („Darf ich …?") und sie sichern Informationen und Vorschläge durch Nachfragen („Wie sehen Sie das nun …?") wieder ab, um die Aufnahme sicherzustellen und Widerstand zu vermeiden.

Diese Basistechniken der Gesprächsführung sind nun in einen Veränderungsprozess eingebunden, den Miller und Rollnick in vier Phasen unterteilen – Beziehungsaufbau, Fokussierung, Evokation und Planung (vgl. Abb. 6.9). Diese sind eher als Gesamtprozess zu sehen, könnten aber durchaus auch in einem Gespräch Platz finden und so als Gesprächsphasenkonzept dienen. Wie alle Gesprächsphasenkonzepte ist besonders dieses keinesfalls statisch zu verstehen: Flexibilität, Empathie und Wertschätzung im Umgang mit möglichem „Sustain Talk", also dem aus subjektiv guten Gründen erfolgten Beharren auf Bestehendem, sind in der Arbeit mit der MI zentral.

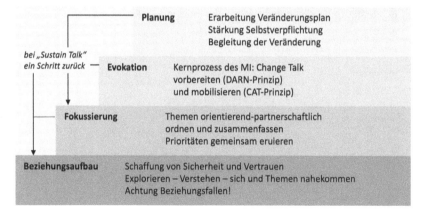

Abb. 6.9 Vier Kernbausteine von MI (Miller und Rollnick 2015, S. 44)

In den Phasen des Beziehungsaufbaus, der Fokussierung von Themen und der Planung von Interventionen sind viele Gesprächsfertigkeiten nützlich, die an anderen Stellen in diesem Buch beschrieben werden. Daher konzentriert sich der Teil zu den MI-Fertigkeiten auf den Kern der motivierenden Gesprächsführung – den Change Talk. „Change Talk ist jede vom Klienten selbst kommende sprachliche Äußerung, die ein Argument für Veränderung ist" (Miller und Rollnick 2015, S. 189). Für die Stadien der Absichtslosigkeit und Absichtsbildung stellt er das zentrale methodische Element der Gesprächsführung dar (vgl. Abb. 6.10). Zwei Formen werden unterschieden. Der *vorbereitende Change Talk* (DARN-Prinzip)

- evoziert bedeutsame Wünsche: „Ich möchte ohne Alkohol leben" (Desires),
- stärkt Zuversicht durch Bewusstmachen von Fähigkeiten: „Ich hab' das auch schon ein Jahr lang geschafft" (Abilities),
- kippt Ambivalenzbalance durch die Suche nach guten Gründen in Richtung Veränderung: „Mein Sohn soll keine betrunkene Mutter mehr erleben" (Reasons),
- und gibt der Motivation Gewicht und Priorität durch die Klärung der Wichtigkeit und Dringlichkeit: „Ich will, dass mein Partner bei mir bleibt" (Needs).

Ist dies erfolgreich geschehen, kann der zweite Schritt, der mobilisierende Change Talk, aufgenommen werden. Mobilisierender Change Talk (CAT-Prinzip).

- erarbeitet eine (selbstgewählte, keinesfalls aufgedrängte) innere Selbstverpflichtung zur Veränderung: „Ich senke meinen Alk-Konsum sofort" (Commitment),

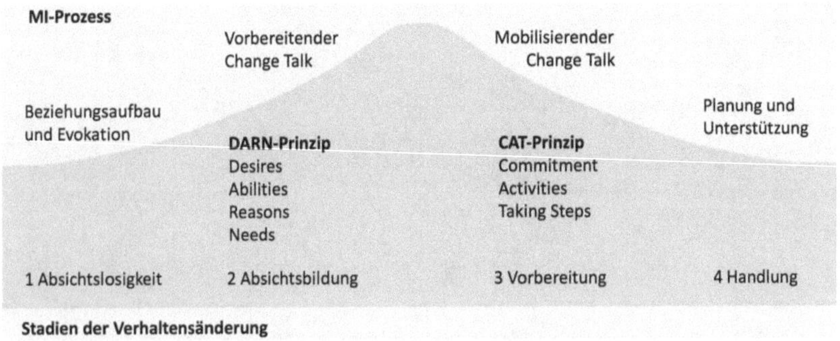

Abb. 6.10 Stadien der Verhaltensänderung und MI-Berg (Miller und Rollnick 2015, S. 194)

- aktiviert erste Schritte der Veränderung: „Vorräte aus dem Haus" (Activation)
- und klärt die konkrete Umsetzung erster Schritte: „Ich trinke diese Woche nur ... und nicht vor meinem Kind" (Taking Steps) (Miller und Rollnick 2015, S. 187 ff.).

Eines der wichtigsten Instrumente der MI ist das respektvolle *Entwickeln von Diskrepanzen* zur Herausarbeitung von bedeutsamen Werten und Bedürfnissen, denn „Veränderung stellt sich dann ein, wenn eine Person eine bedeutsame Diskrepanz zwischen wichtigen Ziel- oder Wertvorstellungen und der gegenwärtigen Situation wahrnimmt" (Miller und Rollnick 2015, S. 297). Auch bei Klienten mit scheinbar vollständig fehlendem Problembewusstsein kann vom Erleben mindestens ansatzweiser Diskrepanzen ausgegangen werden. Am wirksamsten sind Diskrepanzen wie auch Argumente für eine Veränderung, wenn sie der Klient selbst vorbringt. Eine Reihe von Gesprächsinterventionen macht Diskrepanzen zwischen gegenwärtigem Verhalten und wichtigen Idealen und Zielen deutlich:

- Klienten können nach Vorkenntnissen zu schädlichem Verhalten gefragt werden („Was wissen Sie über Alkohol und Schwangerschaft?"),
- Informationen können nach Einholung einer Erlaubnis ergänzt oder gegeben werden („So schadet Alkohol in der Schwangerschaft").
- Klienten erhalten so ein objektiviertes Feedback über ihr Verhalten („Sie trinken statistisch gesehen mehr als 80 % der Frauen in vergleichbarer Situation").
- Die Wünsche und Anliegen anderer Beteiligter können erkundet werden („Können Sie verstehen, dass sich Ihr Mann Sorgen wegen Ihres Konsums macht?").
- Persönliche Kosten und persönlicher Nutzen von Veränderung wie von Beibehaltung eines Verhaltens anhand der Kosten-Nutzen-Waage (vgl. Abb. 6.11) können beschrieben werden („Was ist für sie positiv/negativ an Ihrem Alkoholkonsum, inwiefern würde das Weitertrinken nützen/schaden? Was wären die Kosten, wenn Sie aufhörten?").

Der Begriff des Widerstands wurde in der letzten Fassung von MI durch den Begriff „Discord" (Dissonanzen zwischen Gesprächspartnern) und den daraus entstehenden „Sustain Talk" (Argumentieren um den Erhalt von Bestehendem) ersetzt. Anders als Widerstand, der dem Gesprächspartner zugeschrieben wird, wird Discord als normaler Bestandteil von Ambivalenz und – als ein Interaktionsphänomen gesehen – Dissonanz entsteht *zwischen* Fachkraft und Klient, nicht *im* Klienten. Beim Auftreten von Discord empfiehlt die MI metakommunikative Interventionen und einen Schritt zurück zu Beziehungsaufbau und Evokation.

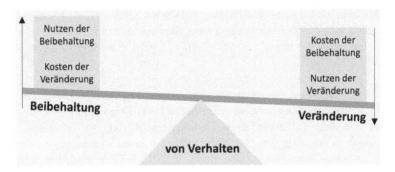

Abb. 6.11 Waage-Modell der Veränderung (Körkel und Drinkmann 2002, S. 39)

Gelingt der Change Talk mit dem Klienten und zeigt dieser Signale und Bereitschaft für nächste Schritte, kann die konkrete Umsetzung neuen Verhaltens und die innere Selbstverpflichtung des Klienten dazu herausgearbeitet werden. Der Klient muss dazu innerlich bereit sein und Fachkräfte sollten dies nicht anschieben. Veränderungspläne konkretisieren das zu realisierende Verhalten, das im Weiteren begleitet und gestützt wird.

Wie schon für die lösungsorientierte Gesprächsführung gilt auch für MI, dass im Rahmen dieses Buchs nur eine grundlegende Übersicht und die zentralen Techniken vorgestellt werden können. Beide Ansätze benötigen theoretische Vertiefung, praktisches Training und feedbackorientiertes Lernen.

6.5 Systemische Gesprächsführung in Zwangskontexten

Die bisher vorgestellten Ansätze zur Gesprächsführung folgen der Grundidee einer situations- und adressatengerechten Gesprächsführung, also nicht eines „one fits for all", sondern einer Nutzung kooperativer, lösungsorientierter oder motivierender Gesprächsführung entlang einer Achse von situations- und adressatenbezogenen Herausforderungen. Finden Gespräche nun im Kontext von verordneter Hilfe, Eingriffen und einer Pflicht zur Inanspruchnahme statt, erhöht dies die Anforderungen an professionelle Gesprächsführung nochmals stark. Personzentrierte, lösungsorientierte und motivierende Gesprächsführung stoßen hier an Grenzen.

Zur Sozialen Arbeit mit Klienten in Zwangskontexten liegen etliche Konzepte vor (Conen, 2018; Gehrmann und Müller 2007; Gumpinger und Trotter 2001; Klug und Zobrist 2016; Zobrist und Kähler 2017). Im Folgenden werden

Grundprinzipien aus dem systemischen Ansatz von Cecchin und Conen (Conen 1999; Conen et al. 2018) vorgestellt, der für die Arbeit mit unfreiwilligen Klienten besonders geeignet ist.

▶ **Systemische Arbeit in Zwangskontexten** ist ein von Marie-Louise Conen und Gianfranco Cecchin in den 1990er-Jahren aus dem Umfeld der Mailänder Schule der systemischen Familientherapie entwickeltes Therapie- und Beratungskonzept. Es akzeptiert soziale Kontrolle, Zwang und Eingriff als mögliche Vorbedingung psychosozialer Interventionen. Dabei arbeitet es in einer systemischen Perspektive, die sowohl die Institutionen sozialer Kontrolle als auch die Klienten und beratenden Fachkräfte ernstnimmt. Unfreiwilligkeit wird nicht als ein Problem-, sondern als ein Lösungsverhalten gesehen (Conen 1999), das für psychosoziale Interventionen konstruktiv genutzt werden kann. Grundprinzipien der Arbeit sind Neutralität gegenüber Klienten, respektvolle Neugier und Zutrauen in Veränderung, aber auch eine direktive, klare Grenzen und Regeln setzende Haltung. Eine hohe Transparenz und die Kooperation unter Verzicht auf Vertrauen als Vorbedingung sind erforderlich.

Klienten geraten häufig unfreiwillig in Hilfeprozesse der Sozialen Arbeit. Sie werden von Angehörigen geschickt, kommen auf Druck des Arbeitgebers oder durch Auflagen einer Behörde oder eines Gerichts. Suchtberatung, berufliche Integration, Psychiatrie, Kinder- und Jugendhilfe, Strafvollzug oder Kindes- und Erwachsenenschutz sind Arbeitsfelder mit einem großen Anteil an unfreiwilligen Klienten:

- Ein Arbeitgeber verpflichtet eine Mitarbeiterin wegen Alkoholmissbrauchs unter Kündigungsandrohung zur Suchtberatung.
- Das Arbeitsamt verpflichtet einen arbeitslosen Akademiker zum beruflichen Integrationskurs.
- Eine Familie bringt ihre Tochter wegen Suizidalität und Selbstverletzungen in eine Kriseninterventionsstelle.
- Eine überforderte alleinerziehende Mutter weist ihren jugendlichen Sohn gegen dessen Willen ins Jugendheim ein.
- Ein strafentlassener Mann ist verpflichtet zur Beratung in der Bewährungshilfe.
- Aufgrund der Anzeichen von Vernachlässigung eines Kindes verordnet eine Kindesschutzbehörde eine sozialpädagogische Familienbegleitung.

Zu allen Formen Sozialer Arbeit gehört der Auftrag, Gefahren von Klienten und/ oder anderen Personen abzuwenden. Eingriffe in die Rechte von Klienten sind grundsätzlich dann legitim, wenn Klienten nicht handlungsfähig sind, wenn Gefahren für sie oder Dritte drohen, wenn Schutz und Entlastung für Klienten oder andere erforderlich sind oder wenn die Sicherung sozialer Normen durch Kontrolle nötig wird (Müller und Hochuli Freund 2017, S. 156). Hilfe und Kontrolle sind dabei strukturelle Bestandteile des Auftrags, und die Nicht-freiwilligkeit seitens des Klienten ist, wenn auch in unterschiedlichem Maß, eine häufige Voraussetzung Sozialer Arbeit. Die Ausprägung des Zwangs von Institutionen ist dabei erkennbar unterschiedlich. Zwang in einem engen Ver-ständnis, wie bei einer Zwangsunterbringung der Fall, wirkt direkt auf die Person und wird gegen Willen und Widerstand der Person durchgesetzt. In einem weiteren Verständnis meint er die Verpflichtung, Einschränkungen bei Lebensum-ständen oder Handlungen erdulden zu müssen, wie dies bei einer Verpflichtung zu Hilfeprozessen der Fall ist (Zobrist und Kähler 2017, S. 25 f.).

Freiwilligkeit ist ein gut gepflegter Mythos psychosozialer Hilfe, sie wird häufig als *Voraussetzung von Hilfeprozessen* von Klienten gefordert und Hilfen werden verweigert oder vorzeitig beendet, wenn keine Freiwilligkeit erkennbar ist. Für viele Einrichtungen der Sozialen Arbeit und zunehmend auch für psycho-soziale Beratung und Psychotherapie ist Freiwilligkeit nicht realistisch und es ist teils auch unethisch, Freiwilligkeit und Änderungsmotivation als Anfangs-bedingung von Hilfe vorauszusetzen, auch ist sie keine Voraussetzung wirksamer Hilfe (Zobrist und Kähler 2017).

Unfreiwilligkeit verändert aber den Handlungsrahmen für Interventionen, es kommen Dritte als Auftraggeber ins Spiel und der Klient ist nicht der Auftrag-geber einer Intervention. Klienten in Zwangskontexten entwickeln in diesen Situationen besonders starke Wünsche nach Wiederherstellung ihrer Autonomie, sie fühlen sich der empfundenen Fremdbestimmung durch amtliche Stellen oft hilflos ausgesetzt.

In der Folge entwickeln sie Strategien, um ihre Selbstachtung und Selbst-wirksamkeit gegen Maßnahmen der Sozialen Arbeit durchzusetzen oder Hilf-losigkeitserfahrungen und Kränkungen zu vermeiden. Auch der Schutz vor Enttäuschungen und Kränkungen oder der Wunsch nach Entlastung kann vor-herrschen. Dies kann sich in folgenden Verhaltensweisen äußern:

- Klienten äußern keinen oder nur vordergründig angepassten *Bedarf an Hilfe*.
- Sie zeigen sich in *strategischen Selbstpräsentationen* (Gumpinger und Trotter 2001, S. 31), versuchen, sich beliebt zu machen, oder liefern sich der mächtigeren Person aus, „beichten" selektiv oder stellen Dinge zu ihren Gunsten dar.

- Sie reagieren mit *Reaktanz* (Conen et al. 2018, S. 83 ff.), bestehen auf der Verschiedenheit von Problemdefinitionen und zeigen offenen oder heimlichen Widerstand gegen Eingriffe und Hilfeangebote.

In der Folge „vergessen" sie Termine, öffnen nicht bei Besuchen, nehmen Telefonate oder Post nicht wahr, missverstehen Vereinbarungen oder beziehen andere, neue Beteiligte in laufende Maßnahmen ein (Conen 1999, S. 284).

Im Gespräch können diese beiden Tendenzen zu einem Teufelskreis von Widerstand und vermehrter Kontrolle führen, der destruktiv wird und Hilfemaßnahmen scheitern lässt. Betrachtet man die Situation in einer systemischen Perspektive, so sind mindestens drei Akteure in einen Eingriff involviert: Die Institution sozialer Kontrolle setzt ein Urteil oder eine behördliche Anordnung, in deren Kontext der Klient aufgefordert wird, sich zu verändern oder eine Hilfemaßnahme anzunehmen. Der Klient sieht aber kein Problem, sondern weist die Verantwortung von sich und wehrt die Gründe des Eingriffs ab. Die für den Hilfeprozess zuständige Fachperson schließlich befindet sich im Dilemma zwischen diesen beiden Problemdefinitionen und den beiden möglichen, vermutlich widersprüchlichen Arbeitsbündnissen, die daraus entstehen könnten (Conen et al. 2018, S. 119 ff.). Ein Gericht fordert vom Klienten z. B. Kooperation (und Berichte von der Bewährungshilfe, wenn der Klient nicht ausreichend mitwirkt), der Klient hat die Erwartung, dass der Sozialarbeiter ihn möglichst bei der Aufhebung einer Maßnahme unterstützt.

Welche Prinzipien helfen nun, diese Gesprächsführung „im Dreieck" unter einer systemischen Perspektive konstruktiv zu führen?

Zuerst steht *die Klärung der Problemdefinitionen* und die Auflösung dieser problematischen Triangulierung (vgl. Abb. 6.12). Sie ist der Kern der Arbeit, wenn Gespräche im Zwangskontext gelingen sollen.

Hilfreich für die Schaffung gemeinsamer Problemdefinitionen und eines geklärten Auftrags, und damit einer Detriangulierung der Arbeit, sind mehrere Strategien:

Die *Trennung der Instanzen* sozialer Kontrolle, die den Zwangskontext hergestellt haben (z. B. Vormundschaftsbehörde oder Gerichte), und der Instanzen, die den Hilfeprozess begleiten (z. B. die Jugendhilfeeinrichtung oder sozialpädagogische Familienbegleitung): Meist sorgen Gesetze, juristische Instanzen oder Behörden für den Zwangskontext. Als dritter Akteur (neben Klient und Fachkraft) sind sie z. B. für ein vormundschaftliches Verfahren verantwortlich. Fachkräfte sollten den Eingriff als vom Gericht oder von der Vormundschaftsbehörde gesetzt beschreiben und damit die Ursache des Eingriffs dort ver-

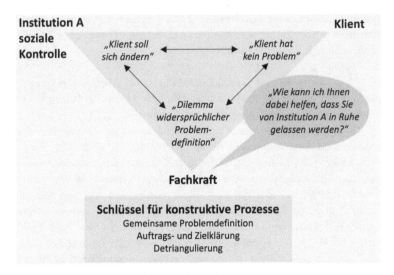

Abb. 6.12 Widersprüchliche Problemdefinitionen und deren Detriangulierung im Zwangskontext (Conen et al. 2018, S. 125)

orten, wo er herkommt. Wenn Fachkräften nicht die Verantwortung für eine unerwünschte Entscheidung zugeschrieben wird, lässt sich leichter ein Arbeitsbündnis herstellen. Dieses Dreieck gilt es, kommunikativ immer wieder deutlich zu machen.

Weiter ist es für die Arbeitsfähigkeit essenziell, dass Fachkräfte *sich nicht selbst an der Definition der Probleme* durch die Institution der sozialen Kontrolle (Gericht, Vormundschaftsbehörde, Psychiatrie) *beteiligen,* sondern die Definition der Klienten aufgreifen (Conen 1999, S. 294). Es ist weder nötig noch sinnvoll, sich als Fachkraft der Sozialen Arbeit mit einem Urteil, einer Bewährungsauflage oder einer Maßnahme zu identifizieren oder sich dazu bewertend zu äußern. Ein Kontrakt im Gespräch entsteht leichter, wenn Fachkräfte den Klienten ihre Einstellung folgendermaßen mitteilen: „Sie haben diese Entscheidung/dieses Urteil, ich habe es nicht getroffen, und ich muss es nicht beurteilen. Wie können wir nun für Sie das Beste aus dieser Maßnahme machen?" Oder: „Sie haben diese Maßnahme, wie können wir gemeinsam daran arbeiten, dass Sie sie möglichst schnell wieder loswerden?"

Eine rein personzentrierte oder lösungsorientierte Gesprächsführung wird in dieser Triangulierung scheitern. Z.B. werden offene Fragen wie in der personzentrierten Gesprächsführung als wenig hilfreich angesehen: „Wie geht es Ihnen?", „Wie war die Woche für Sie?", „Was bedeutet das für Sie?" oder „Warum sehen Sie die Dinge so?" – solche Fragen verhindern regelrecht eine erfolgreiche Arbeit mit Klienten im Zwangskontext (Conen et al. 2018, S. 151), da sie die zur Veränderung notwendige Instanz der sozialen Kontrolle vernachlässigen und in der Bilateralität zwischen Fachkraft und Klient oder unbegründet positiven, affirmativ-lösungsorientierten Grundannahmen scheitern. Veränderung ist aber nur durch die Aufrechterhaltung aller drei Perspektiven – Helfer, Klient und Institution der sozialen Kontrolle – erreichbar.

Hilfreicher zur Markierung der verschiedenen Perspektiven auf einen Eingriff sind *nun die zirkulären Fragen* aus der systemischen Beratung, die die Perspektive der Institutionen der sozialen Kontrolle deutlich machen und mit der Sicht des Klienten konfrontieren. Dabei geht es darum, die Ziele des Klienten (Aufhebung eines Eingriffs als zentrales Motiv) mit der nötigen Verhaltensänderung und den gesetzten Zielen der auftraggebenden dritten Instanz zu verbinden. Systemische Gesprächsführung im Zwangskontext versucht also weniger, echte intrinsische Änderungsmotivation bei den Klienten zu aktivieren oder zu erzeugen, als mit den vorhandenen instrumentellen Motiven der Klienten zur Aufhebung von Zwang zu arbeiten und diese für konstruktive Veränderungen zu benutzen. Die Systemtheorie nennt dies „Utilisieren" jeder Art von Motivation für konstruktive Veränderung. Fragen könnten sein: „Wie könnte ich Ihnen helfen, dass Ihre Nachbarn nicht mehr jeden kleinen Lärm Ihrer Kinder an die Behörden weiterleiten?", „Was müsste die Amtsvormundschaft sehen, dass sie von dem Gedanken abläss, Sie würden Ihr Kind vernachlässigen?" oder „Was müsste der Jugendrichter an Veränderung bei dir sehen, dass er die Heimplatzierung aufhebt?" (Conen et al. 2018, S. 147 f.).

In allen Maßnahmen unter Zwang hört jedoch das „amtliche Ohr" eines Sozialarbeiters mit und die Vertraulichkeit zwischen Fachkraft und Klient ist begrenzt. Auch wenn Zwang wie Sanktionen, Leistungskürzungen oder eine Rückverlegung in eine Haftanstalt nicht durch die gesprächsführende Fachkraft selbst ausgeübt wird, ist dieser Zwang und die dazu nötige Kontrolle Bestandteil der Arbeit. Zum Arbeitsbündnis gehört daher besonders die Transparenz gegenüber dem Klienten in Bezug auf kontrollierende Anteile in der Arbeit. Auch müssen Fachkräfte damit leben, dass sie ihre Arbeit machen müssen, ohne das Vertrauen des Klienten zu genießen. Auf ein wie in freiwilligen Beratungen erwartbares Vertrauensverhältnis zu setzen, wäre hier ein professioneller Fehler, denn „als Ihr Bewährungshelfer müsste ich melden, wenn Sie gegen die Auflagen verstoßen" (Weber 2003, S. 65). Durch Transparenz werden aber immerhin die Spielräume an Kooperation und der Rahmen sozialer Kontrolle deklariert und für alle Beteiligten durchschaubar.

Auch in Zwangskontexten entwickeln Klienten Kooperationsbereitschaft. Fachkräfte können diese durch ihr Verhalten erschweren oder wesentlich dazu beitragen. Klienten werden dann besser kooperieren, wenn aus ihrer Sicht folgende Bedingungen in Gesprächen vorliegen:

- Die *Hoffnung auf Veränderung,* in diesem Fall auf Aufhebung von Zwangsmaßnahmen oder auch auf Verbesserung der persönlichen Situation, ist vermutlich das stärkste Motiv zur Kooperation.
- Der *Respekt vor der Problemsicht der Klienten* bei gleichzeitiger Transparenz der Auflagen und der Sichtweisen der Fachkraft schafft Detriangulierung, ein klares Arbeitsbündnis und eine klare Interventionsrichtung. Sozialpädagogen sollten dabei nicht um *ihre* Problemdefinitionen kämpfen, sondern die Unterschiede in den Perspektiven der Akteure herausarbeiten und dann auf eine gemeinsame Problemdefinition hinwirken.
- *Bedeutsame Motive und Ziele* von Klienten zu beachten, nimmt diese ernst: „Wie werden Sie die Eingriffe/Maßnahmen schnell wieder los, und was kann ich dabei für Sie (im Rahmen von Gesetz und Auftrag) tun?"
- Der *Umgang mit Reaktanz* in Gesprächen unter Unfreiwilligkeit stellt für viele Fachkräfte eine Herausforderung dar. Offen feindselige Äußerungen oder passiver Widerstand sind nicht leicht auszuhalten. Kooperationsfördernd ist, Reaktanz als eine normale und im Kontext nachvollziehbare Reaktion zu betrachten. Es sollte nicht darauf vertraut werden, dass sie verschwindet – sie tut es nicht. Sie nimmt jedoch ab, wenn ein Arbeitsbündnis zur Wiederherstellung der gewünschten Freiheit geschlossen werden kann und Fachkräfte anschließend helfen, Handlungsspielräume und Freiheiten zurückzuerlangen. Dazu ist es nötig, konkrete Aufgaben und Kriterien der Zielerreichung zu benennen und diese auch zu prüfen.
- Hilfreich ist auch, *verbleibende Handlungsspielräume aufzuzeigen,* um die Hilflosigkeitserfahrungen zu reduzieren. Dies vergrößert Anteile von Freiwilligkeit und selbstgesetzten Zielen in der Gesprächsarbeit und reduziert die gemeinsame Arbeit nicht nur auf den Pflichtkontext.
- Schließlich stärkt die *Würdigung positiver Veränderungen und der Versuche dazu* die Kooperationsbereitschaft von Klienten.

Im Zentrum von Beratungs- oder Begleitungsgesprächen im Zwangskontext sollte die Schaffung einer gemeinsam getragenen Problemdefinition, einer Auftrags- und Zielklärung und eines tragfähigen Arbeitsbündnisses stehen, das in der Folge die gesetzten Ziele der beauftragenden Institution, aber auch selbstgewählte Ziele im Rahmen von Spielräumen der Freiwilligkeit und Kooperation bearbeitet. Ein prototypischer Gesprächsablauf (vgl. Abb. 6.13), der die (De-)Triangulierung, die Klärung eines geteilten Problemverständnisses, notwendige Veränderungen und eigene Anliegen des Klienten berücksichtigt und dies in verpflichtenden oder selbstgewählten Aktivitäten konkretisiert, könnte folgendermaßen aussehen:

Die Darstellung der systemischen Arbeit in Zwangskontexten im Rahmen dieses Buchs bleibt notwendig sehr an der Oberfläche. Sie verhilft aber vielleicht doch zu einem grundlegenden Bild der Rollen, Aufträge und Vorgehensweisen sowie zu einer positiven Grundeinstellung zur Arbeit mit Klienten in unfreiwilligen Kontexten. Freiwilligkeit ist keine Voraussetzung wirksamer Hilfe, und auch wenn sie „hard to reach" (Labonté-Roset und Bilke 2010), also schwer zu erreichen ist: Besonders diese Klientengruppen benötigen wirksame Hilfe. Fachkräfte der Sozialen Arbeit sollten sich nicht (und können sich auch kaum) auf die Arbeit nur mit freiwilligen und motivierten Klienten zurückziehen.

Lern- und Reflexionsfragen

- Erläutern Sie die Grundidee der situationsgemäßen Nutzung methodischer Ansätze: Was sind die vier Ansätze und deren Potenzial, in welcher Situation?
- Beschreiben Sie die drei Hauptbereiche kommunikativen Handelns im Gespräch und ordnen Sie die kommunikativen Basistechniken den Bereichen zu.
- Welcher methodische Ansatz entfaltet sein Potenzial besonders in der Bearbeitung von a) Problemtrance b) Reaktanz und c) Ambivalenz?
- Was bedeuten die Akronyme OARS und CATS (MI)? Erläutern Sie die acht mit dieser Merkhilfe abgekürzten Begriffe.

Abb. 6.13 Gesprächsphasenkonzept für Gespräche im Zwangskontext

- Beschreiben Sie die sechs Stadien der Veränderungsmotivation im trans-
  theoretischen Modell. Welche sind die stabilsten, welche die labilsten
  Stadien?
- Was bedeutet Detriangulierung in der systemischen Arbeit im Zwangskontext? Geben Sie ein kurzes Beispiel und begründen Sie, warum diese
  so wichtig ist.

6.6   Aufbau und Systematik Kap. 7–9

Die Vorbereitung von Gesprächen, die Hauptaktivitäten im Gespräch und die
Dokumentation und Nachbereitung von Gesprächen wurden in Teil B detailliert
beschrieben. Um das Wissen zu den folgenden Gesprächsformen für Training und
Praxis nutzbar zu machen, werden in drei Bereichen Erläuterungen und praxis-
nahe Gestaltungshilfen angeboten (vgl. Abb. 6.14):

- Die Analyse der *Gesprächsstruktur,* also prototypischer Situations- und
  Anforderungskonstellationen, soll für die Herausforderungen bestimmter
  Gesprächsformen sensibilisieren und das Analysevermögen zu typischen
  Situations- und Problemkonstellationen schärfen.
- Das *Gesprächsphasenkonzept* für die jeweilige Gesprächsform gibt Hilfe-
  stellung für einen konstruktiven *Gesprächsverlauf* und ermöglicht vor allem

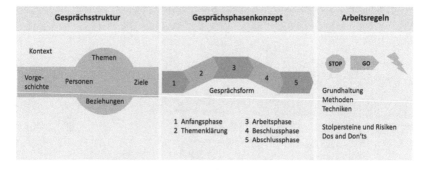

Abb. 6.14 Gesprächsstruktur, Gesprächsphasenkonzept und Arbeitsregeln

Anfängern, einen systematischen Problemlöseprozess im Gespräch zu verfolgen.

• Schließlich ermöglichen *Arbeitsregeln* zum jeweiligen Gespräch eine erste grundlegende Orientierung. Solche Regeln können vor allem Anfängern der Gesprächsführung einen gewissen Halt für die Moderation geben:

Dies erleichtert die Vorbereitung, das Training und die Reflexion von Gesprächen durch einen einheitlichen und übersichtlichen Aufbau. Wie alles in diesem Buch, so sind auch die folgenden Empfehlungen flexibel und reflexiv anzuwenden.

Literatur

Baeschlin, M. & Baeschlin, K. (2018). Einfach, aber nicht leicht: Leitfaden für lösungsorientiertes Arbeiten in sozialpädagogischen Organisationen. Winterthur: Zentrum für lösungsorientierte Beratung.
Bamberger, G. G. (2015). Lösungsorientierte Beratung. Weinheim: Beltz.
Bandura, A. (2008). Self-efficacy the exercise of control. New York: W. H. Freeman.
Bohmeyer, A. (2011). Ressourcenorientierung: Kritisch-konstruktive Reflexion über einen Paradigmenwechsel sozialprofessionellen Handelns. In: Soziale Arbeit. 10/11. Jg. S. 378–384.
Brakemeier, E.-L. & Jacobi, F. (2017). Verhaltenstherapie in der Praxis. Weinheim: Beltz Video Learning.
Burkart, R. (2019). Kommunikationswissenschaft. Wien: Böhlau.
Conen, M.-L. (1999). „Unfreiwilligkeit" – ein Lösungsverhalten: Zwangskontexte und systemische Therapie und Beratung. In: Familiendynamik. Interdisziplinäre Zeitschrift für systemorientierte Praxis und Forschung. 3. Jg., S. 282–297.
Conen, M.-L., et al. (2018). Wie kann ich Ihnen helfen, mich wieder loszuwerden? Therapie und Beratung mit unmotivierten Klienten und in Zwangskontexten. Heidelberg: Auer.
De Shazer, S. (2014). Wege der erfolgreichen Kurztherapie. Stuttgart: Klett-Cotta.
De Shazer, S., et al. (2018). Mehr als ein Wunder: lösungsfokussierte Kurztherapie heute. Heidelberg: Auer.
Dörner, D. (1987). Problemlösen als Informationsverarbeitung. Stuttgart: Kohlhammer.
Festinger, L. & Irle, M. (2012). Theorie der Kognitiven Dissonanz. Bern: Huber.
Flammer, A. (2001). Einführung in die Gesprächspsychologie. Bern: Huber.
Gehrmann, G. & Müller, K. D. (2007). Aktivierende Soziale Arbeit mit nicht motivierten Klienten. Regensburg: Walhalla.
Grawe, K. (2000). Psychologische Therapie. Göttingen: Hogrefe.
Grawe, K., et al. (2001). Psychotherapie im Wandel: von der Konfession zur Profession. Göttingen: Hogrefe.
Groeben, N. & Christmann, U. (1999). Argumentationsintegrität als Ziel einer Ethik der Alltagskommunikation. In: Der Deutschunterricht. 51(5). Jg. S. 46–52.

Gumpinger, M. & Trotter, C. (2001). Soziale Arbeit mit unfreiwilligen KlientInnen. Linz: Ed. Pro Mente.

Heckhausen, J. & Heckhausen, H. (2018). Motivation und Handeln. Berlin: Springer.

Heidenreich, T. & Hoyer, J. (2001). Stadien der Veränderung bei Substanzmissbrauch und -abhängigkeit: Eine methodenkritische Übersicht. In: Sucht. 47. Jg. (3). S. 158–170.

Keller, S. (1999). Motivation zur Verhaltensänderung: Das Transtheoretische Modell in Forschung und Praxis. Freiburg i.B.: Lambertus.

Klug, W. & Zobrist, P. (2016). Motivierte Klienten trotz Zwangskontext: Tools für die Soziale Arbeit. München: Reinhardt.

Körkel, J. & Drinkmann, A. (2002). Wie motiviert man ‚unmotivierte‘ Klienten? In: Sozialmagazin. 10(27). Jg. S. 26–34

Labonté-Roset, C. & Bilke, O. (2010). Hard to reach: schwer erreichbare Klienten in der sozialen Arbeit. Berlin: Schibri.

Lindemann, H. (2018). Systemisch-lösungsorientierte Gesprächsführung in Beratung, Coaching, Supervision und Therapie. Göttingen: Vandenhoeck & Ruprecht.

Michel-Schwartze, B. (2009). Methodenbuch soziale Arbeit: Basiswissen für die Praxis. Wiesbaden: VS Verlag für Sozialwissenschaften.

Miller, W. R. & Rollnick, S. (2015). Motivierende Gesprächsführung. Freiburg i.B.: Lambertus.

Müller, B. & Hochuli Freund, U. (2017). Sozialpädagogisches Können. Freiburg i.B.: Lambertus.

Nüse, R. & Groeben, N. (1995). Über die Erfindungen des Radikalen Konstruktivismus: kritische Gegenargumente aus psychologischer Sicht. Weinheim: Deutscher Studien-Verlag.

Pallasch, W. & Kölln, D. (2014). Pädagogisches Gesprächstraining: Lern- und Trainingsprogramm zur Vermittlung pädagogisch-therapeutischer Gesprächs- und Beratungskompetenz. Weinheim: Beltz Juventa.

Redlich, A. (2009). Gesprächsführung in der Beratung von Lehrern, Eltern und Erziehern. Hamburg: Fachbereich Psychologie, Arbeitsgruppe Beratung und Training.

Rosengren, D. B. (2012). Arbeitsbuch motivierende Gesprächsführung Trainingsmanual. Lichtenau/Westfalen: Probst.

Schiersmann, C. & Thiel, H.-U. (2009). Beratung als Förderung von Selbstorganisationsprozessen – auf dem Weg zu einer allgemeinen Theorie der Beratung jenseits von ‚Schulen‘ und ‚Formaten‘. In: Möller, H./Hausinger, B. (Hg.). Quo vadis Beratungswissenschaft. Wiesbaden: VS Verlag für Sozialwissenschaften. S. 73–105.

Schlippe, A. v. & Schweitzer, J. (2016). Lehrbuch der systemischen Therapie und Beratung. Göttingen: Vandenhoeck & Ruprecht.

Schmitz, L. (2016). Lösungsorientierte Gesprächsführung. Dortmund: Verlag Modernes Lernen.

Seithe, M. (2008). Engaging. Möglichkeiten Klientenzentrierter Beratung in der Sozialen Arbeit. Wiesbaden: VS-Verlag für Sozialwissenschaften.

Thivissen, J. G. (2014). Integrative Beratung und Psychotherapie: Woher sie kommt, was sie will, was sie kann. Tübingen: DGVT-Verlag.

Thomann, C. & Schulz von Thun, F. (2007). Klärungshilfe 1: Handbuch für Therapeuten, Gesprächshelfer und Moderatoren in schwierigen Gesprächen. Reinbek bei Hamburg: Rowohlt.

Unger, F. (2005). Kritik des Konstruktivismus. Heidelberg: Verlag für Systemische Forschung im Carl-Auer-Systeme-Verlag.

Wagner, E. & Russinger, U. (2002). Harte Wirklichkeiten: Systemisch-konstruktivistische Konzepte in Zwangskontexten. In: Pfeifer-Schaupp, U. (Hg.). Systemische Praxis: Modelle – Konzepte – Perspektiven. Freiburg i.B.: Lambertus. S. 136–154.

Weber, E. (2003). Beratungsmethodik in der Sozialarbeit. Luzern: interact.

Weber, E. (2012). Beratungsmethodik in der Sozialarbeit. Luzern: interact.

Weigl, T. & Mikutta, J. (2019). Motivierende Gesprächsführung: Eine Einführung. Wiesbaden: Springer.

Weinberger, S. (2013). Klientenzentrierte Gesprächsführung. Weinheim: Juventa.

Weisbach, C.-R. & Sonne-Neubacher, P. (2015). Professionelle Gesprächsführung. München: Deutscher Taschenbuch Verlag.

Wendt, P.-U. (2017). Angemessen besprechen: Grundzüge subjektzentrierter Gesprächsführung. In: Wendt, P.-U. (Hg.). Lehrbuch Methoden der Sozialen Arbeit. Weinheim: Beltz Juventa. S. 79-121.

Winiarski, R. (2012). KVT in Beratung und Kurztherapie. Weinheim: Beltz.

Zobrist, P. & Kähler, H.-D. (2017). Soziale Arbeit in Zwangskontexten: Wie unerwünschte Hilfe erfolgreich sein kann. München: Reinhardt.

Zuschlag, B. & Thielke, W. (1998). Konfliktsituationen im Alltag. Göttingen: Verlag für angewandte Psychologie.

Weiterführende Literatur

Weinberger, S. (2013). Klientenzentrierte Gesprächsführung. Weinheim: Juventa.

Lindemann, H. (2018). Systemisch-lösungsorientierte Gesprächsführung in Beratung, Coaching, Supervision und Therapie. Göttingen: Vandenhoeck & Ruprecht.

Miller, W. R. & Rollnick, S. (2015). Motivierende Gesprächsführung. Freiburg i.B.: Lambertus.

Klug, W. & Zobrist, P. (2016). Motivierte Klienten trotz Zwangskontext: Tools für die Soziale Arbeit. München: Reinhardt.

Gespräche im Hilfeprozess

7

Zusammenfassung

Kap. 7 folgt der Systematik professionellen Handelns und Problemlösens in Hilfeprozessen in der direkten Klientenarbeit. Es stellt dazu vier Gesprächsformen zur Eingangs-, Arbeits- und Abschlussphase von Interventionen vor. Erstgespräche und Gespräche zur Auftrags- und Zielklärung dienen der Ermittlung von Problemen und Ressourcen, Anliegen, Auftrag und Kontrakt für Hilfeprozesse. Für die Arbeitsphase wird das Beratungs- und das Angehörigengespräch beschrieben. Den Abschluss von Hilfeprozessen unterstützen Gespräche in der Ablösungsphase, die wegen deren sensibler emotionaler Dynamik eine besondere Sorgfalt verdienen.

Es gibt eine Vielzahl von Modellen der Interventionsplanung in der Sozialen Arbeit (Geiser 2015; Hochuli Freund und Stotz 2017; Müller und Hochuli Freund 2017; Spiegel und Sturzenhecker 2018, S. 142). Die Prozessschritte sind dabei trotz Nuancen doch ähnlich, denn sie leiten sich von Theorien systematischen, vollständigen Handelns und Problemlösens ab (Volpert 2003). Dem Interventions- bzw. Hilfeprozess folgend (vgl. Abb. 7.1) werden nun ausgewählte Gesprächsformen vorgestellt (Abb. 7.2).

Elektronisches Zusatzmaterial Die elektronische Version dieses Kapitels enthält Zusatzmaterial, das berechtigten Benutzern zur Verfügung steht. https://doi.org/10.1007/978-3-658-29204-1_7. Die Videos lassen sich mit Hilfe der SN More Media App abspielen, wenn Sie die gekennzeichneten Abbildungen mit der App scannen.

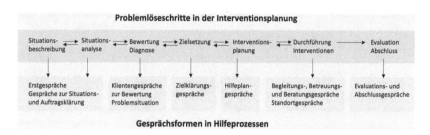

Problemlöseschritte in der Interventionsplanung

| Situations-beschreibung | ⇄ | Situations-analyse | → | Bewertung Diagnose | ⇄ | Zielsetzung | ⇄ | Interventions-planung | ⇄ | Durchführung Interventionen | → | Evaluation Abschluss |

| Erstgespräche Gespräche zur Situations- und Auftragsklärung | Klientengespräche zur Bewertung Problemsituation | Zielklärungs-gespräche | Hilfeplan-gespräche | Begleitungs-, Betreuungs- und Beratungsgespräche Standortgespräche | Evaluations- und Abschlussgespräche |

Gesprächsformen in Hilfeprozessen

Abb. 7.1 Prototypische Planungsschritte und Gesprächsformen in Hilfeprozessen

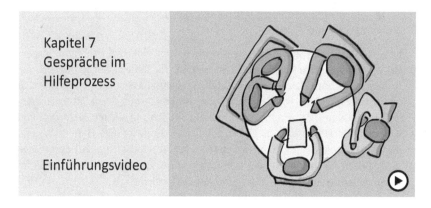

Kapitel 7
Gespräche im
Hilfeprozess

Einführungsvideo

Abb. 7.2 Einführungsvideo 7: Gespräche im Hilfeprozess (https://doi.org/10.1007/000-0k2)

Gespräche werden in diesem Buch als das *zentrale Mittel der direkten Klienten-arbeit* verstanden. Auf Kooperation angelegte, Selbsthilfe und Ressourcen erschließende Gesprächsführung ist daher der Schlüssel für einen konstruktiven Hilfeprozess und übersetzt diesen in soziale Interaktion. Zu den typischen Schritten eines Problemlöseprozesses gehören daher entsprechende Gesprächsformen.

7.1 Das Erstgespräch

Erstkontakte und die dadurch initiierte Anfangsphase von Hilfeprozessen sind in allen helfenden Berufen entscheidend für den gesamten Unterstützungsprozess: Die Anfangsphase der Zusammenarbeit von Fachkräften und Klienten prägt entscheidend die Wahl der Themen und Probleme, den Fokus des Auftrags und besonders die Beziehung zwischen den Beteiligten. Erste Eindrücke sind so trügerisch wie hartnäckig, deshalb bedürfen Erstkontakte und die Anfangsphase von Hilfeprozessen einer besonderen Sorgfalt: Dem „guten Anfang" kommt eine Schlüsselfunktion für die Qualität der Praxis Sozialer Arbeit zu (Kähler und Gregusch 2015, S. 13).

Die große Vielfalt von Arbeitsfeldern, Anlässen und Settings zu Erstkontakten in der Sozialen Arbeit erleichtern das Vorhaben einer konsistenten Beschreibung der Anfangsphase nicht gerade. Dennoch soll das Typische in der Vielfalt von Erstkontaktarten dargestellt werden. Wie alle Gesprächsformen in diesem Buch muss auch die Arbeit in Erstgesprächen an das Arbeitsfeld, die Institution und den konkreten Fall angepasst werden.

▶ **Definition**
Erstgespräche sind alle einen Hilfeprozess vorbereitenden Gespräche zwischen dem ersten Kontakt und dem Zustandekommen einer Zusammenarbeit zwischen Fachkräften der Sozialen Arbeit und Klienten. Sie klären, ob und wenn ja, mit.

- welchen Themen, Anliegen oder Problemen (Problemklärung),
- Zielen und Beiträgen der Fachkraft (Ziel- und Auftragsklärung)
- und welcher Übereinkunft über die Zusammenarbeit (Arbeitsbündnis)

es zu einer Hilfemaßnahme kommen kann (Kähler und Gregusch 2015, S. 63).

7.1.1 Gesprächsstrukturen im Erstgespräch

Ein Erstgespräch kann ein Hausbesuch bei einer alten, alleinstehenden Frau nach einer Gefährdungsmeldung von Nachbarn sein, ein informelles Gespräch mit einer Klientin im Jugendzentrum, ein Aufnahmeverfahren im Jugendheim oder ein Auftrag, bei einem Bewährungshilfeklienten ausbleibende Ratenzahlungen für eine Geldstrafe zu klären. Die Vielfalt und Streubreite der Anlässe und Formen von Erstgesprächen ist so groß, dass Kähler und Gregusch sich fragen, ob zwischen ihnen überhaupt Gemeinsamkeiten existieren.

Kontext, Vorgeschichte und Anlass von Erstgesprächen: Der Kontext von Erstgesprächen ist immer der Beginn eines Interventionsprozesses. Dieser reicht vom Intake-Gespräch im Sozialamt über das Aufnahmeverfahren im Jugendheim bis zum spontanen Gespräch in der offenen Jugendarbeit, aus dem sich eine

Kurzberatungssequenz entwickeln kann. Die Vorgeschichte vieler Erstgespräche in der Sozialen Arbeit ist geprägt durch institutionelle Kontakte, Telefonate, Anmeldungen anderer Stellen. Außer bei Erstanfragen, wo die Klienten das erste Mal in Kontakt mit der Sozialen Arbeit kommen, besteht in einem Erstgespräch häufig bereits ein gewisses Maß an Information. Diese Informationen können sich als falsch, lückenhaft oder missverstanden erweisen, sie schaffen aber bereits gegenseitige Erwartungen zwischen Klienten und Fachkräften – beide Seiten gehen selten völlig unvoreingenommen in den ersten Kontakt.

Der Anlass für Interventionen der Sozialen Arbeit und damit für Erstgespräche sind soziale Probleme, die Menschen in ihrem persönlichen Umfeld nicht alleine lösen können und die von Klienten selbst, ihren Angehörigen oder Menschen im Umfeld oder von Institutionen gesehen werden. Die Zugänge zu Erstkontakten variieren dementsprechend stark zwischen *von Klienten selbst initiierten, durch Netzwerkangehörige erzwungenen bzw. angeregten* oder *behördlich verordneten* Kontaktaufnahmen (Kähler und Gregusch 2015, S. 29 ff.).

- *Durch Klienten selbst initiierte Erstkontakte* sind freiwillig und der Grad der Autonomie ist am größten, eine Situation, die Fachkräfte der Sozialen Arbeit häufig bevorzugen. Der Anlass für Kontaktaufnahme mit der Sozialen Arbeit liegt jedoch, wenn es sich nicht gerade um soziale Freizeit-, Kultur- oder Jugendarbeit handelt, in der Regel in belastenden Lebenssituationen der aktiv Aufsuchenden. Auch freiwillige Inanspruchnahme wird so durch eine Mischung aus Belastungsgefühlen, Hoffnung auf Hilfe, Furcht vor Unbekanntem oder Stigmatisierung oder auch durch frühere Erfahrungen mit der Sozialen Arbeit geprägt sein.
- *Durch Netzwerkangehörige erzwungene oder angeregte Kontakte* erscheinen im Gewand von Freiwilligkeit, entstehen aber durch sozialen Druck oder auch durch motivierende Überzeugungs- und Informationsarbeit z. B. familiärer oder beruflicher Kreise. Die Freiwilligkeit kann hier stark variieren und Anfangsskepsis und Ambivalenzen sind häufig.
- Zu *behördlich verordneten Erstgesprächen* kommt es, wenn das Nichtwahrnehmen einer Maßnahme nachteilige Konsequenzen für die Betroffenen hätte (z. B. in der Bewährungshilfe, Gerichtshilfe oder im Justiz- und Maßnahmenvollzug). Der Kontakt mit der Sozialen Arbeit ist in der Regel erzwungen und Widerstand und Skepsis sind die Regel. Dennoch gibt es Perspektiven, auch unter diesen Bedingungen konstruktive Hilfeprozesse auf den Weg zu bringen (vgl. Abschn. 6.5).

Ziele von Erstgesprächen sind folgende:

- Der Kontext der Kontaktaufnahme und der Klientenstatus sind geklärt.
- Probleme und Anliegen von Klienten und/oder Dritten sind beschrieben,
- eine vorläufige Anamnese und Diagnose steht.
- Eine vorläufige Arbeitsbeziehung von Klient und Fachkraft ist geschaffen.
- Die Zuständigkeit, das Angebot und die Möglichkeiten von Institution und Fachkraft sind geklärt und falsche Erwartungen zu Hilfemöglichkeiten korrigiert.
- Es besteht eine Entscheidung über die weitere Zusammenarbeit und ggf. ein Arbeitsbündnis, das auch erste Ziele thematisiert.

Klienten wie Fachkräfte sollten in Erstgesprächen eine Ahnung gewinnen, ob eine Zusammenarbeit nutzbringend und sinnvoll ist. Bei freiwilligen Erstkontakten sollten sie ohne negative Gefühle auch wieder auseinandergehen können, falls die Arbeitsbeziehung nicht zustande kommt und es beim Erstgespräch bleibt: Dies kann auch dann der Fall sein, wenn es Klienten lediglich um das einmalige Einholen von Informationen geht oder wenn direkte punktuelle Hilfe gegeben werden kann, die keine weitere Arbeitsbeziehung erfordert. Auch wenn die Ressourcen der Person ausreichend erscheinen, ist es nicht notwendig, weiter mit ihr zu arbeiten. Bei Krisensituationen oder Selbst- und Fremdgefährdung gelten die Prinzipien der Krisenintervention, und es sind geeignete Stellen einzuschalten. Auch dann kommt es zu keinem Arbeitsbündnis und keiner längeren Zusammenarbeit.

Die *Inhalte in Erstgesprächen* werden je nach Kontext durch die Klienten eingebracht, durch Fachkräfte und Klienten zusammengetragen und im Zwangskontext durch mandatierende Einrichtungen gesetzt. Fachkräfte erheben dabei Informationen systematisch, ordnen sie und schaffen ein integriertes Bild von der Lebenssituation des Klienten oder von relevanten Ausschnitten. In einem zweiten Schritt findet eine erste Analyse der Situation und der Probleme statt, um mit Hypothesen die Entstehung und Aufrechterhaltung einer Problemsituation für alle Beteiligten verstehbar zu machen. Eine erste Bewertung und Priorisierung von zu bearbeitenden Themen gibt den Fokus für das weitere Vorgehen an.

Personen/personale Aspekte: Klienten, die Soziale Arbeit in Anspruch nehmen, stehen oft an einer Schwelle in eine Lebensphase, die von der Begleitung durch Fachkräfte geprägt wird. Dies ist emotional häufig nicht einfach: Möglicherweise herrscht Scham, Hilfe beanspruchen zu müssen. Verletzter Stolz und Selbstwert können vorliegen, die Angst vor Stigmatisierung, vor Abhängigkeit oder vor unerwünschten Dynamiken in Hilfeprozessen. Klienten können aber auch sozialarbeitserfahren, rechtsbewusst und sehr fordernd auftreten. Der Grad an persönlicher Offenheit kann sehr unterschiedlich sein: Es können sowohl persönliche Echtheit als auch überwiegend strategische Selbstpräsentation („Eindrucksmanagement") vorherrschen, mit der umgegangen werden muss. In jedem Fall stehen Klienten vor einem Hilfeprozess vor großen Ungewissheiten. Fremdheit, Unsicherheit, Unvertrautheit und Ungewissheit prägen die Anfangssituation für Klienten.

Auch Fachkräfte sind in Erstkontakten erwartungsorientiert und nicht nur offen und unvoreingenommen, um in Erstkontakte zu gehen: Dem Engagement für zukünftige Klienten steht der gesellschaftliche Hilfe- und Kontrollauftrag, die Loyalität der eigenen Institution und die Verpflichtung auf die eigene Fachlichkeit gegenüber. Es kann nicht, wie z. B. in der freien Lebensberatung, nur von Nichtwissen, wertschätzender Neugier und einem alleinigen Klientenauftrag ausgegangen werden.

Nicht immer ist es in Erstkontakten sicher, ob einem der richtige Mensch schon gegenübersitzt. Zum Erstkontakt gehört daher zwingend, den Klientenstatus zu klären (Kähler und Gregusch 2015, S. 127 f.): Primärklient ist derjenige, der als Erster aus dem Klientensystem mit dem Sozialarbeiter Kontakt aufnimmt. Ob er zum Klienten im späteren Hilfeprozess wird, gilt es abzuklären. Wenn andere Personen stellvertretend für Hilfesuchende anrufen, spricht Kähler von „second hand contacts", eine besonders schwierige Ausgangslage.

Die *Beziehungsstrukturen im Gespräch* (Rollen, Macht, Beziehung): Das wichtigste Merkmal der Beratungsbeziehung im Erstgespräch beschreibt Kähler als Fremdheit, Unsicherheit und Spannung zwischen mehr oder weniger fremden Gesprächspartnern (Kähler 2015, S. 22 ff.). Im Unterschied zu alltäglichen Begegnungen finden Erstgespräche allerdings im Rahmen einer Institution statt. Der Erstkontakt durch den Klienten ist bereits deutlich erwartungsbesetzt und durch Vorinformationen geprägt. Der Klient kommt also nicht voraussetzungsfrei und unvoreingenommen. Auch verfügen Klienten häufig bereits über Erfahrungen mit Fachkräften der Sozialen Arbeit und übertragen diese Erfahrungen auf sie.

Ebenso hat die Fachkraft häufig durch Institutionen und deren Vorinformationen bereits ein Bild und verbindet damit bestimmte Erwartungen. Sie hat auch ihren Auftrag und ihre Aufgabe im Blick und daher eine auftragsorientierte Sicht dieser Erstsituation. Beide Gesprächspartner sind schon vorgeprägt und von Erwartungen besetzt. Gleichzeitig sind die Beziehungen unsicherheitsbelastet und stark komplementär: Der Klient bittet um Rat, Hilfe oder Unterstützung, oder er ist aufgefordert, sich der sozialen Kontrolle durch eine Institution zu stellen – und die Fachkraft ist durch Rolle, institutionelle Macht und berufliche Funktion aufgefordert, soziale Unterstützung und Kontrolle konstruktiv zu verbinden. In dieser Situation eine Atmosphäre des Vertrauens und eine kooperative Arbeitsbeziehung zu schaffen, ist kein triviales Unterfangen, aber für das Gelingen des Einstiegs überaus von Bedeutung.

7.1.2 Gesprächsphasenkonzept für das Erstgespräch

Erstgespräche haben einen klaren und strukturierten Aufbau, da es um Informationssammlung und Problembeschreibung, gegebenenfalls um Ziele und das Arbeitsbündnis mit der Fachkraft geht. Dafür können, wie bei stationären Platzierungen, auch mehrere Gespräche nötig sein. Die Gesprächsverläufe sind entsprechend abzuwandeln, je nachdem, ob Zielklärung und Arbeitsbündnis bereits im Erstgespräch erfolgen. Falls sich herausstellt, dass es bei einem einzigen Kontakt bleiben wird, ist dies im Verlauf des Gesprächs durch kurze Unterbrechung zu klären und das Gespräch entsprechend zu modifizieren (Abb. 7.3).

7.1.2.1 Kontakt herstellen, Rahmen und Kontext des Gesprächs klären

Die Fachkraft begrüßt den Klienten, bleibt bei einem kurzen „Eisbrecher" zum Gesprächsanfang und beginnt das Gespräch mit der Vorstellung der eigenen Person und Funktion in der Institution, gegebenenfalls auch mit der Vorstellung anderer anwesender Personen. Es werden die Institution vorgestellt, wenn sie dem Klienten noch nicht bekannt ist, und das Dienstleistungsangebot erklärt. Fragen zum Datenschutz, zur Schweigepflicht und Vertraulichkeit werden angesprochen. Die Notwendigkeit des Dokumentierens wird erwähnt und begründet, damit Klienten wissen, wozu sich die Fachkraft Notizen macht. Weiter wird darauf hingewiesen, dass etliche Fragen zur Lebenssituation gestellt werden.

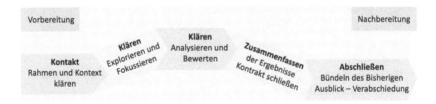

Abb. 7.3 Phasenkonzept eines Erstgesprächs

So ist der Klient darauf eingestellt und fühlt sich (das ist zumindest zu hoffen) weniger ausgefragt.

Die Frage, ob der Primärklient auch der eigentliche Klient ist oder sein wird, sollte wenn möglich bereits sehr früh beantwortet werden können. Geht es um die anwesende Person selbst oder um Dritte? Ebenfalls sollte bei der Klärung des Gesprächsrahmens auf die Gesprächsinitiative eingegangen werden: Kommt die Person aus freien Stücken in das Erstgespräch, auf Drängen des persönlichen Umfelds oder handelt es sich um eine verpflichtende Kontaktaufnahme?

- Bei erbetenen Gesprächen liegt die Initiative weitgehend beim Klienten.
- Bei netzwerkinitiierten Gesprächen ist die Initiative bei beiden. Motivation und Vertrauensbildung, Informationen und die Erarbeitung einer Basis für eine mögliche Zusammenarbeit stehen im Vordergrund.
- Bei verordneten Gesprächen ist die Grundlage der Gespräche nicht verhandelbar, es kann nur über sie informiert werden. Hier ist es wichtig, ohne Umschweife den Zweck des Gesprächs und der Maßnahme zu nennen.

Die vertiefte Klärung des Kontextes der Kontaktaufnahme ist ein wichtiger Teil des Erstgesprächs, bevor die inhaltliche Klärung des Problems eines Klienten in Angriff genommen wird. Falls bereits Vorinformationen vorhanden sind, werden diese durch die Fachkraft kurz resümiert. Sie sollen allerdings weder als Ersatz für eine offene Informationssammlung dienen noch sollten damit Hypothesen oder Unterstellungen gemacht werden. Offenheit und Neugier für die Sichtweise des Klienten sind zielführender. Dieses Fragen sind bereits für die Vorbereitung des Erstgesprächs hilfreich (Kleve 2002, S. 19 ff.):

- *Institutioneller Kontext:* Welche (soziale) Funktion und welche konkreten Aufgaben hat die Institution, in der die Fachkraft arbeitet?
- *Überweisungskontext:* Wer oder welche Institution hat den Klienten in die Institution geschickt?
- *Hilfesystemkontext:* Welche Kontakte zu anderen Helfern oder Institutionen bestehen neben der betreffenden Maßnahme?
- *Historischer Kontext:* Welche Erfahrungen hat der Klient mit Problemlösungen und mit professionellen Helfern, und welche Problemkarriere hat er hinter sich?
- *Zeitlicher Kontext:* Wer oder was hat den Klienten veranlasst, gerade zu diesem Zeitpunkt die Fachkraft aufzusuchen?

- *Anspruchskontext:* Was verbindet der Klient mit dem Begriff der Beratung (Betreuung, Hilfe, Unterstützung), welche die Institution leisten kann? Was erwartet er von der Fachkraft?
- *Ziel-Kontext:* Welche Funktion und welches Ziel soll die Maßnahme haben?
- *Personaler Kontext:* Welche Bedeutung haben für den Klienten die persönlichen Merkmale der Fachkraft?

7.1.2.2 Klären – Explorieren, Fokussieren, Analysieren und Bewerten

Nun kann die Exploration der Situation und Problematik des Klienten in Angriff genommen werden, im Vordergrund steht dabei eine ge*meinsame* Klärung, Analyse und Bewertung der Klientensituation mit dem Ziel eines möglichst konsensual geteilten Problemverständnisses. Hierzu sind alle kommunikativen Handlungsformen des einfühlenden Verstehens bedeutsam (vgl. Abschn. 6.2). Ein Beginn mit unspezifischen Erzählaufforderungen ist häufig günstig: Der Klient wird ermutigt, offen von seiner Situation zu berichten. Durch anteilnehmendes Zuhören wird eine positive Atmosphäre geschaffen, die auf Wertschätzung der Sicht des Klienten beruht. Offene Fragen vertiefen die explorierten Themen und gelegentliche Zusammenfassungen bündeln und ordnen Informationen zur Situation des Klienten. Folgende Teilschritte und Prinzipien helfen in dieser Phase, zu guten Klärungen zu kommen:

- *Explorieren:* Durch Fragen und Zuhörreaktionen wird zuerst eine Beschreibung der Klientensituation angestrebt. Dabei sollte auf jede Art von Rat oder Lösungsvorschlägen verzichtet werden (Kähler und Gregusch 2015, S. 160 ff.). Stattdessen sollte durch konkretisierende Fragen eine „dichte Beschreibung" der Situation entstehen. Anteilnehmende Neugier und (angesichts häufiger Vorinformationen auch „künstlich zu erzeugendes") Nicht-Wissen helfen, zu einem neuen, vertieften oder umfassenderen Bild der Situation zu kommen (dies., S. 195 ff.).
- *Fokussieren:* In einem zweiten Schritt wird aus dem ermittelten Situationsbild eine Auswahl wichtiger Themen getroffen, die als Schlüsselthemen in den Fokus der weiteren Bearbeitung rücken. Gegebenenfalls schließt die erste Exploration eher summarisch und nach Fokussierung wichtiger Themen findet eine vertiefte Exploration dieser „Target Problems" (dies., S. 182) statt. Ein wichtiger Teil der Fokussierung von Schlüsselthemen ist, unerfüllbare Erwartungen oder Forderungen von Klienten auszuschließen. Dies können

Erwartungen sein, deren Erfüllung unethisch wäre (z. B. Sozialhilfe ohne Berechtigungsgrundlage), für die keine Hilfe möglich ist (Fehlen spezieller Therapieformen) oder für die die Fachkraft nicht zuständig ist und eine Überweisung notwendig wäre.

- *Analysieren und Bewerten:* Im dritten Schritt analysieren Fachkraft und Klient gemeinsam Probleme und Ressourcen. Sie stellen Vermutungen über die Zusammenhänge an, die die Problemsituation generiert haben, und schaffen so ein integriertes Bild der Situation. Dabei gilt es für Fachkräfte, sich *als Experten* zurückzuhalten, um Klienten Problemanalysen und Bewertungen nicht aufzudrängen und die Offenheit und Neugier in dieser Anfangsphase von Interventionen nicht ohne Not einzuengen. Statt Deutungen einfach mitzuteilen, sollten sie als Vorschläge, die auch verworfen werden können, formuliert werden. Im letzten Teil dieses Schrittes ermitteln beide gemeinsam den oder die zentralen Belastungszustände, erarbeiten aber auch belastungs- und problemfreie Lebensbereiche, die als Ressourcen, Stärken oder einfach lebensqualitätsfördernde Elemente genutzt werden können. Sind die Zusammenhänge zwischen den als wichtig erkannten problematischen Zuständen hinreichend erkannt, kann ein Arbeitsbündnis geschaffen werden.

7.1.2.3 Ergebnisbezogen zusammenfassen und Kontrakt schließen

Das Ziel der nächsten Gesprächsphase ist es nun, zu klären, ob eine Zusammenarbeit zustande kommt, welchen Auftrag beide Partner für die Fachkraft sehen und wie der Kontrakt („Working Alliance") zwischen Fachkraft und Klient aussieht. Bei stationären Platzierungen sind die Institution und ggf. Behandlungsvereinbarungen und Aufenthaltsverträge zu berücksichtigen.

Es macht keinen Sinn, die meist sehr umfangreichen Informationen aus Erstgesprächen ausführlich zu resümieren, dies würde das Gespräch unnötig verlängern und wäre wenig ergiebig. Die wichtigsten inhaltlichen Punkte, besondere Einsichten und neue Erkenntnisse sollten aber zusammengefasst werden. Besonders die erarbeiteten Anliegen sollten nochmals genannt werden. Die Entscheidung über weitere Zusammenarbeit kann mit einem „Ja", „Ich möchte Bedenkzeit" oder „Nein" geklärt werden. Klienten und Fachkräfte haben, wenn das unausgesprochen bleibt, oft unterschiedliche Vorstellungen von der konkreten Hilfestellung durch die Fachkraft oder Institution: Der Auftrag an die Fachkraft (und, bedingt durch legitime Grenzziehungen, begrenzte Realisierungsmöglichkeiten oder berechtigte Eigeninteressen der Fachkraft, seine Grenzen) sollten explizit geklärt sein. Falls eine Zusammenarbeit zustande kommt, sollten erste Regeln der Zusammenarbeit besprochen werden.

7.1.2.4 Abschließen – Bündeln des Bisherigen, Ausblick und Verabschiedung

Abschluss und Verabschiedung erfolgen wie in anderen Gesprächen, evtl. kann das Wichtigste nochmals gebündelt werden, es erfolgt der Hinweis auf das weitere Vorgehen, ggf. konkrete Aufgaben der Beteiligten und nächste Kontakte. Themen für das nächste Treffen werden nochmals genannt, ein Termin vereinbart und Möglichkeiten der zwischenzeitlichen Kontaktaufnahme besprochen, falls Fragen oder Unsicherheiten beim Klienten bestehen.

7.1.3 Einige grundlegende Arbeitsregeln für das Erstgespräch

Im Folgenden werden zehn grundlegende Dos und Don'ts für Erstgespräche nach Fine und Glasser (1996) in deutscher Übersetzung dargestellt (Kähler und Gregusch 2015, S. 93 ff., einige Anpassungen, WW). Diese markieren konstruktives Verhalten mit Polaritäten oder Gegensätzen und stecken so die Spannweite hilfreichen Handelns im Erstgespräch ab. Wie jede generische Arbeitsregel sind auch diese reflexiv, d. h. persönlich und situativ stimmig zu nutzen:

1. Stelle keine geschlossenen Fragen (bzw. nur, wenn dringend nötig), aber stelle sicher, dass du die notwendigen Informationen erhältst.
2. Meide direktives Verhalten, aber ebenfalls zu viel Passivität.
3. Beantworte Fragen an dich nicht, außer du hast einen bedeutsamen Grund für die Gabe von Informationen oder für persönliche Selbstöffnung.
4. Lass Klienten führen, außer wenn sie dich im Kreis oder ins Nirgendwo führen.
5. Vermeide, Klienten zu kontrollieren, aber stelle sicher, dass du die Kontrolle über das Gespräch nicht verlierst.
6. Moralisiere nicht, behandle Klienten nicht gönnerhaft, halte keine Predigten, äußere keine Ratschläge oder Allgemeinplätze; stelle aber sicher, dass Klienten merken, dass du ihnen helfen kannst.
7. Sei offen und ehrlich, sodass Klienten dir vertrauen, sei aber zurückhaltend mit nicht spruchreifen Vermutungen, Hypothesen und persönlichen Meinungen.
8. Lass Klienten über deine moralischen Grundsätze, Werte und Überzeugungen selbst dann im Unklaren, wenn deren Grundsätze, Werte und

Überzeugungen unsozial oder pathologisch sind, stimme ihnen aber auch nicht zu. Vermeide jedwede Bewertung in Anfangsphasen.

9. Ergreife nicht Partei, verteidige niemanden (selbst wenn im Recht), gieße in keiner Weise Öl ins Feuer, etwa in Bezug auf Gegner oder Schwierigkeiten der Klienten, dies zumindest in der Anfangsphase (Parteilichkeit und Anwaltschaftlichkeit können später notwendig sein, aber erst nach entsprechender Klärung).

10. Versuche Sympathie für Klienten zu entwickeln, auch dann, wenn sie dir eigentlich unsympathisch scheinen.

7.2   Das Zielklärungsgespräch

Die Zielklärung in Beratungs- und Interventionsprozessen wird hier getrennt vom Erstgespräch dargestellt, da es Anfängern der Gesprächsführung häufig schwerfällt, gute Ziele zu erarbeiten, zu systematisieren, zu formulieren und zu vereinbaren. Auch Klienten fällt es oft nicht leicht, von der Problembeschreibung zu konkreten, attraktiven und erreichbaren Zielvorstellungen für den Hilfeprozess zu kommen: Es kommt vor, dass Klienten in der Startphase von Hilfeprozessen in einer Problemtrance verharren; nicht selten fehlen Ziele völlig oder bleiben mangels klarer Vorstellungen vage. Ziele zu definieren, bedeutet Verbindlichkeit; der eine oder andere Klient wird es deshalb vermeiden wollen, sich auf konkrete Vorstellungen festzulegen. Auch kann es sein, dass durch eine Behörde gesetzte Ziele unerwünscht sind und daher Widerstand erzeugen. Oder Klienten stecken in Ambivalenzen fest, was Zielklärung erschwert.

7.2.1   Einige Grundlagen zur Zielklärung

Jedes Problem ist eine Diskrepanz zwischen einer aktuellen sozialen Problemsituation (IST) und einer erwünschten, anzustrebenden Situation (SOLL) eines Klienten. Die Arbeit an Zielen beschäftigt sich also mit der Zukunft, dem SOLL-Zustand, dem erwünschten Outcome eines Hilfeprozesses. Ziele sind wünschenswerte, anzupeilende Endzustände eines Gesprächs oder eines Hilfeprozesses. Sie reduzieren die Problemorientierung in der Startphase von Interventionsprozessen, unterstützen den Wechsel von der Vergangenheits- auf die Zukunftsorientierung, schaffen Hoffnung auf Veränderung und sind die Basis der gemeinsamen Kooperation.

Auch werden Fortschritte in Interventionen erst sichtbar, wenn klare und messbare Ziele vereinbart wurden. Damit Ziele für alle Beteiligten zu handlungsleitenden Vorstellungen werden, müssen sie bestimmte Bedingungen erfüllen, häufig sind Zielformulierungen zu vage, überfordernd oder zu umfangreich.

In der Sozialen Arbeit sind Ziele je nach Freiwilligkeit oder Eingriffscharakter der Intervention aus den Anliegen und Bedürfnissen der Klienten und aus den Aufträgen überweisender Institutionen ableitbar. Der Interventionskontext definiert dabei die auftraggebende Instanz; das können Gerichte sein, Angehörige platzierter Klienten oder die Klienten selbst. Spannungsfelder zwischen divergierenden Zielvorstellungen der Akteure (Klienten, Angehörige, Behörden, weiteres Umfeld) werden dabei häufig die Regel sein.

Selbstbestimmte Ziele und intrinsische Motivlagen sind nicht zwangsläufig wirksamer als fremdgesetzte Ziele. Auch unerwünschte Hilfe kann wirksam und erfolgreich sein (Zobrist und Kähler 2017). In freiwilligen wie in Zwangskontexten wird mit den Motiven gearbeitet, die Klienten Antrieb geben. Zwangsmaßnahmen oder deren Androhung können wirksame Motive schaffen. Fehlt ein Zwang und werden Zwangsmaßnahmen auch nicht angedroht, so kann dies in bestimmten Feldern sogar ein Scheitern von Interventionen oder verfrühte Abbrüche von Hilfeprozessen zur Folge haben, eine häufige Erfahrung in der Suchtkrankenhilfe, wenn Therapieauflagen wegfallen und Klienten vorzeitig Maßnahmen beenden.

Wenn Motive fehlen oder Ambivalenzen vorherrschen, können mit den Methoden der motivierenden Gesprächsführung Änderungsmotivation und Zielvorstellungen entwickelt werden.

7.2.2 Phasen der Zielklärung

Für die Klärung der Ziele einer Intervention werden im Folgenden drei Hauptgesprächsphasen vorgeschlagen, die einen Zielklärungsprozess voranbringen. In diese Phasen können verschiedene methodische Elemente oder Bausteine aus den hier vorgestellten Ansätzen der Gesprächsführung integriert werden.

7.2.2.1 Ziele finden

Der *Zielfindung* dient die erste Phase im Gespräch. Hier kommen eher kreative, auf Bedürfnisse und Zukunftsvisionen orientierte, öffnende Methoden zum Tragen. Egan nennt diesen Schritt „Zukunftsbilder entwerfen" (Egan 2001, S. 142) und unterscheidet dabei den Zielbereich (Lebens-, Verhaltens- oder

Persönlichkeitsbereich), in dem etwas verändert werden soll, und den Soll-Zustand, also das Ziel im engeren Sinn. Fragen dazu könnten sein,

- wie der neue Zustand aussehen müsste,
- welches Verhalten dafür aufgebaut und welches reduziert werden müsste,
- welche Fähigkeiten dadurch neu geschaffen würden,
- was eine leichte, was eine dramatische Verbesserung schaffen könnte und
- welche Modelle oder Vorbilder den gewünschten Zustand bereits realisieren.

Für die Zielfindung werden je nach Freiwilligkeit oder Zwangscharakter einer Intervention drei Modi unterschieden: auf der Basis von (durch überweisende Institutionen) gesetzten, (in Verhandlungsspielräumen) ausgehandelten oder (als Klientenziele) explorierten Zielen. Setzen, Aushandeln und Explorieren erfordern unterschiedliches Verhalten in der Gesprächsführung.

Das *Setzen von Zielen* verlangt, dass der gesetzliche Rahmen von Zielen und die Legitimation der anordnenden Stelle deutlich gemacht werden. Wie Conen beschreibt, ist es auch unerlässlich zu benennen, welche amtliche Stelle Ziele eigenständig gesetzt hat, um als Fachkraft nicht in problematische Triangulierungen (Conen et al. 2018) zu geraten, indem man sich Ziele von Dritten unreflektiert zu eigen macht. Meist sind innerhalb von gesetzten Rahmenzielen für eine gesetzliche Maßnahme noch weitere – auch klientenbezogene – Ziele zu explorieren oder zu verhandeln. Dabei muss der Gesamtrahmen der Maßnahme beachtet und dürfen gesetzte Ziele nicht unterlaufen werden.

Das *Aushandeln von Zielen* setzt voraus, dass Verhandlungsspielräume vorhanden sind und Regeln beachtet werden. Fachkräfte sollten Bedürfnisse und Interessen verschiedener Akteure eruieren und abwägen und auf Interessenausgleich zielen.

Das *Explorieren von Zielen* ist mit den in der kooperativen, motivierenden und lösungsorientierten Gesprächsführung beschriebenen Methoden möglich, darauf wird hier nicht nochmals eingegangen.

7.2.2.2 Ziele formulieren, präzisieren, ordnen und bewerten

Im nächsten Schritt geht es darum, Wunschvorstellungen, Visionen und erwünschte Zustände zu ordnen, zu präzisieren und zu bewerten. Es kann wichtig sein zu *begründen,* warum und für wen Ziele wichtig sind (z. B. für eine anordnende Behörde, die Angehörigen, den Klienten selbst), um die Interessen und Perspektiven deutlich zu machen. Häufig ist eine *Eingrenzung* nötig, wenn zu viele Zielvorstellungen in zu vielen Bereichen auftauchen. Geklärt wird dann, was im Fokus bleibt und was auf die Seite gelegt wird. Schließlich werden gültige Ziele gemeinsam festgelegt. Gesprächsführende Personen tragen durch konkretisierende Fragen, durch Formulierungsvorschläge oder Stellungnahmen dazu bei, dass die Ziele so präzise sind, dass sie erreicht und überprüft werden können.

Ziele sollten konkretisiert und je nach Kontext schriftlich formuliert und festgehalten werden. Egan beschreibt für die Beratung vier Grade der Konkretheit von Zielen, die als Formulierungshilfe dienen können (Egan 2001, S. 146):

- Grad I: Absichtserklärung: „Ich muss in meiner Ehe etwas ändern."
- Grad II: Allgemeine Zielvorstellung: „Ich möchte die Zeit, die ich mit meiner Frau verbringe, besser gestalten."
- Grad III: Präziseres Ziel: „Ich möchte mit ihr bessere Gespräche führen."
- Grad IV: Präzises Ziel: „Ich möchte mit meiner Frau mindestens zwei Gespräche pro Woche führen, in gegenseitigem Verständnis und guter Stimmung."

Wenn Ziele formuliert sind, können sie nach bestimmten Kriterien operationalisiert und überprüft werden; dies können die bekannten SMART-Kriterien sein, die Egan etwas erweitert formuliert (ders., S. 150). Ziele sind dann gut, wenn sie

- einen *Endzustand,* d. h. eine Leistung, ein Ergebnis oder eine Fertigkeit abbilden,
- klar und präzise, messbar und überprüfbar sind,
- realistisch sind und innerhalb des Einflussbereichs und der Möglichkeiten der Klienten liegen,
- adäquat sind, d. h. zur Lösung der Problemlage (nicht völlig Anderem) beitragen,
- im Einklang mit den Werten des Klienten liegen und
- innerhalb eines vernünftigen Zeitrahmens erreichbar sind.

7.2.2.3 Ziele endgültig auswählen, vereinbaren und das Zielengagement stärken

Im letzten Schritt des Gesprächs unterstützen Fachkräfte Klienten darin, dass eine endgültige Auswahl, Entscheidung und Vereinbarung zu den Zielen zustande kommt und Klienten eine innere Selbstverpflichtung zu Zielen (Commitment oder Zielengagement) entwickeln (Egan 2001, S. 154 ff.). Dazu kann das Engagement des Klienten von ihm selbst eingeschätzt werden, das Kosten-Nutzen-Verhältnis bei der Zielentscheidung nochmals geprüft werden und es können der Beitrag des Ziels zu einer Gesamtmaßnahme sowie Anreize, es zu erreichen, erarbeitet werden. Falls nötig, kann eine verbindliche Übereinkunft zum Ziel zwischen Fachkraft und Klient getroffen werden.

7.2.3 Einige Arbeitsregeln zu Zielklärungsgesprächen

- Erarbeite bei Zielen den Zusammenhang mit dem Problem („Das ist das Ziel, was war noch das Problem?").
- Formuliere Ziele als Endzustände, nicht als Strategien ihrer Erreichung.
- Differenziere Ziele, die von Dritten vorgegeben oder von der Fachkraft als sinnvoll erachtet werden, von den Zielen, die dem Klienten wichtig sind. Relativiere von Instanzen sozialer Kontrolle gesetzte Ziele nicht und lass dich nicht zur Verwässerung derselben instrumentalisieren.
- Unterstütze Klienten darin, ein persönliches Zielengagement zu entwickeln.
- Formuliere positive (Erreichungs-)Ziele, keine negativen (Vermeidungs-)Ziele.
- Nicht alle (v. a. sozialemotionale) Ziele sind streng operationalisierbar: Bemühe dich trotzdem um Indikatoren der Zielerreichung.
- Schaffe wie bei Problemdefinitionen auch einen Konsens über Ziele.
- Beachte wie bei allem mögliche Nebenwirkungen von Zielen (gesteigerte Autonomie geht z. B. gegebenenfalls auf Kosten von Beziehungen).

7.3 Das Beratungsgespräch

In Abschn. 1.5 wurde der in diesem Buch verwendete Beratungsbegriff eingeführt (Redlich 2009) und bereits auf die unscharfen Grenzen zwischen Gesprächsführung, Beratung und Psychotherapie hingewiesen. Beratung wird hier jedoch verstanden als eigenständige Methode der Sozialen Arbeit und gegenstandsspezifische „Arbeitsweise" (Staub-Bernasconi 2018) der Sozialen Arbeit zur

- Sicherung der sozialen Ausstattung – soziale Beratung (Ansen 2006),
- Veränderung von Bewusstsein, Erleben und Verhalten – psychosoziale Beratung (Wälte und Borg-Laufs 2018)
- Arbeit an Netzwerken und Beziehungssystemen – sozialökologische oder systemische Beratung (Schlippe und Schweitzer 2016; Schubert 2013).

▶ **Beratung** Professionelle Beratung in der Sozialen Arbeit (vgl. auch Kap. 1.5) ist ein spezifisch strukturierter, klientenzentrierter, problem- und lösungsorientierter Interaktionsprozess mit dem Ziel, Menschen bei der Bewältigung aktueller Probleme so zu unterstützen, dass sie lernen, diese in eigener Regie zu beheben oder zumindest zu mildern (Stimmer und Weinhardt 2010, S. 24).

Beratung fokussiert auf Problem-Ressourcen-Konstellationen. Sie hat in der Sozialen Arbeit den expliziten Auftrag, zur Problemlösung nicht nur in kommunikativer Weise, sondern auch durch handlungsbezogene Interventionen (Ressourcenbeschaffung, Verhandlungen mit Ressourcenbesitzern und Bereitstellung eigener Ressourcen) beizutragen: Beratung in der Sozialen Arbeit vermittelt je nach Beratungsfeld auch Informationen, sachliche und materielle Leistungen, sie ermöglicht Finanzierungen, vermittelt an andere Einrichtungen, organisiert Platzierungen und setzt Rechtsansprüche und Urteile für und gelegentlich auch gegen Klienten durch.

Beratungsgespräche finden in der Sozialen Arbeit häufig alltags- und lebensweltnah statt, in Institutionen, deren primärer Auftrag nicht Beratung, sondern Betreuung oder Begleitung ist. Anders als in Beratungseinrichtungen (spezialisierte institutionelle Beratung) findet halbformalisierte, funktionale Beratung in vielen, auch informellen oder nicht institutionalisierten Beratungssettings statt (Belardi 2011; Stimmer und Weinhardt 2010). Beratung kann dann als Querschnittsfunktion der Sozialen Arbeit in allen Feldern gesehen werden (Belardi 2011, S. 37). Belardi nennt fünf Kernfunktionen von Beratung in der Sozialen Arbeit:

- *Information:* Klienten sind angewiesen auf die professionelle Information durch Fachkräfte: Dabei kann es z. B. um „hartes Faktenwissen" bei rechtlichen und finanziellen Fragen in der Sozialhilfe gehen oder um wissenschaftliches Wissen z. B. zu Störungsbildern in der Sozialpsychiatrie oder etwa um Wissen über die Entwicklung in der Pubertät im Rahmen von Mädchenarbeit. Die Vermittlung von Wissen und Informationen ist ein wesentlicher und oft unterschätzter Anteil von Beratungsgesprächen.
- *Vermittlung:* Klienten benötigen in komplexen Notlagen die Unterstützung mehrerer Stellen. Soziale Arbeit versteht sich auch als Instanz der Vermittlung für Klienten zwischen verschiedenen Institutionen des Sozialsystems und erschließt so für sie Ressourcen.
- *Rückmeldung:* Beratung benutzt persönliches Feedback und Anregungen zur Verhaltensänderung, um Klienten zu Neuorientierungen und veränderten Bewältigungsstrategien anzuregen.

- *Unterstützung:* Im Beratungsgespräch Unterstützung zu bekommen, ist für Klienten in schwierigen Lebenssituationen unverzichtbar. Fachkräfte geben Unterstützung im Gespräch selbst: Sie nehmen Schwierigkeiten ernst, hören zu, erarbeiten Zukunftsperspektiven, versuchen, Hoffnung auf Veränderung und Zuversicht anzuregen. Sie unterstützen Klienten auch durch eine wertschätzende und unterstützende Beratungsbeziehung selbst. Weiter unterstützen sie die Klienten im Alltag: Sie erschließen ihnen kulturelle, soziale und personale Ressourcen, materielle oder strukturelle Hilfen.
- *Hilfeplan:* Das Beratungsgespräch ist häufig Ausgangspunkt für Maßnahmen zur Unterstützung von belasteten Klienten, Familien oder Gruppen. Es geht dabei immer auch um die Vorbereitung von unterstützendem Handeln, selten nur um die Problemlösung im Gespräch allein. Beratung initiiert und koordiniert diese Unterstützungsmaßnahmen (Belardi 2011, S. 32).

Im Folgenden werden wiederum die prototypischen Situationsbedingungen von Beratungsgesprächen vorgestellt und ein grundlegendes Gesprächsphasenkonzept beschrieben. Viele der Arbeitsregeln, die bei den zwölf Hauptaktivitäten in der Gesprächsführung vorgestellt wurden, gelten auch für die Beratung (vgl. Kap. 6.2). Statt differenzierterer Arbeitsregeln, die den Rahmen des Kapitels sprengen würden, werden zentrale Wirkprinzipien für Beratungsgespräche vorgestellt, an denen sich beraterisches Handeln orientieren kann. Dies erfolgt im Wissen, dass in diesem Buch nur eine erste Annäherung an die Beratung in der Sozialen Arbeit möglich ist.

7.3.1   Strukturmerkmale von Beratungsgesprächen

Kontext eines Beratungsgesprächs (Institution und Auftrag): Die Kontexte von Beratungsgesprächen sind so vielfältig, dass spezifische Ausführungen dazu den Rahmen sprengen würden. Dennoch dazu einige allgemeine Überlegungen: Beratung in der Sozialen Arbeit ist professionelle und nicht alltäglich-private Unterstützung, sie findet also im Rahmen einer Institution statt, die eine soziale Dienstleistung anbietet. Um Beratung zu ermöglichen, ist ein *Mindestauftrag der Einrichtung* zur Beratung nötig. Dies erfordert *Ressourcen* an Zeit, Personal, Ausbildung und Konzepten sowie räumlichen Möglichkeiten zur Beratung. In der *institutionellen Beratung* ist dies eine Beratungsstelle, ihr Konzept, eine Zielgruppe usw., bei *Beratung als Querschnittsfunktion* in der stationären Betreuung sollten solche Ressourcen strukturell vorhanden sein, sie gehören integral zum Betreuungsauftrag von Sozialpädagogen. In niederschwelligen Kontexten

wie der Straßensozialarbeit, der offenen Jugendarbeit oder auch in gruppen-
orientierter Sozialpädagogik wie in einem Schülerhort müssen dagegen Mindestressourcen meist erst geschaffen werden, um kleinere und situativ entstandene
Beratungsanliegen bearbeiten zu können. Was es für professionelle Beratung also
strukturell braucht, ist

- der Kontext einer sozialen Einrichtung mit Beratungsauftrag für die Fachkräfte,
- ein Klient (oder eine dritte Person), der (die) ein Veränderungsanliegen oder
  ein Problem hat (dessen „Problembesitz" beim Klienten liegt),
- eine Person, die kompetent (fähig und zuständig) dafür ist, professionelle
  Beratung durchzuführen, sowie
- Mindestressourcen an Raum und Zeit.

Vorgeschichte und Anlass für ein Beratungsgespräch in einem laufenden Beratungsprozess sind bei einer guten Klärung von Auftrag und Beratungssetting bekannt.
Die Gespräche sind eingebunden in einen Prozess, haben einen zeitlichen, vielleicht
wöchentlichen Rhythmus und sind verbunden durch die Arbeit an Klienten-
anliegen in dessen Alltag. Bei funktionaler oder niederschwelliger Beratung sind
Vorgeschichte und Anlass eines spontan entstandenen Beratungsgesprächs sehr
unterschiedlich bekannt und ggf. zu klären. Dann verbinden sich Elemente des Erstgesprächs und der Auftragsklärung mit der Bearbeitung von Anliegen.

Ziele und Inhalte des Beratungsgesprächs sollten sich aus der Auftrags- und
Zielklärung ergeben (vgl. Abschn. 7.1 und 7.2). Beide bilden den roten Faden,
der sich durch einen Beratungsprozess zieht. Auf diesen Auftrag fokussiert man
sich bei der Themenwahl für ein einzelnes Gespräch, und mit Abweichungen
von Zielen und Themen der Beratungsgespräche sollte man reflexiv umgehen. Es
kann für einen Prozess aber auch wichtig sein, von vereinbarten Problemfeldern
abzuweichen (Schaffung von Vertrauen, Aufbau einer Beratungsbeziehung,
Exploration bedeutsamer und neuer Themen).

Personen/personale Aspekte: Es scheint trivial, Personen hier extra zu
erwähnen, und dennoch ist es wichtig, Persönlichkeitsmerkmale, Werthaltungen,
kulturelle, schichtspezifische Besonderheiten, Behinderungen, psychische
Störungen, Biografie und Lebenswelt von Klienten zu kennen und ernst zu
nehmen. Das Modell des inneren Teams (Schulz von Thun 2016) lehrt, dass auch
Klienten mit einer „inneren Mannschaftsaufstellung" in Beratungsgespräche
kommen, sie präsentieren sich – bewusst oder unbewusst – als hilflos Leidende,
kompetente Überlebende, unabhängige Nichtbedürftige, kranke Patienten, Opfer
u. a. Die inneren Teammitglieder von Klienten wahrzunehmen und bewusst damit
zu arbeiten, stellt einen Schlüsselfaktor für gute Beratungsgespräche dar. Weitere

Merkmale differenzieren sich nach dem Beratungsfeld oder der Zielgruppe und ihren typischen Erlebens-, Deutungs- und Verhaltensmustern.

Beziehungsstrukturen: Die Beziehungsstrukturen in Beratungsgesprächen unterliegen ethischen Grundprinzipien. Die Achtung vor der Würde des Klienten realisiert sich in den personzentrierten Basisvariablen – Wertschätzung der Person, Empathie und Echtheit des Beraters. Die Beratungsbeziehung hat sich, unabhängig von Methoden oder Beratungsansätzen, als *der Wirkfaktor für Beratungserfolg* erwiesen. Sich um eine akzeptierende, empathische und echte Beziehung zu bemühen, ist daher Basis aller Beratung. Die Rollen sind klar definiert (vgl. Abb. 7.4). Der Klient hat ein Anrecht auf Unterstützung und Hilfe des Beraters und nicht umgekehrt, gleichzeitig begegnen sich beide als Personen. Interaktion und Beziehung sind daher in bestimmten Aspekten *komplementär* und in anderen *symmetrisch* (Fuhr 2003, S. 35). Die Beraterrolle beinhaltet Erwartungen an fachliche, methodische und personal-soziale Kompetenzen zur Gestaltung des Prozesses sowie Expertise zum jeweiligen Beratungsfeld. Der Problembesitz aber liegt beim Klienten (anders als z. B. in Teamsitzungen oder auch einem Konfliktgespräch zwischen einem Kind und einer Sozialpädagogin, wo alle Gesprächsteilnehmer „Problembesitzer" sind). Wenn Beratung zur Aktivierung von Ressourcen und Potenzialen der Betroffenen führen soll, muss sie darauf abzielen, dieses Gefälle im Verlauf der Beratungsprozesse angemessen zu gestalten (und im Laufe des Beratungsprozesses zu reduzieren). In der personalen Begegnung hingegen ist Beratung symmetrisch, und ein Gefälle sollte möglichst vermieden werden.

Beratungsbeziehungen können emotional sehr intensiv sein. Sie sind zwar durch das Beratungssetting geschützt und lassen sich als „distante Nähe" (Lenz 2009, S. 545) charakterisieren, dennoch sind sie anfällig dafür, dass sich Beziehungsmuster aus unseren Herkunftsfamilien einschleichen, die ganz rasch

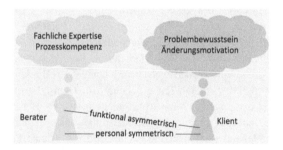

Abb. 7.4 Asymmetrie und Symmetrie der Beratungsbeziehung (Fuhr 2003, S. 39)

zu Verwicklungen führen können (Fuhr 2003, S. 38). *„Nicht-Verstrickung"* ist daher eine wesentliche Voraussetzung professioneller Beratung (Belardi 2011, S. 37). Mit Übertragungen, d. h. der Wiederholung von erworbenen und verinnerlichten Beziehungsmustern in der aktuellen Interaktion und Situation (Stemmer-Lück 2012) sollte in Beratungsbeziehungen gerechnet werden, und sie sollten in Reflexion und Intervention beachtet werden, auch wenn im Beratungsgespräch nicht direkt mit der Übertragungsbeziehung gearbeitet wird.

7.3.2 Gesprächsphasen im Beratungsgespräch

Zu Beratungsgesprächen liegt eine Vielzahl von Gesprächsphasenkonzepten vor (Bachmair 2014; Bamberger 2015; Egan und Reese 2019; Thomann und Schulz von Thun 2007; Weinberger 2013). Auch die oben dargestellten methodischen Ansätze zur Gesprächsführung sind aus der Beratung abgeleitet und bieten Gesprächsphasenkonzepte (Conen et al. 2018; Miller und Rollnick 2015; Redlich 2009; Schmitz 2016). Die Realität von Beratungsgesprächen ist allerdings komplexer als ein lineares Gesprächsphasenkonzept. Hilfreich ist ein solches Modell vor allem als roter Faden – die Phasen dienen zur Strukturierung des Gesprächsflusses, im Wissen, dass sie auch wiederholt oder übersprungen werden können. Im Folgenden wird ein prototypischer Ablauf eines Beratungsgesprächs angelehnt an Thomann und Schulz von Thun (2007) sowie Egan (2001) zusammengestellt (Abb. 7.5).

7.3.2.1 Kontakt/Situationsklärung: Begrüßung, Kontakt, das Gespräch rahmen

Zur ersten Gesprächsphase gehören folgende Aktivitäten des Beraters: Mit der *Begrüßung* ergibt sich schon ein erster Eindruck für den Klienten wie auch für den Berater. Es ist wahrnehmungspsychologisch evident, wie wichtig der *erste*

Abb. 7.5 Phasenkonzept eines Beratungsgesprächs

Eindruck für beide Gesprächspartner ist, er stimmt uns auf den Partner ein –
mit dem ersten Eindruck teilt sich viel mehr mit, als bewusst wahrgenommen
werden kann. Für Berater bedeutet dies, sich um Zuwendung, Präsenz und
ungeteilte Aufmerksamkeit zu bemühen, sich auf die Wellenlänge des Klienten
einzustellen (*"Joining"*) und die Beziehung (*"Rapport"*) mit ihm wieder aufzunehmen (Bachmair 2014, S. 35 f.). Dies ist besonders für die funktionale
Beratung wichtig: Wenn ein Gesprächspartner abgelenkt, unkonzentriert und
nicht in der Situation angekommen ist, so ist das eine schlechte Voraussetzung für
konstruktive Gespräche. Beide Partner sollten dem Gespräch möglichst ungeteilte
Aufmerksamkeit widmen.

Danach bemüht sich der Berater durch das Rahmen des Gesprächs um eine
gemeinsame *Gesprächsgrundlage*. Durch Informationen und Fragen schafft
er eine geteilte soziale Bedeutung dieses Gesprächs im Beratungsprozess. Das
Ergebnis besteht darin, dass sich alle Anwesenden innerlich mehr oder weniger
"auf der gleichen Veranstaltung" (Benien 2015, S. 18) befinden. Möglichkeiten
dazu sind, die aktuelle Situation des Klienten und des Beraters anzusprechen, den
Faden von vorherigen Gesprächen wieder aufzunehmen oder zwischenzeitliche
Ereignisse anzusprechen. Dabei geht es noch nicht um einen inhaltlichen Einstieg
ins Thema.

Zur Rahmung des Gesprächs gehört es auch, den *Anlass* zu klären, unbekannte
Personen vorzustellen, die eigene *Rolle* im Gespräch zu deklarieren, die *Vertraulichkeit* des Gesprächs zuzusichern, vorab wichtige *Informationen* zu geben,
die *Dauer* des Gesprächs und ggf. die Notwendigkeit von Notizen zu erwähnen;
ebenso gehört in diese Phase, dass Erwartungen ans Gespräch geklärt und
Klienten nicht in der Illusion über nicht leistbare Hilfen gelassen werden. Die
Frage, ob dies "so in Ordnung" sei und ob man "so starten" könne, versichert den
Berater des *Arbeitsbündnisses* für dieses Gespräch. Falls *Störungen* vorhanden
sind, können sie so früh thematisiert und ausgeräumt werden.

Die Aktivitäten des Beraters sind hier zunächst strukturierend. Gleichzeitig
ist es aber wichtig, die aktuelle Situation offen wahrzunehmen. Wichtig ist auch,
nicht schon zu diesem Zeitpunkt in ein inhaltliches Gespräch einzusteigen,
sondern diese Vor-Phase durchzuhalten. Angemessen gestaltet, ermöglicht ein
solch informierend-fragender Einstieg auch ein Stück Entspannung und Angst-
reduktion, da Klienten nicht bereits große Vorleistungen im Gespräch erbringen
müssen. Die Aktivität liegt eher beim Berater, der Klient wird mit seinen
Befürchtungen, Erwartungen und Vorstellungen ernst genommen (Thomann und
Schulz von Thun 2007, S. 36). Der Beginn des Gesprächs ist gleichzeitig auch

Beziehungsgestaltung: Im ersten Kontakt Akzeptanz und Zuwendung zu geben, stützt die Beratungsbeziehung.

7.3.2.2 Thema herausfinden: Themen erfragen, setzen, aushandeln

In dieser Phase steht die Klärung inhaltlicher Anliegen und Themen und der Erwartungen und Gesprächsziele im Zentrum. Durch eine gute Auftragsklärung ist das Themenspektrum bereits klar. Dennoch sollte immer gefragt werden, ob bei den Klienten aktuelle oder neue Themen anstehen. Mit eigenen Anliegen steigen Motivation und inneres Engagement der Klienten („Zu welchem Thema lohnt sich das Gespräch für Sie besonders?"). Diese Anliegen sollte der Berater zu Beginn dieser Phase eruieren und durch offene Aufforderung thematisieren („Bitte berichten Sie mir doch, was Sie heute mit mir besprechen möchten").

Im Fall von Beratung im Zwangskontext gibt es auch von den *mandatierenden Institutionen* oder von *Fachkräften gesetzte Themen*. Diese sollten in dieser Phase klar benannt und auch als Gesprächsziele möglichst präzise beschrieben werden.

Berater müssen bei großer Themenmenge oder kontroversen Themen *Inhalte* auch *verhandeln können*. Nach der Auftragsklärung sind während eines längeren Beratungsprozesses die Themen immer wieder zu prüfen: Ein am Anfang eines Beratungsprozesses erteilter Auftrag kann sich im Verlauf der Beratung wandeln, neue Themen oder tiefer liegende Problematiken können auftauchen. Es gilt dabei zu prüfen, ob die Themen und Ziele durch die Beratung abgedeckt werden können oder ob sie den Rahmen der Beratung sprengen.

Das Verhalten des Beraters in dieser Phase ist klärend und eruierend, er bremst den Einstieg in den inhaltlichen Klärungsprozess und unterstützt durch offene Erzählimpulse und offene Fragen die Themenfindung. Der Berater bringt eigene oder vereinbarte Themen ein und verhandelt sie gegebenenfalls. Zuletzt macht er explizit das vereinbarte Thema zum roten Faden der Beratungssitzung, indem er die Themenfindung kurz resümiert.

7.3.2.3 Ist-Zustand erforschen: Explorieren, Fokussieren, Tiefung

Anschließend kann in die thematische Bearbeitung des Anliegens oder der vereinbarten Themen eingestiegen werden – erst jetzt beginnt der inhaltliche Prozess der Klärung. Das Ziel der Explorationsphase ist ein systematisches Auslegen, eine Eingrenzung und Auswahl: Klient und Berater entwickeln ein sachlich wie emotional vertieftes Verständnis zum Ist-Zustand des Problems. Mit diesem vertieften Verständnis einer Situation können Probleme ursachenorientiert, wirksam und für Klienten subjektiv bedeutsam bearbeiten werden. Klärungsarbeit meint dabei nicht Problem- oder Defizitorientierung, es geht bei der Analyse hauptsächlich darum, Fähigkeiten, Bereiche von Zufriedenheit und Wohlbefinden, soziale und personale Ressourcen zu ermitteln.

Im ersten Teilschritt wird versucht, durch die *Exploration und Selbstexploration* die Problembereiche zu klären: Der Klient berichtet von der strukturellen, materiellen, informationsbezogenen, zwischenmenschlichen oder innerpsychischen Situation, von Problemen und Ressourcen und wird darin vom Berater durch Erzählstimuli („Erzählen Sie mir mehr darüber …"), durch offenes Nachfragen und aktives Zuhören unterstützt. Exploration und Selbstexploration des Klientenproblems dienen dem Fremd- und Selbstverstehen der Situation des Klienten: Der Berater soll das Thema besser verstehen (diagnostischer Aspekt); im gleichen Maße aber soll der Klient seine Umgebung und sich selbst besser wahrnehmen und verstehen lernen (Selbstverstehen).

Ist in der Exploration eine Auslegeordnung erstellt, können Berater und Klient eine *Fokussierung* vornehmen. Die Problemeingrenzung hilft Klienten, sich auf ihre wichtigen Anliegen zu konzentrieren, denn nicht alle Probleme können gleichzeitig gelöst werden und es gibt zentrale und eher nebensächliche Anliegen. Hierzu ist es nötig, mit den Klienten das erarbeitete Situationsverständnis zu ordnen, Wichtiges von Unwichtigem zu trennen und auf zentrale Probleme und Anliegen zu fokussieren. Hierzu können Fragen, Auslegeordnungen oder auch Visualisierungen helfen. Sie verschaffen Übersicht und eine Hierarchie der wichtigen Themen.

Die *Vertiefung* eines Themas ist der entscheidende Schritt von der mitgebrachten Problemsicht zu einer Erweiterung, Veränderung oder Neudeutung der Sichtweisen von Klient und Berater (Thomann und Schulz von Thun 2007, S. 47 ff.). Spätestens hier muss ein Wechsel von der Problem- und Defizitseite des Themas zu einer an neuen Perspektiven orientierten Sichtweise stattfinden. Klienten wird nun geholfen, an blinden Flecken zu arbeiten und neue Perspektiven zu entwickeln. Dabei geht es wesentlich auch um die Entwicklung von Zuversicht für Menschen, die ohne große Hoffnung in die Beratung kommen oder schon viel versucht haben, um ein Problem zu lösen. Dazu dienen dem Berater Interventionen, die neue Perspektiven auf ein Problem eröffnen können: Informationen geben, behutsame Herausforderungen, Umdeutungen, behutsame Selbstmitteilungen des Beraters über eigene Erfahrungen und Empfindungen haben nun hier Platz (Egan 2001, S. 110 ff.). Egan empfiehlt Konfrontation mit blinden Flecken, aber auch mit verborgenen oder ungenutzten Stärken, und er empfiehlt Direktheit und Klarheit im Ansprechen von neuen Sichtweisen und eigenen Wahrnehmungen des Beraters.

7.3.2.4 Ziele entwickeln: Zukunftsbilder, Zielbildung, Zielwahl

Erst wenn die Problemsituation mit veränderungsfördernden, neuen Sichtweisen, Umdeutungen und Informationen angereichert ist, wird es möglich, mit Klienten einen *Soll-Zustand* zu entwickeln, der aus der problematischen Situation herausführt. Nun können Berater und Klient gemeinsam Bilder einer besseren Zukunft entwerfen, diese auf die aktuelle Problemsituation beziehen, sie als Ziele konkretisieren und zum Engagement für diese Ziele ermutigen (vgl. auch Kap. 7.2).

Der Berater hilft dem Klienten, ein *Zukunftsbild* zu entwerfen, zu konkretisieren und auf erreichbare Ziele herunterzubrechen. Auch kurzfristige, kleinere Veränderungen der Lebenssituation, die verstärkend und ermutigend wirken, sollten dabei in erreichbare Nähe rücken. Die Attraktivität, der realistische Charakter und die *Konkretheit der Ziele* sind dabei von entscheidender Bedeutung.

Beratern hilft dabei, wenn sie sich nicht von Skepsis und Bedenken der Klienten entmutigen lassen und auch Rückschläge in deren Verhalten einkalkulieren. Hilfreich in der Gesprächsführung ist auch die Thematisierung von etwaigen Bedenken und Risiken, aber auch die Orientierung am Engagement für die Ziele. Die Interventionen des Beraters sind in diesem Schritt präzisierendes Klären und Nachfragen, Insistieren auf nachvollziehbaren und erreichbaren Zielen und Unterstützung bei deren Formulierung.

7.3.2.5 Umsetzung planen: Handlungsstrategie, Plan, Umsetzung

Handlungsstrategien zu entwickeln, ist der nächste Schritt, wenn Ziele formuliert sind und der Klient sich für eines oder mehrere entschieden hat. Egan empfiehlt dazu als Methode z. B. das Brainstorming von Klient und Berater. Gewöhnlich gibt es mehr als einen Weg zum Ziel, und Klienten neigen zu besseren und für sie bedeutsamen Strategien, wenn sie aus mehreren auswählen können (Egan 2001, S. 156). Im Anschluss an die öffnende Arbeit, die Sammlung verschiedener Lösungswege, wird ein Plan formuliert, wie diese Wege eingeschlagen werden können. Aus vielen Wegen werden die Erfolg versprechenden ausgewählt.

Berater können Klienten bei der Suche nach einer sinnvollen Entscheidung durch folgende Kriterien unterstützen: Lösungswege sollten durch die Klienten kontrollierbar sein, denn wenn sie in hohem Maß von außen abhängen, wird die Umsetzung schwierig sein. Sie sollten relevant sein, d. h. einen Betrag zur Problemlösung leisten. Sie sollten attraktiv sein, sonst wird der Weg kaum eingeschlagen. Und sie sollten mit den Werten des Klienten in Einklang stehen. Schließlich sollte die Umwelt für den Lösungsweg kein massives Hindernis darstellen.

Sind diese Fragen geklärt, können Klient und Berater darangehen, die Umsetzung der Ziele zu planen. Zu klären ist, was die nächsten Schritte sind, ob es eine Art Aktionsplan gibt und ob es Vorsätze und unterstützende Strategien braucht, um die Ziele erreichen zu können.

Die Aktivität des Beraters besteht in dieser Phase darin, die Planung durch Strukturierungshilfen zu unterstützen. Nun heißt es, den roten Faden zum Thema, zu den Zielen und den Lösungswegen in der Hand zu behalten.

In dieser Phase braucht es die systematische Unterstützung und Stärkung von Fähigkeiten, da Klienten oft gegen Ende solcher Prozesse von Ambivalenzen, Skepsis oder Mutlosigkeit befallen werden: Ermutigung zu geben und Zuversicht zu vermitteln, ohne das Schwierige zu verleugnen oder Skepsis zu ignorieren, gehört hier zu den Aufgaben des Beraters.

7.3.2.6 Zusammenfassen: Einordnen, Vereinbarungen, Aufgaben

Nachdem nun Lösungen durchdacht und geplant wurden, sollten Klienten die besprochenen Veränderungen in ihren Sichtweisen, die anvisierten Lösungen, Erkenntnisse und Einsichten nochmals kognitiv und emotional einordnen, um sie im Denken, Empfinden und ggf. Handeln zu verankern. Dies wird als bewusste Ergebnissicherung im Lern- und Veränderungsprozess, den Klienten durchmachen, gestaltet. Verstärkend können Vereinbarungen noch einmal expliziert und notiert werden. Berater benennen in diesem Gesprächsabschnitt die Ausgangslage des Gesprächs, fragen Veränderungen und Erkenntnisse offen ab und formulieren gegebenenfalls eigene Deutungen zu den Veränderungen, die sie bei den Klienten im Lauf der Sitzung erlebt haben. Hier ist auch Feedback auf die Wahrnehmung von Erleben und Ausdruck des Klienten möglich.

Wichtig ist, den Handlungsbezug des Beratungsgesprächs am Ende nochmals zu betonen. Gute Gesprächsführung bereitet neues, verändertes Handeln von Klienten und unterstützendes Handeln der Fachkräfte für die Zeit nach der Beratung vor. Beratung ist dann gut, wenn sie in den Alltag der Klienten hineinwirkt sowie Lernprozesse und Transfer in diesen Alltag bewirkt: Dieser lernpsychologische Charakter von Beratung wird in der Literatur eher selten thematisiert; die Umsetzung neuen Handelns im Alltag der Klienten ist aber ein Schlüsselfaktor für Beratungserfolg. Wenn also Aufgaben (für Klienten oder Berater) anfallen, werden sie abgesprochen und vereinbart (Thomann und Schulz von Thun 2007, S. 42 f.).

7.3.2.7 Situation abschließen: Ballast abwerfen, Blitzlicht, Abschied

Zum Schluss sollten Berater noch dafür sorgen, dass Klienten etwaigen Ballast noch an Ort und Stelle loswerden und Ärger, Missstimmungen oder kleinere Verletzungen aussprechen können, die – ausgesprochen, die weitere Arbeit nicht beeinträchtigen. Durch entsprechende Fragen lassen sich Kränkungen und Irritationen schnell ausräumen, oft hilft schon das akzeptierende Zur-Kenntnis-Nehmen eines Ärgers. Wichtig ist dabei, dass Berater das Gespräch nicht noch einmal eröffnen. Ein abschließendes Blitzlicht kann den Kontakt noch einmal herstellen. Am Ende wird Organisatorisches für eine nächste Sitzung besprochen.

7.3.3   Statt Arbeitsregeln: Wodurch wirkt Beratung?

Die grundlegenden Arbeitsregeln zu vier Ansätzen helfender Gesprächsführung wurden bereits in Kap. 6 detailliert erläutert, diese Regeln lassen sich unschwer auch für Beratung nutzen. Statt sie an dieser Stelle noch einmal zu wiederholen, sollen die schulenübergreifenden Wirkprinzipien von Psychotherapie und Beratung (Grawe et al. 2001, S. 87 ff.) eine grundlegende Handlungsorientierung für Beratungsgespräche ermöglichen. Beratungsgespräche werden unter diesen Bedingungen wirksam und hilfreich:

1. *Ressourcenaktivierung* leisten alle Maßnahmen im Gespräch, die positive Eigenarten, motivationale Bereitschaften, Fähigkeiten sowie jede Art von (sozialem, kulturellem oder ökonomischem) Kapital bewusstmachen.
2. *Prozessaktivierung* fördert eine wertschätzende, echte und einfühlende Beratungsbeziehung.
3. *Motivationale Klärung* bewirkt alles, was Problembewusstsein, Verständnis und Erklärungen für ein Problem schafft und Veränderungsmotivation anbahnt.
4. *Problemaktualisierung* erreichen alle Aktivitäten, die Probleme konkret und im Erleben (und nicht nur kognitiv-rational) erfahrbar machen.
5. *Problembewältigung* fördern alle Aktivitäten, die konkrete Unterstützung gewähren und positive Bewältigungserfahrungen ermöglichen.

7.4   Das Gespräch mit Angehörigen

Im folgenden Kapitel geht es nicht um Familienberatung oder Elterncoaching – das würde den Rahmen dieses Buches sprengen. Es geht um die Zusammenarbeit mit Eltern oder weiteren Angehörigen, mit denen eine kooperative Arbeitsbeziehung im Rahmen der Platzierung oder Begleitung von Familienangehörigen (besonders Kindern und Jugendlichen) im Vordergrund steht. Ziele dieser Kooperation sind die Abstimmung von Platzierungen mit der Familie, die Verringerung von Reibungsflächen und Konflikten und die Sicherung der Erfolge einer Platzierung.

Lehrpersonen, Fachkräfte der Sozialen Arbeit und offenbar schon Studierende empfinden die Arbeit mit Angehörigen als einen schwierigen Teil ihrer Aufgabe – so nennen 50 % US-amerikanischer Lehrkräfte, die in den ersten fünf Jahren ihrer Arbeit den Dienst quittieren, Eltern als Hauptgrund für die Aufgabe des Berufs (Aich et al. 2017, S. 29). Auch in der sozialpädagogischen Literatur wird Elternarbeit oft als anspruchsvoll und schwierig dargestellt: „Viele Schwierigkeiten in der Zusammenarbeit werden den Eltern angelastet: Eltern zeigten keinerlei Motivation zu einer Zusammenarbeit, sie empfänden die Heimplatzierung ihres Kindes als Strafe, sie hielten sich an keinerlei Absprachen und Termine, seien mit anderen Problemen so belastet, dass keine Zusammenarbeit entsteht. Eltern sähen in Sozialpädagogen oft lästige Konkurrenten, seien verletzt und eifersüchtig" (Günder 2003, S. 218 f.).

Viele Schwierigkeiten sind auch auf der Seite der Institutionen zu suchen, die zu wenig oder gar keine Ressourcen für diese anspruchsvolle Aufgabe zur Verfügung stellen; die höheren Personalkosten würden gescheut, Organisationsstrukturen seien zu wenig angepasst u. a.m.

Auch Sozialpädagogen selbst äußern Probleme mit der Arbeit mit Angehörigen (ders., S. 219): Sie fühlten sich viel älteren Eltern gegenüber unsicher, betrachteten Eltern als Störquellen oder Konkurrenten für die eigene Arbeit, fürchteten im Innersten den Erfolg einer guten Elternarbeit, weil er eine schnelle Rückplatzierung der Klienten in die Familie bedeuten könnte, oder schirmten die Klienten von den Eltern ab, die doch deren negative Entwicklung auslösten (ders., S. 220). Unter diesen Voraussetzungen ist eine erfolgreiche Angehörigenarbeit kaum möglich, obwohl sie ein essenzieller Teil der sozialpädagogischen Arbeit ist.

Die Ursprungsfamilie von Klienten ist immer mehr oder weniger präsent – wenn nicht real, dann mindestens in den Gedanken und Gefühlen von Klienten. Die Familie ist Teil der Probleme, die Klienten der Sozialen Arbeit haben. Die

Familie besitzt aber auch Ressourcen und Möglichkeiten, so problematisch einzelne Familiensituationen auch sein mögen. Und zuletzt ist fast jeder Mensch seiner eigenen Familie als erstem und tiefstem Bezugssystem verbunden. Die Bindungen an die eigene Familie dürfen von Fachkräften der Sozialen Arbeit daher nicht ignoriert werden und es gibt gute Gründe, Angehörigenarbeit ernst zu nehmen:

- Wenn eine Rückkehr des Klienten in die Familie beabsichtigt ist, müssen die Veränderungen im Heim durch Veränderungen in der Familie gestützt werden. Ziel der Angehörigenarbeit ist dabei die Sicherung des Platzierungsziels.
- Soziale Arbeit für die anvertrauten Klienten schließt das Engagement für die Eltern ein, denn in aller Regel ist „Kindeswohl" auch „Familienwohl".
- Eltern leben seit jeher mit den anvertrauten Klienten und haben eine eigene Sicht, die immer auch gute Gründe hat. Angehörige haben ein Recht auf ihre persönliche und ernstgenommene Sichtweise zu einem Problem.
- Die Förderung von Kontakt, Konflikt- und Problembearbeitung wird in aller Regel die Ziele von Interventionen unterstützen. Nur in wenigen Situationen wird es sinnvoll sein, den Kontakt von Angehörigen und Klienten zu unterbinden (akute Gewaltandrohung, massive sexuelle Gewalt u. a.). Und auch wenn keine Rückplatzierungen beabsichtigt sind, ist zur Förderung der Ablösung und zur Begründung neuer Beziehungsformen Angehörigenarbeit nötig.
- Die Familie ist das ursprünglichste und längste Beziehungssystem der Klienten. Es wird auch dann noch da sein, wenn die Soziale Arbeit längst aus dem Spiel ist.

In den folgenden Ausführungen soll es um allgemeine Arbeit mit Eltern, Angehörigen und Bezugspersonen gehen. Im Zentrum der Angehörigenarbeit steht dabei der Klient oder die Klientin, die der Institution anvertraut wurde. Ziel der Arbeit mit den Angehörigen ist nicht die Veränderung der Familie. Dies wäre der Familienberatung oder Familientherapie vorbehalten.

7.4.1 Strukturbedingungen in Angehörigengesprächen

Kontext (Auftrag, Institution, Aufgabe): Sozialpädagogik ist öffentliche, außerfamiliäre und außerschulische Erziehung, Betreuung, Begleitung von Kindern, Jugendlichen und Erwachsenen mit Beeinträchtigungen in der selbstständigen

Lebensgestaltung. Sie fußt immer auf einem öffentlichen oder Klientenauftrag. Dieser steht in einem rechtlichen Rahmen (z. B. vormundschaftliche Maßnahme). In der Regel existieren ein Auftraggeber (Angehörige, Klienten oder Behörden) und ein definierter Auftrag (Betreuung oder Begleitung). Je nach Problemlage und Auftrag definiert sich auch die Arbeit mit den Angehörigen der Klienten. Angehörigenarbeit will nicht die Familie verändern, sondern mit ihr zusammen Bedingungen und Ziele der Arbeit mit den Klienten erarbeiten und Stabilisierung, Entwicklung und Verhaltensänderung der Klienten ermöglichen. Nach diesem Grundauftrag richten sich auch die Konzepte sozialpädagogischer Institutionen oder die Teilkonzepte der Arbeit mit Eltern oder Familien aus.

Angehörigengespräche gehören bei stationären Maßnahmen zu den Kernaufgaben der sozialpädagogischen Arbeit. Sie sichern grundlegende Rechte der Klienten (Kontakt zu ihrem Herkunftssystem) und Platzierungserfolge durch die Kooperation mit den Familien. Bei langfristigen Platzierungen wie in der Behindertenarbeit erhält und unterstützt die Angehörigenarbeit das soziale Netz des Klienten mit seiner Familie und verhindert so soziale Ausgrenzung platzierter Klienten. Falls Angehörige vormundschaftliche oder erziehungsrechtliche Funktion haben (freiwillige Platzierungen), sind sie die Auftraggeber der Institution, und Fachkräfte der Sozialen Arbeit erhalten durch Angehörige einen Betreuungsauftrag.

Anlass und Vorgeschichte: Auch bei Angehörigengesprächen sind Anlässe und Vorgeschichten so individuell wie die Familien und die Kooperationen mit den betreuenden Institutionen. Angehörigenarbeit sollte regelmäßig erfolgen, nicht nur bei Problemen oder Konflikten mit den Familien. Dabei kann es sich um längerfristige Standort- und Austauschgespräche oder auch um Gespräche aus aktuellem Anlass handeln. Günstig ist in der Regel, wenn die Kooperation schon zu Beginn von Interventionen eingerichtet wird und in Gesprächen daher eine gewisse Erwartbarkeit, Planungssicherheit und Stabilität entwickelt werden kann.

Ziele und *Inhalte:* Die Gespräche mit Angehörigen haben Information über das Befinden der Klienten, wechselseitige Rückmeldung zu den Klienten und den Einbezug der Angehörigen bei wichtigen Entscheidungen als Ziel. Sie sollen Hilfe für Angehörige in Situationen der Überforderung und Unsicherheit ermöglichen und die Zusammenarbeit zum Wohl der Klienten auf den Weg bringen. Angehörigengespräche haben das Ziel einer echten Kooperation. Eltern werden dabei nicht als Co-Therapeuten verpflichtet, sondern haben ihre eigene Position und Rolle und setzen eigene Schwerpunkte im Umgang mit der Intervention und ihrem Familienmitglied.

Personen und Persönlichkeiten: Für Eltern ist die Situation von Platzierungen häufig schwierig – das eigene Kind, das man von Geburt an begleitet hat, in eine Institution abgeben zu müssen, ist häufig mit einer biografische Krise verbunden. Gefühle eigenen Erziehungsversagens, Schuldgefühle sind häufig und eine Platzierung ist vielleicht auch von Krisen des Kindes und/oder der Familie sowie von Konflikten begleitet. Die Folgen dieser Erfahrungen und Reaktionen auf eine Platzierung und die geforderte Kooperation mit einer Institution können sehr unterschiedlich sein, das Spektrum reicht von

- problematischen Erwartungen („Bitte reparieren und heil zurückgeben")
- über Abgabementalität („Bin froh, bin ich den Balg los"),
- gute Kooperation („Wir sind froh, dass er/sie hier ist – wir arbeiten zusammen"),
- Konkurrenz („Wir sind die Besseren/immer noch die Eltern),
- Klagen („Die Institution macht … nichts/alles falsch/anders, als wir wollen),
- bis zu fordernder Haltung, Kontrolle oder Vorwürfen („Machen Sie mal …")
- oder Nichtkooperation oder gar Kampf gegen die Einrichtung (v. a. bei vormundschaftlichen oder gerichtlich angeordneten Platzierungen).

Mit diesen Voraussetzungen seitens der Eltern ist in der Angehörigenarbeit zu rechnen. Die Einfühlung in die Situation der Angehörigen, Respekt und Wertschätzung ihnen gegenüber und eine ressourcen- und lösungsorientierte Grundhaltung sind hierbei grundlegend hilfreiche Einstellungen, um eine Kooperation auch unter erschwerten Bedingungen auf den Weg zu bringen (Ahl und Schwing 2019, S. 27).

Beziehungsstrukturen im Gespräch: Eltern sind Laien und arbeiten im Rahmen von Hilfeprozessen mit Fachkräften zusammen. Die Beziehung von Angehörigen und Fachkräften stellt daher ein doppeltes Gefälle her: Die Familie kennt ihre Kinder seit Jahren, ist mit ihnen vertraut und verbunden, darin ist ihre Macht und ihr Gewicht in der Arbeit begründet – und sie sind Experten für ihre Kinder. Sie sind andererseits Laien und auf die Soziale Arbeit angewiesen. Fachkräfte haben fachliche Kenntnisse und Erfahrungen, einen professionellen Auftrag, ihre Bindung an die Klienten ist aber in der Regel temporär und kann jederzeit aufgelöst werden. Dieses doppelte Gefälle unter dem Blickwinkel der Zusammenarbeit hat nicht selten Differenzen und Konflikte zur Folge.

Für die stationäre Behindertenarbeit haben Klauss und Wertz-Schönhagen(1993) diese Zusammenarbeit untersucht und Folgendes festgestellt: Eltern haben sich in der Regel nicht bewusst dafür entschieden, ein behindertes Kind zu haben, Fachkräfte hingegen entscheiden sich für ihren Beruf. Eltern sind ihr Leben lang Eltern, Fachkräften steht jederzeit die Kündigung offen. Eltern, die ein gutes Verhältnis zum Heim wollen, müssen aus ihrer Sicht viel für dieses

Verhältnis tun, Sozialpädagogen stehen nicht unter diesem Druck. Erzieher berichten häufig von Wertschätzung für ihre stationäre Arbeit – die gleiche Wertschätzung wird Eltern häufig nicht zuteil. Beide sehen sich als Anwälte des Klienten, was häufig zu Konflikten führt.

Beide Seiten sehen eine Konfliktursache darin, dass Eltern Fachkräften zu viel dreinreden. Effektive Konfliktbewältigung zwischen beiden Parteien scheint eher selten zu sein, die Interaktion ist geprägt von Vermutungen und Projektionen. Eltern von Menschen mit Behinderung kennen in der Regel die Welt des Heims gut, das Umgekehrte kann man von Sozialpädagogen häufig nicht sagen, sie kennen die familiären Lebenswelten und -bedingungen meist eher wenig (Klauss und Wertz-Schönhagen 1993, S. 287 ff.). Diese Schieflagen sollten im Interesse einer konstruktiven Kooperation, wenn möglich in Richtung einer echten Partnerschaft, aufgelöst werden.

7.4.2   Gesprächsphasenkonzepte für Angehörigengespräche

Für das Angehörigengespräch wird hier kein eigenes Gesprächsphasenkonzept entwickelt. Das in Kap. 4 vorgestellte allgemeine Verlaufskonzept oder das der Klärungshilfe eignen sich dafür gut. Die Form eines Beratungsgesprächs sollte hingegen nur herangezogen werden, wenn tatsächlich eine Anfrage um Unterstützung, d. h. ein Beratungsauftrag der Eltern oder Angehörigen vorliegt. Die Gesprächssituation ist in der Angehörigenarbeit eher als Kooperation und Koordination von familiärer Lebenswelt und Lebenswelt der Institution zu sehen. Dafür sind der Rahmen, die Inhalte und die Gesprächsführung entsprechend auszugestalten. Bedingt durch die sensiblen Beziehungsverhältnisse zwischen Angehörigen und Fachkräften ist in jedem Fall geraten, eine personzentrierte Grundhaltung, Ressourcen- und Lösungsorientierung ins Zentrum der Kooperation und Gespräche zu rücken.

7.4.3   Einige grundlegende Arbeitsregeln für Angehörigengespräche

Für die Kooperation von Fachkräften und Angehörigen sind die folgenden, von Speck für sonderpädagogische Einrichtungen entwickelten, aber in vielen Feldern nützlichen Regeln hilfreich (Speck 1991, S. 359 ff.):

- Betrachte Angehörige als Partner und beziehe sie systematisch in die Arbeit ein.
- Wertschätze die Bemühungen von Angehörigen um ihre Familienmitglieder.
- Informiere Angehörige systematisch und nicht zufällig oder nur beiläufig über wichtige Ereignisse im Leben von Klienten.
- Pflege Kooperation vom Anfang einer Platzierung an mit Auftragsklärung und einem Kontrakt zur Zusammenarbeit. Auch wenn Angehörige kein direktes Mandat an Fachkräfte erteilen, werden sie es danken, ernst genommen zu werden;
- Tausche Rückmeldungen im Angehörigengespräch wechselseitig aus.
- Betrachte Eltern als Experten für ihre Kinder und gestehe ihnen eigenständige Positionen zu.
- Zeige keine übersteigerte Fachautorität oder Machtgehabe – das behindert eine gelingende Kooperation. Professionalität ist nicht zwingend bedeutsamer als Erfahrung und Meinung von Angehörigen.
- Nimm die Verantwortung für den professionellen Bereich wahr. Bring Fachkenntnisse auf Nachfrage ein, Eltern können davon profitieren.
- Erarbeite zum Wohl der betreuten Klienten gemeinsame Problemdefinitionen und geteilte Ziele.

7.5 Gespräche in der Ablösungsphase

Hilfeprozesse in der Sozialen Arbeit lassen sich in eine Eingangs-, Arbeits- und Abschluss- oder Ablösungsphase einteilen. Wie die Anfangsphase eines Hilfeprozesses so ist auch dessen Abschluss eine sensible und kritische Phase, die wesentlich über den nachhaltigen Erfolg einer Intervention entscheidet (Germain et al. 1999, S. 91; Schwing und Fryszer 2018, S. 313 ff.).

Phasen der Ablösung und Trennung im menschlichen Leben sind kritische Phasen. Die Ablösung vom Elternhaus, eine Scheidung, belastender noch der Tod eines Familienmitglieds und auch die Beendigung einer professionellen Beziehung sind Abschiede, die kritische Übergangsphasen darstellen. Mit ihnen weicht die Stabilität der Arbeitsphase in einer Intervention, der gemeinsamen Arbeit an einem Problem, einer hilfreichen professionellen Arbeitsbeziehung und etablierter Regeln und Routinen der Unsicherheit, welche die Folge der wiedergewonnenen Autonomie und Selbstständigkeit ist.

Die Lebenslaufforschung weiß, dass auch freudige Ereignisse wie eine Heirat oder die Geburt eines Kindes kritische Lebensereignisse sind. Egal, ob ein Hilfeprozess also erfolgreich und stimmig oder unter Konfliktbedingungen und im Dissens beendet wird, der Abschluss stellt für die Klienten und auch für ihr Umfeld eine kritische Phase dar. Ablösungsphasen wecken biografische Trennungserfahrungen wieder, sie wiederholen vielleicht Trennungserlebnisse und bringen eine Vielfalt gegensätzlicher Gefühle mit sich. Die Freude über die wiedergewonnene Autonomie mischt sich mit der Ungewissheit über das Kommende und der Trauer über den Verlust des Unterstützungssystems.

7.5.1 Die Dynamik von Ablösungsprozessen

Ablösungsprozesse werden in der Literatur häufig mit Trauerphasen verglichen (Kast 2015): Um diese ambivalenten und ungewissheitsbelasteten Gefühle zu vermeiden, kann es in Abschlussphasen von Hilfeprozessen vermehrt zu kritischen Reaktionen der Klienten kommen. Im ungünstigeren Fall brechen Klienten Hilfeprozesse einfach ab oder schaffen Konflikte, um leichter oder überhaupt gehen zu können, sie verlängern und verzögern eine Maßnahme, die mit guten Gründen zu beenden wäre. Schwing und Fryszer (2018) nennen folgende Abschiedsmuster:

- *Entwerten/Spalten* („Hat nichts gebracht, war langweilig"),
- *Trennung vorwegnehmen* („Bevor du gehst, geh' ich"),
- *Verleugnen* („Über Abschiede sollte man nicht reden"),
- *Regredieren, Flucht in die Abhängigkeit* („Neue Symptome, alte Symptome"),
- *Dramatisieren/Erpressen* („Das überlebe ich nicht", „dann ist es aus"),
- *Projektion/Personalisieren* („Sie wollen, dass ich gehe, haben ja viele Klienten")
- *Rationalisieren* („Trennung ist normal, jeder Abschied ein Neubeginn"),
- *Vermeiden, Ablenken, Hinauszögern* („Könnten wir nicht noch …")
- *Streiten* („Das muss ich jetzt aber noch loswerden …").

Um solch problematische Abschlüsse von Hilfeprozessen zu vermeiden, muss die Abschlussphase gestaltet werden. Im Folgenden werden Empfehlungen für Gespräche in der Ablösungsphase gegeben, ohne dass dabei auf eine einzige Gesprächsform (das Abschlussgespräch) fokussiert wird. Die Ausführungen beziehen sich auf die personal-situativen Konstellationen und die bedeutsamen Arbeitsregeln in den Gesprächen der Ablösungsphase.

Eine erfolgreiche Ablösungsphase

* leistet *Trennungsarbeit* und emotionale Ablösung des Klienten von den Beziehungen im Hilfesystem,
* *evaluiert* die Intervention, den Prozessverlauf und die Wirkungen,
* schafft gute *Zukunftsperspektiven* für die Klienten,
* leitet eventuell *Anschlussmaßnahmen* ein und organisiert sie
* und ermöglicht das *Abschiednehmen* (Germain und Gitterman 1999, S. 460).

Dies hat Folgen für die Gespräche in der Ablösungsphase: Fachkräfte und Klienten schauen gemeinsam zurück; durch Wahrnehmen, Erinnern und Bewusstwerden verarbeiten sie den Hilfeprozess. Sie werten gemeinsam aus und beurteilen Erfolge und Misserfolge. Aus der Evaluation heraus sichern und stabilisieren sie das Erreichte mit Blick auf die kommende Selbstständigkeit und arbeiten am Transfer auf die neue Lebenssituation. Sie schauen voraus und blicken auf das zukünftige Leben des Klienten; und sie nehmen ausdrücklich Abschied voneinander.

Ablösungsphasen werden mit dem Muster von Trauerprozessen verglichen; es ist deshalb hilfreich, sich den Verlauf eines Trauerprozesses in der Ablösungsphase vor Augen zu halten, um emotionale Reaktionen und Handeln von Klienten besser einschätzen zu können und nicht falsch zu interpretieren. Folgende Stadien der Trennung lassen sich unterscheiden (Germain und Gitterman 1999, S. 467 ff.):

* *Verleugnung und Vermeidung* stehen häufig am Beginn der Ablösungsphase. Je befriedigender ein Hilfeprozess und die Beziehungen in ihm waren, desto wahrscheinlicher werden Klienten den nahenden Abschluss ignorieren. Dies kann hilfreich sein, um noch Zeit zu gewinnen, sich die Konsequenzen des Abschlusses bewusst zu machen und die Mittel zur Bewältigung zu entwickeln. Risiken in dieser Phase sind, die Verleugnung zu übernehmen und den Abschied nicht explizit genug zu thematisieren.
* *Negative Gefühle* entstehen als Nächstes häufig dann, wenn der Abschluss nicht mehr ignoriert werden kann. Dies ist meist eine Phase intensiver, starker negativer, evtl. auch ambivalenter Gefühle. Klienten kritisieren vielleicht den Hilfeprozess, die Bezugspersonen im Hilfesystem, verwerfen und entwerten die Intervention und sind überraschend aggressiv. Ein Risiko von Abbrüchen oder konflikthaften Beendigungen ist in dieser Phase vermutlich am größten.

- *Trauer* über den Abschluss kann erst zugelassen und empfunden werden, wenn die Phase der negativen Gefühle durchgestanden ist, so die Logik des Modells. Dies kann bei intensiven emotionalen Beziehungen in stationären Platzierungen vielleicht sehr stark, vielleicht auch nur als leichtes Bedauern erscheinen. Die Risiken in dieser Phase sind die Flucht in fröhlichen Aktivismus, um den Trennungsschmerz zu verarbeiten, was Klienten mit ihrer Trauer alleine lässt.
- *Erleichterung* als letzte Phase wird erst dann möglich, wenn diese eher belasteten Stadien durchgestanden und die emotionalen Themen in ihnen verarbeitet sind. Der sachliche Teil der Abschlussphase ist erst in dieser letzten Phase der Trennung wirklich möglich (Germain und Gitterman 1999, S. 482). Die Evaluation der Ziele und verbleibenden Aufgaben, die Organisation der Zukunft und die letzte Loslösung und Verabschiedung sollten erst in Angriff genommen werden, wenn der emotional schwierigere Teil der Ablösung erfolgt ist. Die negativen Gefühle würden Auswertung, Anschlussperspektiven und Abschied erschweren.

7.5.2 Hinweise und Arbeitsregeln für Gespräche in der Ablösungsphase

Folgende Einstellungen und Aktivitäten in Gesprächen der Ablösungsphase sind generell hilfreich: Die Einstellung, dass Klienten ein Recht auf ein Ende des Hilfeprozesses haben, steht im Zentrum. Diese Einstellung ist besonders dann nicht trivial, wenn Fachkräfte den Eindruck haben, eine Intervention sollte noch länger dauern. Da Abschlüsse mit erhöhter Emotionalität verbunden ist, sollten alle Gesprächspartner darauf sensibilisiert werden. Da Rückfälle in alte Verhaltensmuster möglich und sogar wahrscheinlich sind, sollten sie besprochen werden, um neues Verhalten zu stabilisieren (vgl. Kap. 6.5). Den Abschied erschwerende Bedingungen sollten identifiziert werden. Die Selbstwirksamkeit ist in der Abschlussphase besonders wichtig, daher sollten Klienten und Fachkräfte auf Selbstkontrolle und Selbstbelohnung für erworbenes Verhalten hinarbeiten.

Germain und Gitterman geben phasenspezifische Hilfen für Gespräche in der Abschlussphase an, die ein konstruktives Durchlaufen des vierstufigen Ablösungsprozesses unterstützen.

In der Phase der *Verleugnung und Vermeidung* ist es in den Beratungs- oder Begleitungsgesprächen sinnvoll,

- genug Zeit zur Verfügung zu stellen,
- die Realität des Abschieds immer wieder ins Bewusstsein zu rufen,

- visuelle Hilfen zur Erinnerung wie Kalender oder Abschlusspläne zu nutzen,
- Klienten konkrete Unterstützung und Hilfeleistung zu geben und
- Fürsorglichkeit zu gewähren und nicht (aus Gründen der wachsenden Selbständigkeit) zu verwehren.

Um die Phase der *negativen Gefühle* zu bewältigen, sollten Fachkräfte

- negative Gefühle als notwendigen Bestandteil des Abschieds akzeptieren,
- ihren Ausdruck ermutigen und ihnen nachgehen, statt sie zu ignorieren,
- Klienten stützen, wenn sie verärgert sind,
- Machtkämpfe vermeiden und
- Vertrauen in die Klienten und die Arbeitsbeziehung vermitteln.

In der Phase der *Trauer* begleiten Fachkräfte ihre Klienten mit

- Ermutigung des Ausdrucks von Trauer,
- eigenem Bedauern, wenn dieses echt ist, und mit Takt, wenn sie erleichtert sind, dass Klienten austreten oder gehen,
- Verzicht auf fröhlichen Aktivismus.

In der Phase der Erleichterung schließlich ist in Gesprächen hilfreich,

- die gemeinsame Arbeit zu rekapitulieren,
- Stärken und Erfolge hervorzuheben,
- verbleibende Schwierigkeiten zu diskutieren,
- Rückschau zu halten und gewonnene Erfahrungen zu resümieren,
- nächste Schritte, Übertritte oder Anschlussmaßnahmen anzugehen,
- die Arbeit ausklingen zu lassen (und keine neue zu beginnen) und
- Gelegenheit für letzte Verabschiedungen zu geben.

Lern- und Reflexionsfragen

- Benennen Sie die sieben typischen Schritte eines Hilfeprozesses und ordnen Sie diesen typische Gesprächsformen zu.
- Was sind die drei Hauptfunktionen von Erstgesprächen?
- Beschreiben Sie die Dynamik freiwilliger, durch Netzwerkangehörige angeregter und behördlich verordneter Erstkontakte: Was macht den Unterschied?
- Beschreiben Sie den typischen Ablauf eines Erstgesprächs: Was sollten Sie in Erstgesprächen keinesfalls tun?

- Erläutern Sie Ihnen bedeutsam gewordene Arbeitsregeln zum Erstgespräch.
- Erläutern Sie die drei Hauptschritte in Zielklärungsgesprächen.
- Warum ist die Stärkung des Zielengagements von Klienten so bedeutsam?
- Erläutern Sie Ihr persönliches Verständnis von Beratung.
- Was bedeutet funktionale Asymmetrie und personale Symmetrie der Beratungsbeziehung? Geben Sie ein Beispiel.
- Beschreiben Sie den typischen Ablauf eines Beratungsgesprächs anhand einer Fallsituation.
- Erläutern Sie die fünf Wirkprinzipien von Therapie und Beratung nach Grawe.
- Fühlen Sie sich in die Situation von Angehörigen oder Eltern ein – was beachten Sie besonders in Gesprächen mit ihnen?
- Die besondere Dynamik der Ablösung – beschreiben Sie die Phasen, und was Sie in der Gestaltung von Abschlüssen beachten.
- Wie gehen Sie mit Abwehrformen (z. B. Rationalisieren, Entwertungen, gesteigerte Abhängigkeit) in der Ablösungsphase um?

Literatur

Ahl, K. & Schwing, R. (2019). Elterngespräche konstruktiv führen: systemisches Handwerkszeug. Göttingen: Vandenhoeck & Ruprecht.

Aich, G., et al. (2017). Kommunikation und Kooperation mit Eltern. Weinheim: Beltz.

Ansen, H. (2006). Soziale Beratung bei Armut. München: Reinhardt.

Bachmair, S. (2014). Beraten will gelernt sein. Weinheim: Beltz.

Bamberger, G. G. (2015). Lösungsorientierte Beratung. Weinheim: Beltz.

Belardi, N. (2011). Beratung: eine sozialpädagogische Einführung. Weinheim: Beltz.

Benien, K. (2015). Schwierige Gespräche führen. Reinbek bei Hamburg: Rowohlt.

Conen, M.-L., et al. (2018). Wie kann ich Ihnen helfen, mich wieder loszuwerden? Therapie und Beratung mit unmotivierten Klienten und in Zwangskontexten. Heidelberg: Auer.

Egan, G. (2001). Helfen durch Gespräch. Ein Trainingsbuch für helfende Berufe. Weinheim: Beltz.

Egan, G. & Reese, R. J. (2019). The Skilled Helper: A Problem-Management and Opportunity-Development Approach to Helping. Boston: Cengage.

Fine & Glasser (1996). The First Helping Interview : Engaging the Client and Building Trust. Thousand Oaks: SAGE Publications.

Fuhr, R. (2003). Struktur und Dynamik der Berater-Klient-Beziehung. In: Krause, C., et al. (Hg.). Pädagogische Beratung. Paderborn: Schöningh. S. 32-50.

Geiser, K. (2015). Problem- und Ressourcenanalyse in der Sozialen Arbeit. Luzern: interact.

Germain, C. B., et al. (1999). Praktische Sozialarbeit: das „Life model" der Sozialen Arbeit. Stuttgart: Enke.

Grawe, K., et al. (2001). Psychotherapie im Wandel: von der Konfession zur Profession. Göttingen: Hogrefe.

Hochuli Freund, U. & Stotz, W. (2017). Kooperative Prozessgestaltung in der Sozialen Arbeit. Stuttgart: Kohlhammer.

Kähler, H. D. & Gregusch, P. (2015). Erstgespräche in der fallbezogenen Sozialen Arbeit. Freiburg i. B.: Lambertus.

Kast, V. (2015). Trauern: Phasen und Chancen des psychischen Prozesses. Stuttgart: Kreuz.

Klauss, T. & Wertz-Schönhagen, P. (1993). Behinderte Menschen in Familie und Heim. Weinheim: Juventa.

Kleve, H. (2002). Systemische Kontextklärung in der sozialarbeiterischen Beratung. In: Sozialmagazin. 3. Jg. S. 16–23.

Lenz, K. (2009). Handbuch persönliche Beziehungen. Weinheim: Juventa.

Miller, W. R. & Rollnick, S. (2015). Motivierende Gesprächsführung. Freiburg i.b.: Lambertus.

Müller, B. & Hochuli Freund, U. (2017). Sozialpädagogisches Können. Freiburg i.b.: Lambertus.

Redlich, A. (2009). Gesprächsführung in der Beratung von Lehrern, Eltern und Erziehern. Hamburg: Fachbereich Psychologie, Arbeitsgruppe Beratung und Training.

Schlippe, A. v. & Schweitzer, J. (2016). Lehrbuch der systemischen Therapie und Beratung. Göttingen: Vandenhoeck & Ruprecht.

Schmitz, L. (2016). Lösungsorientierte Gesprächsführung. Dortmund: Verlag Modernes Lernen.

Schubert, F.-C. (2013). Systemisch-sozialökologische Beratung. In: Nestmann, F., et al. (Hg.). Das Handbuch der Beratung 3: Neue Beratungswelten. Tübingen: DGVT-Verlag. S. 1483-1505.

Schulz von Thun, F. (2016). Miteinander reden 3: Das „Innere Team" und situationsgerechte Kommunikation. Reinbek bei Hamburg: Rowohlt.

Schwing, R. & Fryszer, A. (2018). Systemisches Handwerk. Göttingen: Vandenhoeck & Ruprecht.

Speck, O. (1991). System Heilpädagogik: Eine ökologisch reflexive Grundlegung. München: Reinhardt.

Spiegel, H. & Sturzenhecker, B. (2018). Methodisches Handeln in der Sozialen Arbeit. München: Reinhardt.

Staub-Bernasconi, S. (2018). Soziale Arbeit als Handlungswissenschaft. Stuttgart: UTB.

Stemmer-Lück, M. (2012). Beziehungsräume in der Sozialen Arbeit: Psychoanalytische Theorien und ihre Anwendung in der Praxis. Stuttgart: Kohlhammer.

Stimmer, F. & Weinhardt, M. (2010). Fokussierte Beratung in der Sozialen Arbeit. München: Reinhardt.

Thomann, C. & Schulz von Thun, F. (2007). Klärungshilfe 1: Handbuch für Therapeuten, Gesprächshelfer und Moderatoren in schwierigen Gesprächen. Reinbek bei Hamburg: Rowohlt.

Volpert, W. (2003). Wie wir handeln – was wir können: ein Disput als Einführung in die Handlungspsychologie. Sottrum: Artefact.

Wälte, D. & Borg-Laufs, M. (2018). Psychosoziale Beratung: Grundlagen, Diagnostik, Intervention. Stuttgart: Kohlhammer.

Weinberger, S. (2013). Klientenzentrierte Gesprächsführung. Weinheim: Juventa.

Zobrist, P. & Kähler, H.-D. (2017). Soziale Arbeit in Zwangskontexten: Wie unerwünschte Hilfe erfolgreich sein kann. München: Reinhardt.

Weiterführende Literatur

Kähler, H. D. & Gregusch, P. (2015). Erstgespräche in der fallbezogenen Sozialen Arbeit.
    Freiburg i. B.: Lambertus.
Egan, G. (2001). Helfen durch Gespräch. Ein Trainingsbuch für helfende Berufe. Wein-
    heim: Beltz.
Ahl, K. & Schwing, R. (2019). Elterngespräche konstruktiv führen: systemisches Hand-
    werkszeug. Göttingen: Vandenhoeck & Ruprecht.
Germain, C. B. & Gitterman, A. (1999). Praktische Sozialarbeit. Das „Life model" der
    Sozialen Arbeit. Stuttgart: Enke. Kapitel 9: Beendigungen. S. 460–499.

Gespräche im Kontext der Organisation

8

Das Kapitel führt in vier für den beruflichen Alltag grundlegende Gesprächsformen zur Kooperation von Fachkräften ein. Regelmäßige Teamsitzungen
leisten den Austausch über Klienten-, Team- und organisationsbezogene
Themen, sie organisieren und reflektieren die Arbeit im Team. Außerordentliche
Arbeitsbesprechungen klären und koordinieren eher organisations- oder projekt-
bezogene Aufgaben. Die kooperative Beratung als eine Form von Intervision
ermöglicht die Selbstberatung von Fachkräften zu Fallsituationen oder persönlichen Themen im Beruf. Am Ende des Kapitels stehen das informierende
Gespräch und Anregungen zur verständlichen Vermittlung von Informationen in
helfenden oder kollegialen Gesprächen.

Fachkräfte der Sozialen Arbeit sind in der Regel in Institutionen tätig. Selbstständige Tätigkeit ist in der Sozialen Arbeit immer noch selten, und Privatpraxen
sind, anders als in der Psychologie und Psychotherapie, praktisch unbekannt.
Selbst die wenigen selbstständig tätigen Fachkräfte, die als Familienbegleiter,
Erlebnispädagogen, mandatsführende Beistände oder Berater wirken, arbeiten
mit einer Vielzahl von Fachkräften der eigenen und anderer Professionen, mit
Institutionen, Auftraggebern, freien Trägern und Behörden zusammen (Abb. 8.1).

Elektronisches Zusatzmaterial Die elektronische Version dieses Kapitels enthält
Zusatzmaterial, das berechtigten Benutzern zur Verfügung steht https://doi.
org/10.1007/978-3-658-29204-1_8. Die Videos lassen sich mit Hilfe der SN More
Media App abspielen, wenn Sie die gekennzeichneten Abbildungen mit der App
scannen.

© Springer Fachmedien Wiesbaden GmbH, ein Teil von Springer Nature 2020   193
W. Widulle, *Gesprächsführung in der Sozialen Arbeit,* Basiswissen Soziale
Arbeit 9, https://doi.org/10.1007/978-3-658-29204-1_8

Kapitel 8
Gespräche im Kontext
der Organisation

Einführungsvideo

Abb. 8.1 Einführungsvideo 8: Gespräche im Kontext der Organisation (https://doi. org/10.1007/000-0k3)

Die Interdisziplinarität und organisationale Einbindung Sozialer Arbeit macht professionelle Gespräche im Rahmen der Zusammenarbeit in und zwischen Organisationen zum beruflichen Alltag für jeden Sozialpädagogen, jede Sozialarbeiterin: Das Moderieren von Arbeitsbesprechungen, Team-sitzungen, Helferkonferenzen und Gesprächen in Projektgruppen gehört ent-sprechend zum elementaren Handwerkszeug jeder Fachkraft. Drei grundlegende Gesprächsformen im Kontext von Organisationen werden im Folgenden deshalb vorgestellt.

8.1   Teamsitzung und Arbeitsbesprechung

Sozialarbeiterinnen und Sozialpädagogen arbeiten in der Regel in Teams. Sie reflektieren in Hilfeplanungs- oder Fallbesprechungen die gemeinsame oder individuelle Klientenarbeit, treffen gemeinsam Entscheidungen und klären in Teamsitzungen und Arbeitsbesprechungen organisationsbezogene Aufgaben. Je nach Arbeitsfeld und Institutionsgröße bestehen die Teams primär aus Sozial-arbeiterinnen oder Sozialpädagogen, in vielen Institutionen wie der Psychiatrie, dem Allgemeinkrankenhaus oder größeren sozialpädagogischen Einrichtungen sind noch viele andere Berufsgruppen (Psychotherapeuten, Arbeitsagogen, Ärzte, Juristen, Heilpädagogen, Psychologen u. a.) an der Arbeit beteiligt.

In der Kinder- und Jugendhilfe, der Jugendarbeit, Projekten der Erlebnis-pädagogik oder der niederschwelligen Arbeit wird die gemeinsame Betreuung oder Begleitung von Klienten im Team organisiert.

In der Sozialarbeit ist die direkte Klientenarbeit zwar an einzelne Fachkräfte gebunden, im Team werden jedoch alle Fragen der Arbeitsorganisation
und institutioneller Abläufe, die Koordination der Klientenarbeit und kollegiale
Fallberatung im Team geleistet. Teamarbeit ist aus der Sozialen Arbeit nicht
wegzudenken, sie gehört zu den zentralen Arbeitsformen der Profession. Es
kann hier keine Einführung in die Teamarbeit geleistet werden. Das Ziel ist,
die Organisation und Leitung von Teamgesprächen und Arbeitsbesprechungen
vorzustellen. Für weitere Informationen wird auf die Literatur zur Einführung in
die Teamarbeit verwiesen (Becker 2016; Haug 2016; Noé 2012; Pohl und Witt
2019).

In der sozialarbeiterischen und sozialpädagogischen Arbeit gehören Teamsitzungen und Arbeitsbesprechungen zum Alltag. Anders als in der Wirtschaft,
wo Arbeitsbesprechungen eher für spezifische Anlässe oder projektbezogen
zusammengerufen werden, finden Teamsitzung und Arbeitsbesprechung
regelmäßig statt, sie unterliegen Routinen und verlaufen in festen Strukturen,
denn die Vernetzung der Fachkräfte, die Koordination von pädagogischer Alltags-
arbeit, von Fallführung, Bezugspersonenarbeit, Ressort- und Leitungsaufgaben ist
nur durch systematische und routinierte Teamarbeit zu leisten.

Im Folgenden wird zwischen regelmäßigen Teamsitzungen und bedarfs-
orientierten Arbeitsbesprechungen unterschieden. Die soziale Struktur beider
Formen ist ähnlich und wird gemeinsam vorgestellt, die Gesprächsphasenkonzepte werden getrennt behandelt.

Teamsitzungen werden nicht selten als nutzlos, überflüssig, langweilig, zäh
oder schwierig erlebt und Störungen in Sitzungen sind mannigfaltig. Sie lassen
sich aber durch entsprechende Maßnahmen bei Leitung oder Teilnehmenden
beheben, um die Sitzungen angenehmer und effektiver zu gestalten. Das Beachten
von Strukturen und Gesprächsphasen und eine gekonnte Gesprächsführung
helfen, lästige Sitzungsprobleme zu vermeiden. Folgende Schwierigkeiten
werden als häufig beschrieben (Lotmar und Tondeur 2004, S. 70 f.), dabei werden
Störungen der Sitzungskultur und der Sitzungstechnik unterschieden:

- *Probleme in der Sitzungskultur* sind z. B. emotional verschlossenes Klima,
  Passivität, Konflikte, Machtkämpfe, Fehlen gemeinsamen Problembewusst-
  seins, Themenabweichungen und unterschiedlicher Informationsstand der Mitglieder.
- *Probleme in der Sitzungstechnik* sind z. B. schlechte Vorbereitung der Mitglieder, fehlende Tagesordnungen (in der Schweiz: „Traktandenlisten"),
  willkürliche Auswahl der Tagesordnungspunkte, Unklarheit der Ziele der
  Sitzung, ungeeignete Auswahl der Teilnehmer, schlechte Leitung, geringe

Ergebnisorientierung, eine ungeeignete Gesprächstechnik, Störungen durch Klienten oder Telefon, schlechte Protokollführung oder ungenügende Zeitplanung.

Wenn immer wieder Probleme der Sitzungskultur und -technik belasten, kann das Fachkräften im Laufe einer zwanzigjährigen Berufslaufbahn Sitzungen durchaus vergällen. Andererseits ermöglichen Maßnahmen, dass Sitzungen effizient und klimatisch angenehm sind und eine geeignete Ausgangsbasis für die gemeinsame Arbeit darstellen. Teamsitzungen und Arbeitsbesprechungen eignen sich besonders im Rahmen des Studiums als erste Übungsmöglichkeit für Studierende; die neuen Lernformen im Studium fordern viele Formen von Kooperation in Projekt-, Arbeits-, Lern- und Trainingsgruppen, die von Studierenden als Lerngelegenheit für Moderation und Gesprächsleitung genutzt werden können.

8.1.1 Gesprächsstrukturen in Teams und Arbeitsbesprechung

Kontext von Teamsitzung und Arbeitsbesprechung (Auftrag, Institution, Aufgabe): Der Auftrag der Sozialen Arbeit erfordert ein hohes Maß an interner und externer Koordination. Klienten betreuen, begleiten, beraten und ihnen soziale Unterstützung bieten sind hochgradig vernetzte Tätigkeiten. Zum einen wird nach außen mit dem sozialen Umfeld von Institutionen und Klienten vernetzt: Es gibt Auftraggeber, Angehörige, andere soziale Einrichtungen oder Leistungsträger, mit denen Fachkräfte kooperieren müssen, um für Klienten erfolgreich zu sein. Zum anderen nach innen: Organisationen und Teams sind in der Regel arbeitsteilig organisiert und benötigen interne Koordination und Vernetzung. Dabei sind sowohl Sach- als auch emotionale und soziale Probleme zu klären.

Die Aufgaben von Teamsitzungen und Arbeitsbesprechungen sind dabei: gegenseitige Information und Austausch zu klienten- und institutionsbezogenen Fragen, Klären von Problemsituationen, gemeinsames Treffen wichtiger Entscheidungen, die Vorbereitung der direkten Klientenarbeit und Absprachen dazu, gemeinsame Reflexion und gegenseitige Unterstützung (sozialer Support), Arbeit an Konzepten, Arbeitsabläufen und methodischen Fragen.

Vorgeschichte und Anlass sind bei regelmäßig stattfindenden Teamsitzungen wenig relevant. Solche Sitzungen sind fester Bestandteil der institutionellen Arbeit. Bei außerordentlichen Arbeitssitzungen sind entweder Projekte oder besondere Gegebenheiten und Probleme der Anlass für Sitzungen; diese gilt es im Vorfeld zu klären.

Ziele und Inhalte: Teamsitzungen dienen verschiedenen Zielen, die von den Teammitgliedern, welche die Sitzung moderieren, bewusst zu deklarieren sind. Auf diese Weise lassen sich falsche Erwartungen, Missverständnisse und Verlust des Gesprächsfadens vermeiden und Traktanden zielgemäß behandeln. Den Teilnehmern der Teamsitzung sollten die Ziele der Sitzung oder auch eines einzelnen Tagesordnungspunktes bekannt sein. Folgende Zielebenen einer Sitzung, eines Themas oder Tagesordnungspunktes lassen sich unterscheiden; der Gesprächsprozess ist diesen Zielen entsprechend anzupassen:

- das Geben und Wahrnehmen wichtiger Informationen,
- Erfahrungsaustausch und Meinungsbildung,
- die Suche und kreative Sammlung von Ideen,
- die Analyse von Problemen und Suche nach Problemlösungen,
- die Erarbeitung von Entscheidungen,
- die Organisation, Koordination, Delegation und Verteilung von Aufgaben sowie
- Konfliktbearbeitung oder Krisenmanagement.

Teams treffen sich nicht um ihrer selbst willen, sie haben einen gemeinsamen Auftrag. Teamsitzungen sollten deshalb inhaltsorientiert und effizient sein, der Umgang mit Zeit pendelt zwischen „so kurz wie möglich und so ausführlich wie nötig". Ausreichend Zeit kann jedoch ebenfalls ein Problem von Sitzungen werden. Für Fragen oder Probleme, die vertieft geklärt oder Entscheidungen, die gemeinsam im Team getragen werden müssen, ist ausreichend Zeit ein Schlüsselfaktor für den Erfolg. Die Inhalte von Teamsitzungen lassen sich grob in drei Bereiche einteilen:

- Klientenbezogene Themen stellen den Kern jeder Teamsitzung dar, der Bezug zur Klientenarbeit sollte in allen regelmäßigen Sitzungen prioritär sein: Wochenjournale, Fallbesprechungen, die Vorbereitung oder Reflexion klientenbezogener Ereignisse (kritische Ereignisse im Alltag, wichtige Abschnitte/Ereignisse in Beratungsverläufen, aber auch Geplantes wie Standortgespräche).
- Institutions- und teambezogene Aufgaben sind der zweite Bereich. Ressortaufgaben müssen koordiniert werden, Termine besprochen und administrative Aufgaben behandelt werden.

- Die Thematisierung der Teamarbeit selbst ist schließlich nicht zu vernachlässigen und sollte regelmäßig und präventiv erfolgen – nicht erst, wenn Teamkonflikte oder Krisen entstehen. Die regelmäßige Arbeit an der psychosozialen Seite von Teamarbeit (Klima, Beziehungen, soziale Unterstützung, Klärung von Meinungsverschiedenheiten, Bildung einer Teamkultur, Teamentwicklung) kann Konflikten vorbeugen und durch ein positives Teamklima auch die Leistungsfähigkeit von Teams erheblich fördern.

Personen/personenbezogene Aspekte: In Teamsitzungen arbeiten wir als Fachkräfte gleichberechtigt und auf Augenhöhe zusammen. Dafür benötigen Teams Menschen mit folgenden Eigenschaften (Haug 2016; Pohl und Witt 2019):

- Eine *positive, aktiv-gestaltende Lebenseinstellung* beinhaltet ein positives Menschenbild, Kooperationsbereitschaft und Selbstwertgefühl.
- *Beziehungspflege und soziale Kompetenzen* mit gesprächs- und beziehungsfördernden Einstellungen stellen die soziale Basis der Teamarbeit dar.
- *Vertrauen und Akzeptanz* bedeuten, meine Eigenarten und die von anderen zu kennen, anzunehmen, von ihnen zu profitieren und ein grundlegendes Zutrauen in Kolleginnen und Kollegen zu haben.
- *Selbstverantwortung und Selbstorganisation* benötigt Teamarbeit, weil Aufgaben in der Regel in großer Autonomie erfüllt werden.
- Auch gilt *Selbstzuständigkeit* als Grundprinzip – ich bin kein Opfer der Umstände und mache niemand anderen für mein Verhalten verantwortlich.
- *Fachwissen und Lernbereitschaft* sind Basisvoraussetzungen, ohne die eine professionelle Arbeit undenkbar ist.
- *Respekt vor Grenzen* bei mir selbst und anderen nimmt Druck aus Situationen.
- *Risiko- und Fehlerfreundlichkeit* ermöglichen Lernchancen und Neues.
- *Prozessorientierung* nimmt Ziele, aber auch den Weg dorthin wichtig.
- *Lockerheit* ist ein Indikator, dass Teamarbeit auch Spaß macht. Tut sie's nicht, läuft etwas schief.

Diese normativen Vorstellungen sind in der Teamwirklichkeit natürlich nicht immer vorhanden: Mitarbeitende ohne soziale Ausbildung besitzen vielleicht wenig Fachwissen, dafür jahrelange Erfahrung in der Arbeit; neue Teammitglieder besitzen noch nicht das nötige Selbstvertrauen oder soziale Kompetenzen lassen unter Stress, Ermüdung oder anderen Belastungen zu wünschen übrig. Es gilt daher, einerseits die persönlichen Voraussetzungen und Eigenarten von Teammitgliedern für die Moderation von Sitzungen zu berücksichtigen. Andererseits können Sitzungen nicht ausschließlich auf besondere

Bedürfnisse und Eigenarten von Einzelnen abgestellt werden – die gemeinsame Aufgabe steht im Zentrum der Arbeit.

Beziehungsstrukturen im Gespräch: Die Beziehungen in Teams sind so vielfältig wie menschliche Beziehungen in allen sozialen Gruppenformen – sie können nahe oder distanziert, sicher und vertraut oder fragil, tragend oder krisenhaft, solidarisch oder eher kompetitiv sein. Auch Konflikte, Skepsis oder Feindseligkeiten kommen in Teams vor. Beziehungen unterliegen Gruppenprozessen, die sich mit personellen Wechseln wandeln. Und schließlich liegen in Teams offizielle wie auch informelle Rollen und Funktionen vor, die die Beziehungen prägen werden. Zwei Dinge unterscheiden aber Teams von anderen sozialen Gruppen, in denen Beziehungsdynamiken frei spielen können: Die Kernvorstellung von Teamarbeit ist der Kontraktgedanke und die Idee einer gemeinsamen Aufgabe. Das zeigt sich in diesen Grundsätzen und Einstellungen zur Beziehungsgestaltung in Teams:

- *Alle können sich einbringen, wie sie sind:* Es gibt keine Wertungen in den Beiträgen von Leitungspersonen oder Vorpraktikanten, jeder kann zur Problemlösung einen wichtigen Teil beitragen und niemand muss sich für ein Team verbiegen.
- *Stärken und Eigenarten* der Mitglieder werden gefördert. Keiner muss alles können. Unterschiede zwischen neuen und langjährigen Mitgliedern dürfen sein.
- *Alle sind bereit, sich zu ändern,* auch langjährige Mitarbeitende oder Führungskräfte. Dies relativiert Machtgefälle und informelle Hierarchien. Und schließlich:
- *Alle sind zuständig* (Nicht: „Wer ist hier zuständig?" sondern: „Wofür bin ich zuständig?"). Eine grundlegende Verantwortlichkeit und Bereitschaft, für die gemeinsame Arbeit zu denken, sollte die Beziehungen von Teammitgliedern prägen (Pohl und Witt 2019).

Die Rollen- und Machtverhältnisse in Teams sind in der Regel selten ausgewogen, es gibt formelle und informelle Rollen und ebensolche Machtpositionen, die ihre Berechtigung haben. Für Teamsitzungen besonders wichtig ist, dass Gesprächsführende ihre Macht als Sitzungsleitende nutzen und auch aktiv durchsetzen. Gerade wenn Leitungspersonen oder langjährige Kollegen mit in der Sitzung sind, besteht das Risiko, dass der gesprächsführenden Person die Leitung aus der Hand genommen wird. Die formellen Rollen, die für jede Teamsitzung zu vergeben sind, sind die Gesprächsleitung oder Moderation und das Protokoll. Wer diese Rollen einnimmt, besitzt auch gegenüber hierarchischen Positionen die „Sitzungsmacht".

Es ist einsichtig, dass es eine strukturelle Überforderung darstellen würde, komplexere Sitzungen mit mehreren Teilnehmern zu leiten und gleichzeitig das Protokoll zu führen. Die Protokollanten entlasten die Gesprächsleitung und unterstützen sie zusätzlich, indem sie den Gesprächsfaden und die Ergebnisse des Gesprächs sichern können. Es empfiehlt sich hier auch eine enge Zusammenarbeit der Sitzungsleitung und der Protokollführung. Beide können sich gegenseitig unterstützen, falls der Faden verloren geht, Ergebnisse nicht klar sind oder über das Ziel (z. B. Information und Meinungsbildung) hinaus diskutiert oder entschieden wird.

In diesem Buch wird zwischen den beiden Formen der (regelmäßigen) Teamsitzung und Arbeitsbesprechungen unterschieden. Beide Formen brauchen eine zielstrebige, ergebnisorientierte Moderation, die Sach- und auch soziale Themen in der Sitzung stark strukturiert, Themen und Ziele nennt, das Rederecht stark verwaltet, auf Zielsetzungen hinarbeitet und straff führt. Die Gesprächsführenden sind in Arbeitsbesprechungen aufgefordert, direktiv einzugreifen, wenn das Thema verlassen wird, Diskussionen im Kreis herumführen oder zum Konfliktgespräch ausarten. Es ist auch legitim, in Sitzungen auftauchende tiefer liegende Konflikte oder Störungen an einen anderen Ort der Klärung zu verweisen, um mit den zu behandelnden Themen vorwärtszukommen. In diesem Fall ist es wichtig, einen Konflikt deutlich zu benennen und als Störung zu deklarieren. Wenn diese in gebotener Kürze zu lösen ist, kann sie behandelt werden; bei schwerwiegenderen Problemen sollte der Sitzungsleiter einen Ort vereinbaren, wo die Partner das Thema besprechen können, um dann zum Thema zurückzuführen, mit der Bitte, die Störung momentan auf die Seite zu legen.

8.1.2　Ein Gesprächsphasenkonzept zur Teamsitzung

Im Folgenden wird ein Gesprächsphasenkonzept (vgl. Abb. 8.2) für sozialpädagogische und sozialarbeiterische Teamsitzungen vorgestellt. Die inhaltlichen Bestandteile können je nach Anforderungen von Organisation, Teamstruktur und Themen modifiziert werden. Teamsitzungen erfolgen in der Regel „ritualisiert". Sie folgen festgelegten Abläufen; die Situationsklärung zu Anlass, Kontext, Rollen der Beteiligten und Grund ihrer Anwesenheit ist deshalb in der Regel nicht nötig.

Teamsitzungen finden meist in Institutionen statt, wo Klienten leben oder ein und aus gehen. Sie sollten deshalb in Räumlichkeiten und unter Bedingungen abgehalten werden, wo das Team ungestört bleibt. Dazu braucht es eventuell eine Person im Team, die für Klienten zuständig ist und die Sitzung bei Bedarf kurz verlässt. Vorher geplante Traktanden, die Planung der Sitzung und Sitzungs-

Abb. 8.2 Ablauf einer Teamsitzung

leitung, die Sicherung der Informationen für Abwesende und die Protokollführung sind unabdingbare Voraussetzungen guter Teamsitzungen.

Das folgende Schema zum Ablauf einer Teamsitzung lehnt sich an das Modell
von Benien (2015) an, konkretisiert aber die Themen für die Handlungsfelder der
Sozialen Arbeit. Die Struktur der Themenbearbeitung (Themen nennen, wichtige
Informationen geben, Ziele zum Thema klären, Dialog und Lösungssuche,
gegebenenfalls Entscheidung und Erarbeitung von Aufgaben und Verantwortlichkeiten) wiederholt sich möglicherweise für jedes Thema, bis das angestrebte Ziel
zum Thema – Information, Austausch und Meinungsbildung, Anregung und Diskussion, Problemlösung und Entscheidung – erreicht ist. Die Phasen der Teamsitzung oder Arbeitsbesprechung werden im Folgenden detailliert erläutert.

8.1.2.1 Begrüßung und Kontakt

Die grundlegenden Rollen der Sitzungsleitung und des Protokolls sollten in
Teamsitzungen im Vorfeld vereinbart werden, nur so können sich die Betroffenen
auf die Sitzung vorbereiten. Die Sitzungstraktanden sollten den Teammitgliedern
vorher bekannt sein, sie sollten vorher beantragt werden können und transparent
sein.

Die Sitzungsleitung begrüßt die Teilnehmer und ermöglicht das „Ankommen"
in der Sitzung, z. B. durch eine kurze Runde, in der alle Anwesenden kurz
berichten, aus welcher Situation (Gruppendienst, Freizeit, Ferien, durch-
wachte Nacht mit kranken Kindern …) sie gerade kommen. Dies verschafft dem
Sitzungsleiter ein Bild vom Befinden des Teams und ermöglicht den Teilnehmern,
die aktuelle Situation anderer Teammitglieder zu verstehen.

8.1.2.2 Protokoll abnehmen, Themen klären

Danach wird das Protokoll abgenommen und werden etwaige Änderungen ins
neue Protokoll aufgenommen. Die Sitzungsleitung unterbricht, wenn ein Teammitglied sich über anderes als das Protokoll äußert und z. B. zu inhaltlichen Diskussionen über Themen der letzten oder aktuellen Teamsitzung übergeht.

Die bereits geklärten Traktanden können nun noch um aktuelle Themen ergänzt werden, dann wird eine ungefähre Zeitstruktur für die Sitzung festgelegt und mitgeteilt. Diese Zeitstruktur zu erstellen und immer wieder darauf Bezug zu nehmen, ist wichtig, damit für Themen, die später besprochen werden, genügend Zeit bleibt. Der Zeitplan kann an einem Flipchart oder mit anderen Medien visualisiert werden.

Viele Sitzungen scheitern an schlechtem Zeit- und Themenmanagement. Tagesordnungen werden überladen, die benötigte Zeit für Themen wird nicht angemessen eingeschätzt, Themen werden ständig vertagt oder nur unter Zeitdruck, flüchtig und in Erledigungsmentalität abgearbeitet. Häufig geraten vor allem die Entscheidungen am Ende eines Themas ungenügend, weil ausgerechnet da der Zeitdruck am größten ist, wo man eigentlich am meisten Ruhe und Zeit benötigen würde.

8.1.2.3 Wichtige Informationen

Eine der Aufgaben einer Sitzungsleitung ist es, wichtige Informationen mitzuteilen, die Leitung, Organisation oder Aktualitäten betreffen können. Dabei geht es nicht um Diskussion, sondern darum, das Team zu informieren. Diskussionen sollte die Leitung in dieser Phase deshalb kurz halten oder gleich unterbrechen. Die Informationsmenge in einer ganztägigen Teamsitzung ist enorm und das menschliche Aufnahmevermögen begrenzt. Es empfiehlt sich daher, sich auf ausgewählte Informationen zu beschränken und gegebenenfalls über andere Wege zu kommunizieren (Zirkulationsmappen, Mail, elektronische Dokumentationsformen).

In einer Sitzung sollten nur Informationen gegeben werden, die eine hohe Bedeutung besitzen oder eine thematische Bearbeitung zur Folge haben. Komplexe oder umfangreichere Informationen, die eigene Überlegungen und Gedanken dazu erfordern, müssen zwingend vor der Sitzung mitgeteilt werden, damit sich die Teilnehmenden ein Bild machen und vorbereiten können.

8.1.2.4 Klientenbezogene Themen, Vorschläge zu möglichen Themen

Zur klientenbezogenen Arbeit können in diesem Rahmen nur Vorschläge gemacht werden, da sich der Gesprächsbedarf je nach Arbeitsfeld, Konzept der Institution und Art von Klienten stark unterscheiden kann. Immer geht es jedoch darum, Information, Austausch, Koordination und Problemlösung zur direkten Klientenarbeit zu leisten. Die Klientenarbeit steht im Mittelpunkt der Teamaufgabe und damit auch der Sitzung. Bei jedem Tagesordnungspunkt ist vorab zu bestimmen, was das Ziel ist: Information, Austausch und Meinungsbildung, Entscheidungen oder die Organisation von Aufgaben und Verantwortlichkeiten. Eine Auswahl möglicher „Titel" zu klientenbezogenen Themen wäre:

- *Wochenjournal:* Das fallführende Teammitglied gibt eine Zusammenfassung der Klientenarbeit mit definierter Zeit pro Klient; das Team ergänzt.
- *Gruppensituation:* Das Team trägt Informationen zur aktuellen Gruppensituation zusammen, die Sitzungsleitung resümiert und zieht Schlüsse.
- *Kritische Ereignisse:* Teammitglieder berichten kritische, d. h. bedeutsame, konflikthafte oder risikobehaftete Ereignisse in der Klientenarbeit. Das Team sucht Lösungen für zukünftige Problemsituationen. Dies kann auch zu kooperativen Beratungen in Teamsitzungen führen. Dies ist ggf. anzukündigen und entsprechend Zeit einzuräumen (vgl. Abschn. 8.2).
- *Fallbesprechung und Hilfeplanung:* Ausführliche Fallbesprechungen, Interventions- oder Hilfeplanungen können große Teile einer Sitzung beanspruchen. Das fallführende Teammitglied erläutert den Fall, das Team diskutiert, analysiert und trifft ggf. Entscheidungen.
- *Bericht aus klientenbezogenen Ressorts:* Die Situation z. B. im Aufnahmeverfahren und der Stand von Belegung und Anfragen von Klienten werden geschildert und Schlussfolgerungen gezogen.
- *Berichte zu besonderen Anlässen in der klientenbezogenen Arbeit:* Angehörigen- oder geschlechtsspezifische Arbeit, Projekte und weitere anfallende Themen werden in diesem Zusammenhang bearbeitet.
- *Kollegiale Beratung/Intervision:* Zu Klienten, Alltags- oder Fallsituationen können Teammitglieder Intervision oder kollegiale Fallberatung beantragen (Lippmann 2013; Methner et al. 2013).

8.1.2.5 Organisationsbezogene Themen
Organisationsbezogene Themen und Aufgaben sind fester Bestandteil jeder Teamsitzung in der Sozialen Arbeit. Die Vielfalt an Themen ist so groß, dass hier nur einige mögliche genannt werden:

- *Administrative Aufgaben:* Finanzielles, Jahresplanung, spezielle Anlässe, Qualitätssicherung und Qualitätsentwicklung.
- *Mitarbeiterbezogene Themen:* Organisatorisches zu Standortgesprächen, kleinere Fort- und Weiterbildungsprojekte im Team, durch Mitarbeitende vorbereitet, Mitarbeitergespräche, falls sie im Team durchgeführt werden.
- *Kooperation in und außerhalb der Organisation:* Mit anderen Berufsgruppen, Institutionen, Trägern, Behörden.

- Themen zur Organisationsentwicklung, Öffentlichkeitsarbeit oder Teamentwicklung, Leitbild- und Konzeptarbeit.

8.1.2.6 Teambezogene Themen

Die Teamsitzung ist auch ein Mittel zur Teamentwicklung. Die gemeinsame Sorge für eine gute Arbeitsatmosphäre im Team trägt zur guten Aufgabenerfüllung und Arbeitsleistung wesentlich bei. Dies wird in Zeiten möglichst hoher Effizienz, Wirtschaftlichkeit und Qualitätsorientierung gelegentlich vergessen. Gerade teambezogene Prozesse benötigen Zeit, Entschleunigung und Pflege der zwischenmenschlichen Beziehungen. Dafür bieten sich bestimmte Themen besonders an; je nach dem Grad ihrer Intimität kommen sie nicht oder nur in Stichworten oder summarischen Ergebnissen oder gezogenen Konsequenzen ins Protokoll:

- *Klärung zu Teamklima und Teamarbeit:* Metakommunikation zur gemeinsamen Arbeit kann wesentlich zur Prävention von Störungen und Konflikten dienen, sie hilft, die Kommunikation und Teamidentität zu sichern. Sie sollte auf sich konkrete Themen und einen konkreten Zeitraum beziehen.
- *Bearbeiten von teaminternen Zielsetzungen:* Die Arbeit mit Teamzielen ist ein Motor der Teamarbeit (Berkel 2017). Ziele regelmäßig zu reflektieren, stärkt den Kontraktgedanken, motiviert bei Zielerreichung und gibt kritische Rückmeldung, wenn Erfolge ausbleiben. Die Bildung von gemeinsamen Haltungen, die Stabilisierung von Teams in kritischen Zeiten und die Integration neuer Teammitglieder könnten solche Ziele sein.

8.1.2.7 Zusammenfassung und Ausblick

Eine der wesentlichen Funktionen von Teamsitzungen ist die Vorbereitung und Koordination der gemeinsamen Arbeit mit Klienten und in der Organisation, also gemeinsames Handeln von Menschen vorzubereiten, auszulösen und abzustimmen. „Nach der Sitzung" ist also immer „vor der Arbeit". Die aufgabenbezogenen Ergebnisse müssen daher am Ende von Sitzungen gesichert werden. Dazu geht die Leitung am Ende einer Teamsitzung die folgenden Punkte durch:

- *Zusammenfassung wichtiger Arbeitsergebnisse:* Die wesentlichen Ergebnisse der Sitzung werden resümiert und fürs Protokoll ergänzt.
- *Bekräftigung von Entscheidungen:* Wichtige Entscheidungen werden nochmals in Erinnerung gerufen und benannt; dies erschwert nachgehende Einsprüche.
- *Festhalten von Aufgaben, Verantwortlichkeit und Terminen:* Dies sorgt dafür, dass kein wichtiger Punkt vergessen wird.

- *Sicherstellung des Informationsflusses:* Es wird bestimmt, wer in welcher Form außenstehende, vorgesetzte oder abwesende Personen informiert.
- *Ausblick auf wichtige Ereignisse und die nächste Sitzung:* Den Schluss dieses Teils bildet eine kurze Vorschau auf die nächste Sitzung, auf anstehende oder verschobene Themen und etwaig dafür notwendige Vorbereitungen.

8.1.2.8 Abschluss

Die Schließung der Sitzung geht leider gerne wegen Zeitnot und drängendem Alltag vergessen. Mit einem *Blitzlicht* zum Befinden, einem *Feedback* zur Teamsitzung und ggf. an die Sitzungsleitung, einer Möglichkeit, noch *Ballast* loszuwerden, dem *Dank* an die Beteiligten und einem offiziellen *Abschied* wird die Sitzung beendet.

8.1.3 Gesprächsphasen in außerordentlichen Arbeitsbesprechungen

Neben den regelmäßigen, standardisierten und meist teilnehmerkonstanten Teamsitzungen gibt es außerordentliche Arbeitsbesprechungen. Diese finden im Rahmen von Projekten, zur teamübergreifenden Kooperation oder in der Arbeit mit externen Partnern statt. Meist sind sie themenspezifisch und bearbeiten eine geringere Anzahl an Themen als die Teamsitzung. Teilnehmer werden oft speziell für diese Sitzung ausgewählt oder delegiert und kennen sich nur flüchtig oder gar nicht. Um für solche Gespräche ein gutes Klima zu schaffen und die Diskussion auf einen guten Weg zu bringen, braucht es andere Gesprächsstrukturen, eine andere Form der Gesprächsführung und andere Gesprächsphasen, besonders weil die Beziehungsebene bei Teilnehmern, die sich kaum kennen, von Ungewissheit, Vorsicht und anderen Problemen der Startphase von Gruppen gekennzeichnet ist (Benien 2015).

8.1.3.1 Kontakt- und Situationsklärung

In außerordentlichen Arbeitsbesprechungen muss, anders als in regelmäßigen Sitzungen, zunächst der Anlass und die Funktion des Gesprächs geklärt werden. Die Sitzungsleitung muss daher in der ersten Phase nach der Begrüßung erläutern, worum es geht und wie das Treffen zustande kam. Da die Beteiligten sich unter Umständen noch nicht kennen, ist ebenfalls zu klären, wer in welcher Rolle oder mit welchem Hintergrund anwesend ist. Dazu kann eine kurze Vorstellungsrunde dienen. Eine Anfangsrunde kann ggf. die persönliche Ausgangslage und Stimmung erkunden und gibt ein Gesamtbild der Teilnehmer. Der Kontext ist dabei zu beachten – in einem formellen Gespräch mit acht

Teilnehmern auf einer Behörde wirkt eine Runde zum persönlichen Befinden schnell deplatziert. Damit alle Teilnehmer innerlich „auf der gleichen Veranstaltung" sind, wird das Ziel der Besprechung geklärt. Der Einstieg schließt ggf. mit der Erarbeitung von Regeln für das Gespräch und erbittet ein Arbeitsbündnis („Können wir heute so zusammenarbeiten?").

8.1.3.2 Themenfindung

In außerordentlichen Arbeitsbesprechungen sind eher selten Standardthemen zu finden, zu denen ein routinierter Umgang der Teilnehmer vorausgesetzt werden könnte. Es handelt sich öfter um Sitzungen zu besonderen Anlässen, zu Krisen oder innovativen Themen, meist mit hohem Neuigkeitswert, Ungewissheitscharakter und Problemlösebezug.

Diese Themen müssen sorgfältig geklärt werden, auch wenn darüber (und das ist Pflicht der Vorbereitung) bereits mit der Einladung informiert wurde. Zusätzliche Themen oder Themenaspekte sollten vom Moderator abgefragt und aufgenommen werden. Themen sollten visualisiert und nach Wichtigkeit geordnet werden, auch der zeitliche Bedarf zur Besprechung sollte nun geschätzt werden.

Schließlich ist eine Einigung über die Themen und das angestrebte Zielniveau gefragt: Geht es um Information, Resonanz (Widerspruch, Bedenken, Ideen), Brainstorming, Meinungssammlung, Dialog, Entscheidungen, die Planung von Maßnahmen oder Reflexion von Ereignissen oder Themen? Wenn dies geklärt ist, kann der Moderator darüber eine Einigung herbeiführen.

8.1.3.3 Themenbesprechung

Der Moderator lanciert die Themenbesprechung, indem er die Startfrage zum ersten Thema noch einmal nennt, den Zusammenhang kurz beschreibt (Geschichte und Hintergrund, aktuelle Situation, Zukunftsaspekte) und so die Teilnehmer ins Thema „mitnimmt". Er ermöglicht den Start und konzentriert sich von da an auf die Steuerung des Gesprächsgeschehens; mit inhaltlichen Stellungnahmen hält er sich zurück. Dabei beachtet er folgende Gesichtspunkte (Benien 2015, S. 266 f.), damit die Besprechung des Themas ertragreich wird. Er sollte

- die wesentlichen Meinungen aller Beteiligten einholen,
- aufnehmen, zuhören und durch Fragen steuern,
- sich inhaltlich zurückhalten,
- Sachdiskussionen und den Austausch von Argumenten und Ideen anregen,
- unterschiedliche Meinungen ermöglichen und gezielt einholen,
- Diskussionsbeiträge würdigen und wertschätzen – und nicht beurteilen,

- Zwischenergebnisse formulieren,
- auf Bloßstellungen, Angriffe oder Beleidigungen sofort reagieren, sie stoppen und Angreifer in die Pflicht des Arbeitsbündnisses nehmen,
- Nebengespräche, wenn sie überhand nehmen, unterbinden,
- unklare und weitschweifige Ausführungen zusammenfassen,
- Andersdenkende und Kritiker ermutigen, eventuell selbst verschwiegene, tabuisierte, „vergessene" Aspekte des Themas einbringen,
- bei Konflikten vermitteln,
- als Anwalt für die Gesprächsregeln auftreten
- und den roten Faden im Auge behalten.

Es versteht sich, dass, wie bei Teamsitzungen auch, eine zweite Person für das Protokoll sorgen muss. Zurückhaltung und Konzentration auf das Moderieren ist außerdem Pflicht; eventuell kann auch eine zweite Person als Co-Moderator die Gesprächsführung unterstützen – z. B. der Protokollführer, der ja ohnehin zuhört, beobachtet und schreibt. Für die Arbeit mit Moderationstechniken der Visualisierung wie Pinnwand- oder Flipchart-Technik, Graphic Recording oder anderen Kreativtechniken (Haussmann 2014) ist eine Moderation zu zweit mit einer funktionalen Arbeitsteilung zwingend: Der Moderator leitet, der Co-Moderator schreibt, visualisiert und managt die Medienarbeit.

8.1.3.4 Gemeinsame Lösungssuche

Wenn die wichtigen Gesichtspunkte zum Thema erörtert sind, kann die Moderation zur nächsten Phase überleiten (Benien 2015, S. 269). Sie fasst Ergebnisse und Standpunkte zusammen, identifiziert unterschiedliche Lösungsansätze und potenzielle Konflikte und mindert dadurch den Druck, dass erst einmal mehrere Alternativen erwogen werden. Wenn diese geklärt und diskutiert sind, kann sie zur Entscheidung schreiten.

Die Moderation achtet dabei auf Entscheidungsprobleme (soziales Trittbrettfahren von Mitgliedern, Gruppendenken, Entscheidungsfallen oder Entscheidungsautismus) der Gruppe (Schulz-Hardt und Frey 1998).

Entscheidungen kann der Moderator durch eine Abstufung von Entscheidungsmodi herbeiführen: Falls es nicht zum Konsens kommt, könnte Abstimmung (einstimmig oder als Mehrheitsbeschluss) erfolgen, anderenfalls eine Stichwahl oder ein Vetorecht mit guten Gründen eingeführt werden. Ist auch dies nicht möglich, wird eine Verhandlung über zwei Alternativen geführt oder als letzte Option die Entscheidung durch die hierarchisch höchststehende Person getroffen. Bei Nicht-Einigung geht die Sitzungsleitung je eine Stufe weg vom günstigen, aber aufwendigen Konsens zu einer weniger kollektiv getragenen, aber effizienteren Entscheidungsform. Mit diesem Ablauf wird auch unter Konflikt-bedingungen oder bei Nicht-Einigung die Beschlussfähigkeit gewährleistet (Lotmar und Tondeur 2004).

8.1.3.5 Abschluss

In der Abschlussphase werden die Ergebnisse gesichert und die Beziehungen thematisiert: Was wurde erreicht, was ist offen? Wie haben die Teilnehmer die Zusammenarbeit erlebt? Auch in formellen Sitzungen sollte die Beziehungsebene angemessen thematisiert werden, da dies eventuelle Barrieren durch Vorbehalte, Skepsis und alten Ballast ausräumen hilft. Der Moderator dankt, würdigt die Zusammenarbeit und verabschiedet die Beteiligten.

8.1.4   Arbeitsregeln zu Teamsitzung und Arbeitsbesprechung

Die Arbeitsregeln für Teamsitzungen sind sehr situationsabhängig, da sowohl sachliche Klärung als auch emotional-soziale Themen besprochen werden können, unterschiedlichste Ebenen von Zielen (von der Information bis zur gemeinsamen Aufgabenplanung) möglich sind und in Sitzungen sehr ver-schiedenartige Menschen mit sehr unterschiedlichen Beziehungsformen und -qualitäten zusammenarbeiten. Dennoch ein Versuch. Die Sitzungsleitung sollte

- *Sachthemen stark strukturiert* moderieren und auf der Prozessebene direktiv sein (auffordern, steuern, bremsen, stoppen) und *emotionale Klärung offen* moderieren (öffnen, anregen, aktiv zuhören, Fragen stellen);
- *klare Rollen* in Sitzungen herstellen: Leitung/Moderation, Protokoll, evtl. Prozessbeobachtung;
- *Vorbereiten und Vorbereitung* verlangen (Bekanntgabe von Themen, Lesen von Unterlagen und Protokollen, Meinungsbildung);
- *inhaltlich abstinent* sein und falls sie inhaltlich Stellung nehmen will, dies deklarieren und die Leitung kurzzeitig abgeben;
- den *roten Faden* im Gespräch in der Hand behalten, bei Störungen früh inter-venieren und den Bezug zum Sitzungsziel immer wiederherstellen;
- die *Qualität von Entscheidungen* hüten, d. h. auf Sitzungsprobleme wie Träg-heit, Konflikte, Passivität aufmerksam machen und Arbeitsbündnis wiederher-stellen;

- die *Zeit* im Auge behalten, d. h. ausufernde Diskussionen bremsen, Themenstau auflösen und den Abschluss nicht zum Auseinanderlaufen geraten lassen. Das bedeutet auch, Zeit für Unvorhergesehenes einzuplanen;
- Ergebnisse, Entscheidungen und Verantwortlichkeiten am *Sitzungsende* sichern;
- *emotionale Klärung,* falls nötig, zulassen, aber sachorientierte Arbeit vorziehen,
- d. h. insgesamt die Sitzungsmoderation als machtvolle Position mit Mut zum Steuern im Sinne der Sitzungsziele kraftvoll und verantwortlich nutzen.

8.2 Kooperative Beratung

Supervision ist als Arbeitsmethode in der Sozialen Arbeit fest etabliert (Belardi 2018; Hamburger und Mertens 2017; Kühne 2015; Mertens und Hamburger 2017). Neben ihr hat die Selbstberatung von Fachkräften und Teams als kollegiale bzw. kooperative Beratung oder Intervision eine weite Verbreitung gefunden (Methner et al. 2013; Mutzeck 2014; Schlee 2019). Die Methode existiert bereits seit über fünfzig Jahren. Michael Balint entwickelte sie als kollegiale Fallberatung gleichberechtigter Experten für Ärztekollegien; als Balint-Gruppen haben sie in der psychiatrischen und psychotherapeutischen Tätigkeit eine lange Tradition (Otten 2012).

In allen Handlungsfeldern der Sozialen Arbeit, in denen Fachkräfte weitreichende und potenziell eingreifende Entscheidungen fällen, ist die kooperative Beratung ein wirksames Instrument zu deren fachlicher Absicherung: Heikle Entscheidungen wie Kinderschutzmaßnahmen oder Kriseninterventionen, die einen erheblichen Eingriff in das Leben von Klienten bedeuten, müssen von mehreren Fachpersonen gemeinsam getroffen werden. Durch kooperative Beratung können diese Situationen fachlich besser abgestützt werden.

Die größere Expertise in Teams kann auch zur persönlichen Bewältigung schwieriger beruflicher Situationen genutzt werden. Die kooperative Beratung kann zu problematischen Fallsituationen, anstehenden Entscheidungen, belastenden Ereignissen in der Klientenarbeit oder zur persönlichen Verarbeitung schwieriger Erfahrungen Hilfe geben. Sie ist im Studium Sozialer Arbeit nützlich und wird in vielen Studiengängen im Wechsel mit der geleiteten Ausbildungssupervision praktiziert. Die Bearbeitung von fallbezogenen Aufgaben, von Problemen in Praktika oder der Einmündungsphase in den Beruf können so fachlich fundiert und methodisch strukturiert in Peer-Gruppen verarbeitet werden.

Es liegen unterschiedliche Modelle vor; hier wird das von Mutzeck vorgestellt (Mutzeck 2008, 2014).

8.2.1   Strukturelemente in der kooperativen Beratung

Kontext von kooperativer Beratung (Auftrag, Institution, Aufgabe): Der Kontext kooperativer Beratung ist Beruf und Studium. Ihr Auftrag ist Problembearbeitung und fachliche Absicherung schwieriger Entscheidungen sowie die Reflexion von schwierigen beruflichen Problemstellungen. Kooperative Beratung ist also nicht Selbsterfahrung oder Training, sondern ein schlankes und effizientes Reflexions-instrument sowie eine wichtige Form sozialen Supports. Sie ist ein Mittel gegen „einsame Entscheidungen" in der sozialen Einzelhilfe und eine Form wirksamen Wissensmanagements und Lernens in Organisationen.

Vorgeschichte und aktueller Anlass sind jeweils gründlich zu klären. Kooperative Beratungen können wie Teamsitzungen regelmäßig durchgeführt werden, sodass sich besondere Anlässe erübrigen, sie können aber auch anlass-bezogen (zu Problemen in der praktischen Arbeit oder dem Studium) erfolgen. Die Vorgeschichten der eingebrachten Beratungsprobleme sind am Anfang vorzu-stellen und in der Exploration zu klären.

Ziele und Inhalte: Die Themen der kooperativen Beratung sind fall- und personenbezogene berufliche Problemstellungen, die im Gespräch bearbeitet werden. Persönlich-berufliche Themen, Schwierigkeiten und Nöte können ebenso Inhalte der kooperativen Beratung werden wie Fallsituationen, Krisen oder ver-fahrene Situationen im Umgang mit Klienten. Das Ziel der Beratung ist dabei immer, Hilfestellung für die fallgebende Person zu leisten. Die Beratung endet daher in vielen Modellen dann, wenn diese ausreichend Anregung, Lösung oder Unterstützung erfahren hat und dies signalisiert. Im Weiteren können natürlich konkrete Problemlösungen oder Lernprozesse für Teams in den Vordergrund rücken.

Personen und Persönlichkeiten: In der kooperativen Beratung sind Fachkräfte der Sozialen Arbeit unter ihresgleichen oder arbeiten in interdisziplinären Teams als Kollegen. Kooperative Beratung ist dabei ein geschützter Raum, eine Form freiwilliger Kooperation, und unterliegt keinen institutionellen Kontrollen. Die Aspekte der Gleichberechtigung, des offenen Austauschs und der kooperativen Problemlösung stehen im Vordergrund. Dies erfordert eine offene Einstellung, die Bereitschaft, sich auch mit Unsicherheiten, Fehlern und schwierigen Situationen zu exponieren, sich offen in die Arbeit einzubringen und gleichzeitig die eigene fachliche Expertise ernst zu nehmen. Die Gleichzeitigkeit von fachlichem Expertentum, das in die Beratung eingebracht wird, und von „Rat suchen bei Kollegen" erfordert die Fähigkeit zum Umgang mit beiden Rollen und einige Ungewissheitstoleranz, d. h. die Fähigkeit, vieldeutige Situationen konstruktiv zu bewältigen.

Beziehungsstrukturen im Gespräch: In der kooperativen Beratung sollte ein Mitglied der Gruppe die Moderation übernehmen. Alle Mitglieder der Gruppe sind jedoch gleichberechtigt. Die Beziehungen in der kooperativen Beratung sind als berufliche Beziehungen vom gemeinsamen Arbeitsauftrag bestimmt und zielen auf gegenseitige Unterstützung in beruflichen Problemsituationen. Falls verschiedene hierarchische Ebenen einer Organisation in einer kooperativen Beratung vertreten sind (Gruppen-, Abteilungsleiter), ist die Hierarchie für die Dauer der Sitzung und für Belange der Beratung ausdrücklich aufgehoben, um kritische und gleichberechtigte, von Rücksichten auf institutionelle Machtpositionen befreite Diskussionen zu ermöglichen. Dies erfordert eine hohe Souveränität von Personen, die außerhalb der Sitzung wieder Vorgesetzte sind. Es gibt auch die Position, dass kooperative Beratung nur auf einer Hierarchiestufe der Organisation funktioniert und dass sich von Hierarchien nicht einfach für die Dauer einer Sitzung abstrahieren lässt. Dass die Beziehungen in einer kooperativen Beratung symmetrisch sind, ist hingegen eine zwingende Voraussetzung.

8.2.2 Phasen der kooperativen Beratung

Das Gesprächsphasenkonzept in diesem Buch (vgl. Abb. 8.3) orientiert sich an der kooperativen Beratung (Mutzeck 2008, 2014). Da das Konzept primär für Lehrerkollegien konzipiert ist, wurden einige Anpassungen an die Soziale Arbeit vorgenommen. Die Gruppengröße sollte etwa sechs Personen betragen. So ist die Gruppe klein genug, dass alle sich einbringen können; sie ist gleichzeitig groß genug, um Ideen, Ressourcen und genügend Expertise in der Gruppe zu versammeln.

Nach den Phasen „Zusammenfinden und Austausch" (ca. 20 min) und „nachgehende Betreuung" (evtl. vorangegangener Sitzungen, ca. 20 bis 30 min) folgt als Hauptphase die eigentliche kooperative Beratung (je nach Umfang des Themas ca. 60 bis 120 min). Diese umfasst die folgenden Teilschritte:

Abb. 8.3 Voraussetzungen, Ablauf und Kompetenzen zur kooperativen Beratung (Mutzeck 2008, S. 82, Anpassungen WW)

8.2.2.1 Voraussetzungen für effektive Beratungsarbeit schaffen

Der Moderator informiert die ratsuchende Person über das Ziel der Beratung, Möglichkeiten und Grenzen, Vertraulichkeit (Schweigepflicht), zur Verfügung stehende Beratungszeit und Vorgehen.

8.2.2.2 Problembeschreibung

Der Moderator bittet die ratsuchende Person, ihr Problem oder Anliegen so präzise wie möglich zu skizzieren. Folgende Leitfragen unterstützen die Exploration:

- Welche sachlichen Informationen über den Fall sind in der kooperativen Beratung wichtig, um den Fall verstehen zu können?
- Wenn bei klientenbezogenen Fällen nach einer Fallarbeitsmethode gearbeitet wurde: Was sind wichtige Informationen zum Fall aus deren Sicht?

- Was ist der persönliche Zugang zum Fall, d. h. was ist noch am lebendigsten in Erinnerung, und was hat das Geschehen ausgelöst?
- Wie oft trat dieses Problem auf? Wann zuletzt?
- Welche Lösungsversuche wurden bisher unternommen?
- Was macht das Problem so bedeutsam? Wie geht es der fallgebenden Person?

8.2.2.3 Wechsel der Perspektive

Wie dies bereits für die Gesprächsvorbereitung vorgeschlagen wurde (vgl. Kap. 5), wird auch in der kooperativen Beratung der Perspektivenwechsel als methodisch inszenierte Empathie genutzt, um die subjektive Sichtweise der betroffenen Person zu ermitteln. Der Moderator bittet dabei die ratsuchende Person, sich in die Perspektive anderer am Problem beteiligter Personen hineinzuversetzen.

Der Perspektivenwechsel kann durch folgende Rollentauschtechniken unterstützt werden: Die ratsuchende Person wird *mit dem Namen* der im Fall angesprochenen Person angeredet. Die ratsuchende Person informiert in der *Ich-Form* über den Kontrahenten. Dabei wird ein Stuhlwechsel vorgenommen, die ratsuchende Person sitzt dem eigenen (leeren) Stuhl gegenüber. Am Ende führt der Gesprächsleiter die ratsuchende Person auf den alten Platz zurück und spricht sie mit ihrem wirklichen Namen bewusst an. Damit wird das Ende des Rollentauschs signalisiert.

8.2.2.4 Hypothesenbildung

Die ratsuchende Person sucht mithilfe des Gesprächsleiters und der anderen anwesenden Personen nach Erklärungen. Es werden Hypothesen über das Zustandekommen der Schwierigkeit oder der Problemsituation gebildet. Die Hypothesenbildung kann u. a. durch folgende Leitfragen unterstützt werden:

- Siehst du Zusammenhänge zwischen …?
- Wie erklärst du dir diese Zusammenhänge?
- Erkennst du charakteristische Handlungsmuster?
- Welchen Sinn haben diese typischen Handlungsmuster aus deiner Sicht?
- Zur Intensivierung der Analyse kann auch eine Struktur mit den Kernbegriffen des Problems auf Kärtchen gelegt (Strukturlegetechnik) oder anders visualisiert werden (Flipchart, Mindmaps, Bildlandschaften oder Landkarten).

8.2.2.5 Entwickeln einer Zielsetzung

Die ratsuchende Person versucht, mithilfe des Moderators zu beschreiben, wie der Zustand aussehen soll, den sie erreichen möchte (Zukunftsbild). Dieses Ziel soll konkret (tätigkeitsbezogen) und eindeutig (unmissverständlich) beschrieben werden. Abschließend soll es schriftlich festgehalten werden.

8.2.2.6 Lösungsfindung

Alle anwesenden Personen überlegen zuerst in Einzelarbeit, wie das angestrebte Ziel erreicht werden kann. Danach trägt zuerst die ratsuchende Person ihre Ideen vor, dann der Berater, und am Schluss folgen die anderen Gruppenmitglieder. Alle Lösungsvorschläge werden auf Karten festgehalten (Moderationstechnik). Es wird nicht bewertet.

8.2.2.7 Entscheidung für eine Handlungsmöglichkeit

Die ratsuchende Person sucht eigenverantwortlich die geeigneten Vorschläge aus und orientiert sich dabei u. a. an den folgenden selbst zu prüfenden Fragen:

- Passt der Weg zu meinem grundlegenden Handlungsstil?
- Welche positiven/negativen Konsequenzen könnte der Weg bewirken?
- Halte ich diesen Weg für realisierbar?
- Bin ich bereit – und wie weit –, mich für diesen Weg zu engagieren?
- Wie geht es mir bei dem Gedanken, die Handlungsmöglichkeit bei der nächsten Gelegenheit in die Tat umzusetzen?

8.2.2.8 Umsetzung vorbereiten

Die ratsuchende Person zerlegt mithilfe des Gesprächsleiters den Lösungsweg in praktikable Einzelschritte. Diese werden schriftlich festgehalten. Danach wird überlegt, welche Hilfen verwendet werden können, um die Wahrscheinlichkeit der Zielerreichung zu erhöhen (z. B. Vorsatzbildungen, Erinnerungshilfen, Handlungsunterbrechungsstrategien, Stressimpfungstechniken, Einüben von Verhaltensweisen im Rollenspiel usw.).

8.2.2.9 Begleitung und Nachbereitung

Die ratsuchende Person setzt den erarbeiteten Lösungsweg selbständig in die Tat um, berichtet jedoch über die Fortschritte laufend in der Gruppe (vgl. die Phase der nachgehenden Betreuung zu Beginn jeder Sitzung). Parallel zum Lösungsprozess kann die ratsuchende Person Kontakt zu einem Unterstützungspartner aufnehmen (z. B. direkte Gespräche oder Telefonkontakte). Als Nachbereitung nach Ende der gesamten Problemlösung sollte ein Abschlussgespräch zwischen dem Gesprächsleiter und der ratsuchenden Person stattfinden.

8.2.3   Hinweise und Arbeitsregeln für die kooperative Beratung

Für die kooperative Beratung gelten die gleichen Arbeitsregeln wie für das Beratungsgespräch (vgl. Abschn. 7.3). Sie werden ergänzt durch folgende Hinweise:

- Die kooperative Beratung ist ein Gruppenverfahren und erfordert eine positive Gruppendynamik: Kontrakt, innere Selbstverpflichtung und Commitment für die gemeinsame Arbeit sollten bei allen Gruppenmitgliedern vorhanden sein.
- Auch in der kooperativen Beratung können negative Gruppendynamik und Entscheidungsprobleme in Gruppen Schwierigkeiten bereiten. Es gilt auch hier, Risiken wie soziales Trittbrettfahren, Gruppendenken, Entscheidungsfallen und Entscheidungsautismus (Schulz-Hardt und Frey 1998) zu minimieren.
- Auch kooperative Beratung benötigt eine starke Moderation. Gerade weil sie eine freiwillige Veranstaltung und häufig nicht institutionell vorgegeben ist, neigen Teilnehmer leichter dazu, die Problemlösestruktur zu verlassen und unspezifisch in Diskussionen zu geraten.
- „Wo fünf Experten sind, gibt es mindestens sechs Meinungen": Die Risiken von unterschiedlichen fachlichen Hintergründen, die Konkurrenz erzeugen, sind zu bedenken und durch den Moderator zu steuern. Gerade interdisziplinäre Teams sollten in der kooperativen Beratung bewusst ihre Vielfalt an Kompetenzen ausspielen und möglichst breite Problemsichten und Lösungsversuche erarbeiten.
- Wie bei anderen Beratungsgesprächen auch liegt der Problembesitz bei der ratsuchenden Person. Es ist darauf zu achten, dass diese zu Lösungen kommt, und zu respektieren, wenn diese ihr genügen. Fürsorgliche Belagerung, Besserwissen oder Aufdrängen von Lösungen sind (wie in Beratung ja generell) zu vermeiden.

8.3   Das informierende Gespräch

Sozialpädagogen und Sozialarbeiter informieren bei vielen Gelegenheiten in ihrer beruflichen Arbeit Klienten und andere Menschen, mit denen sie zusammenarbeiten: Die Information über einen Vorfall mit Klienten in einer Sitzung, Informationen über ein Beratungsangebot oder Projekt bei potenziellen

Klientengruppen, die Information von Klienten über ihre Rechte und Pflichten – Informieren ist eine grundlegende Kommunikationsform.

Sie scheint so grundlegend zu sein, dass sie in der Literatur kaum einer Erwähnung wert scheint. „Wenn ich eine Information weitergeben will – wozu ist denn da ein Gespräch notwendig? Ich informiere einfach – und basta!" (Thäler 2001, S. 40). In keinem der Standardwerke zur Beratung in der Sozialen Arbeit (Belardi 2011; Pallasch und Kölln 2014; Weinberger 2013) finden sich Ausführungen dazu, wie Klienten oder andere Gesprächspartner gut informiert werden können, eher findet man Hinweise darauf in der Führungsliteratur (Lippmann et al. 2019, S. 609 ff.)

Schlechter Informationsfluss ist Quelle vieler Beschwerden in Institutionen oder auch von Klienten. Informationsmangel, Informationsflut, fehlende, falsche oder unverständliche Information werden als Probleme wahrgenommen.

In der direkten Klientenarbeit sind Informationen über Dienstleistungen generell, über Vorgehensweisen, Diagnosen oder Fallanalysen, Entscheidungen von Fachkräften oder über für Klienten wichtiges fachliches Wissen eine basale Notwendigkeit für wirksame Hilfe und ein gutes Recht von Klienten: Wenn wir Klienten informieren, zeigen wir ihnen Rechte und Möglichkeiten auf, schaffen relevantes Wissen für sie und ermächtigen sie zu informierter Zustimmung oder Ablehnung und damit zu selbstwirksameren Entscheidungen und Handlungen.

Information wird zu Recht als Machtfaktor gesehen. Klienten fehlen z. B. häufig Informationen über viele Bereiche ihres Lebens und die Macht von Fachkräften besteht auch darin, dass sie Informationen besitzen, über die Klienten nicht verfügen. Insofern nimmt gute Information Klienten auch als Bürger ernst.

Der Mangel an relevanten Informationen über ein Problemverhalten und dessen ungünstige Konsequenzen ist auch einer der Gründe für fehlende Verhaltensänderung bei psychosozialen Problemen (Keller 1999, S. 20). Berater finden sich beim Informieren in der Rolle als Instruktoren oder Lehrer wieder und Beratung nimmt Elemente von Instruktionsprozessen auf. Denn Einsicht und Lernen erfordern Informationsaufnahme und -verarbeitung und dies wiederum gutes Informieren.

Information ist auch für Organisationen eine entscheidende Voraussetzung für deren Funktionieren, ohne Information können keine Ziele erreicht und nicht wirksam zusammengearbeitet werden. Information ist ein existenzielles Grundbedürfnis:

Sie befriedigt einerseits die „rationalen" betrieblichen Bedürfnisse (Steuerung, Planung, Entscheidungsgrundlage, Koordination), andererseits die psychologisch-individuellen Bedürfnisse (Neugier, Sicherheit, Orientierung, Kontakt). Erst die Befriedigung beider Bedürfnisse führt zu funktionierender innerbetrieblicher Information. Information ist eine wesentliche Aufgabe von Vorgesetzten. Wird sie schlecht wahrgenommen, so wird das Vertrauen tangiert (Lippmann et al. 2019, S. 612).

Informationen müssen offen, wahr, rechtzeitig, zugänglich und verständlich für alle Betroffenen sein. Besonders in der Arbeit mit behinderten, suchtkranken oder gebrechlichen Klienten sind diese Anforderungen nicht trivial. Wenn Anzeichen von Misstrauen, Desinformation oder Resignation auftauchen, ist es höchste Zeit, die Kultur der Information zu überdenken.

8.3.1 Phasen im informierenden Gespräch

Informationen sind meist eher Bestandteil anderer Gesprächsformen als eigenständige Gespräche. Im Erstgespräch in der Beratung, bei Entscheidungen über Hilfeleistungen, bei der Mitteilung von amtlichen Maßnahmen und Eingriffen wird informiert. Dennoch kann es auch eigenständige informierende Gespräche geben, zu Dienstleistungsangeboten, zu Entscheidungen mit Tragweite oder zu sozialen Diagnosen oder fallbezogenen Informationen, über die ausführlich orientiert werden soll. Im Folgenden werden einige Hinweise für gute Information im Gespräch angegeben, als eigene Gesprächsform oder im Rahmen vieler Gespräche.

8.3.1.1 Situationsklärung
Am Anfang eines informierenden Gesprächs oder Gesprächsteils steht die Klärung des Kontexts – die Ausgangslage oder Problemstellung zu den Informationen wird geschildert. So können Gesprächspartner sich in der Situation erst einmal orientieren und ihr eigenes Wissen und ihre Informationsbedürfnisse erklären. Die Informationsbedürfnisse von Menschen sind sehr verschieden, sie können tiefgehend, oberflächlich, durch Neugier oder Vermeidungsängste bestimmt sein. In Situationen, in denen Fachkräfte der Sozialen Arbeit verpflichtet sind, gewisse Informationen zu geben (Schweigepflicht, Zeugnisverweigerungsrecht, Datenschutz, Rechtsbelehrung), kündigen sie diese Informationspflicht an. Besteht keine Informationspflicht, so hilft eine erste Frage, was Gesprächspartner denn wissen wollen. Sie aktiviert ihr Interesse und ihre Bereitschaft zuzuhören.

8.3.1.2 Informationsvermittlung
Nun kann auf die erste Frage eingegangen werden, dann werden weitere Informationen gegeben. Skizzen, Bilder, Texte oder Materialien unterstützen

die Information immer, Informationen werden so anschaulicher und besser merkbar. Besonders bei Menschen mit eingeschränkten Fähigkeiten zur Informationsaufnahme und -verarbeitung (Kinder, Klienten im hohen Alter, Menschen mit geistiger Behinderung, sucht- oder psychisch kranke Personen) gilt es, auf die Kapazitäten der Informationsverarbeitung Rücksicht zu nehmen und in angemessenem Tempo, verständlicher Sprache und alters- oder behinderungsgemäßer Weise zu informieren.

8.3.1.3 Fragen klären und beantworten, Verständnis überprüfen

In einem dritten Schritt werden Fragen geklärt. Dabei ist es sinnvoll, sich nicht auf Diskussionen einzulassen, gegebenenfalls Informationen noch einmal zu erläutern oder zu begründen. Falls es um wichtige Informationen geht oder wenn Klienten oder Teammitglieder später Entscheidungen fällen oder Zustimmung zu einem Sachverhalt geben müssen, ist es wichtig, durch eigene Fragen das Verständnis der Sachverhalte zu überprüfen. Steiger & Lippmann beschreiben zehn „goldene Regeln guten Informierens" (Lippmann et al. 2019, S. 619):

1. *Information begründen:* Da Informieren mannigfaltige Bedürfnisse abdecken muss, sollte das Warum und Wozu der Information herausgestellt werden.
2. *Information strukturieren:* Nicht zu viel auf einmal, sondern in Abschnitte unterteilen und Schlüsselaspekte und wichtige Punkte hervorheben.
3. *Zeit geben:* Zeit zum Anpassen, Umstellen und Verarbeiten einräumen.
4. *Neues erzeugt einen natürlichen Widerstand:* Daran denken und diesen Widerstand aufnehmen und mit den Befürchtungen arbeiten.
5. *Feedback ist wichtig:* Durch Rückmeldungen sicherstellen, dass die Information angekommen ist, verstanden und akzeptiert wurde.
6. *Kurze Informationswege:* Auf kurze Informationswege achten, um die Gefahr von Verfälschungen zu verringern. Übergangene Menschen oder Instanzen sofort nachinformieren.
7. *Konkret und interessenbezogen:* Informationen konkret und bezogen auf Interessen und Auswirkungen auf die Empfänger formulieren. Anderes wird weder beachtet noch behalten.
8. *Sprache der Adressaten:* Empfänger müssen gewonnen werden und verstehen können, daher beim Formulieren die Sprache der Adressaten nutzen.
9. *Qualität der Information absichern:* Nachfragen, was in Bezug auf Information gut ist, verbessert bzw. geändert werden soll oder vergessen wurde.
10. *Offen und wahr informieren:* Transparenz und gute Information schafft Vertrauen, dieses wird schneller verspielt als wieder aufgebaut.

Gutes Informieren orientiert sich an den Kriterien der *„Sachlichkeit und Verständlichkeit"*, wie sie Langer und Schulz von Thun für gute Kommunikation auf der Sachebene beschreiben (Langer et al. 2015): Informationen (vgl. Abb. 8.4) sollten einfach (d. h. in einem dem Gegenüber geläufigen Vokabular formuliert), kurz, konkret und anschaulich sein. Gegliedert zu informieren bedeutet, Informationen in einer sinnvollen und folgerichtigen Ordnung zu präsentieren. Die Länge informierender Gesprächsabschnitte sollte sich nach dem Auffassungsvermögen der Adressaten richten, Information sollte knapp, wesentlich und fokussiert sein, nichts Unnötiges enthalten und sprachlich prägnant dargeboten werden. Und wer Informationen mit das Verstehen unterstützenden Bildern, Metaphern, Beispielen oder visueller Unterstützung vermittelt, wird die Aufnahme und das Verständnis von Informationen erheblich erleichtern.

Anders als in allen bislang besprochenen Gesprächsformen, die stark auf wechselseitige Verständigung abzielen, ist Information primär monologische Kommunikation und nicht Dialog. Es gibt natürlich auch beim Informieren kommunikative Anteile zur Verständnissicherung, aber ihre Richtung geht primär vom Sender zum Empfänger der Informationen. Die Beziehung der Gesprächspartner ist komplementär, und Person und Selbstoffenbarungen sollten für sachliche Information in den Hintergrund treten.

Lern- und Reflexionsfragen

- Welche Probleme von Sitzungskultur und Sitzungstechnik haben Sie in Studium oder Praxis schon erlebt? Wie wäre ihnen abzuhelfen gewesen?

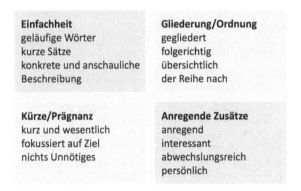

Abb. 8.4 Merkmale verständlicher Information (Langer & Schulz v. Thun 2015)

- Benennen Sie mindestens vier der zehn positiven Eigenschaften, über die Teammitglieder verfügen sollten. Welche davon machen Sie zu einem wertvollen Teammitglied? An welchen sollten Sie vielleicht arbeiten?
- Welche kommunikativen Fähigkeiten helfen Ihnen persönlich, eine Sitzung konsequent zu leiten und „in der Hand zu behalten"?
- Wie gehen Sie in der Rolle der Sitzungsleitung mit dem Dilemma um, dass Sie zwar moderieren sollten, aber doch immer wieder auch inhaltlich Stellung nehmen möchten?
- Zeichnen Sie auf ein Blatt Papier den ungefähren Ablauf einer kooperativen Beratung. Welche Schritte führen durch den Beratungsprozess?
- Benennen Sie Ihnen persönlich bedeutsame Prinzipien zur verständlichen Information. Überlegen Sie, wie Sie diese bei der nächsten Gelegenheit nutzen wollen.

Literatur

Becker, F. (2016). Teamarbeit, Teampsychologie, Teamentwicklung. Berlin: Springer.
Belardi, N. (2011). Beratung: eine sozialpädagogische Einführung. Weinheim: Beltz.
Belardi, N. (2018). Supervision und Coaching Grundlagen, Techniken, Perspektiven. München: C.H. Beck.
Benien, K. (2015). Schwierige Gespräche führen. Reinbek bei Hamburg: Rowohlt.
Berkel, K. (2017). Konflikttraining. Hamburg: Windmühle.
Hamburger, A. & Mertens, W. (2017). Supervision – Konzepte und Anwendungen, Band 1.
Haug, C. V. (2016). Erfolgreich im Team. München: dtv.
Haussmann, M. (2014). UZMO – Denken mit dem Stift. München: Redline.
Keller, S. (1999). Motivation zur Verhaltensänderung: Das Transtheoretische Modell in Forschung und Praxis. Freiburg i.B.: Lambertus.
Kühne, H. (2015). Supervision und Soziale Arbeit Geschichte, Praxis, Qualität. Berlin: Frank & Timme.
Langer, I., et al. (2015). Sich verständlich ausdrücken. München: Reinhardt.
Lippmann, E. (2013). Intervision: kollegiales Coaching professionell gestalten. Heidelberg: Springer.
Lippmann, E., et al. (2019). Handbuch Angewandte Psychologie für Führungskräfte. Berlin: Springer.
Lotmar, P. & Tondeur, E. (2004). Führen in sozialen Organisationen. Bern: Haupt.
Mertens, W. & Hamburger, A. (2017). Supervision – Konzepte und Anwendungen, Band 2.
Methner, A., et al. (2013). Kooperative Beratung. Stuttgart: Kohlhammer.
Mutzeck, W. (2008). Methodenbuch Kooperative Beratung: Supervision, Teamberatung, Coaching, Mediation, Unterrichtsberatung, Klassenrat. Weinheim: Beltz.
Mutzeck, W. (2014). Kooperative Beratung. Weinheim: Beltz.
Noé, M. (2012). Praxisbuch Teamarbeit. München: Hanser.

Otten, H. (2012). Professionelle Beziehungen: Theorie und Praxis der Balintgruppenarbeit. Berlin: Springer.

Pallasch, W. & Kölln, D. (2014). Pädagogisches Gesprächstraining: Lern- und Trainingsprogramm zur Vermittlung pädagogisch-therapeutischer Gesprächs- und Beratungskompetenz. Weinheim: Beltz Juventa.

Pohl, M. & Witt, J. (2019). Innovative Teamarbeit: produktive Kreativität zwischen Konflikt und Kooperation. Hamburg: Windmühle.

Schlee, J. (2019). Kollegiale Beratung und Supervision für pädagogische Berufe: Hilfe zur Selbsthilfe – Ein Arbeitsbuch. Stuttgart: W. Kohlhammer.

Schulz-Hardt, S. & Frey, D. (1998). Wie der Hals in die Schlinge kommt. Fehlentscheidungen in Gruppen. In: Ardelt-Gattinger, E., et al. (Hg.). Gruppendynamik. Anspruch und Wirklichkeit der Arbeit in Gruppen. Göttingen: Verlag für angewandte Psychologie

Thäler, H. (2001). Teamwork in Organisationen. Bern: Haupt.

Weinberger, S. (2013). Klientenzentrierte Gesprächsführung. Weinheim: Juventa.

Weiterführende Literatur

Lippmann, E., et al. (2019). Handbuch Angewandte Psychologie für Führungskräfte. Berlin: Springer.

Mutzeck, W. (2014). Kooperative Beratung. Weinheim: Beltz.

Pohl, Michael & Witt, Jürgen (2010). Innovative Teamarbeit. Zwischen Konflikt und Kooperation. Hamburg: Windmühle. 2. überarb. u. erw. Aufl.

Thäler, H. (2001). Teamwork in Organisationen. Ein Handbuch für Mitarbeiter und Führungskräfte. Bern: Haupt.

Herausfordernde Gesprächsformen

9

Zusammenfassung

Das letzte Kapitel stellt vier Gesprächsformen vor, die unter besonders herausfordernden Situationsbedingungen stattfinden und in denen die gängigen Regeln der Gesprächsführung nur bedingt oder gar nicht gelten. Konfliktgespräche bearbeiten tief greifende, sowohl Personen als auch Beziehungen belastende Gegensätze. Konfrontierende bzw. Kritikgespräche fordern Verhaltensänderung bei nicht akzeptablen Verhaltensweisen ein. Krisengespräche stützen Menschen, um die Destabilisierung in Lebenskrisen bewältigbar zu machen. Und Schlechte-Nachrichten-Gespräche übermitteln belastende Informationen auf eine Weise, dass sie leichter verarbeitbar werden. Zu allen vier Gesprächsformen werden wiederum prototypische Situationsbedingungen, Gesprächsverläufe und Arbeitsregeln vorgestellt.

Die am Ende dieses Buchs vorgestellten Gesprächsarten zu Konflikten, Krisen, Kritik und schlechten Nachrichten sind für viele Fachkräfte besonders herausfordernd. Das soll nicht suggerieren, dass z. B. Beratungsgespräche oder Teamsitzungen dies nicht auch sein könnten. Die Unterscheidung wird getroffen, weil diese vier Formen in der Regel erhöhte Anforderungen an gesprächsführende

---

Elektronisches Zusatzmaterial Die elektronische Version dieses Kapitels enthält Zusatzmaterial, das berechtigten Benutzern zur Verfügung steht. https://doi. org/10.1007/978-3-658-29204-1_9. Die Videos lassen sich mit Hilfe der SN More Media App abspielen, wenn Sie die gekennzeichneten Abbildungen mit der App scannen.

Kapitel 9
Herausfordernde
Gesprächsformen

Einführungsvideo

Abb. 9.1 Einführungsvideo 9: Herausfordernde Gesprächsformen (https://doi.org/10.1007/
000-0k3)

Personen stellen und mit mehr Belastungen verbunden sind. Die Situationsbedingungen sind widriger, die Risiken von Fehlern und Eskalationen sind höher,
und die Selbstregulation der gesprächsführenden Person wird deutlich größeren
Belastungsproben ausgesetzt (Abb. 9.1).

Die hier vorgestellten Gesprächsformen beeinträchtigen das Erleben und
Handeln *aller* Gesprächspartner: Sowohl die Rationalität des Handelns gerät in
diesen Situationen unter besonderen Druck als auch die Emotionalität, die sich
in möglicherweise reduzierter Empathie und Wertschätzung, Beeinträchtigung
der persönlichen Echtheit und Stimmigkeit, in Ambivalenzen oder Vermeidungsstrategien zeigt. Reaktanz, extreme Gefühle oder impulsive Handlungen können zu
Eskalationen führen und unsichere Gesprächsführung kann diese Gesprächsformen
scheitern lassen: Krisengespräche können z. B. Suizidalität noch steigern, wenn sie
unangemessen geführt werden, und konfrontative Gespräche können in Eskalation
statt Einsicht und Auseinandersetzung mit problematischem Verhalten enden.

Die in den ersten Kapiteln beschriebenen Grundhaltungen und Vorgehensweisen, die sich an personzentrierten, handlungspsychologischen und
systemischen Prinzipien ausrichten, gelten im Grundsatz weiter. Jörg Schlees
Garantieerklärung zur kollegialen Beratung (Schlee 2019, S. 170) fasst diese
Grundhaltungen anschaulich zusammen, sie gelten in besonderem Maße auch für
herausfordernde Gesprächsformen und seien deshalb vollständig zitiert:

▶ **Garantieerklärung** „Alle Kommunikationsformen, Hilfsmittel und Prozeduren,
die

- die Beziehungsebene entlasten,
- die Beziehungsebene entlasten,
- den Respekt vor der Person erkennen lassen,
- die Selbstkundgabe fördern,
- die Transparenz bezüglich der Intentionen und inneren Strukturen fördern,
- das Verständnis und die Selbstklärung unterstützen,
- das Verstehen vor die Konfrontation setzen,
- Spielräume für eigene Entscheidungen zulassen,
- den Wechsel in die Meta-Ebene erleichtern,
- die Selbstreflexivität ermöglichen,

fördern mit großer Wahrscheinlichkeit rationale und konstruktive Handlungen und Problemlösungen. Eine 100 %-Garantie wird von mir hierfür jedoch nicht übernommen. Alle Kommunikationsformen, Hilfsmittel und Prozeduren hingegen, die

- die Beziehungsebene belasten,
- die Geringschätzung der Person erkennen lassen,
- die Selbstkundgabe erschweren,
- den Anspruch auf Objektivität und Wahrheit erheben,
- die Intentionen und inneren Strukturen verheimlichen,
- die Selbstklärung und das Verständnis blockieren,
- ohne Verständnis konfrontieren,
- Entscheidungsspielräume einengen
- und – auch gut gemeint – bevormunden,
- den Wechsel in die Meta-Ebene erschweren,
- die Selbstreflexivität behindern,

führen mit Beschleunigungseffekt zu destruktiven und irrationalen Handlungen und Problemlösungen. Hierfür übernehme ich eine 100 %-Garantie.

Diese Grundorientierung muss für herausfordernde Gespräche ergänzt werden durch spezifischere Haltungen, Methoden und Regeln, die der Situation entsprechen, Risiken minimieren und die Wahrscheinlichkeit von Gesprächserfolg steigern (und besonders in diesen Gesprächsformen gibt es keine 100 %-Garantien). Mehr als in anderen Gesprächsformen hat die Gesprächsführung nun auch eine Schutzschildfunktion, die Risiken und Entgleisungsmöglichkeiten der Gespräche besonders beachtet. Haltungen und kommunikative

Techniken sind anzupassen (z. B. wenn notwendige Objektivität oder nicht
gegebene Entscheidungsspielräume dies erfordern), die Vorbereitung muss
spezifisch erfolgen, und für alle Gespräche gilt es, die Grenzen des Gesprächs
zu akzeptieren (z. B. wenn Drohungen im Raum stehen oder Gesprächspartner nicht mehr zugänglich sind). Mit dieser Balance zwischen allgemeinen
kommunikativen Grundprinzipien und gesprächsspezifischem Wissen und
Können werden die folgenden vier Gesprächsformen gut bewältigbar.

9.1 Das Konfliktgespräch

Sozialpädagogen und Sozialarbeiter sind immer wieder Situationen ausgesetzt,
in denen sie unter Konfliktbedingungen konstruktive Gespräche führen müssen.
Konflikte mit Klienten oder Kollegen müssen bewältigt werden, oder es muss
zwischen Konfliktparteien vermittelt werden. Viele Situationen sind denkbar, in
denen Konflikte ein Thema werden können: Ein abgelehnter Sozialhilfeantrag,
eine ungewollte Platzierung, erzieherische Forderungen, die auf Widerstand
stoßen, das Setzen von Grenzen – Konflikte sind in der Sozialen Arbeit häufig,
besonders wenn es um kontrollierendes Handeln des Staates an Klienten oder um
Eingriffe in deren Autonomie geht.

Die Literatur zu Konflikten und Konfliktlösung ist breit, es existiert eine
Vielzahl von Modellen zur Konfliktbearbeitung (Glasl 2020; Herrmann 2013;
Zuschlag und Thielke 1998). In diesem Buch wird das kooperative Konflikt-
gespräch (Berkel 2017) vorgestellt, weil es bereits Überlegungen zu Struktur-
bedingungen von Konflikten benutzt, seine Überlegungen handlungstheoretische
Grundlagen berücksichtigen und das Modell sehr breite Anwendungen erlaubt.
Einige grundlegende Ausführungen zu Konflikten seien jedoch den gesprächs-
bezogenen Instruktionen vorangestellt.

▶ **Konflikt** Von Konflikten wird in den Sozialwissenschaften dann gesprochen,
wenn zwei Elemente gleichzeitig gegensätzlich und unvereinbar sind: Der
zwischenmenschliche Konflikt ist ein Interessengegensatz, und die daraus
resultierenden interaktiven Auseinandersetzungen zwischen Personen, Gruppen,
Organisationen und Gesellschaften sind von unterschiedlicher Intensität. Inhalte
von Konflikten sind Differenzen über Werte, Lebensziele, Status, Macht und Verteilung von Gütern. Konflikte sind nicht einfach Meinungsverschiedenheiten, sie
sind tiefgreifende, Menschen und Beziehungen belastende und beeinträchtigende
Gegensätze (Herrmann 2013, S. 47; Zuschlag und Thielke 1998, S. 33).

Konflikte werden in der Regel als schwierig und unangenehm erlebt. Sie haben negative Auswirkungen, aber auch positive. Die positive Funktion von Konflikten zu erleben und sich bewusst zu machen, ist nicht einfach, aber ein Teil positiven Umgangs mit Konflikten. Im Folgenden werden die positiven und negativen Veränderungen in Konfliktsituationen dargestellt. Negative Wirkungen von Konflikten sind:

- *Soziale Stereotype* wie Klischees, Feindbilder und Verzerrungen entstehen. Das Selbstbild wird aufgewertet, das Fremdbild der Gegner abgewertet.
- *Die Wahrnehmung verändert sich:* Bestimmtes wird überscharf gesehen, anderes übersehen (z. B. Gegensätze werden betont, Gemeinsamkeiten übersehen). Die Komplexität von Situationen wird stark vereinfacht, es wird simplifiziert. Die Zeitperspektive verengt sich („lieber heute als morgen", „nach uns die Sintflut").
- *Vorstellungen engen sich ein:* Wollen und Wünsche werden auf wenige Ziele eingeengt und starr verfolgt. Einstellungen und Handlungen werden radikalisiert.
- *Gefühle werden beeinträchtigt:* Erhöhte Empfindlichkeit und Verletzlichkeit, Misstrauen und Unsicherheit entstehen, gegensätzliche Gefühle (Sympathie-Antipathie, Nähe- und Distanz gleichzeitig) verstärken sich, Gefühle werden abgespalten (frühere Sympathie).

Dem stehen *positive Wirkungen von Konflikten* gegenüber, die allerdings ein gutes Maß bewussten Umgangs mit Konfliktsituationen brauchen, damit man sie wahrnehmen und aus ihnen lernen kann. Berkel zeigt auf, wozu Konflikte gut sein können. Er nennt „zwölf gute Gründe, aus Konflikten zu lernen" (Berkel 2017). Konflikte

- machen problembewusst,
- stärken den Willen zur Veränderung,
- erzeugen den notwendigen Druck, Probleme aktiv anzugehen,
- vertiefen menschliche Beziehungen,
- festigen den Zusammenhalt,
- geben Anstoß, Fähigkeiten und Kenntnisse zu vertiefen,
- fördern Kreativität,
- lassen uns andere und uns selbst besser kennenlernen,
- führen zu besseren Entscheidungen,
- fördern die Persönlichkeitsentwicklung,

- machen das Leben interessanter,
- können auch Spaß machen.

In der Literatur werden verschiedene Arten von Konflikten unterschieden.

- Bezogen auf die *Konfliktursache* werden Verteilungskonflikte (wichtiger Güter), Normen- und Wertkonflikte (ethische, weltanschauliche Fragen), Zielkonflikte (unvereinbare Zielvorstellungen und Bewertungskonflikte (unterschiedliche Deutung von Tatsachen) unterschieden.
- Nach der *Austragungsart* unterscheidet man „heiße" (akute, konfrontativ ausgetragene, explosive) und „kalte" (blockierte, eingefrorene) Konflikte.
- Je nach Art und Menge der *Beteiligten* kann es sich um intrapsychische, interpersonelle, Team- bzw. Gruppen- oder Organisationskonflikte handeln.

In der Beschreibung von Konflikten lassen sich wünschenswerte und negative Verläufe beschreiben. Konflikte können eskalieren bis zum offenen Kampf und zur Eliminierung eines Gegners führen (Kündigung, Ausbrennen, innere Emigration, Resignation, Auflösung einer Betreuungs- oder Beratungsbeziehung) oder sie können auf konstruktive Art und Weise gelöst werden.

Konflikte neigen zur Eskalation. Glasl (2020) beschreibt neun Stufen der Eskalation, die desto unreifer und zerstörerischer werden, je weiter ein Konflikt eskaliert. Die Partner rücken mit jeder Eskalationsstufe einen Schritt weiter von einer Lösung weg. Die Interventionen werden mit jeder Eskalationsstufe schwieriger – auch deshalb lohnt es sich, der Eskalation von Konflikten frühzeitig zu begegnen. Hier werden nur die drei Hauptstufen der Eskalation kurz vorgestellt.

Auf der ersten Stufe wird das *Verhalten* des Konfliktpartners angezweifelt, dies erlaubt noch die Kooperation und konstruktive Lösung von Konflikten – Zweifel am Verhalten von Gesprächspartnern sind legitim und gelegentlich angebracht, es gilt, sie dann auszuräumen und zu einer kooperativen Beziehung zurückzukehren.

Wenn die zweite Stufe erreicht und die *Person* angezweifelt wird, wird es schon bedeutend schwieriger, einen Konflikt zu lösen, weil Misstrauen und Skepsis sich auf der Beziehungsebene breitmachen und Vertrauen erst wieder hergestellt werden muss. Sachliche Lösungen sind stark erschwert, weil die Beziehung durch Störungen beeinträchtigt ist.

Die dritte Stufe, von Glasl *„Vernichtung der Person"* genannt, ist durch Feindseligkeit und Schädigungsabsichten gekennzeichnet. Hier wird eine konstruktive Lösung sehr erschwert und nur durch viel Klärungsarbeit unter Beteiligung von vermittelnden Personen zu erreichen sein.

9.1.1 Strukturmerkmale von Konfliktgesprächen

Um die sozialen Strukturen im Konfliktgespräch und den besonderen Gehalt der Situation eines Konfliktgesprächs zu kennzeichnen, wird nun das Konfliktgespräch in seinen Strukturelementen beschrieben.

Der Kontext von Konfliktgesprächen (Auftrag, Institution, Aufgabe): Das grundlegendste Merkmal des Gesprächskontextes ist der unvereinbare und emotional belastende Gegensatz von Werten, Interessen, Zielen, Auffassungen u. a. zwischen Gesprächspartnern. Die Merkmale eines zwischenmenschlichen Konflikts beschreibt Berkel als ein Nachlassen der Kommunikation, die Verzerrung der Wahrnehmung, das Vorherrschen von Misstrauen und den Verlust gemeinsamer Ziele (Berkel 2017). Dies unterscheidet die Konfliktsituation von allen anderen hier geschilderten Gesprächssituationen. In Konfliktsituationen kann also nicht mit jener grundlegenden Kooperationsbereitschaft gerechnet werden, die wir sonst voraussetzen. Kooperationsbereitschaft muss erst hergestellt werden.

Dann ist zu unterscheiden, ob die Fachkraft selbst Teil des Konflikts ist oder ob sie einen Konflikt zwischen zwei anderen Personen zu klären hilft. Die Gefahr eines Scheiterns von Konfliktgesprächen ist im ersten Fall durch die Verstrickung beider Gesprächspartner deutlich größer. Die Aufgabe in Konfliktgesprächen bleibt für die Fachkraft dieselbe: Betreuung, Begleitung, Beratung oder kooperative Zusammenarbeit in Team und Institution. Konflikte, die sich in Institutionen der Sozialen Arbeit abspielen, sind in der Regel keine rein zwischenmenschlichen Konflikte. Zu wissen, ob teambezogene oder institutionelle Probleme hinter einem Konflikt stehen, hilft, Konflikte ursachenorientierter zu bewältigen.

Vorgeschichte und Anlass sind bei Konfliktgesprächen sorgfältig zu beobachten und zu analysieren. Die Vorgeschichte von Konflikten ist häufig versteckt, Konflikte schwelen oft lange, bevor sie offen ausbrechen. Vor Ausbruch werden schon viele kleinere, aber erfolglose Bewältigungsversuche gemacht, oder es wird in Abwehr und Vermeidungsverhalten ausgewichen, bis ein Konflikt unvermeidlich wird. Ein zweiter wichtiger Punkt ist wichtig zu wissen: Anlass und Grund eines Konflikts sind häufig nicht identisch: Konflikte entzünden sich an Nebenschauplätzen oder werden über Stellvertreterthemen ausgetragen; die Kerninhalte und Ursachen eines Konflikts müssen in der Regel erst eruiert werden (Berkel 2017, S. 43 ff.). Fünf Dimensionen können dabei als Strukturelemente zur Konfliktdiagnose hilfreich sein:

- die *Streitpunkte* (Sachverhalte oder persönliches Erleben, ähnlich oder verschieden gesehen, Stellvertreter- oder Kernthema, Positionen oder Interessen);

- die *Parteien* (Personen, Organisationseinheiten, Stärken und Schwächen der Beteiligten, Beziehung, formelle Stellung im institutionellen Kontext);
- die *Form* des Konflikts (Sach-, Beziehungs-, Werte-, Verteilungskonflikt; klar oder diffus, vermeidbar oder unvermeidbar, heiß oder kalt);
- der *Konfliktverlauf* (Auslöser, kritische Ereignisse, Diskurs oder Kampf, Verhaltensmuster, Erwartungen und Kampfbereitschaft) sowie
- das *Ergebnis und die Folgen* (bewältigt oder eingedämmt, Nutzen und Schaden).

Ziele und Inhalte: Es ist wichtig zu wissen, welche Anlässe oder Ursachen zum aktuellen Konflikt geführt haben. Man muss die Streitpunkte kennen, die in einem Konflikt auf dem Spiel stehen. Liegt ein Verteilungskonflikt, Wertekonflikt, Zielkonflikt oder Bewertungskonflikt vor? Konflikte haben immer eine emotionale und eine Beziehungs-Seite. Aber: Geht es eher um sachliche Kontroversen, oder stehen Beziehungskonflikte deutlich im Vordergrund? Die „Konfliktlandschaft" muss im Gespräch geklärt und die offensichtlich genannten wie auch die subtilen oder versteckten Teile dieser Landschaft müssen erkannt werden, damit eine Konfliktsituation nicht nur vordergründig oder oberflächlich gelöst wird.

Personen und Persönlichkeiten: Die Wirkungen von Konflikten auf Menschen variieren. Meist werden Konflikte als negativ erlebt und beeinträchtigen unser Erleben und Handeln. Wir reagieren mit sozialen Stereotypen; Vorstellungen und Wahrnehmungen verengen sich, Gefühle der Sympathie, Sicherheit, Nähe sind beeinträchtigt, und unsere Integrität ist vielleicht verletzt. Wir könnten aber auch positive Chancen von Konflikten erleben, Konflikte zur Entwicklungsförderung und Überwindung von Stagnation provozieren und so Konfliktpotenziale nutzen wollen (s. o.).

Dass sich durch Konflikte Beziehungen verbessern lassen, dass der Zusammenhalt gefestigt werden kann u.Ä., das erfordert allerdings Eigenschaften, die nicht von allen Menschen gleichermaßen erwartet werden können. Besonders herausfordernd wird die Klärung mit *konfliktträchtigen Persönlichkeiten:* Sie zeigen eher mangelnde Kontaktfähigkeit und geringe Flexibilität, aber hohe Rangansprüche und Geltungsstreben. Frustrationstoleranz und Belastbarkeit sind eher gering und sie sind geprägt von überzogener Konformität und Pessimismus.

Solche Merkmale bei Konfliktpartnern zu erkennen, hilft, mit Bewusstheit auf sie, ihre Persönlichkeit und ihr Kränkungspotenzial zu reagieren und so unnötige Eskalationen zu vermeiden. Ebenso haben Menschen unterschiedliche Strategien der Konfliktbewältigung. Berkel unterscheidet (destruktive) Poker- und (konstruktive) Problemlösestrategien. Damit Fachkräfte der Sozialen Arbeit sich als konfliktfähige Personen im Umgang auch mit konfliktträchtigen Menschen zeigen, müssen sie einige persönliche Voraussetzungen erfüllen – hier eine Auswahl (Berkel 2017, S. 74 ff.):

- Sie behalten in unübersichtlichen Situationen die eigenen Ziele im Auge, wissen um die eigenen Stärken und stellen diese in den Dienst der Konfliktlösung (Selbstwert und Dienst).
- Sie halten unklare oder widersprüchliche Situationen aus, treffen Entscheidungen und setzen sie konsequent um (Belastbarkeit und Zielorientierung).
- Sie bilden sich eine unabhängige Meinung, vertreten diese gegenüber Autoritäten, hinterfragen aber auch eigene Annahmen (Selbstbestimmung und Einsicht).
- Sie vertrauen in sich und andere und behalten Realitätssinn, um mit Enttäuschungen rechnen und leben zu können.
- Und schließlich verfügen sie über die Balance, Werte vertreten zu können, aber auch tolerant zu sein.

Beziehungsstrukturen im Gespräch: In der systemischen Sichtweise werden Konflikte als Verschärfung von kommunikativen Teufelskreisen beschrieben, als „symmetrische Eskalation" („Wie du mir, so ich dir"), bei der Rivalität und Konkurrenz vorherrschen, oder als „komplementäres Patt", bei dem Partner sich gegenseitig in starren Rollenmuster verhärtet gegenüberstehen (Schulz von Thun et al. 2017). In beiden Mustern ist die Beziehung beeinträchtigt.

Die Machtverhältnisse von Konfliktparteien sind sehr unterschiedlich, jede hat ihr eigenes Machtpotenzial – Klienten können sich verweigern und durch destruktives Verhalten Macht ausüben, Vorgesetzte ihre Machtposition ausnutzen (bis zur Kündigung). Die je spezifischen Machtmittel (Autorität, Sanktionsmittel, Verweigerung, Flucht aus der Situation u. a.) müssen bedacht sein.

Eine für Konfliktgespräche wesentliche Frage ist, ob die Fachkraft selbst ein Konfliktpartner ist oder ob sie nicht involviert ist und nur die Gesprächsmoderation für andere Konfliktpartner übernimmt. Letzteres empfiehlt sich für das Konfliktgespräch immer dann, wenn Konflikte verhärtet sind, wenn sich die Person, die das Gespräch sucht, die doppelte Rolle (Gesprächsstrukturierung und Konfliktpartner) nicht zutraut oder wenn Eskalationsstufen vorangeschritten sind (Zweifel an der Person, schweres Misstrauen oder destruktives Verhalten).

Für den Konfliktpartner, der das Gespräch sucht, ist es wichtig, sich *nicht* als Gesprächsmoderator zu geben: In Konfliktsituationen wird die Anerkennung einer Gesprächsführung häufig aus Misstrauen oder Widerstand verweigert.

Die das Gespräch suchende Person kann aber für „ihren" Ablauf (Kreislauf kooperative Konfliktlösung) werben und ein Einverständnis darüber erzielen oder ihre Themenstruktur über Ich-Botschaften durchzuhalten versuchen („Mir ist es wichtig, mit dir/Ihnen erst einmal über … zu reden"). Was im Konfliktgespräch *mit* Moderation eine Moderationsaufgabe darstellt, muss durch den das Gespräch suchenden Konfliktpartner als „Vorsatzbildung" erfolgen, ohne dass ein Recht auf die Durchsetzung dieses Musters bestünde (symmetrische Beziehungsstruktur, kein strukturelles Gefälle zwischen den Partnern).

9.1.2   Der Kreislauf kooperativer Konfliktbewältigung

Konfliktgespräche finden meist erst dann statt, wenn Konflikte schon eine ganze Zeit gelaufen sind. Die Gesprächs- und Kooperationsbereitschaft kann nicht selbstverständlich vorausgesetzt werden. Ein wesentlicher Teil der Gesprächsmethodik zielt deshalb darauf, überhaupt erst die Voraussetzungen für eine Kooperation im Gespräch herzustellen (Bereitschaft zum Gespräch, zum Öffnen von Positionen, zur momentanen Zurückstellung von Kränkungen u. a.). Wenn die Gesprächspartner sich nicht kooperationswillig zeigen, ist ein Konfliktgespräch sehr erschwert. Dann ist es besser, auf Aufschub und Bedenkzeit oder auf andere Gesprächsformen (z. B. mit externer Moderation) oder weitere vorläufige Lösungen (momentane Distanz, Moratorium usw.) zu verweisen.

Berkel setzt in seinem Modell zum kooperativen Konfliktgespräch viel Zeit dafür ein, diese unabdingbaren Voraussetzungen der Kooperation herzustellen (vgl. Abb. 9.2). In vielen anderen Modellen der Konfliktarbeit wird diese persönliche Dimension vernachlässigt. Durch das Selbstmanagement im Vorfeld von Konfliktgesprächen wird es möglich, den konflikttypischen Stress erheblich zu reduzieren. Solange Konflikte noch nicht stark verhärtet sind, kann diese Vorgehensweise dazu dienen, schnell und pragmatisch darauf zu reagieren und vor allem den eigenen psychischen Zustand im Konflikt zu stabilisieren, um gelassener und angemessen zu reagieren. Konfliktlösung erscheint als Kreislauf, der auf der Hoffnung beruht, eine Spiralbewegung von Selbstberuhigung, wachsendem Vertrauen und besserer Kooperation in Gang zu setzen und auf dieser Basis Konflikte bewältigen zu können.

Für Berkel beginnt der erste Schritt der Konfliktarbeit daher bei der eigenen Person. Ohne Kontrolle der bei Konflikten häufigen Erregung findet kein Gespräch statt, denn Ärger, Wut und Aggression sind in Konfliktgesprächen unbrauchbar. In einem zweiten Schritt (wenn man sich selbst soweit nötig entspannt, beruhigt und unter Kontrolle hat) wird die Beziehungsebene thematisiert,

Abb. 9.2 Der Kreislauf kooperativer Konfliktbewältigung (Berkel 2020)

die ja in Konflikten gestört ist. Die Bereitschaft zu offener Kommunikation wird geklärt und ein Schritt in Richtung Vertrauen auf eine faire Konfliktbewältigung vollzogen. Erst wenn diese Voraussetzungen von Person, Kommunikation und Beziehung vorhanden sind, wird auf den eigentlichen Konflikt eingegangen.

9.1.2.1 Erregung kontrollieren (selbstbezogene Aspekte)

Konflikte sind mit einer erhöhten Erregung verbunden, die einen emotionalen und einen gedanklichen Aspekt hat: Wir sind wütend, ärgern uns über den oder die Konfliktpartner und beschäftigen uns meist mehr, als uns lieb ist, mit der Konfliktsituation. Die Funktion dieser Erregung ist es, die Energie aufzubringen, die zur Konfliktlösung nötig ist. Diese notwendige Erregung hat aber zwei destruktive Extremtendenzen – Wüten oder Verdrängen: Wenn Konflikte zu bedrohlich werden, werden sie verdrängt oder in Wut ausagiert, beide sind meist ungünstige Verhaltensweisen.

Jede Konfliktlösung beginnt daher im Inneren des Einzelnen: Für Konfliktgespräche ist es wichtig, Bewusstheit über den Konflikt herzustellen und gleichzeitig die eigene emotionale Erregung zu dämpfen und nicht jeden Zorn oder

Ärger auf den anderen loszulassen. Es ist eine Kernvoraussetzung reifer Konfliktpartner, dass sie

- sich und andere Akteure daran hindern, anzugreifen und zu verletzen,
- in sich das Bedürfnis nach Beruhigung wecken und
- Gedanken entwickeln, wie sie den Konflikt am besten in den Griff bekommen.

Die direkte Kontrolle der Erregung erfolgt durch Entspannungstechniken, wie
sie z. B. in der progressiven Muskelentspannung trainiert werden, sowie durch
konstruktive Wahrnehmungen, Gedanken und Aktionen in Richtung Konfliktlösung:

- Achte auf die eigenen körperlichen Warnsignale,
- kenne die Reizworte, die dich auf die Palme bringen,
- überhöre Vorwürfe bewusst und übergehe sie,
- lass dich nicht aus dem Gleichgewicht bringen,
- unterscheide zwischen der Rolle des Konfliktpartners und ihm als Person,
- verzichte aus Droh- und Strafgebärden und steige auch nicht auf sie ein und
- reagiere mit Humor, einer entspannenden Bemerkung oder konstruktiv
  irritierendem Verhalten (Benien 2015).

In Konflikten ungewohnte Verhaltensweisen wie Humor, konstruktive Irritation,
spielerische Gesten oder eine entwaffnende Bemerkung können Eskalations-
muster durcheinanderbringen, falls sie nicht passend sind, aber auch das Gegenteil bewirken. Dafür Rezepte zu finden, ist nahezu unmöglich, sie müssen in jeder
Situation neu gefunden werden und überdies persönlich stimmig sein.

9.1.2.2 Vertrauen bilden (beziehungsbezogene Aspekte)

Gespräche werden hier als kooperative Problemlösung verstanden. Kooperation
setzt Vertrauen voraus, und das ist eine Voraussetzung, die in Konfliktsituationen
meist nicht mehr gegeben ist. Je nach Eskalationsstufe eines Konflikts (Zweifel
am Verhalten, Zweifel an Personen, Absicht zur Schädigung von Personen)
sind Misstrauen oder sogar Feindseligkeit die psychische und soziale Realität der Beteiligten im Gespräch: Um überhaupt die einem Konflikt zugrunde
liegenden Probleme erörtern zu können, muss in den nächsten beiden Schritten
die Beziehungsebene so weit gestärkt werden, dass Problemlösung überhaupt
in Betracht gezogen werden kann. Der nächste Schritt ist deshalb die Bildung
von Vertrauen – für eine offene Konfliktlösung unerlässlich (Berkel 2017). Ver-
trauenssituationen sind dabei durch vier Merkmale gekennzeichnet:

- *Ambivalenz:* Vertrauen heißt ein Risiko eingehen, das positive, aber auch negative Auswirkungen haben kann („Trau – schau wem").
- *Abhängigkeit:* Wer vertraut, macht sich dem, dem er vertraut, verletzlich.
- *Hohe Verlustkosten:* Die Folgen enttäuschten Vertrauens sind schlimmer als der mögliche Gewinn erfüllten Misstrauens.
- *Zuversicht:* Trotzdem entscheidet sich eine Person, Vertrauen zu gewähren. Ohne die Zuversicht, dass es belohnt wird, würde sie dies nicht tun.

Während Misstrauen in Konfliktsituationen eine fast reflexhafte Reaktion auf Bedrohung ist, benötigt die Bildung von Vertrauen eine bewusste Entscheidung, die, bedingt durch die Verletzlichkeit, eine hohes Maß an Selbstbewusstsein voraussetzt. Folgende Verhaltensweisen dienen der Vertrauensbildung:

- *Selbstoffenbarung*: Öffne dich und riskiere dich persönlich: Teile eigene Vorstellungen und Empfindungen mit.
- *Realismus:* Komme dem anderen mit realistischen Vorschlägen entgegen.
- *Schonung:* Nutze Chancen, den anderen über den Tisch zu ziehen, bewusst nicht, signalisiere auch nicht, dass du es hättest tun können.
- *Metakommunikation:* Stelle sicher, dass deine Motive oder Absichten nicht als Täuschung verstanden werden (Berkel 2017).

9.1.2.3 Offen kommunizieren (beziehungsbezogene Aspekte)

Das Ziel der nächsten Phase ist es, das gewonnene und noch labile Vertrauen zu festigen, bevor man sich der eigentlichen (sachlichen oder emotionalen) Problemlösung zuwendet. Dafür gibt es zwei Gründe: Zum einen liegt unter jedem Sachkonflikt auch ein Beziehungsmuster – Sache und Beziehungen stehen immer in einem Wechselverhältnis; zum anderen gilt es, die in unserer Arbeitswelt vorherrschenden geschlossenen Kommunikationsmuster (strategisch, überlegen, sachlich) durch offene Kommunikation (spontan, partnerschaftlich, einfühlsam) zu ersetzen.

Um offene Kommunikation zu ermöglichen, braucht es einen ruhigen Ort, genügend Zeit, eine eventuell vermittelnde neutrale dritte Partei, falls eine sich unterlegen fühlt, hilflos ist oder von starken Gefühlen wie Angst oder Wut beherrscht wird. Zur Schaffung offener Kommunikation gehört auch, Sichtweisen und Gefühle, die sich häufig in Killerphrasen, Vorwürfen oder Beschuldigungen versteckt äußern, ernst zu nehmen. Konfliktgespräche benötigen besonders gutes aktives Zuhören.

Mit einem konkurrenzorientierten, strategisch denkenden, „pokernden" Konfliktpartner in eine offene Kommunikation zu kommen, ist erheblich

erschwert – es braucht eine entschlossene Haltung, sich von der Angst zu verlieren nicht hinreißen zu lassen, sondern verständigungsorientiert zu bleiben.
Es gibt Situationen, in denen eine kooperative Haltung scheitert; häufiger hilft
aber der entschiedene Wille zur Kooperation letztlich doch, auftrumpfendes und
dominantes Verhalten einzudämmen. Daher

- nenne die Vorteile der kooperativen und die Nachteile der konkurrierenden
  Konfliktbehandlung (Win–win-Situation vs. kurzfristiger Sieg und Eskalation),
- appelliere an das Selbstbild des anderen und deute demokratisch-faire Auseinandersetzung als Zeichen eines reifen Konfliktpartners,
- entschärfe durch „Entpersönlichung", d. h., weise auch auf Rollen, strukturelle
  und institutionelle Zwänge hin,
- weise den Konfliktpartner darauf hin, dass er oder sie für eine befriedigende
  Lösung unentbehrlich ist (Berkel 2017).

9.1.2.4 Problem lösen (Sachebene, Konfliktthema)

Erst jetzt, wenn diese Vorbedingungen geschaffen sind, können die Gesprächsphasen, die wir von anderen Gesprächsformen her kennen, in sinnvoller Weise zur
Geltung kommen. Der erste Schritt, die Problemdefinition, bedarf im Konfliktgespräch besonderer Sorgfalt, weil die Problemsichten gerade im Konflikt verschieden sind. Gegensätzlichen und unvereinbaren Problemdefinitionen liegen
häufig „Entweder-oder"-Muster in einem strikten Schwarz-Weiß-Denken
zugrunde. Diese Muster in „Grautöne" aufzulösen, zu einem „Sowohl-als-auch",
hilft, die beiden Seiten einander näherzubringen. Allerdings kann nun nicht
bereits Einverständnis vorausgesetzt werden, wenn man sich nicht erneut in
Streitigkeiten verstricken will.

Ιn Konflikten ergeben sich Lösungen selten von alleine: Sie müssen häufig
mühsam gefunden werden. Eine gemeinsame Problemdefinition der Konfliktparteien ist daher bereits ein großer Schritt auf dem Weg zur Lösung. Die dafür
passende Haltung ist unnachgiebig im Anspruch, aber flexibel im Suchverhalten:
Lösungen kommen leichter zustande, wenn Durststrecken ausgehalten werden
und Rat von anderen Personen willkommen ist. Auch muss klar sein, dass es
nicht darum geht, einen Konfliktpartner umzuziehen, sondern darum, Barrieren
auszuräumen.

Lösungen zu (er-)finden, ist en vogue und lösungsorientiert zu denken eine
Modeerscheinung in der gegenwärtigen Beratungs-, Coaching- und Therapie-
landschaft. Gute Lösungen zu finden, ist aber schon in Beratungsgesprächen
keineswegs so trivial, wie dies gelegentlich süffisant suggeriert wird: In Konflikt-

gesprächen werden zusätzliche Bedingungen nötig, die zu besseren Lösungen führen können. Beide Seiten können wenigstens Teile ihrer Absichten verwirklichen – und ebenso wichtig: Beide Seiten erkennen, dass mindestens Teile ihrer Ängste und Befürchtungen gegenstandslos sind. Gerade deshalb ist es so wichtig, Befürchtungen in Konfliktlösungen ernst zu nehmen. Lösungen beziehen sich also auf Wünsche und Befürchtungen der beiden Seiten, auf neue Lösungen und auf wechselseitige Konzessionen: Es ist situativ zu entscheiden, wann Zugeständnisse hilfreich sind, welche Wünsche erfüllbar und zentral für einen Konflikt sind oder wie neue Lösungen (Minderung von Druck, Schaffung von Ressourcen von außen, Entlastung von Zwängen) eingeführt werden können. In jedem Fall sollen die Gesprächspartner ihr Gesicht wahren können. Einige Arbeitsregeln leiten in diesem Teil des Gesprächs:

- Eine gemeinsame Problemdefinition ist zentral!
- Betreibe die Lösungssuche mit Zähigkeit und Flexibilität,
- lass bei Entscheidungen beide Seiten ihr Gesicht wahren,
- versuche, Befürchtungen wenigstens teilweise zu entkräften,
- achte auf die wenigstens teilweise Erfüllung von Wünschen,
- beziehe bei der Suche nach neuen Lösungen auch externe Ressourcen und die Veränderung von Rahmenbedingungen ein und
- erleichtere unbequeme Entscheidungen durch Zugeständnisse und wechselseitige Kompensationen.

9.1.2.5 Vereinbarung treffen

Vereinbarungen stehen, wie bei anderen Gesprächsformen, auch hier am hoffentlich gelungenen Ende eines Konfliktgesprächs. Sie müssen fixiert werden – zum Schutz vor strategisch-konkurrenzorientierten Versuchungen und als Bekräftigung des Willens zu realistischen Entscheidungen. Vereinbarungen entlasten, sie entziehsen eine Entscheidung dem Raum der persönlichen Willkür und machen sie nachvollziehbar, sie entlasten von permanenten Kontrollen und verankern (auch rituell) die Einigung. Damit Vereinbarungen auch eingehalten werden, müssen einige Bedingungen erfüllt sein: Sie stellen gleichzeitig die Arbeitsregeln für den Umgang mit Vereinbarungen dar. Gute Vereinbarungen

- verstoßen nicht gegen zentrale Interessen der Parteien,
- basieren auf einem Mindestmaß an Vertrauen,
- sind klar und widerspruchsfrei formuliert,

- sind auch anderen wichtigen Beteiligten bekannt,
- klären konkrete „Dos and Don'ts" der Vereinbarung,
- regeln Sanktionen und belohnen die Beachtung der Regelungen.

9.1.2.6 Persönlich verarbeiten

Den Schlussteil des Konfliktgesprächs bildet die persönliche Verarbeitung. Ist die Beziehung und Konfliktlösung schon tragfähig genug, kann dies in einem Blitzlicht oder in einer Schlussrunde des Konfliktgesprächs geschehen, sind die Beziehungen noch labil, geschieht dies besser außerhalb des Gesprächs.

Eine offene Runde am Ende eines Konfliktgesprächs setzt bereits relativ unbeschwerte Kommunikation voraus: Es kann sein, dass ein neues Miteinander erst langsam wachsen und eine neue Beziehung erst geschaffen werden muss, bis ein unbefangener Umgang wieder möglich ist. Dafür braucht es Zeit. Es ist deshalb günstig, beim Neuanfang nach Konflikten von realistischen Erwartungen auszugehen und den Zeitfaktor zu berücksichtigen.

In der persönlichen Verarbeitung muss auch damit gerechnet werden, dass es Rückschläge im Konflikt geben kann und dass dann der Prozess von Neuem beginnen muss. Berkel spricht deshalb explizit von Konflikt*bewältigung* und nicht von Konflikt*lösung* (Berkel 2017). Und zuletzt ist es natürlich auch im Bereich des Möglichen, dass Verletzungen und Kränkungen so tief gehen, dass eine Versöhnung nicht erreichbar ist. Dann sollten die Konfliktpartner auf Distanz gehen und konstruktive Formen der Trennung oder Auflösung einer Beziehung gesucht werden.

9.1.3 Hinweise und Arbeitsregeln für Konfliktgespräche

Es ist nicht einfach, die vielen Dimensionen eines Konfliktgesprächs gleichzeitig präsent zu halten, zumal durch Anspannung und Erregung planmäßiges Handeln zusätzlich erschwert sind. Die Arbeitsregeln sind auch in der Zusammenfassung noch komplex genug: Hilfreich in Konflikten ist es,

- Wut und Aggression zurückzuhalten („Wut ist unbrauchbar"),
- Beruhigung zu suchen: eigene Reizfaktoren wahrzunehmen/zu kontrollieren,
- direkt auf konstruktive Ziele zu fokussieren,
- den Konflikt realistisch zu sehen: einzugrenzen statt auszuweiten,
- aus Droh- und Strafgebärden bewusst auszusteigen,
- konstruktive Irritation zu nutzen,

- eigene Schädigungsabsichten zu stoppen und ggf. Drittpersonen hinzuzuziehen,
- Vertrauen bewusst zu wagen, sich positiv zu „riskieren" und offenzulegen,
- verletzliche Stellen beim andern bewusst zu schonen,
- Zeit, Raum und evtl. eine dritte Person zu organisieren,
- Vorteile und Nachteile deutlich zu machen (Win–win vs. Lose-lose),
- systematisch, gleichzeitig zäh und realistisch Lösungen zu suchen,
- zentrale Interessen und Befürchtungen zu berücksichtigen,
- Vereinbarungen zu fixieren, mindestens klar zusammenzufassen,
- persönlich zu verarbeiten (Rachegefühle abklingen zu lassen, Enttäuschungen zu verarbeiten, Erreichtes zu würdigen, innerlich Ja zu sagen zur Vereinbarung,
- Gesichtsverlust, Bekehrungs- oder Umerziehungsversuche zu vermeiden,
- im Kontakt zu bleiben,
- eigene Interessen bestimmt, freundlich, deutlich zu vertreten,
- Angriffe, Herabwürdigungen, andere ins Lächerliche ziehen zu unterlassen und
- über Dinge, die nicht den Konflikt betreffen, ganz normal zu reden!

Diese Hilfen gelten für Konfliktgespräche, in die Fachkräfte der Sozialen Arbeit selbst involviert sind. Sie verändern sich nicht grundsätzlich, wenn sie als gesprächsführende Person Konflikte Dritter moderieren sollen. Ab der Eskalationsstufe des Zweifelns an Personen sollten dritte Personen die Vermittlung übernehmen und die Funktion der Kontaktbrücke, der allparteilichen Vermittlerin und des Anwalts einer guten Konfliktlösung übernehmen (Thomann und Schulz von Thun 2007). Der Rahmen der Gespräche kann mit den bereits erwähnten Phasen des Einstiegs (Kontaktaufnahme, Situationsklärung, Rahmen, Arbeitsbündnis) und dem Abschied gerahmt werden. Die anderen Phasen bleiben dieselben.

9.2 Das Krisengespräch

Hier kann keine umfassende Einführung in die Krisenintervention geleistet werden, es wird im Folgenden auf das Führen von Krisengesprächen fokussiert. Anhand der Strukturmerkmale von Gesprächen werden aber die wesentlichen Bedingungen von Krisengesprächen beleuchtet. Anschließend werden ein Gesprächsphasenkonzept und einige grundlegende Arbeitsregeln für Krisengespräche erarbeitet. Für die Bearbeitung von kleineren Krisen, die in der Sozialen Arbeit auftauchen, sollten diese Regeln eine erste Orientierung geben. Sie sollen ausdrücklich auch für die eigenen Grenzen sensibilisieren, sodass Fachkräfte frühzeitig andere Hilfeinstanzen für ihre Klienten in Anspruch nehmen (psychotherapeutische Begleitung, stationäre Einweisung, spezialisierte Krisendienste oder -einrichtungen).

Fachkräfte der Sozialen Arbeit sind je nach Handlungsfeld häufig mit Krisen von Klienten konfrontiert. Krisen beinhalten für Klienten wie Fachkräfte einige Chancen, aber auch erhebliche Risiken. Wer Psychiatrieeinweisungen, Eskalation von Gewalt, Suizide von Klienten und die vorangehenden Extremsituationen erlebt hat, weiß, wie schwer die Belastungen, wie hoch der Druck auf alle Beteiligten und wie heikel angemessene Reaktionen sind und welche Spuren es bei Klienten wie Fachkräften hinterlassen kann, wenn Krisenintervention misslingt und aus Krisen Katastrophen mit Gewalttaten oder Suiziden werden.

Soziale Arbeit begegnet in der Breite der Handlungsfelder allen möglichen Formen von Krisen, seien es gesundheitliche, materielle, soziale oder psychische Krisen: Wir unterscheiden dabei entwicklungsbedingte normative kritische Lebensereignisse wie die Pubertät und nicht-normative Krisen, wie den überraschenden Tod eines Angehörigen oder eine Heimplatzierung. Eine weitere Möglichkeit sind Krisen innerhalb eines Hilfeprozesses, wie suizidale Krisen, Rückfälle im Suchtbereich oder psychotische Krisen.

▶ **Krise** Eine psychosoziale Krise ist ein zeitlich begrenztes Geschehen, in dem ein Mensch oder ein soziales System mit belastenden Ereignissen oder Lebensumständen konfrontiert wird, die bisherige Lebensziele bedrohen oder infrage stellen und in dem alle verfügbaren Problemlösestrategien versagen und Ressourcen nicht ausreichend sind. Psychosoziales Gleichgewicht und Selbstwertgefühl werden dabei massiv gestört. Krisen stellen wichtige Weichen für die Zukunft, sie können sowohl Chancen zur Reifung und Entwicklung sein wie auch Gefährdungen und Fehlentwicklungen zur Folge haben (Rupp 2014, S. 10 f.; Stein 2009, S. 22 f.).

Eine Krisenintervention besteht aus mehreren Gesprächen und zusätzlichen stabilisierenden Maßnahmen, welche die Krise bewältigen helfen und Eskalationen verhindern sollen: Bei Fremd- oder Selbstgefährdung gehört die Zusammenarbeit mit Psychiatern/Therapeuten, Angehörigen und Umfeld zwingend zu diesen Maßnahmen, Klinikeinweisungen können ein Mittel der Wahl sein. Die Behandlung von Suizidalität, drohenden Gewalthandlungen oder

posttraumatischen Belastungsstörungen (Traumata) gehören in die Hand von ausgebildeten Fachärzten oder Psychotherapeuten. Fachkräfte der Sozialen Arbeit
sollten daher sich und ihre Institution nicht überfordern oder überschätzen.
Akute Krisen sind ein zeitlich begrenzter Zustand, der Höhepunkt der Krise
sollte in vier bis sechs Wochen überwunden sein (Fritz 2004, S. 171). Die Dichte
von Beratungssitzungen oder Gesprächen im stationären Kontext wird dabei
stark erhöht, aber zeitlich begrenzt. Kontinuierliche Begleitung durch Gespräche
stellen für Klienten einen Anker und sicheren Ort dar, sie geben Struktur und
Orientierung.
Der zeitliche Ablauf einer Krisenintervention kann wie folgt beschrieben
werden:

- Im *Erstgespräch* wird geklärt, wo die Probleme, die Auslöser für die Krise,
  aktuelle Gefährdungen, aber auch Chancen und Fähigkeiten zur Bewältigung
  liegen. Die Anerkennung der Krise steht im Vordergrund. Ziele und der
  Rahmen der Krisenintervention werden geklärt. Es werden Vereinbarungen für
  den Fall einer Krisenverschärfung getroffen (Selbst- und Fremdgefährdung)
  und die Zusammenarbeit mit entsprechenden Fachpersonen wird vorgedacht.
  Weiter werden das gemeinsame Vorgehen, die Häufigkeit der Gespräche und
  weitere Unterstützungsmaßnahmen vorbesprochen.
- Die *begleitenden Gespräche* konzentrieren sich zuerst auf die Stützung
  und Stabilisierung des Klienten, erst danach auf die die Bearbeitung der
  Krise und Krisenbewältigung. Dabei thematisieren die Gespräche das
  Befinden des Klienten, seine emotionale und soziale Situation, das Wirken
  von Bewältigungsversuchen und positive Handlungsmöglichkeiten. Sie
  fokussieren auf Stärken und Erfolge, reflektieren und optimieren die Entlastung während einer akuten Krise, unterstützen die Realitätskontrolle und
  -wahrnehmung und fördern sowohl innere Kräfte als auch das soziale Netz.
- Die Abschlussphase einer Krisenintervention sollte nach vier bis sechs
  Wochen möglich sein. In den abschließenden Gesprächen wird geklärt, ob
  die Krise tatsächlich überstanden ist und sich der Klient auf gutem Weg zu
  einer neuen Balance von Belastungen und Bewältigungsfähigkeiten befindet.
  Nun können neue Ziele vereinbart werden; man kehrt zum Betreuungs- oder
  Beratungsalltag zurück, oder die Intervention wird beendet.
- In jedem Fall sollte ein Nachfolgegespräch nach einer definierten Zeitspanne
  vereinbart werden, was Sicherheit und einen nochmaligen Anlaufpunkt geben
  kann (Weber 2012).

9.2.1 Strukturbedingungen von Krisengesprächen

Gerade in Krisensituationen ist es für Fachkräfte der Sozialen Arbeit unerlässlich, soziale Struktur, Kontext und Merkmale der Krisensituation genau zu kennen und zu berücksichtigen, um die „Wahrheit der Situation" in dieser besonders belasteten Gesprächssituation zu erfassen.

Kontext von Krisengesprächen (allgemeine Situation, Auftrag, Institution, Aufgabe): In Krisen sind Personen oder soziale Systeme hochgradig labilisiert und verletzlich. Solche Krisen können entwicklungsnotwendig, aber auch in höchstem Maß entwicklungsgefährdend sein. Krisen sind überraschend, akut und bedrohlich. Dabei besteht immer Gefahr, dass bezüglich Verhalten, Erleben oder Lebenssituationen Weichen falsch gestellt werden – nicht selten mit langfristigen Konsequenzen: In Krisen haben kleine Ursachen oft große Wirkungen. Der Kontext jeder Krise ist die Labilisierung einer Lebenssituation, meist in mehreren Lebensbereichen. Viele Krisen sind multidimensional, häufig wird die Destabilisierung durch Kumulation von mehreren Faktoren herbeigeführt (Weber 2012). Als Auslöser wirkt häufig ein kritisches Lebensereignis oder die Verschärfung lang andauernder Belastungen. Krisenintervention ist grundsätzlich eine interdisziplinäre Aufgabe: Die Vielfalt der betroffenen Lebensbereiche verlangt in der Regel ein koordiniertes Vorgehen mehrerer Dienste aus dem Gesundheits- und Sozialwesen. Alleingänge von Fachkräften sind riskant und kontraindiziert.

Krisen verlaufen phasenförmig. In einer Stabilisierungsphase entsteht ein dauerhaftes Ungleichgewicht zwischen Bewältigungsmöglichkeiten und Schwierigkeiten, das in einer Turbulenzphase zunehmend eskaliert. Krisen haben einen Höhe- und Wendepunkt mit charakteristischem Ausgang: glückliche Bewältigung durch konstruktive Neuorganisation, „Rebound", d. h. Zurückgeworfenwerden mit einem neuen Anlauf, oder Entgleisung und Verschlechterung der Situation (Rahm 2004).

Der Auftrag von Fachkräften der Sozialen Arbeit im Rahmen der eigenen Institution verändert sich in Krisenfällen von Klienten zwingend: Der vereinbarte oder gegebene Auftrag tritt in den Hintergrund, das primäre Ziel begleitenden Handelns ist es, die Krise zu bewältigen. In der sozialarbeiterischen Beratung z. B. geht es in erster Linie darum, den Betroffenen zu helfen, dass sie den momentanen Zustand der Überforderung, der Hilflosigkeit, der Hoffnungslosigkeit oder Desorientierung überwinden können. Die Aufgabe der Fachkräfte besteht in der Stabilisierung von Klienten und in der Prävention von Risiken oder Affekthandlungen.

Krisen können Institutionen und ihre Fachkräfte auch überfordern: Krisensituationen rufen nach Unterstützung durch speziell ausgebildete Fachkräfte, sie sollten nicht ausschließlich in der Zweierbeziehung bearbeitet werden: Das professionelle Handeln sollte durch Supervision oder kooperative Beratung gestützt werden, weitere Fachkräfte sollten frühzeitig hinzugezogen werden (Therapeuten, Psychiater, Ärzte). Krisen von Klienten betreffen je nach Institution auch Teams, Kollegen und Mitklienten. Sie sollten betroffenen Personen im Umfeld in Absprache mit dem Klienten mitgeteilt werden, damit Verständnis und Unterstützung auch von anderen Personen gegeben und Verunsicherung reduziert werden kann. Schließlich sollte frühzeitig erkannt werden, wann eine Institution mit einer Krise überfordert ist und die Klienten an spezialisierte Einrichtungen wie Krisendienste oder die Psychiatrie abgegeben werden sollten.

In der *Vorgeschichte* von Krisengesprächen findet sich meist eine schon prekäre Balance von Anforderungs-/Bewältigungskonstellationen (Lebenskrisen durch schleichende Dekompensation psychischer Krankheiten, Entgleisung von Suchtkarrieren, schwierige biografische Übergänge) oder traumatische Ereignisse (traumatische Krisen durch Gewalterfahrungen, Tod von Angehörigen, Kündigung, Invalidität, Unfall usw.). Die Dekompensation dieser Balance führt dann meist zur Notwendigkeit einer Intervention. Krisen geht eine Vielzahl von versuchten, aber nicht gelungenen Bewältigungsversuchen voraus (auch bei traumatischen Krisen), deren Misslingen führt erst in die Krise. Die dafür von Menschen aufgewendete Energie ist beträchtlich, die Folge ist hoher Stress der Betroffenen, weil ein Großteil der eigenen Kräfte für die Krisenbewältigung verbraucht wird. Krisen sind akute und schwere Stresssituationen (Ortiz-Müller et al. 2019).

Ziele und Inhalte: Die Ziele und Inhalte sonstiger Beratungs- oder Betreuungsaufträge rücken in der Krise in den Hintergrund; die Bewältigung der Krise und eine schnelle Stabilisierung und die Verhinderung von Eskalationen oder Kurzschlusshandlungen sind das primäre Ziel. Gefühle von Hilflosigkeit, Trauer, Wut oder Resignation, die mit Krisen verbunden sind, werden verstärkt zum Gegenstand im Gespräch – mehr, als dies sonst der Fall wäre. Der Ausdruck und die Verarbeitung dieser Gefühle stehen neben Stabilisierung und Bewältigung im Vordergrund.

Personen und Persönlichkeiten: Die Personen, mit denen wir in Krisen zu tun haben, weisen durch ihre Krisensituation gewisse Gemeinsamkeiten auf, die Fachkräfte kennen und *er*kennen müssen: Sie sind aus der normalen Bahn geworfen, labil und in ihrem Denken, Handeln und Fühlen beeinträchtigt. Dies schließt auch Kurzschlusshandlungen ein. Die Krisenzeichen bei Klienten gilt es im Gespräch unbedingt zu berücksichtigen. Folgende Krisenzeichen können Hinweise geben: psychosomatische Erkrankungen, psychotische Symptome, Suizidgedanken, Suchttendenzen, Strukturverlust im Alltag, Kontakt- und Beziehungsveränderungen, extreme Gefühle, Ausagieren, verengter Blickwinkel. Weitere Warnsignale könnten Unerreichbarkeit, Spaltungstendenzen, Erstarrung, Enge, Angst, Resignation, Hoffnungslosigkeit und Erschöpfung sein. Der hohe Stress, unter dem Klienten in Krisen stehen, wurde bereits erwähnt, er beeinträchtigt Denken, Fühlen und Handeln bis zu wahrnehmbaren Beeinträchtigungen.

Auch bei den Fachkräften können Krisen von Klienten ambivalente Gefühle und eine erhöhte Anspannung auslösen: Die Angst z. B. vor einem Suizid kann auch Fachkräfte dazu verleiten, irrational zu handeln. Sie können die Krise unterschätzen; zuweilen werden aber auch die eigenen Fähigkeiten und Kompetenzen, die Krise mit Klienten durchzustehen, überschätzt. Hier sind Supervision, kooperative Unterstützung und Zusammenarbeit mit anderen Fachkräften wichtig.

Beziehungsstrukturen im Gespräch: Auch die genannten situativen Bedingungen im Gespräch (Rollen, Machtverhältnisse, Beziehungen, Kommunikation) verändern sich in der Krise: Die Rollen werden noch komplementärer, da Fachkräfte ihre innere Distanz zu einer Krise, ihre Stabilität im Umgang und die Anteile rational-zielorientierten Handelns noch verstärken und in der Kommunikation noch deutlicher Halt, Stütze und Orientierung geben müssen. Direktive Gesprächsführung, Maßnahmen oder Eingriffe zur Entlastung und Stützung sind legitim. Das folgende Konzept für Krisengespräche bezieht sich auf Weber (2012).

9.2.2 Gesprächsphasenkonzept für Krisengespräche

Das methodische Handeln im Krisengespräch ist zum einen stark strukturierend, an der Gegenwart und nahen Zukunft orientiert, zum anderen ermöglicht die gesprächsführende Person die Verarbeitung schwieriger Gefühle, die mit Krisen verbunden sind. Die Arbeitsschritte des Beratungsgesprächs bleiben erhalten, sie konzentrieren sich aber auf unterstützende Strukturen, auf Ressourcen und auf die Stabilisierung von Situation und Person, das Gespräch ist *stützend, stabilisierend und ressourcenorientiert.* Das bedeutet, dass z. B. Konfrontation oder Kritik in Krisen nicht angezeigt sind, weil sie die Krise verschärfen.

Das Durcharbeiten von psychischen Anteilen, Traumatisierungen oder posttraumatischen Belastungsstörungen sollte der psychotherapeutischen Arbeit überlassen werden, es sei denn, Fachkräfte der Sozialen Arbeit verfügten selbst über eine entsprechende Ausbildung und einen solchen beruflichen Auftrag.

In einer so grundlegenden Einführung wie diesem Buch geht es primär um Entlastung, stützend-stabilisierendes Arbeiten, um Ressourcenerschließung und Perspektivenschaffung in der Krisenintervention. Wenn ausreichend Stabilität wiederhergestellt ist, können natürlich auch Fachkräfte der Sozialen Arbeit eine Krise mit Klienten durcharbeiten, d. h. problematische und psychisch belastende Seiten der Krise gemeinsam thematisieren und die Bewältigung fördern. Die therapeutische Behandlung sollte aber von ausgebildeten Fachleuten übernommen werden.

9.2.2.1 Kontakt/Situationsklärung: Begrüßung, Rapport, Rahmen

Wie in anderen Gesprächsformen auch stehen Begrüßung und Kontaktaufnahme am Anfang. Häufig ist der Einstieg ins Gespräch von Anfang an begleitet von starken emotionalen Äußerungen. Klienten in einer Krise kommen vielleicht aufgewühlt oder geschockt, verwirrt oder in Zorn, vielleicht auch Resignation. Sie äußern widersprüchliche Gefühle und sind in ihrer Handlungsfähigkeit und Rationalität eingeschränkt. Starke Emotionen, wie sie in Krisen auftreten, beeinflussen Denken und Handeln stark, und Klienten stehen meist unter krisenbedingtem Stress.

Der erste Schritt besteht darin, die Krise zu benennen und anzuerkennen, das Befinden des Klienten (auch irritierende Äußerungen) zuzulassen und ernst zu nehmen; besonders gilt dies für suizidale Äußerungen. Das Aussprechen von Ärger, Wut und Trauer ist bereits ein erster Schritt zur inneren Distanzierung.

Erst wenn diese emotionale Anerkennung der Krise geleistet ist, wird der Bezugsrahmen zu einem etwaigen Hilfeprozess und das Setting für dieses Gespräch geklärt. Ein wichtiger Schritt ist hier die Deklaration, dass es sich um eine Krise handelt, und die Abgrenzung von Krise und nicht-krisenhaftem Zustand des Klienten.

9.2.2.2 Problemanalyse und Problemdefinition: Situationsanalyse, Coping und Ressourcen, Problemdefinition

In einer ersten *Situationsanalyse* verschafft sich die Fachkraft ein Bild der Situation – hier geht es um Ordnen und systematisches Eruieren von Information.

Klienten können frei berichten, es ist aber legitim, durch Fragen (hier auch geschlossene Fragen) wesentliche Informationen einzuholen und zu ordnen.

Besonders weil Klienten in Krisen weniger an eigenen Strukturen und innerer Ordnung mitbringen, ist ein systematisches und auch direktives Vorgehen wichtig: Es ist zu klären, was für eine Krise vorliegt, wie stark der Klient und sein Umfeld betroffen ist, welche Auslöser zur Krise geführt haben, und vor allem, ob das Risiko von impulsiven Handlungen, Selbst- oder Fremdgefährdung besteht.

Danach klärt der Berater in einer *Coping-Analyse,* welche Bewältigungs-strategien der Klient bisher angewandt hat und inwieweit sie erfolgreich/erfolglos waren. Eine *Ressourcenanalyse* eruiert innere und äußere Ressourcen und kann unterstützende Faktoren sichtbar machen.

In der *Problemdefinition* fasst der Berater die vom Klienten geschilderte Krise zusammen: Er benennt sie in klaren und verständlichen Worten und gibt bereits hier Rückmeldungen zu den Bewältigungsversuchen. Der Berater klärt im Erst-gespräch wie auch in weiteren Gesprächen ferner die eigene Rolle und Auf-gabe. Er muss sicher sein, dass er (im Verlauf einer Begleitung: *immer noch*) die richtige Ansprechperson ist, die Kompetenzen und die Zeit für die Krisen-begleitung hat und dass seine Institution die richtige für die Begleitung dieser Krise ist. Geklärt werden muss auch, wer (Angehörige, weitere Fachpersonen) noch zur Begleitung hinzugezogen wird (Weber 2012).

In weiteren Gesprächen wird das Funktionieren stützender Maßnahmen und Bewältigungsstrategien besprochen, der Verlauf der Krise wird thematisiert, und Erfahrungen seit dem letzten Gespräch werden erhoben. Der Fokus liegt auf Stärken, Erfolgen und stützenden Maßnahmen. Konfliktbearbeitung, Kritik oder grundlegendere Konfrontationen sollten vermieden werden, um den stützenden Charakter der Gespräche nicht zu gefährden. In Krisengesprächen ist eine stark strukturierende, direktive Gesprächsführung angezeigt, um die fehlenden Strukturen von Klienten quasi „von außen" zu stärken.

9.2.2.3 Zieldefinition: Klientenziele, Ziele der Berater, Bedingungen aushandeln

Im Erstgespräch einer Krisenbegleitung wird der Rahmen abgesteckt, und es werden Bedingungen ausgehandelt, wie diese Begleitung verlaufen soll. Die Ziele der Klienten müssen dabei vom Berater aktiv geklärt werden. Er benutzt dazu im Gespräch Formulierungshilfen, paraphrasiert Vorschläge des Klienten und bringt gegebenenfalls eigene Vorschläge ein, falls der Klient nur wenig eigene Ideen äußert, weil ihn die Krise selbst allzu sehr beschäftigt. Der Berater sollte für eigene *Ziele* wie auch für die Ziele des Klienten konkrete Bedingungen für die Begleitung formulieren und aushandeln.

Da eine Krisenbegleitung zeitlich begrenzt sein soll – die Krisenforschung spricht von ca. sechs Wochen für eine akute Krise –, sollten die Ziele auch in

dieser Zeit erreichbar sein. Hauptziele von Beratern für Klienten sind, Überforderung, Belastung und Stress der Betroffenen zu reduzieren und ihnen
Entlastung zu verschaffen. Das bedeutet, Anforderungen zu reduzieren,
Komplikationen und Gefährdungen zu vermeiden und Unterstützung zu
organisieren, die in weiteren Schritten eine konstruktive Verarbeitung der Krise
und Re-Stabilisierung ermöglichen.

9.2.2.4 Problembearbeitung: Handlungsstrategie, Plan, Umsetzung

Die gesetzten Ziele werden in der Problembearbeitung in Handlungspläne
umgesetzt. Hierbei darf der Berater (anders als in Nicht-Krisensituationen)
deutlich stärker strukturieren, Vorgaben und Vorschläge machen, auch direktiv
arbeiten (Anweisungen und direkte Instruktionen). Er sollte sich auch in Krisengesprächen für die erarbeiteten Schritte das Einverständnis des Klienten holen
und sich der Tatsache versichern, dass diese Schritte für den Klienten tatsächlich eine Entlastung und Unterstützung darstellen. Hierbei ist die möglicherweise
krisenbedingt reduzierte „Kundigkeit" des Klienten für seine Bedürfnisse sorgfältig mit der eigenen fachlichen Einschätzung der Situation abzuwägen. Dann ist
gemeinsam zu erarbeiten, was Klienten guttut, falls diese nicht mehr viel dazu
sagen können.

Fachkräfte der Sozialen Arbeit sollten in der Krisenintervention bewusst
nicht in therapeutische Bereiche hinein intervenieren, darauf wurde bereits hingewiesen. Es geht darum, soziale Unterstützung und Entlastung im Alltag zu
erarbeiten, Netzwerke zu aktivieren, Tagesstrukturen und hilfreiche Tätigkeiten
mit Klienten zu erarbeiten, die Reduktion von Anforderung im Alltag (auch mit
Beteiligten wie Familie oder Arbeitsstelle) durchzusetzen und für materielle und
weitere Hilfen zu sorgen.

Zur Problembearbeitung gehört im Krisenfall auch, zu klären, wer was unternimmt, wenn eine Krise weiter eskaliert (Notfallmaßnahmen). Die Frage der
Erreichbarkeit in Notsituationen wird geklärt (Stellvertretungen, Handy- und Notfallnummern).

9.2.2.5 Zusammenfassen: Einordnen, Vereinbarungen, Aufgaben

Die zu treffenden Maßnahmen werden vereinbart und in konkrete Tätigkeiten
umgesetzt. Gerade in Krisen ist es hilfreich, wenn Klienten Strukturen und Aufgaben haben, die ihnen Halt geben – vom Durchhalten einer Tagesstruktur, dem
täglichen Führen eines Tagebuchs, täglichen Telefonaten mit dem Berater bis zum
Aufsuchen von Freunden, die sie im Alltag stützen können. Wenn nötig, können

die Maßnahmen auch schriftlich vereinbart und kann diese Vereinbarung Klienten als Gedächtnisstütze und zur Vorsatzbildung mitgegeben werden.

9.2.2.6 Situation abschließen: Blitzlicht, Abschied, nächster Kontakt als Anker

Auch im Krisengespräch kann ein kurzes Blitzlicht noch einmal erhellen, ob das Gespräch dem Klienten Erleichterung gebracht hat. Der Abschied sollte mit dem Hinweis erfolgen, Kontakt zu halten – wenn nötig auch zwischen vereinbarten Terminen Kontakt aufzunehmen.

9.2.3 Hinweise und Arbeitsregeln zu Krisengesprächen

In Kriseninterventionen und Krisengesprächen gelten einige spezielle Regeln, die in anderen Formen der Gesprächsführung als verfehlt betrachtet würden, da sie die Autonomie und Selbstwirksamkeit der Klienten einschränken würden. In Krisen haben pragmatische, lösungsorientierte, strukturierende, unterstützende, direktive und auch eingreifende Maßnahmen Vorrang. Die Arbeitsregeln wurden aus Fritz, Weber und Belardi zusammengestellt (Belardi 2011; Fritz 2004; Weber 2012). Weitere Literatur zur Krisenintervention kann empfohlen werden (Ortiz-Müller et al. 2019; Rupp 2014; Stein 2009).

- Die *Kooperation mit anderen Fachkräften und dem sozialen Netz* des Klienten ist zu suchen, vor Alleingängen von Fachkräften (jeder Berufsgattung) bei der Behandlung schwererer Krisen seien besonders Berufsanfänger dringend gewarnt.
- Ebenso ist das *Risiko eigener Überforderung* durch Supervision und Hinzunahme erfahrener Kollegen oder Vorgesetzter zu minimieren.
- Jede Art von *Ressourcen* ist zu nutzen: Das Umfeld von Klienten in Familie und Freundeskreis, Freizeitmöglichkeiten und persönliche Interessen sollten in jedem Fall aktiviert werden.
- Wenn eine *Gefährdung von Mitarbeitenden* nicht auszuschließen ist, sollten Krisengespräche immer von zwei Fachkräften geführt werden.
- *Direktive Gesprächsführung* ist erlaubt und nötig, um die fehlenden inneren Strukturen von außen zu stützen und Klarheit gegen Verwirrung zu setzen.
- Der Ausdruck und das *Zulassen von Gefühlen* sind wichtig, es gilt aber, neben der emotionalen Verarbeitung auch *rationale Sichtweisen* zu fördern und so bewusst-rationales Denken und Handeln zu unterstützen.

- *Konfliktorientierte Beratung ist zu vermeiden,* da sie Krisen verschärft und Klienten nicht in der Lage sind, zusätzliche Probleme zu verarbeiten.
- *Kontakt und Beziehung* kann durch erhöhte Kontaktfrequenz, aber auch durch emotionalen Beistand gehalten werden. Telefonkontakt, Briefe, Mails, SMS, „magische Objekte", die die Botschaft „ich-bin-nicht-allein" symbolisieren, können helfen, dass Klienten nicht aus dem Kontakt aussteigen.
- *Innere Distanzierung:* Mithilfe verschiedener Techniken kann die zeitliche Einengung auf die Krise geweitet werden: Rollentausch kann einen Perspektivenwechsel ermöglichen, die Arbeit mit einer „Zeitmaschine" die Zeit nach der Krise veranschaulichen, auch Informationen über Krisen und ihre Verläufe können Sicherheit und damit Distanzierung bewirken.
- Das *soziale Netz der Krisenintervention* muss eng gesponnen sein. Die Erreichbarkeit von Fachkräften, Adresslisten, Notfallnummern, Kooperationspartnern sollte geklärt sein.

9.3   Das Schlechte-Nachrichten-Gespräch

Viele Redewendungen beschreiben die schwierige Aufgabe, schlechte Nachrichten zu überbringen: „Hiobsbotschaften" oder „Kassandrarufe" beziehen sich auf bereits geschehene oder drohende ungünstige Ereignisse. Und die Überbringer schlechter Nachrichten haben einen zweifelhaften Ruf, denn sie werden als Überbringer einer Nachricht häufig auch mit deren Inhalt identifiziert und nicht selten dafür sanktioniert. Die Abwehr der Botschaft trifft auch den Überbringer.

Daher entwickeln Menschen ein umfangreiches Repertoire an ungünstigen Selbstschutz- und Vermeidungsstrategien (Weber 2005, S. 32 f.): Schlechte Nachrichten werden aufgeschoben, ihnen wird ausgewichen, sie werden per Mail mitgeteilt oder an Dritte delegiert; es wird gewartet, bis sie über informelle Kanäle beim Adressaten ankommen. Die für die Mitteilung zuständige Person beschönigt oder verharmlost die Nachricht oder weist jede Verantwortung von sich, obwohl sie die Entscheidung traf. Rechthaberei oder übertriebenes Argumentieren wird als Schutzmechanismus benutzt und vielleicht wird der Adressat mit Fragen so lange „gefoltert", bis er die schlechte Nachricht selbst ausspricht.

Diese nichtprofessionellen Reaktionen sollten gerade in der Sozialen Arbeit, wo Klienten in besonderem Maß vulnerabel sind, nicht vorkommen, denn die Wirkungen sind oft gravierend. Schlechte-Nachrichten-Gespräche unempathisch, distanziert oder schroff, ohne Möglichkeit der Verarbeitung zu führen, schadet

Hilfeprozessen, Fachkräften und Klienten: Störungen der Beziehungsebene, Beeinträchtigung der erzielten Erfolge oder Betreuungsabbrüche können die Folge sein. Das Risiko trifft auch Fachkräfte der Sozialen Arbeit selbst, wenn sie die Wirkung von schlechten Nachrichten, insbesondere den Stress der Klienten, unterschätzen. Dies zeigen die vereinzelten, aber in den Medien und der beruflichen Gemeinschaft der Sozialen Arbeit stark wahrgenommenen Gewalttaten, die Sozialarbeiterinnen und -arbeiter in der Arbeit mit Krisensituationen trafen.

Nicht jede kleine Zurückweisung oder Grenzsetzung ist aber eine schlechte Nachricht im engeren Sinne:

▶ **Schlechte-Nachricht** In Abgrenzung zu anderen unangenehmen Mitteilungen ist vom „schlechten Nachrichten" im engeren Sinne nur dann zu reden, wenn

- ein Ereignis vorliegt, das für Betroffene eine überaus negative Bedeutung hat,
- ein Überraschungseffekt vorliegt, d. h. die betroffene Person noch nichts davon weiß oder nur diffus ahnt, was geschehen ist, und
- das Wesentliche der Nachricht endgültig und nicht mehr veränderbar ist und nicht vom Gespräch oder anderen Entwicklungen abhängt (ebd., S. 31).

9.3.1 Gesprächsstrukturen im Schlechte-Nachrichten-Gespräch

Kontext (Auftrag, Institution, Aufgabe): Unangenehme Nachrichten zu überbringen, kann viele Hintergründe haben – ein Schicksalsschlag, eine Zwangsmaßnahme oder Sanktion, ein schwieriges Ereignis, das Folgen für Klienten oder Kollegen hat. Der Kontext ist zu beachten: Geht es um die Mitteilung einer institutionell bedingten Nachricht, übt die Institution ihre Kontrollmacht aus, hat die Fachkraft vielleicht selbst den Entscheid getroffen, der dazu führte? Geht es um gesetzliche Maßnahmen? Oder liegt das Ereignis außerhalb des Einflusses aller Beteiligten? Bei schlechten Nachrichten wie Leistungskürzungen, kontrollierenden Maßnahmen oder Eingriffen der Sozialen Arbeit (Auftrag und Aufgabe je nach Institution) prallen die konkurrierenden Aufträge Hilfe und Kontrolle besonders heftig aufeinander: Sie sind dann strukturell nicht in Richtung „Hilfe" aufzulösen, und Fachkräfte kommen nicht umhin, den Kontrollauftrag wahrzunehmen.

Eingriffe wie Inobhutnahme von Kindern, eine Zwangseinweisung in die Psychiatrie u.Ä. unterliegen einer strengen staatlich-rechtlichen Kontrolle und bleiben dennoch kränkende Ereignisse – für Klienten wie Fachkräfte, weil sie immer auch mit befürchtetem Versagen zu tun haben: Die Notwendigkeit von Eingriffen stellt immer auch die Frage, was vorher im Hilfeprozess falsch gelaufen ist. Besonders wichtig ist es deshalb, zum Auftrag der eigenen Institution und zur eigenen Aufgabe ein klares, transparentes und bejahendes Verhältnis zu haben. Klienten muss deutlich gemacht werden, was Hintergrund, Anlass und Begründung z. B. einer Zwangsmaßnahme sind, wer genau die Entscheidung dazu traf und auf welcher Grundlage. Bei Schicksalsschlägen oder Unglücksfällen ist es Verpflichtung, Betroffene so zu informieren, dass umfassende Information und Möglichkeiten der Verarbeitung abgewogen werden. Es ist zu beachten, dass viele schwierige Situationen für Klienten kritische Lebensereignisse darstellen. Der Tod eines Angehörigen, Scheidung, Arbeitsplatzverlust, der Antritt einer Gefängnisstrafe oder Einweisung in eine Psychiatrie gehören zu den kritischen Lebensereignissen mit den höchsten Krisenwerten, sie stürzen Menschen in eine Situation, in der nichts mehr ist wie zuvor und in der radikal grundlegende Werte und Bedürfnisse bedroht sind.

Vorgeschichte und Anlass sind für Überbringer wie für Empfänger schlechter Nachrichten problematische und unangenehme Ereignisse, die unwiderruflich sind. Sie können verschiedenster Art sein, von etwa einer Alltagssanktion im pädagogischen Kontext bis hin zu schwerwiegenden persönlichen Ereignissen (z. B. Tod einer nahestehenden Person), die ernste Traumatisierung zur Folge haben können. Je existenzieller der Anlass des Gesprächs für die betroffene Person, desto sensibler ist die Überbringung schlechter Nachrichten. Von den Ergebnissen und der schlechten Nachricht selbst weiß der Empfänger ja noch nichts, auch wenn er oder sie vielleicht bereits etwas ahnt, wenn ein formelles Gespräch anberaumt wird.

Nicht immer sind Schreckensnachrichten zu überbringen. Im sozialpädagogischen Alltag gibt es kleinere Anlässe – ein Jugendlicher in einer stationären Maßnahme bekommt eine Sanktion, ein Kind kann an Weihnachten nicht zu den Eltern nach Hause, oder auf Bewerbungen um Arbeitsstellen gibt es für einen Klienten nur Absagen. In der gesetzlichen Beratung oder Sozialarbeit erhält ein Klient eine Leistungskürzung, eine Inobhutnahme wird ausgesprochen, ein gewalttätiges Familienmitglied wird der Familienwohnung verwiesen oder Rückfälle in der Suchtkrankenhilfe bedeuten das Ende einer Therapiemaßnahme.

Ziele und Inhalte: Das Ziel von Schlechte-Nachrichten-Gesprächen ist zuallererst, dass die Betroffenen das Ereignis überhaupt zur Kenntnis nehmen, dass sie Trauer, Wut und Gefühle zulassen können und dass so die Grundlage für eine Verarbeitung geschaffen wird. Diese wird häufig nicht im Schlechte-Nachrichten-Gespräch selbst zu leisten sein, sondern Thema anderer Gespräche sein. Ein wesentliches weiteres Ziel ist in jedem Fall die Verhinderung von Impuls- oder Affekthandlungen. Schlechte Nachrichten können immer auch Auslöser für Krisen sein.

Personen und Persönlichkeiten: Endgültige, nicht umkehrbare Ereignisse oder Entscheidungen mit negativen Konsequenzen lassen Gesprächspartnern keinen Handlungsspielraum: Die Nachricht ist endgültig (Lippmann et al. 2019, S. 374). Das Ereignis und die dabei erfahrene Hilflosigkeit lösen je nach Schwere mehr oder weniger starke Emotionen aus – bei Gesprächspartnern und auch bei Fachkräften: Die Bandbreite der Reaktionen ist groß: Verleugnung und Verdrängung, Aggression oder Regression, Stereotypien, Aus-dem-Feld-Gehen oder Spaltung in Freund-Feind-Schemata (Flammer 2001, S. 241; Weber 2005, S. 34). Fachkräften sei daher empfohlen, sich immer die Frage zu stellen, ob man selbst als Überbringer dieser schlechten Nachricht die richtige Person ist (Rolle, Beziehung, Funktion).

Bei den Überbringern kann auch eine Rollenverschiebung als mögliche Reaktion auftauchen: Jemand leidet derart unter der unangenehmen Aufgabe, schlechte Nachrichten überbringen zu müssen, dass er selbst Trost braucht. Dann sei es auch möglich, dass die Rollen sich umkehrten – der Klient wird zum Tröster, die Fachkraft zur Getrösteten. Unter Stress oder Schock reagieren Menschen irrational, emotional und mit Widerstand, weil existenzielle Bedürfnisse bedroht sind oder Sicherheiten verloren gehen. Dabei sind Wahrnehmung, Informationsverarbeitung und rationale Problemlösung sowie die Integration von Denken, Fühlen und Handeln stark eingeschränkt. Emotionen dominieren das Denken und Handeln.

Emotional starke Reaktionen sind verständlich, wenn man an eine Krankheitsdiagnose oder Todesfälle denkt, aber auch, wenn Sozialarbeitende z. B. einen definitiv abgelehnten Asylrekurs mitteilen oder die Kürzung der Sozialhilfe auf den Grundbedarf verfügen müssen, weil ein Klient sich Arbeitsbemühungen verweigerte.

Die ersten beiden Phasen der Trauerverarbeitung werden von Kast als „Verleugnung der Realität" oder Nicht-wahrnehmen-Wollen sowie als „Phase des Zorns" oder der „aufbrechenden chaotischen Emotionen" beschrieben (Kast 2015). In Schlechte-Nachrichten-Gesprächen ist mit diesen Reaktionen zu rechnen. Hier kann keine Anleitung zur längerfristigen Begleitung von Trauernden gegeben werden, dazu vgl. die Literatur (Specht-Tomann und Tropper 2012; Worden 2011).

Beziehungsstrukturen im Gespräch: Schlechte Nachrichten schaffen Risiken für die Beziehung zwischen den Gesprächspartnern: Die schlechte Nachricht kann durch den überbringenden Gesprächspartner verursacht worden sein, wie bei einer Sanktion oder Kündigung, es kann ihm die Verursachung aber auch fälschlicherweise zugeschrieben werden – der Überbringer wird so zum Verursacher gemacht, z. B. bei einer von der Kindes- und Erwachsenenschutzbehörde entschiedenen Inobhutnahme.

Eine weitere Schwierigkeit kann darin liegen, dass auch Fachkräfte emotional betroffen sind („Affektansteckung") und nicht mehr souverän reagieren. Die ausbrechenden chaotischen Emotionen können weiterhin zu massiven Beziehungsstörungen führen: Vorwürfe, Anklagen, Zornausbrüche oder Ausstieg aus der Beziehung. Ein Risiko stellen auch verfrühte Hilfeappelle im Gespräch dar. Das Dilemma des Überbringers ist, dass er etwas zur Problemlösung beitragen möchte. Wenn aber die Hilfeappelle zu früh kommen, bringen sie den Empfänger der Nachricht in eine unterlegene Position. Zu früh abgegebene Ratschläge oder Lösungswege verstärken so die Komplementarität und das Gefälle zwischen den Gesprächspartnern und verstärken die Frustration eher, als dass sie sie lösen.

9.3.2   Phasenkonzept zum Schlechte-Nachrichten-Gespräch

Für Schlechte-Nachrichten-Gespräche existieren verschiedene Konzepte. Sie wurden adaptiert aus der medizinischen Onkologie für die Soziale Arbeit wie das SPIKES-Modell (Klug 2012), stammen teils aus der Führungspsychologie (Weber 2005). Im Folgenden wird das Gesprächsphasenkonzept nach Flammer (2001) verwendet und mit den Ausführungen zum SPIKES-Verfahren von Klug ergänzt (englische Originalbezeichnung der Gesprächsabschnitte in Klammern). Im Fokus steht die Hauptfunktion von Schlechte-Nachrichten-Gesprächen, keine vorschnellen sachlichen Ziele oder Problemlösungen anzuvisieren, sondern die Verarbeitung des Ereignisses in den Vordergrund zu stellen: Die Nachricht muss erst verarbeitet werden, und es kann im Gespräch nicht einfach zur „Tagesordnung" einer versuchten Problemlösung übergegangen werden.

9.3.2.1 Gedankliche Vorbereitung auf das Gespräch
Eine gute Vorbereitung auf ein Schlechte-Nachrichten-Gespräch ist zwingend. Dabei sollte sich die Fachkraft auf ihre Rolle einstimmen, die ggf. stark durch das Kontrollmandat der Sozialen Arbeit geprägt und ggf. nicht ausschließlich „helfend" ist. Es geht darum, mögliche Reaktionen zu antizipieren und das eigene

Vorgehen dazu gut zu überlegen. Eigene ungünstige Reaktionsweisen sollten vorab durchgedacht und entsprechende Stoppbefehle und günstige Reaktionen mental gesetzt werden. Schließlich gilt es besonders für diesen Gesprächstyp, Zeit, Ort und Ungestörtheit, aber auch etwaige Sicherheitsmaßnahmen wie die schnelle Erreichbarkeit von Kollegen sicherzustellen. Von zentraler Bedeutung ist auch die Ankündigung und Einladung zum Gespräch – Klienten sollen nicht überfallen werden, aber auch wissen, dass das Gespräch zwingend ist (Klug 2012).

9.3.2.2 Einstieg ins Gespräch

Bei der Gesprächseinleitung sollte auf eine längere Einführung oder auf Eisbrecher zur Kontaktaufnahme verzichtet werden. Wichtig ist aber, den Kontext des Gesprächs zu verdeutlichen und einen Bezug zu vorangegangenen Gesprächen oder Ereignissen herzustellen („Ich habe dich/Sie zum Gespräch hierher gebeten. Die Situation ist folgende … die letzten Ereignisse … unsere letzten Gespräche … führten zu …"). Das Rahmen des Gesprächs stellt Bezüge her und stimmt Klienten auf die Situation ein. Je nach Vorgeschichte kommen Klienten nicht ohne Vermutungen in das Gespräch. So wird der Klient an das Thema herangeführt und etwaige Verhaltenstendenzen wie Abwehr, Gefasst-Sein oder völlige Überraschung werden wahrnehmbar.

9.3.2.3 Ermitteln des Informationsbedürfnisses

Im medizinischen Kontext geht es darum, zu fragen, wie detailliert ein Patient eine Diagnose erklärt haben möchte. In der Sozialen Arbeit geht es ebenfalls darum, wie genau jemand erfahren will, was mit der Nachricht verbunden ist. So kann die Aufnahmefähigkeit des Gesprächspartners eingeschätzt werden.

9.3.2.4 Mitteilung der Nachricht

Die schlechte Nachricht sollte kurz, klar und ohne Umschweife mitgeteilt werden, sie sollte keine Eventualitäten offenlassen und nicht relativiert werden. Handelt es sich um Entscheidungen der Fachkraft, übergeordneter oder anderer Instanzen (Vormundschaftsbehörde, Jugendanwaltschaft, Sozialamt), so müssen diese begründet werden. Dabei ist auf die Aufnahmefähigkeit des Gesprächspartners zu achten. Umfassende sachliche Erläuterungen sind nicht sinnvoll, wenn Gesprächspartner von heftigen Gefühlen bewegt und gar nicht aufnahmefähig sind. Es ist günstig, eine Entscheidung zu begründen, wenn der Gesprächspartner die Begründung hören will und kann. Hilfreich ist, das momentane Befinden und den Wunsch nach Erläuterungen zu erfragen. Keinesfalls sollten Gesprächsführende sich unter Rechtfertigungsdruck bringen oder zu Beschwichtigungen bewegen lassen. Tröstungsversuche oder Ratschläge sind unangemessen und verstärken Frustration, falsche Hoffnungen oder Hilflosigkeit eher noch.

9.3.2.5 Verarbeitung der dadurch ausgelösten Gefühle

Was nun folgt, ist der schwierigste und wohl auch gefürchtetste Teil des Gesprächs. Die subjektive Betroffenheit, der Schmerz, der Ärger oder die Wut müssen Platz zur Verarbeitung haben. Dies gelingt bei schweren Schicksalsschlägen oder einschneidenden Entscheidungen nicht in kurzer Zeit. Trauerarbeit braucht oft Wochen bis Monate. Die Verarbeitung kann durch aktives Zuhören und Verbalisieren der Gefühle unterstützt werden. Zu beachten ist, ob der Gesprächsführende der Verursacher einer schlechten Nachricht ist (Leistungskürzung, fristlose Kündigung eines Klienten wegen wiederholter Regelübertretungen o.Ä.). In diesem Fall ist die Person, die die Nachricht überbringt, für eine tiefer gehende Verarbeitung von Aggression oder Frustration nicht geeignet.

Wut auf den Mitteilenden wird zugelassen, solange keine Drohungen, Beschimpfungen o.Ä. stattfinden. Die Sicherheit der Fachkräfte soll bedacht und bestmöglich gewährleistet sein. Falls mit Impulshandlungen zu rechnen ist, ist es sinnvoll, ein Schlechte-Nachrichten-Gespräch unter Assistenz eines Kollegen oder einer Kollegin zu führen. In solchen Situationen ist es hilfreich, wenn beide Geschlechter bei den Fachkräften vertreten sind. So kann evtl. eine gewisse Rollenverteilung stattfinden und das Überbringen und die Verarbeitung der schlechten Nachricht in Rollenteilung übernommen werden.

9.3.2.6 Einleitung weiterer Schritte

Es kann hilfreich oder zwingend sein, weitere Gespräche zu vereinbaren, wenn es Sachthemen oder emotionale und Beziehungs-Fragen zu klären gibt. Das Risiko von Impulshandlungen sollte dadurch minimiert werden, dass Gesprächspartner nach dem Gespräch eine Ansprechperson ihres Vertrauens haben, die Unterstützung geben und auffangen kann. Der Kontakt mit dieser Person kann z. B. im Gespräch vereinbart werden.

9.3.2.7 Verabschiedung

In Schlechte-Nachrichten-Gesprächen sind in der Regel alle Beteiligten froh, wenn die Situation durchgestanden ist. Die Verabschiedung ist dann eine letzte heikle Situation. Auch routinierte Fachkräfte können im Nachlassen der Spannung nach einer schwierigen, aber durchgestandenen Situation zu „Affektlabilität" neigen. Sie könnten nun – im letzten Moment – noch Relativierungen, Trost oder Beschwichtigungen anbringen. Dies sollte vermieden werden. Die

Verabschiedung sollte situativ angemessen erfolgen. Gute Wünsche für das Durchstehen der schwierigen Situation können formuliert werden. Auf Inhalte sollte beim Abschied nicht mehr eingegangen werden. Gerade hier ist es wichtig, das Gespräch nicht wieder zu eröffnen, sondern einen klaren Schlusspunkt zu setzen.

Bei Schlechte-Nachrichten-Gesprächen ist (je nach Ereignis) nicht mit versöhnlichen, einsichtigen oder ausgeglichenen Abschieden zu rechnen. Dieser Anspruch sollte nicht bestehen. Dass Menschen in Trauer oder mit Ärger oder Zorn aus solchen Gesprächen herausgehen, ist normal und zu erwarten.

Auch zum Schlechte-Nachrichten-Gespräch ist zu sagen, dass hier nur erste Hinweise gegeben werden können. Wer häufiger solche Gespräche führen muss (z. B. in der Arbeit in Krankenhäusern oder Hospizen), wird auf die Literatur zur Vertiefung verwiesen (Klug 2012; Weber 2005).

9.3.3 Hinweise und Arbeitsregeln für Schlechte-Nachrichten-Gespräche

- Antizipiere mögliche Reaktionen auf die Nachricht und stelle dich auf Reaktionen und dein eigenes Reagieren ein (von Zuhörreaktionen und der Äußerung von Betroffenheit und Anteilnahme bis zu Maßnahmen gegen Gewalt).
- Rechne mit deiner eigenen Emotionalität (Affektansteckung, Affektlabilität) und bereite dich vor (Vorsatzbildung, Entspannungstechniken).
- Überbringe die Nachricht so, dass sie beim Gesprächspartner ankommt und aufgenommen werden kann.
- Beachte immer die Aufnahmefähigkeit des Gesprächspartners, auch Reaktionen wie Dissoziationen oder angestaute Aggression.
- Stelle klar, welchen Charakter die Nachricht hat: Schicksalsschlag, Unglücksfall, Sanktion oder gesetzliche Folge von unerwünschtem/strafrechtlich relevantem Verhalten, Entscheidung aufgrund objektiver Kriterien, Entscheidung aufgrund fachlich-persönlicher Beurteilung.
- Lass Gefühle zu und zeige Verständnis, höre aktiv zu und verbalisiere Gefühle.
- Frag nach, was ein Gesprächspartner an Informationen aufnehmen kann oder mag; vereinbare eventuell ein zweites Gespräch.
- Beachte die Gefahr von irrationalen Impuls- oder Verzweiflungshandlungen: fädle evtl. schon im Vorfeld die Begleitung durch eine vertraute Person ein, stelle die Erreichbarkeit von unmittelbarer Hilfe durch Kollegen sicher.

- Führe bei Gefahr von impulsiven Handlungen oder Gewalt das Gespräch zu zweit und beachte Geschlechter- und kulturelle Aspekte: Wenn möglich, führen eine männliche und weibliche Fachkraft gemeinsam das Gespräch, evtl. jemand, der mit kulturellen Gepflogenheiten bei Trauerereignissen vertraut ist.
- Stelle sicher, dass bei Gefahr von Gewalt eine gegebenenfalls notwendige physische Übermacht schnell zur Verfügung steht.

9.4 Das Kritikgespräch und das konfrontative Gespräch

Kritikgespräche sind vor allem in der Literatur zur Mitarbeiterführung oder Teamarbeit beschrieben. Sie thematisieren ungenügende Leistungen oder schwieriges Verhalten von Mitarbeitenden und versuchen, über konstruktive Kritik Verhaltens- und Leistungsverbesserungen zu erreichen (Benien 2015; Thäler 2001; Von der Heyde und Von der Linde 2009; Weisbach und Sonne-Neubacher 2015). Ein zweiter Schwerpunkt dieses Gesprächsfelds, konfrontative und provokative Techniken in Pädagogik, Therapie und Beratung, wurden in der Pädagogik mit verhaltensauffälligen Jugendlichen und der Gewaltprävention in den letzten Jahren vermehrt zum Thema (Weidner 2010). Ebenso arbeiten die systemische Therapie (Klug und Zobrist 2016, S. 74 f.) oder die kognitive Verhaltenstherapie (Winiarski 2012, S. 40 f.) durchaus mit konfrontativen Elementen.

In der Literatur zur Gesprächsführung und Beratung in der Sozialen Arbeit scheint Kritik an oder Konfrontation von Klienten jedoch weithin als ein Tabu. Konfrontation hingegen wird gelegentlich in der Beratung als Technik erwähnt. Thiersch macht darauf aufmerksam, dass Beratung immer auch einrechnen muss, dass „Kommunikation benützt werden kann, um Entscheidungen und Handlungen zu vermeiden. Kommunikation dient – und je erfahrener Menschen in der Sprache sind, umso geschickter sind sie auch darin – auch dazu, sich zu verstecken, zu maskieren, auszuweichen. Beratung muss deshalb – pointiert formuliert – immer auch „Konfrontation, Provokation und Kampf sein können" (Thiersch 2014, S. 115 ff.).

Auch Nestmann thematisiert zur Beratungsbeziehung die Notwendigkeit, konfrontative Elemente zu integrieren: „Konfrontationen, getragen durch sichernde Empathie, Akzeptanz, Authentizität, Unmittelbarkeit und Konkretheit der Beziehung, erlaubt die Gegenüberstellung von Einstellungen und Handeln des Klienten, von Wunsch und Wirklichkeit, von Selbstbild und Fremdbild, von innen und außen. Konfrontation umfasst provokante Beziehungselemente, erlaubt kein Ausweichen und ist dennoch nicht verletzend oder abschreckend" (Nestmann 2014, S. 793).

In der Sozialen Arbeit kann auf konstruktiv-kritische und konfrontierende Gespräche nicht völlig verzichtet werden, auch wenn z. B. Miller und Rollnick (2015, S. 469) Konfrontationen in der neuesten Auflage als mit motivierender Gesprächsführung unvereinbares Verhalten bezeichnen. In der Kinder- und Jugendhilfe, der Suchtkrankenhilfe und anderen Arbeitsfeldern sind Kritik und Konfrontation ein Element der alltäglichen Kommunikation und Gesprächsarbeit, auf das nicht immer verzichtet werden kann. Die gemeinsame Gestaltung von Alltag und Lebenswelt verlangt und erlaubt offenere Kommunikationsformen als die beraterisch-therapeutischen Arbeitsformen mit ihrem begrenzten zeitlichen Horizont und der spezifischen Beziehungsgestaltung. Kritik und Konfrontation mit Verhalten, Normen, Werten oder Grenzen können eine wirksame und entwicklungsfördernde Form der Intervention im sozialpädagogischen Alltag sein.

Da Klienten der Sozialen Arbeit jedoch häufig Ablehnung, Entwertungen und Kritik erlebt haben, müssen Kritik und Konfrontation in eine wertschätzende, einfühlende und echte Beziehung eingebunden sein. Empathie und eine tragfähige Beziehung sind dabei kein Gegensatz zu Konfrontation, sondern Konfrontation ist nur möglich auf der Basis von Empathie und tragfähiger Beziehung. Sie stellen die Basis der Wirksamkeit jeder Kritik oder Konfrontation dar. Mit dieser Sicht wird die gelegentlich antipodische Gegenüberstellung dieser zwei Begriffe hinfällig (Klug und Zobrist 2016, S. 81).

Eine kurze Bemerkung zu den Begriffen der Kritik und der Konfrontation: Sie werden hier bedeutungsähnlich, aber nicht deckungsgleich benutzt. Mit Konfrontation sind keinesfalls Vorwürfe, Moralisieren oder feindselig-aggressives und autoritäres Bloßstellen von Klienten mit ihren Schwächen gemeint. Auch ist ein analytisch anmutendes Zerlegen der Psychodynamik von Klienten destruktiv und kein erstrebenswertes Ziel. Konfrontation beinhaltet ein gewisses autoritatives Element, da die Spiegelung von unerwünschtem Verhalten, blinden Flecken oder verdrängten Persönlichkeits-, Problem- oder Verhaltensanteilen häufig nicht freiwillig erfolgt und unbequem für den Empfänger ist. Das Ziel einer Konfrontation muss es aber bleiben, „dem Betreffenden zu erlauben, sich und sein Verhalten wahrzunehmen. Er sollte Gelegenheit haben, die Realität zu akzeptieren, und, vielleicht auch widerwillig, die Notwendigkeit erkennen, Hilfe anzunehmen", wie dies Miller und Rollnick in älteren Versionen der MI noch vertraten (Miller und Rollnick 1999, S. 28). Konfrontiert werden heißt, sich mit Diskrepanzen auseinandersetzen zu müssen, mit ungeliebten Aspekten des eigenen Verhaltens oder der eigenen Person, aber im Interesse von persönlichem Wachstum und Veränderung eigenen Verhaltens. Dies können sowohl unangemessene, (selbst-)schädigende als auch positive und schätzenswerte Aspekte einer Person sein, die nicht in deren Selbstbild enthalten sind, aber Neubewertung verdienen oder Veränderung erfordern.

▶ **Konfrontation** Etymologisch bedeutet Konfrontation „sich gegenseitig die Stirn bieten" (Miller und Rollnick 2015, S. 114). In der psychosozialen Arbeit bedeutet sie, das Bild eines Menschen von sich, von eigenen Eigenschaften, Einstellungen oder Verhaltensweisen mit einer Außensicht zu kontrastieren, um konstruktive Veränderung anzuregen oder auch autoritativ einzufordern.

Kritik Normabweichungen im Verhalten, in der Leistung, in Einstellungen oder Sichtweisen der kritisierten Person werden beanstandet. Kritik wird eher anhand von vereinbarten oder gesetzten Kriterien, Standards oder Zielen (z. B. Leistungszielen) geübt und dient der Verhaltensänderung.

Konfrontation ist so näher an der Persönlichkeit der kritisierten Person, ihrer (Selbst-)Wahrnehmung, den blinden Flecken und Diskrepanzen aus Sicht des Beobachters, Kritik eher an ethisch-moralisch-leistungsbezogenen Normen zu sehen.

9.4.1 Strukturbedingungen im kritisch-konfrontativen Gespräch

Kontext (Auftrag, Institution, Aufgabe): Kritikgespräche und konstruktive Konfrontation sind in allen Bereichen der Sozialen Arbeit denkbar, in Klientengesprächen ebenso wie in der Teamarbeit als Vorgesetzter oder Untergebener (ein allerdings für Untergebene erschwertes Unterfangen).

Der Kontext von Kritikgesprächen (eher in der Kooperation im Team) sind die Organisation, deren Regeln, Normen und Werte, gemeinsame Zielvereinbarungen oder eine ähnliche, gemeinsam vereinbarte oder gesetzte Grundlage, gegen die eine Mitarbeitende verstoßen hat oder fortgesetzt verstößt. Auch kann es sein, dass Leistungsziele der Institution nicht erreicht werden und jemand seine Arbeitsleistung nicht oder ungenügend erbringt. In der Teamarbeit ist es zwingend, sich gegenseitig bei Nichteinhaltung von Vereinbarungen oder mangelnder Erledigung von Aufgaben zu konfrontieren, damit gemeinsame Arbeit gelingt.

Der Kontext von Kritikgesprächen in der Klientenarbeit ist ein anderer. Hier steht das Gelingen von Interventionen der Sozialen Arbeit im Dienst der Gesellschaft oder im Dienst der Klienten im Vordergrund. In diesen Kritikgesprächen ist es das Ziel, Diskrepanzen, Entwicklungsblockaden, Widerstand oder Hemmnisse in der Person des Klienten zu bearbeiten. Dieser Widerstand soll durch entwicklungsfördernde Konfrontation aufgeweicht und in Entwicklung verwandelt werden. In der Klientenarbeit stehen Konfrontation und Kritik im Dienst des Arbeitsauftrags der Fachkräfte (Arbeit an Suchtverhalten, Übernahme von Selbstverantwortung, Abbau von destruktivem, antisozialem oder deliktorientiertem Verhalten). Am Auftrag und an den entsprechenden Zielen einer Intervention muss sich die Konfrontation messen lassen.

Vorgeschichte und Anlass sind in der Regel Verletzungen von Normen, Werten oder Regeln, die für die Beteiligten Berechtigung und Gültigkeit besitzen und zwingend eingefordert werden können, oder Widerstand gegen legitime Normen oder Ziele bzw. Diskrepanzen, die aufgelöst werden müssen, damit die Entwicklung von Klienten vorwärtskommt.

Ziele und Inhalte: In einem allgemeinsten Sinn wird in der Kritik thematisiert, dass ein Gesprächspartner bestimmte Leistungen nicht erbringt, mit seinem Verhalten gegen Normen und Werte verstößt, Vereinbarungen nicht einhält oder subjektiv empfundenen Ärger und Störungen bei Gesprächspartnern verursacht.

Mit Kritikgesprächen soll erreicht werden, dass die kritisierten Gesprächspartner ihr Verhalten oder ihre Einstellungen verändern. Konfrontation und Kritik beruhen also darauf, durch ein allgemein anerkanntes legitimiertes Recht (Rechtsnormen, Organisationsziele, Vereinbarungen) Diskrepanzen und Abweichungen beanstanden und angemessenes Verhalten, Entwicklung, Motivation o.a. anregen oder auch einfordern zu dürfen.

Das sind hohe Anforderungen an ein Gespräch. Sie unterliegen etlichen Bedingungen, wenn sie entwicklungsfördernd wirken und nicht das Gegenteil provozieren sollen, nämlich erhöhten Widerstand, Verhärtung der Positionen und Reaktanz aus Bedrohungsgefühlen. Aus diesem Grund sollte der Gegenstand kritisch-konfrontierender Gespräche das Verhalten oder Einstellungen der Gesprächspartner sein, nicht aber die Person des Kritisierten selbst.

Es wird in der Literatur einhellig betont, dass das Selbstbewusstsein und die Person selbst nicht Gegenstand der Kritik sein sollen, sondern ein möglichst konkretes Verhalten. Menschen verändern sich leichter, wenn auch ihre positiven Seiten wahrgenommen werden. Kritik kommt leichter an, wenn sie auch mit der Wertschätzung positiven Verhaltens verbunden ist. Inhalte und Themen von Kritikgesprächen sollen gegenwarts- und zukunftsbezogen sein und nicht die Vergangenheit in den Fokus stellen.

Personen und Persönlichkeiten: Menschen reagieren auf Kritik wie auch Konfrontation in der Regel mit persönlicher Betroffenheit. Ihr psychisches System gerät in einen inneren Konflikt. Sie rechtfertigen sich, leugnen, reagieren mit Schuldgefühlen, versprechen Besserung, beschwichtigen, bremsen eine ausführlichere Analyse ab oder starten Gegenangriffe. Die ganze Palette von Abwehrfunktionen kann hier verstanden werden als Schutz vor äußeren und inneren Konflikten (Stemmer-Lück 2012, S. 92 ff.). Kritik konfrontiert den Gesprächspartner vielleicht auch mit einem ungeliebten Teil seiner selbst – einem ängstlichen, ungenauen, aggressiven, leistungsschwachen oder überforderten Teil der eigenen Persönlichkeit. Abwehr hat eine Schutzfunktion, die das Selbstbild („So bin ich") und das Selbstwertgefühl („Ich bin o.k.") aufrechterhalten soll.

Kritik und Konfrontation muss im Übrigen nicht immer defizitorientiert sein. Es kann jedoch ebenso verunsichernd sein, in der Beratung mit unerkannten, aber vom Berater wahrgenommenen Stärken konfrontiert zu werden.

Damit Kritik und Konfrontation wirken, ist es nötig, sorgfältig mit diesen Schutzfunktionen umzugehen. Veränderung aufgrund von Kritik benötigt Vertrauen unter erschwerten Bedingungen. Seitens der Fachkräfte sind Integrität und Verlässlichkeit neben den Basisqualitäten beraterischer Beziehung zwingend.

Auch gibt es ein Recht, Fehler zu machen: Weder Kollegen noch Klienten funktionieren wie Maschinen, und Verhaltensänderung – häufig ein Ziel der Sozialen Arbeit – benötigt im betrieblichen wie im Klienten-Umfeld ausreichend Zeit.

Ein grundlegender, trivial scheinender Unterschied besteht zwischen Adressaten von Kritik und Konfrontation: Für Klienten haben wir einen beruflichen Auftrag, sie bedürfen unserer Unterstützung und Begleitung. Kritik und Konfrontation ordnen sich diesem Primat der Unterstützung unter. Die Komplementarität in der Beziehung macht dann besonderen Takt erforderlich. Mit Kollegen oder Teammitgliedern sind wir gleichberechtigt – Kritik kann hier ungeschützter stattfinden und darf zum Alltag klarer und offener Teamarbeit gehören. Kritik und Konfrontation von Vorgesetzten sind erschwert, weil sich hier Machtverhältnisse in den Weg stellen. Möglicherweise drohen dem kritisierenden Mitarbeiter spätere Sanktionen oder Revanchen, wenn Vorgesetzte nicht souverän genug sind, mit Kritik von Untergebenen umzugehen. Ein weiteres Risiko besteht darin, dass Vorgesetzte Kritik als persönliche Einzelmeinung und nicht repräsentatives Urteil bagatellisieren.

Beziehungsstrukturen im Gespräch: Sind in einem Konfliktgespräch beide Partner Teil eines Konflikts und in diesem Sinne in einer symmetrischen Position, so sind die Beziehungsstrukturen im Kritikgespräch komplementär: Jemand kritisiert, und jemand wird kritisiert. Damit dies nicht in Verteidigungshaltung oder Gegenangriffe mündet, benötigt Kritik Kriterien, anhand derer die Bewertung eines Gesprächspartners erfolgt – für die Beziehung heißt dies, dass in Kritik und Konfrontation ein heikles Gefälle zwischen Gesprächspartnern entsteht.

Menschen fühlen sich in der Regel unwohl, wenn sie nicht genügen oder wenn sie gerügt werden. Sie versuchen dann, ihr Selbst- und Fremdbild gegen diese Eingriffe zu verteidigen. Ein Verhältnis von zwei Partnern, dass als „Ich bin o.k., du nicht" charakterisiert wird, führt nicht zu konstruktiven Veränderungen (Thäler 2001, S. 46). Auf der Seite der Kritisierenden ist also die Gefahr von Übergriffen groß, auf der Empfängerseite lauern Muster aus der Kindheit von Nicht-Genügen und Sich-Unterordnen. Diese müssen durch Wertschätzung aufgefangen werden. Andererseits ist eine notwendige Voraussetzung von Konfrontation, dass Menschen ihr nicht ausweichen, also nicht ohne Folgen davonlaufen können. Der Zwang, sich der Konfrontation zu stellen, setzt eine autoritative Position und auch (legitime) Machtmittel voraus, die den Forderungen zur Durchsetzung verhelfen können müssen.

9.4.2   Phasen im kritisch-konfrontierenden Gespräch

Kritik und Konfrontation können im Alltag oder in speziellen Gesprächen stattfinden. Drohende Eskalation und Abwehr machen aber eine gute Vorbereitung nötig. Grundsätzlich gilt, dass Konfrontation und Kritik besser im Einzelgespräch geäußert werden: Nicht vor anderen bloßgestellt zu sein, ist eine wesentliche Voraussetzung dafür, dass Kritik und Konfrontation aufgenommen werden können. Wenn darauf keine Reaktionen erfolgen oder andere Beteiligte ebenfalls betroffen sind, kann Kritik auch mit diesen oder in einer sorgfältig ausgewählten Teilöffentlichkeit erfolgen.

Von harten Konfrontationstechniken wird hier dringend abgeraten: Sie können therapeutisch wirksam sein, erfordern aber speziell ausgebildete Fachkräfte und Settings (z. B. bei konfrontativen Techniken in der Therapie von Gewalt- oder Sexualstraftätern), denn die Grenze zur feindselig-aggressiven Demütigung, Manipulation und Indoktrination ist schnell überschritten (Weidner 2010).

Im Folgenden wird das Gesprächsphasenkonzept von Benien dargestellt, mit Bezügen zu Konfrontation und Kritik sowie zur Situation mit Klienten oder Mitarbeitenden (Benien 2015, S. 206 ff.).

9.4.2.1 Anfangsphase
Die Anfangsphase ist im kritisch-konfrontativen Gespräch besonders wichtig, die Gesprächseröffnung und das Gesprächsklima am Anfang prägen den weiteren

Verlauf in höherem Maß als in anderen Gesprächsformen. Am Anfang werden der Anlass des Gesprächs und sein Kontext beschrieben. Die Kritik sollte dabei kurz benannt werden, damit Gesprächspartner über den Zweck des Gesprächs von Anfang an orientiert sind und keine Missverständnisse entstehen. Danach kann der Gesprächsführende eine Würdigung der Gesamtsituation vornehmen; dabei sollte er auch positives Verhalten erwähnen. Die eigenen Intentionen im Gespräch sollten genannt werden – Metakommunikation und Ich-Botschaften am Anfang schaffen ein Mindestvertrauen und damit die nötige Basis für das Gespräch.

9.4.2.2 Äußern der Kritik oder Konfrontation

Das Äußern der Kritik beschreibt Benien als einen Dreierschritt: Zuerst wird der Gesprächspartner mit der Kritik konfrontiert: Der Kritisierende nennt klar und präzise das kritisierte Verhalten oder die Regelüberschreitung, bleibt beharrlich in seinen Ausführungen und setzt sein Recht auf Schilderung der Sachverhalte durch. Diskussionen sollten hier unterbrochen werden mit der Bitte oder Aufforderung, erst einmal zuzuhören. Der Kritisierende beschreibt, worin das Problem genau besteht, wie es sich zeigt und wie häufig es auftritt, in welchen Situationen es auftritt und welche Konsequenzen dies für beide Beteiligten hat.

Im zweiten Schritt kann eine positive Absicht, ein positiver Kern oder situative Umstände, die zum kritisierten Verhalten beitragen, gewürdigt werden. Dies sollte aber nicht zu einer Vorabentschuldigung der kritisierten Person geraten.

Schließlich werden im dritten Schritt konkrete Wünsche oder Forderungen an ein verändertes Verhalten geäußert. Während dieser Phase sind die Verarbeitungskapazitäten, die emotionale Erregung und Kränkungsaspekte zu beachten. Im Zweifelsfall sollte der Gesprächsführende nachfragen, ob der Partner zuhören kann und aufmerksam ist.

9.4.2.3 Austausch über die Kritik (Argumentationsphase)

Wie im Schlechte-Nachrichten-Gespräch sollte auch hier dem Gesprächspartner Gelegenheit zur emotionalen Verarbeitung gegeben werden, allerdings nicht als „Rauslassen" von Ärger oder Wut mit Abwehrcharakter, sondern als Möglichkeit zur Stellungnahme und Darstellung seiner subjektiven Sicht. Es kann sein, dass sich dadurch die Kritik noch verändert oder präzisiert, dies gilt es dann anzubringen.

Falls Rechtfertigungen, Abwehr oder Ausflüchte vorgebracht werden, gilt es, bei der Kritik zu bleiben und beharrlich die Konfrontation, Wünsche oder Forderungen aufrechtzuerhalten. Falls Vermeidungsverhalten, Schweigen oder Beschwichtigungen als Antwort kommen, sollte der Gesprächsführende auf Stellungnahmen zum Verhalten insistieren. Dies stellt für den konfrontierten

Gesprächspartner (wie auch für den konfrontierenden!) eine unbequeme Situation dar, da beide der Situation nicht ausweichen können. Der Weg geht nur über das Durcharbeiten der Kritik. Dies benötigt vom Kritisierenden Stärke und Durchsetzung, um den Gesprächsfallen von faulen Kompromissen, Unterwerfungsgesten und Entschuldigungen ohne Konsequenzen nicht „auf den Leim zu gehen".

9.4.2.4 Veränderungsvereinbarungen

Im Weiteren sollten konkrete Veränderungen eingefordert, potenzielle Konsequenzen oder Sanktionen klar mitgeteilt und Forderungen resümiert oder Vereinbarungen getroffen werden. Zu beachten ist hierbei, ob die Gesprächspartner zu einer gemeinsamen Problemdefinition kamen oder nicht. Bleibt die Diskrepanz über die Problemdefinition bestehen, bleibt es bei Veränderungsforderungen und dem Aufzeigen von Konsequenzen, falls diese sich nicht einstellen. Bei einer gemeinsamen Problemdefinition können nun gemeinsam Lösungen gesucht werden – die Verantwortung für die Veränderung ist jetzt wieder beim kritisierten Gesprächspartner.

9.4.2.5 Abschlussphase

In der Abschlussphase sollte das Gespräch resümiert werden. Es sollte auf eine Übereinstimmung in der Problemdeutung hingearbeitet werden. Falls das nicht erreicht wird, weil der Gesprächspartner das Gesicht nicht verlieren will, weil er sich nicht verändern will oder kann, muss das Gesprächsergebnis so stehen bleiben und müssen die Konsequenzen, die das kritisierte Verhalten in Zukunft hätte, aufgezeigt werden. Gegenüber Klienten und Mitarbeitenden sollte klargemacht werden, dass das kritisierte Verhalten kontrolliert wird, dass der Kritisierende also ein „Hinausschleichen aus dem Problem" nicht wünscht.

9.4.3   Hinweise und Arbeitsregeln zu Konfrontationen

Konfrontation und Kritik brauchen ein bewusstes Verhältnis zur Macht: Ohne Machtpotenziale zur Durchsetzung legitimer Forderungen können sie ebenso wenig funktionieren wie Verhandlungen mit Klienten, die sich bewusst jeder Veränderung verweigern wollen. Kontrollen und Sanktionsmöglichkeiten sind bei Kritik- und konfrontierenden Gesprächen im Hintergrund als Machtpotenzial notwendig, wenn auch vielleicht nicht durch die konfrontierende Person selbst. Sie erfordern in jedem Fall den reflektierten und selbstbegrenzten Einsatz (Müller und Hochuli Freund 2017). Weidner bezeichnet Machtmittel dort als legitim, wo Menschen eindeutig Gefahren drohen oder wo ohne solche Grenzen andere Menschen verletzt, geplagt oder gekränkt würden. Kritisierte oder mit massivem Fehlverhalten konfrontierte Klienten reagieren oft mit Neutralisierungstechniken, die eigenes Fehlverhalten umdeuten und entschuldigen – das Unrecht ist kein Unrecht, sondern Rache oder Strafe, das Opfer ist selbst schuld und wird zum eigentlichen Übeltäter usw. Diese Neutralisierungen müssen aufgespürt und die Verantwortung für das kritisierte Handeln muss klargestellt werden. Bei gewalttätigen Klienten sind Empathie, Frustrationstoleranz, Ambivalenztoleranz und Rollendistanz in erschreckendem Maß aufgebraucht oder unterentwickelt. Folgende Grundprinzipien und Arbeitsregeln der konfrontativen Pädagogik unterstützen konstruktive Konfrontation (Weidner 2010, S. 93 ff.):

- Lass *Neutralisierungstechniken* nicht zu, d. h., mute konfrontierten Personen die Verantwortung für das eigene Handeln zu.
- Schaffe *Empathie,* indem du Klienten mit der Sichtweise eines Opfers oder Geschädigten konfrontierst.
- Fördere die *Rollendistanz,* z. B. hinterfrage martialische Selbstinszenierungen (als Held, Rächer, Macho, Gangster) und fordere die Akzeptanz anderer als delinquenter Rollen.
- Fördere *Ambivalenztoleranz* und weise z. B. auf unpassendes Verhalten hin; Weidner nennt das Beispiel, dass Szeneslang („noch so'n Spruch – Kieferbruch") in der Clique einen Lacher, aber beim Lehrmeister eine Abmahnung gibt.
- Fördere *Frustrationstoleranz,* indem du die Konfrontation mit dem Klienten suchst und austrägst; die Unausweichlichkeit solcher Konfrontation ist für beide Parteien unbequem, aber für Klienten fördernd, wenn ihre Kapazitäten in Rechnung gestellt werden und keine Manipulationen stattfinden.
- *Mute Klienten überfällige Wahrheiten zu:* Klienten sind nicht so fragil wie häufig angenommen, und sie vertragen offensichtliche Wahrheiten besser, als manche Fachkräfte sie mitzuteilen verstehen; Konfliktangst und Gleichgültigkeit unbequemen Situationen gegenüber sind schädlich und unprofessionell.

Weidner weist darauf hin, dass diese Konfrontationstechniken im Umgang mit mehrfach auffälligen verhaltensgestörten Klienten sinnvoll sind, an andere Klientengruppen aber entsprechend angepasst werden müssen. Zum Verhältnis von Konfrontation und personzentriertem Handeln schreibt er, „es sollten 80 % der professionellen Persönlichkeit einfühlsam, verständnisvoll und nondirektiv bleiben, aber um 20 % Biss, Konflikt- und Grenzziehungsbereitschaft sowie konsequente Intervention ergänzt werden" (Weidner 2010, S. 28).

Die Haltung sozialpädagogischer Fachkräfte umschreibt er als „verstehen, aber nicht einverstanden sein". Für das Feld der mehrfach auffälligen Jugendlichen warnt er auch vor Befürchtungen, diese seien überverletzlich gegenüber Kritik. Die Vulnerabilität gilt es aber in der Konfrontation zu klären, um Gefährdungen ausschließen zu können. Der Ansatz Weidners ist nicht unumstritten (die Kritik am Ansatz: Scherr 2002), die Hinweise zur Konfrontation sind aber unter reflektiertem Einsatz und Beobachtung ihrer Wirkungen sicherlich hilfreich.

9.4.4   Hinweise und Arbeitsregeln zum Kritikgespräch

* Das Ziel der Kritik muss klar sein. Die Basis dafür ist eine unterstützend-kontrollierende Haltung.
* Das Selbstbewusstsein der kritisierten Person soll nicht angetastet werden.
* Kritik soll sich auf Verhaltensweisen und nicht auf Personen beziehen.
* Kritik soll konstruktiv und zukunftsgerichtet sein.
* Kritik soll in der Regel im Zweiergespräch geäußert werden. Bloßstellung vor anderen Klienten oder Kollegen soll vermieden werden.
* Es sind Möglichkeiten zur Stellungnahme und Verarbeitung anzubieten.
* Es sind Vereinbarungen zu treffen; bei Dissens beharrt man auf Veränderungswünschen oder Forderungen. Konsequenzen werden vorher klar aufgezeigt.
* Neutralisierungstechniken wie Interpretationen, Bagatellisieren, Abwertungen oder auch das Davonschleichen aus dem Gespräch ohne Klarheit sind zu vermeiden.
* Ergebnisse des Gesprächs sind eventuell schriftlich festhalten.

Lern- und Reflexionsfragen

* Was will die Garantieerklärung von Jörg Schlee Ihrer Meinung nach ausdrücken?
* Was ist an Kritik-, Krisen- oder Schlechte-Nachrichten-Gesprächen für Sie persönlich herausfordernd? Gibt es Zusammenhänge mit Ihnen, Ihrer Biografie?
* Definieren Sie Konflikt und beschreiben Sie Ihren persönlichen Konfliktstil.
* Zwölf gute Gründe, aus Konflikten zu lernen: Können Sie die nachvollziehen?
* Was macht eine konfliktfähige Persönlichkeit aus? Sind Sie schon eine?

- Kooperative Konfliktgespräche – warum beginnen diese mit selbststabilisierenden und beziehungsbezogenen Interventionen?
- Erläutern Sie den Begriff psychosoziale Krise und geben Sie einige von anderen Gesprächsformen stark abweichende Regeln für Krisengespräche an.
- Welche Sicherheitsmaßnahmen beachten Sie in der Krisenbegleitung?
- Bei schlechten Nachrichten ist die emotionale Verarbeitung der Gefühle der schwierigste Teil – was hilft Ihnen als Fachkraft, dies zu begleiten?
- Was fällt Ihnen beim Geben von Kritik leicht, was schwer? Kennen Sie Ihren persönlichen Kritikstil?
- Wie gehen Sie mit Neutralisierungstechniken bei Konfrontation um?
- Wie verbinden Sie Klartext und Empathie (mit vielleicht sogar Humor) in konfrontierenden Gesprächen?

Literatur

Belardi, N. (2011). Beratung: eine sozialpädagogische Einführung. Weinheim: Beltz.

Benien, K. (2015). Schwierige Gespräche führen. Reinbek bei Hamburg: Rowohlt.

Berkel, K. (2017). Konflikttraining. Hamburg: Windmühle.

Flammer, A. (2001). Einführung in die Gesprächspsychologie. Bern: Huber.

Fritz, W. (2004). Krisenintervention als Aufgabe der Jugendhilfe. In: Fegert, J. M./ Schrapper, C. (Hg.). Handbuch Jugendhilfe-Jugendpsychiatrie: Interdisziplinäre Kooperation. Weinheim: Juventa

Glasl, F. (2020). Konfliktmanagement: Ein Handbuch zur Diagnose und Behandlung von Konflikten für Organisationen und ihre Berater. Bern: Verlag Freies Geistesleben.

Herrmann, F. (2013). Konfliktkompetenz in der Sozialen Arbeit: Neun Bausteine für die Profis in der Jugendhilfe. München: Reinhardt.

Kast, V. (2015). Trauern: Phasen und Chancen des psychischen Prozesses. Stuttgart: Kreuz.

Klug, W. (2012). Das „Schlechte-Nachrichten-Gespräch" in der Sozialen Arbeit mit Pflichtklienten. In: Sozialmagazin: Die Zeitschrift für Soziale Arbeit. 37/9. Jg. S. 28–37.

Klug, W. & Zobrist, P. (2016). Motivierte Klienten trotz Zwangskontext: Tools für die Soziale Arbeit. München: Reinhardt.

Lippmann, E., et al. (2019). Handbuch Angewandte Psychologie für Führungskräfte. Berlin: Springer.

Miller, W. R. & Rollnick, S. (2015). Motivierende Gesprächsführung. Freiburg i.B.: Lambertus.

Müller, B. & Hochuli Freund, U. (2017). Sozialpädagogisches Können. Freiburg i.B.: Lambertus.

Nestmann, F. (2014). Beratungsmethoden und Beratungsbeziehung. In: Nestmann, F., et al. (Hg.). Das Handbuch der Beratung. Tübingen: DGVT-Verlag. S. 783-796.

Ortiz-Müller, W., et al. (2019). Praxis Krisenintervention: Handbuch für helfende Berufe. Stuttgart: Kohlhammer.

Rahm, D. (2004). Gestaltberatung. Paderborn: Junfermann.

Rupp, M. (2014). Psychiatrische Krisenintervention. Bonn: Psychiatrie Verlag.

Schlee, J. (2019). Kollegiale Beratung und Supervision für pädagogische Berufe Hilfe zur Selbsthilfe ein Arbeitsbuch. Stuttgart: W. Kohlhammer.

Schulz von Thun, F., et al. (2017). Miteinander reden: Kommunikationspsychologie für Führungskräfte. Reinbek bei Hamburg: Rowohlt.

Specht-Tomann, M. & Tropper, D. (2012). Zeit zu trauern: Kinder und Erwachsene verstehen und begleiten. Düsseldorf: Patmos.

Stein, C. (2009). Spannungsfelder der Krisenintervention: Ein Handbuch für die psychosoziale Praxis. Stuttgart: Kohlhammer.

Stemmer-Lück, M. (2012). Beziehungsräume in der Sozialen Arbeit: Psychoanalytische Theorien und ihre Anwendung in der Praxis. Stuttgart: Kohlhammer.

Thäler, H. (2001). Teamwork in Organisationen. Bern: Haupt.

Thiersch, H. (2014). Sozialpädagogik/Sozialarbeit und Beratung. In: Nestmann, F., et al. (Hg.). Das Handbuch der Beratung. Tübingen: DGVT-Verlag. S. 115-124.

Thomann, C. & Schulz von Thun, F. (2007). Klärungshilfe 1: Handbuch für Therapeuten, Gesprächshelfer und Moderatoren in schwierigen Gesprächen. Reinbek bei Hamburg: Rowohlt.

Von der Heyde, A. & Von der Linde, B. (2009). Gesprächstechniken für Führungskräfte. München: Haufe.

Weber, E. (2012). Beratungsmethodik in der Sozialarbeit. Luzern: interact.

Weber, P. (2005). Das Schlechte-Nachrichten-Gespräch: Angemessene Kommunikation angesichts von Aussichtslosigkeit. In: Organisationsberatung – Supervision – Coaching. 12. Jg. (1). S. 31–40.

Weidner, J. (2010). Konfrontative Pädagogik: Konfliktbearbeitung in Sozialer Arbeit und Erziehung. Wiesbaden: VS Verlag für Sozialwissenschaften.

Weisbach, C.-R. & Sonne-Neubacher, P. (2015). Professionelle Gesprächsführung. München: Deutscher Taschenbuch Verlag.

Winiarski, R. (2012). KVT in Beratung und Kurztherapie. Weinheim: Beltz.

Worden, J. W. (2011). Beratung und Therapie in Trauerfällen. Bern: Huber.

Zuschlag, B. & Thielke, W. (1998). Konfliktsituationen im Alltag. Göttingen: Verlag für angewandte Psychologie.

Weiterführende Literatur

Benien, K. (2015). Schwierige Gespräche führen. Reinbek bei Hamburg: Rowohlt.

Berkel, K. (2020). Konflikttraining. Hamburg: Windmühle.

Weidner, J. (2010). Konfrontative Pädagogik. Wiesbaden: Springer VS.

Klug, W. (2012). Das „Schlechte-Nachrichten-Gespräch" in der Sozialen Arbeit mit Pflichtklienten. In: Sozialmagazin. 37/9. Jg. S. 28–37.

Anhang

Übersicht der Arbeitsmaterialien zum Buch

Die Arbeitsmaterialien finden Sie in einem Gesamtdokument hier: Download.

Kapitel 1–5 Allgemeine Dokumentvorlagen

Leitfaden zur Gesprächsvorbereitung.
Kurzprotokoll.
Selbstevaluation Gespräch.
Evaluation mit der Weingartner-Appraisal-Legetechnik WAL.
Vorlage Gesprächsphasenkonzept leer.

Kapitel 6 Methodische Ansätze der Gesprächsführung

Kooperative Gesprächsführung – Fallsituation, Gesprächsphasenkonzept, Beobachtungsbogen.
Übungsbausteine zu den zwölf Hauptaktivitäten im Gespräch.
Lösungsorientierte Gesprächsführung – Fallsituation, Gesprächsphasenkonzept, Beobachtungsbogen.
Motivierende Gesprächsführung – Fallsituation, Gesprächsphasenkonzept, Beobachtungsbogen.
Systemische Gesprächsführung – Fallsituation, Gesprächsphasenkonzept, Beobachtungsbogen.

© Springer Fachmedien Wiesbaden GmbH, ein Teil von Springer Nature 2020
W. Widulle, *Gesprächsführung in der Sozialen Arbeit,* Basiswissen Soziale
Arbeit 9, https://doi.org/10.1007/978-3-658-29204-1

Kapitel 7 Gespräche im Hilfeprozess

Erstgespräch – Fallsituation, Gesprächsphasenkonzept, Beobachtungsbogen.
Zielklärung – Fallsituation, Gesprächsphasenkonzept, Beobachtungsbogen.
Beratungsgespräch – Fallsituation, Gesprächsphasenkonzept, Beobachtungsbogen.
Angehörigengespräch – Fallsituation, Gesprächsphasenkonzept, Beobachtungsbogen.
Evaluationsgespräch – Fallsituation, Gesprächsphasenkonzept, Beobachtungsbogen.

Kapitel 8 Gespräche im organisationalen Kontext

Teamsitzung – Gesprächsphasenkonzept, Beobachtungsbogen, Protokollvorlage.
Kooperative Beratung – Gesprächsphasenkonzept, Beobachtungsbogen, Protokollvorlage.

Kapitel 9 Herausfordernde Gespräche

Konfliktgespräch – Fallsituation, Gesprächsphasenkonzept, Beobachtungsbogen.
Krisengespräch – Fallsituation, Gesprächsphasenkonzept, Beobachtungsbogen.
Schlechte-Nachrichten-Gespräch – Fallsituation, Gesprächsphasenkonzept, Beobachtungsbogen.
Kritikgespräch – Fallgeschichte, Gesprächsphasenkonzept, Beobachtungsbogen.

Stichwortverzeichnis

© Springer Fachmedien Wiesbaden GmbH, ein Teil von Springer Nature 2020   271
W. Widulle, *Gesprächsführung in der Sozialen Arbeit,* Basiswissen Soziale
Arbeit 9, https://doi.org/10.1007/978-3-658-29204-1